Public Private Partnership
in der kommunalen Gebäudewirtschaft

Alternative Wege der Zusammenarbeit
zwischen Kommunen und privaten Unternehmen
im Bereich immobilienwirtschaftlicher Leistungen

von

Olaf Kruse

Tectum Verlag
Marburg 2001

Die Deutsche Bibliothek - CIP-Einheitsaufnahme

Kruse, Olaf:
Public Private Partnership in der kommunalen Gebäudewirtschaft.
Alternative Wege der Zusammenarbeit zwischen Kommunen und privaten
Unternehmen im Bereich immobilienwirtschaftlicher Leistungen.
/ von Olaf Kruse
- Marburg : Tectum Verlag, 2001
Zugl: Bochum, Univ. Diss. 2001
ISBN 978-3-8288-8279-9

© Tectum Verlag

Tectum Verlag
Marburg 2001

Danksagung

Die vorliegende Arbeit entstand während und im Anschluß an meine Tätigkeit als Assistent am Lehrstuhl für Angewandte Betriebswirtschaftslehre II (Finanzierung und Kreditwirtschaft) an der Ruhr-Universität Bochum. Dem damaligen Lehrstuhlinhaber, meinem geschätzten akademischen Lehrer und Doktorvater, Herrn Prof. Dr. Dr. h.c. Joachim Süchting, danke ich sehr herzlich für die Betreuung meiner Dissertation. Die Tätigkeit an seinem Lehrstuhl hat es – über die Beschäftigung mit einem wissenschaftlichen Thema hinaus – mit sich gebracht, daß ich eine Reihe wertvoller Erfahrungen sammeln konnte, die auch hilfreich in der Praxis sind. Mein Dank gilt zudem Herrn Prof. Dr. Rolf G. Heinze für die Übernahme des Korreferates.

Bei der Beschäftigung mit einem Thema, welches Anwendungsbezug aufweist und auf empirische Untersuchungen gestützt ist, ist man auf die Hilfe durch die betroffenen Institutionen, in meinem Fall in erster Linie Kommunen und Kommunalverbände, angewiesen. Daher möchte ich an dieser Stelle allen kommunalen Vertretern, die mir in Interviewes Rede und Antwort gestanden oder die mich mit Materialien unterstützt haben, danken. Viele wichtige Anregungen haben sich aus diesen Gesprächen ergeben.

Mein besonderer Dank gilt auch dem Hause Veba Immobilien AG, nunmehr Viterra AG. Das Veba Immobilien-Stipendium eröffnete mir besondere Möglichkeiten, ohne daß die neutrale Bearbeitung meines Dissertationsprojekte dabei in irgendeiner Form beeinträchtigt wurde.

Mein Dank gilt im weiteren dem gesamten Lehrstuhlteam, das nicht nur fachlich zum Gelingen meiner Arbeit beigetragen hat, sondern über das Fachliche hinaus ein sehr angenehmes Umfeld geboten hat. Besonders hervorheben möchte ich Herrn Dr. Peter Fehr für seine Unterstützung und Ratschläge, sowie Frau Dipl-Ök. Simone Kerner und Herrn Dr. Joachim K. Bonn für die kritische Durchsicht meines Manuskripts.

Der Abschluß der Promotionsprüfung stellt den vorläufigen Höhepunkt eines langen Lern- und Ausbildungsweges dar. Ohne die Unterstützung meiner Eltern wäre dieser Weg sehr schwierig geworden, wenn nicht gar unmöglich. Sie gaben mir immer ein geborgenes Zuhause und damit die erforderliche Kraft alle schwierigen Situationen zu meistern. Insbesondere in der Endphase meines Dissertationsprojektes stand mir mein Vater bei den dann unvermeidlich auftretenden Hardwareproblemen quasi Tag und Nacht zur Seite. Seine unermüdliche Einsatzbereitschaft kann an dieser Stelle nicht genug hervorgehoben werden, da die Anerkennung seiner Leistungen aufgrund meiner Anspannung mit Sicherheit zu kurz kam. Auch meiner Frau Anja danke ich von Herzen, da sie die Höhen und Tiefen und damit auch Belastungen, die mit einem solchen Projekt verbunden sind, mit mir ertragen hat und mir immer den notwendigen Rückhalt gegeben hat.

Polsum, im Juni 2001   Olaf Kruse

Inhaltsverzeichnis

Abbildungsverzeichnis IX

Abkürzungsverzeichnis XI

1 Einführung und methodisches Vorgehen 1

1.1 Problemstellung 1
1.2 Zielsetzung 7
1.3 Methodisches Vorgehen 11
1.3.1 Gang der Untersuchung 11
1.3.2 Aufbau der empirischen Studie 12

2 Stellung, Aufgaben und Aufbau der Kommunen und der Kommunalverwaltungen in der Bundesrepublik Deutschland 15

2.1 Die Kommunalverwaltungen in der Wirtschafts- und Staatsordnung der Bundesrepublik Deutschland 15
2.1.1 Soziale Marktwirtschaft und föderativer Staatsaufbau als grundlegende Kennzeichen der Bundesrepublik Deutschland 15
2.1.2 Die kommunale Selbstverwaltungsgarantie nach Artikel 28 Absatz 2 Grundgesetz 17
2.1.2.1 Verfassungsrechtliche Grundlagen der kommunalen Selbstverwaltung 17
2.1.2.2 Ziele der kommunalen Selbstverwaltung 19
2.2 Abgrenzung kommunaler Aufgaben 21
2.2.1 Ökonomische Begründung kommunaler Aufgaben 21
2.2.1.1 Die Theorie des Markt- und Wettbewerbsversagens als Begründung für öffentliche Tätigkeiten 21
2.2.1.2 Der Begriff des Marktversagens 21
2.2.1.3 Öffentliche Güter 22
2.2.1.4 Externe Effekte 25
2.2.1.5 Natürliches Monopol 26
2.2.1.6 Aussagegehalt der Theorie des Marktversagens 27
2.2.2 Juristische Abgrenzung kommunaler Aufgaben 28
2.2.3 Die Kommunalverwaltung als Dienstleister und gebäudewirtschaftliche Leistungen als verwaltungsinterne Dienstleistungen 29

2.3 Der organisatorische Aufbau der Kommunalverwaltungen 33
2.3.1 Kommunalverfassung 33
2.3.2 Die Aufbauorganisation der Kommunen 33
2.3.3 Das kommunale Haushaltswesen 36

2.4	Situationsanalyse der kommunalen Haushalte	39
2.4.1	Die kommunale Haushaltssituation als Auslöser des Reformdrucks auf die Kommunalverwaltung	39
2.4.2	Entwicklung der kommunalen Finanzen	40
2.4.2.1	Kommunale Finanzierungsdefizite	40
2.4.2.2	Entwicklung der Einnahmen	42
2.4.2.3	Entwicklung der Ausgaben	43
2.5	**Ansätze der Reform der kommunalen Verwaltung**	**47**
2.5.1	Kennzeichen der Modernisierungsbewegungen im kommunalen Bereich	47
2.5.2	Die aktuelle Verwaltungsmodernisierung in der Bundesrepublik Deutschland	50
2.5.2.1	Defizite des traditionellen Verwaltungsaufbaus	50
2.5.2.2	Interne Verwaltungsreform im Rahmen des Neuen Steuerungsmodells	51
2.5.3	Privatisierung kommunal erstellter Leistungen	57
2.5.3.1	Formen der Privatisierung	57
2.5.3.2	Formale Privatisierung	58
2.5.3.3	Materielle Privatisierung	59
2.5.3.4	Zusammenarbeit zwischen Kommunen und privaten Unternehmen als Public Private Partnership	60
2.5.3.4.1	Zur Entwicklung von Public Private Partnership	60
2.5.3.4.2	Definition von Public Private Partnership	63

3	**GEBÄUDEWIRTSCHAFTLICHE LEISTUNGEN ALS BESTANDTEIL DES IMMOBILIENMANAGEMENT UND DEREN ORGANISATION AUF KOMMUNALER EBENE**	**69**
3.1	**Grundlagen eines integrierten Immobilienmanagement**	**69**
3.1.1	Immobilien im betrieblichen Leistungserstellungsprozeß	69
3.1.1.1	Der Begriff der Immobilie	69
3.1.1.2	Die Stellung der Immobilie im Produktionsprozeß	70
3.1.1.2.1	Immobilien aus produktionstheoretischer Sicht	70
3.1.1.2.2	Bedeutung von Immobilien im Rahmen einer wertorientierten Unternehmenssteuerung	73
3.1.2	Abgrenzung verschiedener Konzepte des Immobilienmanagement	81
3.1.2.1	Corporate Real Estate Management	81
3.1.2.2	Immobilien Facility Management	82
3.1.2.3	Gebäudemanagement	85
3.1.3	Zielsetzung des Immobilien Facility Management und des Gebäudemanagements	87
3.1.4	Bestandteile des Gebäudemanagements	90
3.1.4.1	Technisches Gebäudemanagement	92
3.1.4.2	Infrastrukturelles Gebäudemanagement	94
3.1.4.3	Kaufmännisches Gebäudemanagement	96
3.1.5	Organisatorische Einordnung des Immobilien Facility- und des Gebäudemanagements	100
3.1.5.1	Dezentrale versus zentrale Organisation	100
3.1.5.2	Outsourcing des Facility Management	105

3.1.6	Der Markt für Immobilien Facility Management Leistungen	108
3.2	**Organisation, Probleme und aktuelle Entwicklung der kommunalen Gebäudewirtschaft**	**111**
3.2.1	Organisatorische Zuordnung gebäudewirtschaftlicher Leistungen im traditionellen Verwaltungsaufbau	111
3.2.2	Probleme der kommunalen Gebäudewirtschaft	114
3.2.3	Die Neuordnung der kommunalen Gebäudewirtschaft	117
3.2.3.1	Determinanten des Strukturwandels	117
3.2.3.2	Das Modell der Kommunalen Gemeinschaftsstelle (KGSt)	120
3.2.3.2.1	Grundgedanken des Modellentwurfs	120
3.2.3.2.2	Das Eigentümer-Modell	120
3.2.3.2.3	Das Mieter-/Vermieter-Modell	122
3.2.3.2.4	Das Management-Modell	122
3.2.3.3	Aktuelle Trends in der kommunalen Gebäudewirtschaft	123
3.2.3.3.1	Modernisierung der Gebäudewirtschaft	123
3.2.3.3.2	Übertragung gebäudewirtschaftlicher Leistungen an private Unternehmen	127

4	**EIGENERSTELLUNG ODER FREMDBEZUG KOMMUNALER GEBÄUDEWIRTSCHAFTLICHER LEISTUNGEN**	**131**
4.1	**Neue Institutionenökonomik als theoretischer Bezugsrahmen**	**131**
4.2	**Die Theorie der Verfügungsrechte**	**135**
4.2.1	Verfügungsrechte als Basis der Effizienzwirkungen ökonomischer Institutionen	135
4.2.2	Effizienzwirkungen der Verteilung der Verfügungsrechte am Beispiel der Eigentümerunternehmungen, der Publikumsgesellschaft und der öffentlichen Verwaltung	136
4.2.3	Effizienznachteile der öffentlichen Verwaltung als Folge einer unzureichenden Zuordnung von Verfügungsrechten	141
4.3	**Die Transaktionskostentheorie**	**145**
4.3.1	Die Analyse von Transaktionen als Basis des Vergleichs institutioneller Arrangements	145
4.3.1.1	Transaktionskosten	145
4.3.1.2	Bestimmungsfaktoren der Transaktionskosten	147
4.3.1.3	Alternative Koordinationsformen aus vertragstheoretischer Sicht	151
4.3.2	Die Transaktionskostentheorie als Grundlage der Bestimmung der Leistungstiefe	152
4.3.2.1	Die Bestimmung des optimalen Grads der vertikalen Integration	152
4.3.2.2	Eigenerstellung oder Fremdbezug kommunaler gebäudewirtschaftlicher Leistungen	155
4.3.2.2.1	Grundlagen eines Kostenvergleichs zwischen kommunaler und privater Leistungserstellung	155
4.3.2.2.2	Spezifität gebäudewirtschaftlicher Leistungen	157
4.3.2.2.3	Unsicherheit bei gebäudewirtschaftlichen Leistungen	159
4.3.2.2.4	Strategische Relevanz gebäudewirtschaftlicher Leistungen	159

4.3.2.2.5	Niedrige bis mittlere Ausprägung der Transaktionsmerkmale gebäudewirtschaftlicher Leistungen	162
4.4	**Die Principal-Agent-Theorie**	**165**
4.4.1	Principal-Agent-Beziehungen und Probleme des Auftraghandelns	165
4.4.2	Anreiz-, Kontroll- und Informationsmechanismen zur Reduzierung von Principal-Agent-Problemen	169
4.4.3	Die Einschaltung privater Unternehmen in die kommunale Gebäudewirtschaft als Principal-Agent-Beziehung	171
4.5	**Zusammenfassung**	**175**

5. AUSLAGERUNGSWIDERSTÄNDE GEGEN EINE EINSCHALTUNG PRIVATER UNTERNEHMEN IN DIE KOMMUNALE GEBÄUDEWIRTSCHAFT ... 177

5.1	**Externe und interne Auslagerungswiderstände**	**177**
5.1.1	Rechtliche Rahmenbedingungen als mögliche externe Privatisierungsschranken	178
5.1.2	Die Rolle der Akteure des politisch-administrativen Systems als interne Privatisierungsschranke	181
5.1.3	Personelle und politische Restriktionen als weitere interne Privatisierungsschranken	183
5.2	**Problembereiche der Einschaltung privater Unternehmen aus Sicht der Kommunen – Empirische Ergebnisse**	**187**
5.2.1	Allgemeine Probleme betrieblicher Umstrukturierungsprozesse	187
5.2.2	Problemfelder im Vorfeld einer möglichen Geschäftsbeziehung	188
5.2.3	Probleme im Laufe der Geschäftsbeziehung	189
5.2.4	Wirtschafts- und sozialpolitische Problemfelder	190
5.3	**Realisierungschancen einer Übernahme der kommunalen Gebäudewirtschaft durch private Unternehmen**	**193**

6 GESTALTUNGSMÖGLICHKEITEN FÜR DIE KOMMUNALE GEBÄUDEWIRTSCHAFT ... 197

6.1	**Organisationsmöglichkeiten bei Eigenerstellung und Fremdbezug gebäudewirtschaftlicher Leistungen**	**197**
6.1.1	Übersicht	197
6.1.2	Interne Organisationsmodelle	198
6.1.2.1	Der Regiebetrieb	200
6.1.2.2	Der Eigenbetrieb	201
6.1.2.3	Die Eigengesellschaft	204
6.1.2.4	Bewertung der internen Organisationsmodelle	205
6.1.3	Externe Organisations- und Finanzierungsmodelle	209
6.1.3.1	Fremdvergabe gebäudewirtschaftlicher Leistungen	209

6.1.3.2	Reine Organisationsmodelle	212
6.1.3.2.1	Das Betreibermodell	212
6.1.3.2.1.1	Allgemeine Modellbeschreibung	212
6.1.3.2.1.2	Die Übertragung des Betreibermodells auf die Gebäudewirtschaft	215
6.1.3.2.1.3	Probleme eines Betreibermodells in der Gebäudewirtschaft	217
6.1.3.2.1.4	Transaktionskosten der Implementierung eines Betreibermodells	221
6.1.3.2.2	Das Kooperationsmodell	223
6.1.3.2.2.1	Allgemeine Modellbeschreibung	223
6.1.3.2.2.2	Die Übertragung des Kooperationsmodells auf die Gebäudewirtschaft	225
6.1.3.2.2.3	Probleme des Kooperationsmodells in der Gebäudewirtschaft	226
6.1.3.2.2.4	Transaktionskosten der Umsetzung des Kooperationsmodells für die Gebäudewirtschaft	227
6.1.3.2.3	Der Lösungsbeitrag der Organisationsmodelle für eine Reorganisation der kommunalen Gebäudewirtschaft	228
6.1.3.2.4	Motive privater Unternehmen für die Beteiligung an PPP	231
6.1.3.3	Kombination der Organisationsmodelle mit Finanzierungsleistungen	232
6.1.3.3.1	Kommunales Immobilien-Leasing	233
6.1.3.3.1.1	Grundmodell	233
6.1.3.3.1.2	Erweiterung des Grundmodells um Betrieb und Bewirtschaftung von Immobilien	237
6.1.3.3.2	Kommunale Immobilienfonds	240
6.2	**Organisation der Gebäudewirtschaft in den befragten Kommunen**	**245**
6.2.1	Aktuelle Modernisierungstendenzen	245
6.2.2	Akzeptanz alternativer Organisationsmodelle	247
6.2.3	Zusammenfassung	249
6.3	**Marketingempfehlungen für Anbieter gebäudewirtschaftlicher Leistungen**	**251**
6.3.1	Alternative Organisationsmodelle als Absatzobjekte	251
6.3.2	Informationsübermittlung durch Reputation und Selbstwahl-Schemata	253
6.3.3	Selbstbindungen zur Begrenzung opportunistischen Verhaltens	255
7	**ZUSAMMENFASSUNG UND AUSBLICK**	**259**
LITERATURVERZEICHNIS		**265**

ABBILDUNGSVERZEICHNIS

Abb. 1: Auslagerungswiderstände als Problem der Einschaltung privater Unternehmen in die kommunale Gebäudewirtschaft ... 6
Abb. 2: Anzahl der befragten Kommunen ... 14
Abb. 3: Der Verwaltungsgliederungsplan der Kommunalen Gemeinschaftsstelle ... 35
Abb. 4: Entwicklung der kommunalen Finanzierungsdefizite ... 41
Abb. 5: Einnahmenstruktur der Verwaltungshaushalte (in Prozent) ... 42
Abb. 6: Entwicklung der Investitionszuweisungen ... 43
Abb. 7: Entwicklung verschiedener Ausgabenblöcke ... 44
Abb. 8: Hauptgründe für eine Verwaltungsmodernisierung ... 56
Abb. 9: Ziele der Verwaltungsmodernisierung ... 56
Abb. 10: Formen der Privatisierung ... 57
Abb. 11: Anteil von Grundstücken und Gebäuden (Buchwerte) an der Konzernbilanzsumme deutscher Unternehmen 1997 ... 73
Abb. 12: Corporate Real Estate Management-Maßnahmen zur Steigerung des Shareholder Value ... 79
Abb. 13: Regelkreis Gebäudemanagement ... 86
Abb. 14: Bestandteile des Corporate Real Estate Management ... 87
Abb. 15: Bestandteile des Gebäudemanagements ... 91
Abb. 16 Dezentrale Organisationslösung ... 101
Abb. 17: Zentrale Organisationslösung ... 103
Abb. 18: Zuordnung gebäudewirtschaftlicher Leistungen am Beispiel der Schulen ... 112
Abb. 19: Zuordnung der Hauptverantwortlichkeiten für die Verwaltung und Bewirtschaftung der kommunalen Gebäude (Mehrfachnennungen möglich) ... 113
Abb. 20: Probleme der kommunalen Gebäudewirtschaft ... 114
Abb. 21: Determinanten des Reformdrucks auf die kommunale Gebäudewirtschaft ... 119
Abb. 22: Das Eigentümer-Modell ... 121
Abb. 23: Das Mieter-/Vermieter-Modell ... 122
Abb. 24: Stand der Modernisierung in der Gebäudewirtschaft ... 124
Abb. 25: Ziele einer Reorganisation der Gebäudewirtschaft ... 126
Abb. 26: Verteilung zwischen kommunaler und privater Leistungserstellung in ausgewählten Leistungsbereichen ... 129
Abb. 27: Verteilung von Verfügungsrechten in der Eigentümerunternehmung, einer Publikumsgesellschaft und der öffentlichen Verwaltung ... 141
Abb. 28: Normstrategien für die Auslagerung interner Leistungen bei der Existenz von Auslagerungsbarrieren ... 155
Abb. 29: Hypothesen über die Transaktionskosten ausgewählter gebäudewirtschaftlicher Leistungen ... 162

Abb. 30:	Hauptprobleme der Einschaltung privater Unternehmen in die Gebäudewirtschaft	195
Abb. 31:	Organisationsformen für die kommunale Gebäudewirtschaft	197
Abb. 32:	Rechtsformen öffentlicher Unternehmen	199
Abb. 33:	Das Betreibermodell für die Gebäudewirtschaft	216
Abb. 34:	Das Kooperationsmodell für die Gebäudewirtschaft	226
Abb. 35:	Die Bilanzierung von Immobilien bei Teilamortisationsverträgen	235
Abb. 36:	Kombination des kommunalen Immobilien-Leasing mit weiterreichenden Dienstleistungen	239
Abb. 37:	Vermögensprivatisierung im Rahmen eines Immobilienfonds-Modell	242
Abb. 38:	Stufenweise Überführung der Gebäudewirtschaft in eine gemischtwirtschaftliche Gesellschaft	248

ABKÜRZUNGSVERZEICHNIS

a.a.O.	am angegebenen Ort
Abb.	Abbildung
Abs.	Absatz
ACCD	Allegheny Conference on Community Development
a.d.	an der
AfK	Archiv für Kommunalwissenschaft
AG	Aktiengesellschaft
Ant.	Anteil
Aufl.	Auflage
BB	BetriebsBerater
BbauBl	Bundesbaublatt
BFuP	Betriebswirtschaftliche Forschung und Praxis
BRD	Bundesrepublik Deutschland
bspw.	beispielsweise
BZ	Börsen-Zeitung
bzw.	beziehungsweise
ca.	circa
CREM	Corporate Real Estate Management
CDU	Christlich Demokratische Union
d.h.	das heißt
DB	Der Betrieb
DBW	Die Betriebswirtschaft
DM	Deutsche Mark
DÖV	Die Öffentliche Verwaltung
DST	Deutscher Städtetag
DtSparkZ	Deutsche Sparkassen-Zeitung
EDV	Elektronische Datenverarbeitung
EkSt	Einkommensteuer
EU	Europäische Union
etc.	et cetera
e.V.	eingetragener Verein
f.	folgende
FAZ	Franfurter Allgemeine Zeitung

ff.	fortfolgende
FK	Fremdkapital
Fn.	Fußnote
GEFMA	Deutscher Verband für Facility Management e.V.
geg.	gegenüber
gem.	gemäß
GewSt	Gewerbesteuer
GG	Grundgesetz
GmbH	Gesellschaft mit beschränkter Haftung
GmbHG	GmbH-Gesetz
GO NW	Gemeindeordnung Nordrhein-Westfalen
HB	Handelsblatt
HGB	Handelsgesetzbuch
Hrsg.	Herausgeber
i.d.R.	in der Regel
i.e.S.	im engeren Sinne
i.w.S.	im weiteren Sinne
Jg.	Jahrgang
Kfz	Kraftfahrzeug
KGSt	Kommunale Gemeinschaftsstelle für Verwaltungsvereinfachung
Mrd.	Milliarde
Mio.	Million(en)
Nr.	Nummer
NRW	Nordrhein-Westfalen
NWStGB	Nordrhein-westfälischer Städte- und Gemeindebund
o.a.	oben angegeben
o.S.	ohne Seitenangabe
o.V.	ohne Verfasserangabe
PPP	Public Private Partnership
Rd.-Nr.	Randnummer
RP	Rheinische Post
RWE	Rheinisch Westfälische Elektrizitätswerke
S.	Seite
SB	Semesterbericht
Sp.	Spalte
SS	Sommersemester

SV	Sharholder Value
SZ	Süddeutsche Zeitung
u.	und
u.a.	und andere
u.U.	unter Umständen
UW	Unternehmenswert
vgl.	Vergleiche
Vol.	Volume
Vorj.	Vorjahr
WAZ	Westdeutsche Allgemeine Zeitung
WBO	Wirtschaftsbetriebe Oberhausen
WiSt	Wirtschaftswissenschaftliches Studium
WISU	Das Wirtschaftsstudium
z.B.	zum Beispiel
ZGR	Zeitschrift für Unternehmens- und Gesellschaftsrecht
ZfB	Zeitschrift für Betriebswirtschaft
ZfbF	Zeitschrift für betriebswirtschaftliche Forschung
ZfgK	Zeitschrift für das gesamte Kreditwesen
zfo	Zeitschrift Führung + Organisation
ZögU	Zeitschrift für öffentliche und gemeinwirtschaftliche Unternehmen
ZWS	Zeitschrift für Wirtschafts- und Sozialwissenschaften
z.Zt.	zur Zeit

1 EINFÜHRUNG UND METHODISCHES VORGEHEN

1.1 Problemstellung

Die Diskussion über öffentliche Verwaltungen ist weitgehend durch die defizitäre Entwicklung der öffentlichen Haushalte geprägt. Bei Betrachtung der finanziellen Verfassung der deutschen Gebietskörperschaften zeichnet sich insbesondere seit Beginn der neunziger Jahre eine erhebliche Verschlechterung der Haushaltslage ab. Die finanzielle Situation der bundesdeutschen Kommunen hat sich zusehends verschlechtert. Einem Finanzierungsdefizit von rund 14 Mrd. DM in 1995 folgte ein Defizit von 9,5 Mrd. DM in 1996.[1] In den letzten Jahren war zwar ein rückläufiger Trend zu beobachten, jedoch kann für die kommenden Jahre keine Entwarnung gegeben werden. Die Konsolidierungsanstrengungen der Städte und Gemeinden setzen im wesentlichen bei den disponiblen Sachinvestitionen an, so daß ein Rückgang der Investitionstätigkeit festzustellen ist. Der rückläufigen Investitionstätigkeit steht jedoch ein erheblicher Investitionsbedarf der Kommunen gegenüber. Dieser ergibt sich im wesentlichen in den Bereichen Verkehrsinfrastruktur, Abfall- und Abwasserbeseitigung, Umweltschutz, Energieversorgung sowie im Bereich der sozialen und der Verwaltungsimmobilien.[2]

Die Finanznot der Kommunen hat bereits zu einer Beschränkung der wirtschaftlichen und politischen Handlungsspielräume der Verwaltungen geführt; die ordnungsgemäße Durchführung der kommunalen Aufgaben ist teilweise gefährdet, und der Bürger sieht sich in vielen Bereichen Leistungseinschränkungen gegenüber.[3] In Verbindung mit dem erheblichen Investitionsbedarf kann die kommunale Finanzkrise als einer der wesentlichen Auslöser dafür

---

[1] Die Zahlen entstammen dem Gemeindefinanzbericht 1999. Vgl. Karrenberg, Hanns/ Münstermann, Engelbert: Gemeindefinanzbericht 1999, in: Der Städtetag, 52. Jg., Heft 4, 1999, S. 151-240.

[2] Für die 90'er Jahre wurde mit einem Investitionsbedarf von ca. 1.700 Mrd. DM gerechnet. Vgl. Kirchhoff, Ulrich/Müller-Godeffroy, Heinrich: Finanzierungsmodelle für kommunale Investitionen, 6. Aufl., Stuttgart 1996, S. 29. Allein für den Bereich der Sozialen Infrastruktur wird für die alten Bundesländer ein Investitionsbedarf an Sach- und Finanzinvestitionen von 134,4 Mrd. DM für die 90'er Jahre geschätzt. Vgl. Reidenbach, Michael u.a.: Der kommunale Investitionsbedarf in den neunziger Jahren: eine Schätzung für die alten Bundesländer, Berlin 1992, S. 215.

[3] Vgl. o.V.: Kommunale Aufgaben sind kaum noch wahrzunehmen, in: DtSpkZ, Nr. 90 vom 19.11.1996, S. 6.

angesehen werden, daß ein zunehmender Veränderungsdruck auf die Kommunen einwirkt. Seit Beginn der neunziger Jahre sind hierbei zwei Richtungen zu erkennen: Zum einen hat, auch unterstützt durch den Prozeß der deutschen Wiedervereinigung, die Privatisierungsdiskussion wieder verstärkt eingesetzt.[4] Im Vordergrund steht hier die Vermutung möglicher Effizienzvorteile privater gegenüber öffentlicher Leistungserstellung. Der Aspekt der „(In)Effizienz" der öffentlichen Leistungserstellung spielt zum anderen auch bei der insbesondere seit 1993 einsetzenden Verwaltungsreform eine Rolle. Zielsetzung dieser Verwaltungsreform – Stichworte sind hier das Neue Steuerungsmodell und Budgetierung – ist es, unternehmerische (betriebswirtschaftliche) Handlungs- und Organisationsprinzipien zu installieren, um auf diesem Wege die Verwaltung effizienter und flexibler zu gestalten.[5]

Kommunen sind als hierarchisch organisierte Institutionen zu betrachten; sie zeichnen sich durch einen sehr hohen vertikalen Integrationsgrad in der Leistungserstellung aus. Es stellt sich hier die Frage, ob dieser hohe vertikale Integrationsgrad geboten ist oder ob nicht private Unternehmen in die Leistungserstellung einbezogen werden können. Um darauf antworten zu können, ist es notwendig zu untersuchen, ob kommunale Aufgaben sowohl aus ordnungspolitischer als auch aus juristischer Sichtweise überhaupt auf Private verlagert werden können und in welcher Form eine solche Übertragung erfolgen kann. In der kommunalen Praxis findet sich bereits eine Reihe von Bereichen, in denen private Unternehmen in die kommunale Aufgabenerfüllung einbezogen werden. Diese Zusammenarbeit findet im wesentlichen in der Abwasserbeseitigung und der Wasserversorgung statt.[6] Auch im Bereich der sogenannten Annexaufgaben sind in vielen Städten und Gemeinden bereits private Unternehmen eingeschaltet. Zu nennen sind hier bspw. die Gebäudereinigung oder die Grünflächenpflege. Ein Gebiet, welches bisher wenig Beach-

---

[4] Vgl. Donges, Juergen B. u.a.: Privatisierung auch im Westen, Bad Homburg 1993, S. 7. Zur Privatisierung vgl. Eichhorn, Peter/Loesch, Achim von: Privatisierung, in: Chmielewicz, Klaus/Eichhorn, Peter (Hrsg.): Handwörterbuch der Öffentlichen Betriebswirtschaft, Stuttgart 1989, Sp. 1302 f..

[5] Vgl. Banner, Gerhard: Die kommunale Modernisierungsbewegung, in: Wissenschaftsförderung der Sparkassenorganisation e.V. (Hrsg.): Kommunales Management im Wandel, Stuttgart 1997, S. 21 ff.

[6] Vgl. Bellefontaine, Klemens: Abwasserbeseitigung nach dem Niedersächsischen Betreibermodell, in: Der Gemeindehaushalt, 89. Jg., Nr. 12, 1988, S. 265-272; Brüning, Christoph: Der Private bei der Erledigung kommunaler Aufgaben insbesondere der Abwasserbeseitigung und der Wasserversorgung, Berlin 1997.

tung fand, ist der kommunale Immobilienbesitz und seine Bewirtschaftung als ganzheitlich zu betrachtendes Aufgabenfeld.

Zur Erstellung der kommunalen Dienstleistungen sind Ressourcen vorzuhalten und einzusetzen. Hierunter fallen neben Personal und Sachmitteln auch Räume und Gebäude. Gebäude sind als wichtige und auch kostenintensive Ressource im Leistungserstellungsprozeß anzusehen, und eine wirtschaftliche Nutzung ist notwendig. Im Bereich der Gebäudewirtschaft ist in vielen Kommunen zur Zeit eine erhebliche Zersplitterung der Verantwortung zu identifizieren. Vielfach sind die Kosten der Bewirtschaftung und der genaue Wert der vorhandenen Immobilien nicht bekannt und ein wirtschaftlicher Einsatz so nicht möglich. Durch eine effiziente Gebäudewirtschaft können Einsparpotentiale realisiert und/oder neue Ertragschancen erschlossen werden. So beziffert der Sachverständigenrat „Schlanker Staat" das Einsparungspotential durch eine Privatisierung des Gebäudemanagements auf rund 10 Mrd. DM.[7]

Daneben ist zu berücksichtigen, daß Immobilien für Kommunen – ebenso wie für private Unternehmen – einen wichtigen strategischen Wettbewerbsfaktor darstellen. Kommunale Immobilien sind der Infrastruktur zuzurechnen. Nach Jochimsen gehören sie zu der materiellen Infrastruktur, welche neben den Einrichtungen zur Energieversorgung, Verkehrsbedienung und Telekommunikation sowie den Bauten zur Konservierung der natürlichen Ressourcen und der Verkehrswege auch die Gebäude und Einrichtungen der staatlichen Verwaltung, des Erziehungs-, Forschungs-, Gesundheits- und Fürsorgewesens umfaßt.[8] Als Bestandteil der kommunalen Infrastruktur sind sie ein bedeutender Faktor im Wettbewerb mit anderen Kommunen und können ausschlaggebend sein für die Ansiedlung neuer Unternehmen oder den Zuzug neuer Bürger. Dies reicht von der bürger- bzw. kundenfreundlichen Gestaltung der Verwaltungsgebäude bis hin zu der Qualität von Kindergärten und Schulen. Verstärkt wird der Standortwettbewerb durch die Einführung des Euro. Hierdurch erhält der Wettbewerb zunehmend eine europäische Dimension. Unternehmen werden in ihrer Standortwahl zunehmend flexibler, da innerhalb des gemeinsamen

---

[7] Vgl. Hofmann, Hans: Privatisierung, in: Sachverständigenrat „Schlanker Staat" (Hrsg.): Abschlußbericht Band 3: Leitfaden zur Modernisierung von Behörden, Bonn 1997, S. 135 f.

[8] Vgl. Jochimsen, Raimut: Theorie der Infrastruktur: Grundlagen der marktwirtschaftlichen Entwicklung, Tübingen 1966, S. 103. Zur Infrastruktur vgl. auch Seitz, Helmut: Die ökonomischen Effekte der kommunalen Infrastruktur: Eine theoretische und empirische Bestandsaufnahme, in: ZögU, Band 21, 1998, S. 452 ff. Vgl. mit kurzen Ausführungen auch Busch, Berthold/Klös, Hans-Peter: Ein Markt für die Infrastruktur, in: FAZ, Nr. 104 vom 4.5.1996, S. 15.

Währungsraums das Währungsrisiko entfällt und Investitionen im EU-Ausland erleichtert werden. Insofern wächst anderen Wettbewerbsfaktoren – und damit auch der kommunalen Infrastruktur – eine höhere Bedeutung zu.

Für die Kommunen ist es daher notwendig, sich mit der Frage der Gebäudewirtschaft auseinanderzusetzen. Für die Organisation der Gebäudewirtschaft bieten sich eine Reihe von Organisationsformen, die von der kommunalen Eigenerstellung bis zur Fremdvergabe der betroffenen Leistungen reichen, an. Aus Sicht der Kommune stellt sich somit die Frage der Eigenerstellung oder des Fremdbezugs. Damit handelt es sich um eine klassische Make-or-buy-Entscheidung.

In der Praxis ist festzustellen, daß der Prozeß der Privatisierung bzw. der Einschaltung Privater in die Gebäudewirtschaft nur schleppend vorankommt. Es existiert eine Reihe von Auslagerungswiderständen, die bei der Konzeption möglicher Privatisierungsarrangements zu berücksichtigen sind. Als wesentliche Problembereiche lassen sich der Verlust von Einfluß- bzw. Steuerungsmöglichkeiten der kommunalen Vertreter, der Verlust von Know-how sowie die Gefahr der Abhängigkeit von privaten Unternehmen nennen. Auch spielt das kameralistische Rechnungswesen und damit die mangelhafte Möglichkeit aussagekräftiger Wirtschaftlichkeitsvergleiche eine wesentliche Rolle. Nicht zuletzt stellt der mögliche Stellenabbau im öffentlichen Dienst ein wichtiges Hemmnis gegen eine Einschaltung privater Unternehmen dar.[9] Die Einschaltung privater Unternehmen in die kommunale Gebäudewirtschaft bedingt, daß auf seiten der Städte und Gemeinden Aufgabenbereiche entfallen und damit Personal freigesetzt wird. Nicht immer kann dieses Personal in anderen Bereichen eingesetzt werden. Betriebsbedingte Entlassungen werden jedoch von den kommunalen Vertretern und von den Personalräten ausgeschlossen. Auch eine Übernahme des Personals von seiten des privaten Unternehmens stößt oft auf Widerstände des Personalrates. Eine Verlagerung der gebäudewirtschaftlichen Leistungen auf private Unternehmen ist vielfach nur dann sinnvoll, wenn das in den Verwaltungen frei werdende Personal anderen Verwendungen zugeführt oder abgebaut werden kann.[10]

Es gilt daher zu untersuchen, ob diesen Bedenken durch eine partnerschaftliche Zusammenarbeit begegnet werden kann. Dem Markt für Gebäudedienst-

---

[9] Die Bedeutung der personalpolitischen Aspekte zeigt sich deutlich auch an den Widerständen gegen die in Nordrhein-Westfalen geplante Verwaltungsreform. Vgl. o.V.: 10 000 auf der Straße gegen Auflösungspläne, in: RP, Nr. 27 vom 2.2.1999, S. 1.

[10] Vgl. auch Hofmann, Hans: a.a.O., S. 129.

leistungen wird ein hohes Marktpotential zugeschrieben; dieses bestehe insbesondere auch bei öffentlichen Verwaltungen.[11] Um dieses Potential ausschöpfen zu können, sind die Auslagerungswiderstände seitens der Kommunen zu berücksichtigen. Für die privaten Anbieter ergibt sich damit auch eine Anforderung an das Marketing. Es gilt, Organisationsformen zu finden (bzw. Rahmenbedingungen zu schaffen), die ein ausreichendes Maß an Kontrollmöglichkeiten bieten und die die Gelegenheit opportunistischen Verhaltens auf ein Minimum reduzieren können. Dies bedeutet, daß ein Angebot von Vertrags- und Kooperationsformen gefunden werden muß, welches opportunistisches Verhalten weitgehend ausschließen kann; die Interessengegensätze der beteiligten Parteien müssen weitgehend ausgeglichen werden. Gelingt dies nicht, so werden sich interne Lösungen durchsetzen.

Abb. 1 gibt einen zusammenfassenden Überblick. Ausgehend von der kommunalen Finanzkrise (und anderen Faktoren) entsteht ein Reformdruck auf die öffentliche Verwaltung. Dieser schlägt sich nieder in den zwei Strategien Verwaltungsreform und Privatisierung kommunaler Leistungen. Von der Privatisierung sind die unterschiedlichsten Aufgabenfelder betroffen, so auch die kommunale Gebäudewirtschaft. Als Problem stellt sich jedoch heraus, daß seitens der Kommunen eine Reihe von Auslagerungswiderständen bestehen. Sollte eine Einschaltung privater Unternehmen jedoch als vorteilhaft angesehen werden, so sind Organisationsdesigns zu finden, die diese Widerstände abbauen können. Einen möglichen Ausweg bieten die sogenannten Public Private Partnerships (PPP), in denen es zu einer engen Kooperation zwischen der öffentlichen Hand und privaten Akteuren kommen kann.

---

[11] Vgl. Holzkämper, Hilko: Wachstumschancen und Risiken im Bereich Immobilien Facility Management, in: Der Langfristige Kredit, 48. Jg., Nr. 7, 1997, S. 208.

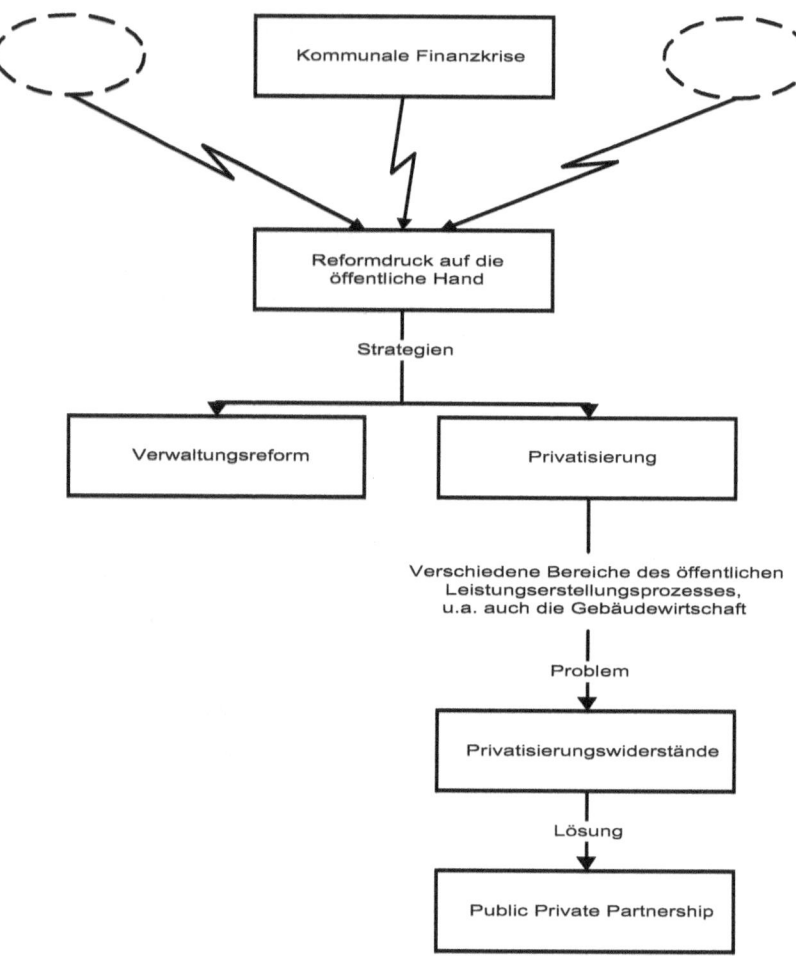

Abb. 1: Auslagerungswiderstände als Problem der Einschaltung privater Unternehmen in die kommunale Gebäudewirtschaft

1.2 Zielsetzung

Die Verlagerung bisher kommunal erstellter Leistungen in den privaten Bereich wird in dieser Arbeit am konkreten Fall der Gebäudewirtschaft behandelt. Es handelt sich hierbei um Leistungen, welche nicht direkt dem Bürger gegenüber erbracht werden, sonder Vorleistungen für die eigentliche Produktion öffentlicher Güter darstellen. Insofern können diese Leistungen als „unternehmensinterne" Dienstleistungen bezeichnet werden.

Zunehmender Kostendruck führt in der Privatwirtschaft dazu, daß die Immobilien in ein neues Licht rücken. Die Nutzung von Immobilien ist mit Kosten verbunden. Diese Betriebskosten übersteigen über den Lebenszyklus einer Immobilie deren Anschaffungskosten bei weitem.[12] Es setzt sich daher die Erkenntnis durch, daß es notwendig ist, Immobilien und ihre Bewirtschaftung in die strategische Planung des Unternehmens zu integrieren. In den letzten Jahren haben sich in der Praxis Konzepte einer Gebäudebewirtschaftung unter den Begriffen Corporate (Public) Real Estate Management, Facility Management und Gebäudemanagement etabliert. Ein grundlegender Wandel im Verständnis des Managements von Unternehmensimmobilien ist festzustellen. Aufgrund des im Rahmen der zunehmenden Globalisierung steigenden Ergebnisdrucks messen insbesondere Unternehmen, die ihre Unternehmensaktivitäten nach dem Shareholder Value-Konzept steuern, dem aktiven Management ihrer Immobilienressourcen eine hohe Bedeutung zu.[13] Eine Auseinandersetzung mit der Ressource Immobilie ist in der betriebswirtschaftlichen Literatur bisher weitgehend unterblieben. Arbeiten, die sich mit diesem Thema auseinandersetzen, sind vielfach von Praktikern für Praktiker verfaßt.[14] Ziel-

---

[12] Bei einer Nutzungsdauer von 60 Jahren sollen die Investitionskosten nur 5-10 % der Lebensdauerbetriebskosten betragen. Vgl. Schneider, Hermann: Outsourcing von Gebäude- und Verwaltungsdiensten, Stuttgart 1996, S. 65.

[13] Vgl. Schäfers, Wolfgang: Corporate Real Estate Management in deutschen Unternehmen: Ergebnisse einer empirischen Untersuchung, in: Schulte, Karl-Werner/Schäfers, Wolfgang (Hrsg.): Handbuch Corporate Real Estate Management, Köln 1998, S. 71.

[14] Vgl. z.B. Lochmann, Hans-Dieter/Köllgen, Reiner (Hrsg.): Facility Management: Strategisches Immobilienmanagement in der Praxis, Wiesbaden 1998; Zechel, Peter u.a. (Hrsg.): Facility Management in der Praxis: Herausforderungen in Gegenwart und Zukunft, 2. Aufl., Renningen-Malmsheim 1998; Falk, Bernd (Hrsg.): Das große Handbuch Immobilien-Management, Landsberg am Lech, 1997; Braun, Hans-Peter/Haller, Peter/Oesterle, Eberhard: Facility management: Erfolg in der Immobilienbewirtschaftung, Berlin u.a. 1996; Frutig, Daniel/Reiblich, Dietrich: Facility Management: Objekte erfolgreich verwalten und bewirtschaften, Zürich 1995; Krummacker, Jürgen: Facility Mana-

setzung dieser Arbeiten ist es in erster Linie, die Idee eines (aktiven) Immobilienmanagement darzustellen, die sich daraus ergebeneden Anforderungen an die Immobilieneigentümer bzw. -nutzer aufzuzeigen und Grundlagen für dessen Implementierung herauszuarbeiten. Auf eine wissenschaftliche Auseinandersetzung mit dem Thema wird dabei weitgehend verzichtet.[15]

Eine wissenschaftliche Auseinandersetzung mit immobilienbezogenen Fragestellungen findet sich vornehmlich in der Wohnungswirtschaftslehre.[16] Erst in den letzten zwei Jahren sind zunehmend Arbeiten zu finden, die sich übergreifend mit Immobilien der unterschiedlichen Nutzungsarten (u.a. Wohn-, Gewerbe- und Sonderimmobilien), mit Immobilienunternehmen und mit Immobilennutzern beschäftigen.[17] Dabei handelt es sich im wesentlichen um anwendungsorientierte Arbeiten, die, gestützt auf theoretische Erkenntnisse und empirische Ergebnisse, immobilienbezogene Entscheidungsprozesse erklären und gestalten wollen. Die bisherige wissenschaftliche „Vernachlässigung" der Immobilienwirtschaft wird u.a. zurückgeführt auf die „Multidimensionalität" immobilienwirtschaftlicher Fragen, die ein hohes Maß an Interdisziplinarität (Betriebswirtschaftslehre, Volkswirtschaftslehre, Rechtswissenschaft, Sozialwissenschaft, Ingenieurwesen, Architektur,...) bedingt.[18] In der zunehmenden wissenschaftlichen Reflexion der Immobilienwirtschaft ist die steigende Bedeutung immobilienbezogener Themen, sowohl für die Praxis, als auch für die Wissenschaft, abzulesen.

Aus betriebswirtschaftlicher Sicht kommt dem Management von Unternehmensimmobilien eine bedeutende Rolle zu. Aber auch für Kommunen ist es wichtig, daß ein Umdenken bezüglich der Organisation der Gebäudewirtschaft stattfindet. Bei den gebäudebezogenen Leistungen handelt es sich um ein komplexes Leistungsbündel, welches in sich interdependent ist. Hieraus ergibt sich, daß eine Zusammenfassung der betroffenen Aufgaben in einer Organi-

---

gement – Realisierung einer Vision, in: Falk, Bernd (Hrsg.): Gewerbe-Immobilien, 6. Aufl., Landsberg am Lech 1994, S. 725-741.

[15] Vgl. explizit im Vorwort bei Braun, Hans-Peter/Haller, Peter/Oesterle, Eberhard: a.a.O.

[16] Vgl. z.B. Kühne-Büning, Lidwina: Grundlagen der Wohnungs- und Immobilienwirtschaft, 3. Aufl., Frankfurt a.M. 1994.

[17] Vgl. insbesondere den Sammelband Schulte, Karl-Werner (Hrsg.): Immobilienökonomie. Band 1: Betriebswirtschaftliche Grundlagen, München/Wien 1998 und Schulte, Karl-Werner/Schäfers, Wolfgang (Hrsg.): Handbuch Corporate Real Estate Management, Köln 1998.

[18] Vgl. Schulte, Karl-Werner/Schäfers, Wolfgang: Immobilienökonomie als wissenschaftliche Disziplin, in: Schulte, Karl-Werner (Hrsg.): a.a.O., S. 101.

sationseinheit geboten sein kann. Es stellt sich die Frage, ob diese Organisationseinheit innerhalb der Kommunalverwaltung angesiedelt sein sollte oder ob die Verlagerung auf einen privaten Dritten möglich und sinnvoll ist. Insofern wird hier an die Privatisierungsdiskussion angeknüpft. In der wirtschafts- und rechtswissenschaftlichen Literatur liegt eine Fülle von Arbeiten vor, die sich mit dem Thema Privatisierung auseinandersetzt.[19] Die Diskussion ist dabei vielfach auf die „Gegensätze" Markt vs. Staat begrenzt. Die Erstellung öffentlicher Leistungen in kooperativen Organisationsformen wird oft nur am Rande behandelt. Unberücksichtigt bleibt weitgehend auch die Identifikation von Auslagerungsbarrieren.[20]

Mit der vorliegenden Arbeit soll das Privatisierungspotential in der kommunalen Gebäudewirtschaft aufgedeckt werden, um auf Basis empirischer Daten Aussagen über die Realisierungschancen einer Privatisierung zu treffen. Es soll nicht die volle (materielle) Privatisierung dieser Leistungen betrachtet werden, sondern Zwischenformen der Privatisierung, die in den Bereich der Public Private Partnership einzuordnen sind. Die spezielle Ausgestaltung dieser Organisationsformen soll es ermöglichen, mögliche Auslagerungsbarrieren auf Seiten der Kommunen abzubauen bzw. zu reduzieren. Damit soll die Untersuchung einen Beitrag zur Lösung der folgenden Frage liefern:

Sind kooperative institutionelle Arrangements zwischen Kommunen und privaten Unternehmen für die kommunale Gebäudewirtschaft geeignet und können sie bestehende Bedenken gegen eine („sinnvolle") Einschaltung Privater abbauen?

---

[19] Vgl. Budäus, Dietrich: Betriebswirtschaftliche Instrumente zur Entlastung kommunaler Haushalte, Baden-Baden 1982; Donges, Jürgen B. u.a.: a.a.O.; Schuppert, Gunnar Folke: Die Privatisierungsdiskussion in der deutschen Staatsrechtslehre, in: Staatswissenschaft und Staatspraxis, 5. Jg., 1994, S. 541-564; Armin, Hans Herbert von: Rechtsfragen der Privatisierung, Wiesbaden 1995. Eine Reihe von Arbeiten setzt sich mit speziellen Aufgabenfeldern auseinander. Für die Abwasserver- und Entsorgung vgl. mit weiteren Quellen die rechtswissenschaftlich orientierte Arbeit von Brüning, Christoph: Der Private bei der Erledigung kommunaler Aufgaben insbesondere der Abwasserbeseitigung und der Wasserversorgung, Berlin 1997. Mit der kommunalen Finanzierung befassen sich Ergenzinger und Dautel. Vgl. Ergenzinger, Till: Kommunalleasing, Wiesbaden 1996; Dautel, Ralph: Kommunale Sonderfinanzierung, Wiesbaden 1997.

[20] Eine Untersuchung möglicher Privatisierungsbarrieren liefert Metzger, Michaela: Realisierungschancen einer Privatisierung öffentlicher Dienstleistungen, München 1990.

1.3 Methodisches Vorgehen

1.3.1 Gang der Untersuchung

Die vorliegende Untersuchung ist in sieben Abschnitte eingeteilt. Das dieser Einführung folgende zweite Kapitel behandelt die Kommunen als Untersuchungsobjekt. Zunächst erfolgt eine Einordnung der Kommunen in den Staatsaufbau der Bundesrepublik Deutschland. Davon ausgehend wird die kommunale Selbstverwaltungsgarantie behandelt, da hier erste Anhaltspunkte für kommunale Aufgabenfelder gewonnen werden können. Danach werden kommunale Aufgaben aus normativ-ökonomischer und aus juristischer Sicht abgegrenzt. Hieraus ergeben sich Anhaltspunkte, ob eine Einschaltung privater Unternehmen in die kommunale Leistungserstellung möglich ist. Eine Charakterisierung der Kommunalverwaltung als Dienstleister schließt diesen Teil ab. Bei Darstellung der Kommunalorganisation zeigt sich, daß die Leistungserstellung weitgehend in der traditionellen Aufbauorganisation stattfindet. Ausgehend von der Situationsanalyse der kommunalen Haushalte wird zum einen aufgezeigt, daß ein Reformdruck besteht, zum anderen, in welchen Modernisierungsstrategien er sich niederschlägt. Abschließend werden daher die verschiedenen Formen der Privatisierung öffentlicher Leistungen behandelt und hierbei insbesondere der Aspekt der PPP diskutiert.

Mit dem zweiten (und wichtigstem) Untersuchungsgegenstand der Arbeit, den gebäudewirtschaftlichen Leistungen, befaßt sich das dritte Kapitel. Zunächst wird eine allgemeine Sichtweise eingenommen und die Rolle der Immobilien im Produktionsprozeß betrachtet. Vor dem Hintergrund wertorientierter Unternehmenssteuerungskonzepte ist ein Wandel in der Betrachtung von Immobilien festzustellen. Steigende Bedeutung kommt dabei einem professionellen Immobilienmanagement zu. Es zeigt sich, daß diese Überlegungen modifiziert auch auf Kommunen übertragbar sind. Die Bestandteile eines Immobilienmanagements sind abzugrenzen und organisatorische Fragestellungen zu beantworten. Abschließend wird die Einordnung der kommunalen Gebäudewirtschaft in den im zweiten Kapitel dargestellten Verwaltungsaufbau vorgenommen. Aus dieser Einordnung ergeben sich erhebliche Probleme mit der Folge von Ineffizienzen, die eine Reform der kommunalen Gebäudewirtschaft erforderlich machen.

Mit der Frage, ob die Kommunen die gebäudewirtschaftlichen Leistungen in Eigenregie erledigen sollen oder ob sie prinzipiell für die Fremdvergabe geeignet sind, beschäftigt sich das vierte Kapitel. Als theoretischer Bezugsrahmen wird die Neue Institutionenökonomik mit ihren Ausrichtungen Theorie der Verfügungsrechte, Transaktionskostentheorie und Principal-Agent-Theorie herangezogen. Zunächst werden mögliche Effizienzvorteile privater Unternehmen herausgearbeitet. Dann wird untersucht, ob gebäudewirtschaftliche Leistungen aufgrund ihrer Transaktionseigenschaften für eine Auslagerung geeignet sind. Schließlich ist aufzuzeigen, mit welchen Maßnahmen Probleme des Auftraghandelns vermieden werden können. Abgerundet wird das Kapitel mit einer knappen Darstellung traditioneller Make-or-buy-Ansätze.

Nachdem sich herausgestellt hat, daß eine Einschaltung privater Unternehmen in die Gebäudewirtschaft prinzipiell in Frage kommt, werden im fünften Kapitel Widerstände aufgezeigt, die eine empfohlene Disintegration verhindern können. Nachdem zunächst allgemeine Problemfelder diskutiert werden, werden vertiefend Probleme aus Sicht kommunaler Praktiker aufgezeigt um dann die Realisierungschancen der Einschaltung privater Unternehmen zu beurteilen.

Ausgehend von diesen Widerständen sind Organisationsdesigns zu entwikkeln, die die Bedenken der Kommunen berücksichtigen und geeignet sind, privates Know-how zu erschließen. Im sechsten Kapitel werden daher zunächst interne Organisationsmodelle diskutiert, um diesen dann externe Modelle gegenüberzustellen. Speziell werden hierbei das Betreiber- und das Kooperationsmodell als Formen der PPP herangezogen. Ihr Lösungsbeitrag für die aufgezeigten Probleme wird herausgearbeitet. Ergänzt werden diese Modelle in einem zweiten Schritt um Finanzierungsaspekte. Abgerundet wird das Kapitel durch Überlegungen, mit welchen absatzpolitischen Maßnahmen die Anbieter gebäudewirtschaftlicher Leistungen den Bedürfnissen der Kommunen entsprechen können.

Fundiert werden die Überlegungen mit den Ergebnissen einer empirischen Untersuchung.

Im abschließenden siebten Kapitel findet eine Zusammenfassung der Ergebnisse statt.

1.3.2 Aufbau der empirischen Studie

In die empirische Erhebung sind 25 Kommunen einbezogen. Die Befragungen haben in Form von persönlichen Interviews anhand eines einheitlichen Leitfadens stattgefunden. Bei der Wahl der Interviewmethode stand eine qualitative Fundierung der Ergebnisse im Vordergrund. Verzichtet wurde auf eine Erhebung durch standardisierte Fragebögen. Insgesamt ist die Erhebung in zwei

Interviewrunden aufgeteilt worden. Die erste Interviewrunde, in die 12 Städte einbezogen waren, hat in der Zeit von August bis November 1997 stattgefunden. Dabei lag der inhaltliche Schwerpunkt der Fragestellungen auf der jeweiligen Organisation der Gebäudewirtschaft, den bestehenden Problemen in der Gebäudewirtschaft, auf Reformansätzen und auf spezielle Problemen, die bei der Einschaltung privater Unternehmen in die Gebäudewirtschaft gesehen werden. Die zweite Interviewrunde fand von August 1998 bis Januar 1999 statt und diente dazu, die bisher erhaltenen Ergebnisse qualitativ zu verstärken. Ergänzt wurde diese Interviewrunde jedoch auch um Fragen zur Akzeptanz alternativer Organisationsformen.

Die Auswahl der Kommunen richtete sich zum einen nach der Einwohnerzahl. Die verschiedenen Gemeindegrößenklassen sollten vertreten sein.[21] Zum anderen spielte auch eine Rolle, ob die Kommunen bereits Modernisierungen ihrer Gebäudewirtschaft eingeleitet hatten oder aber über Erfahrungen in der Zusammenarbeit mit privaten Unternehmen (auch in anderen Bereichen als der Gebäudewirtschaft) verfügten. Der Vorteil dieser Vorgehensweise liegt darin, daß auf konkrete Erfahrungen der jeweiligen Kommune zurückgegriffen werden konnte. Im wesentlichen wurden nordrhein-westfälische Kommunen in die Untersuchung einbezogen. Lediglich zwei Kommunen stammen aus anderen Bundesländern. Problematisch hierbei ist, daß unterschiedliche Gemeindeordnungen in den einzelnen Bundesländern die Vergleichbarkeit von „Privatisierungsprojekten" erschweren können.

In Anbetracht der geringen Anzahl der befragten Kommunen und der Auswahlmethode muß einschränkend festgehalten werden, daß die Ergebnisse nicht den Anspruch der Repräsentativität für sich erheben können. Dennoch sind sie geeignet, Entwicklungstendenzen im Bereich der kommunalen Gebäudewirtschaft aufzuzeigen.

Die Ansprechpartner auf kommunaler Seite kamen aus unterschiedlichen Bereichen und hatten in diesen Bereichen eine leitende Funktion. In den überwiegenden Fällen kamen die Gesprächspartner aus dem Hochbauamt, aus dem Bereich Steuerungsdienste/Organisation oder, sofern bereits eingerichtet, aus dem Bereich Gebäudewirtschaft. In zwei Kommunen fand ein Gespräch mit dem Stadtdirektor statt; eine Kommune davon hat ca. 50.000 Einwohner, die andere knapp über 100.000 Einwohner.

---

[21] Lediglich Städte mit über einer Million Einwohner sind nicht in die Interviews einbezogen.

Einwohnerzahl		Anzahl befragter Gemeinden	
(von...bis)		1. Interviewrunde	2. Interviewrunde
20.000	-50.000	4	1
50.000	-100.000	2	4
100.000	-200.000	3	3
200.000	-500.000	2	3
500.000	-1.000.000	1	2
>1.000.000		0	0

Abb. 2: Anzahl der befragten Kommunen

Die Ergebnisse der Befragung werden nicht einheitlich in einem gesonderten Kapitel, sondern im Verlauf der Arbeit an geeigneter Stelle präsentiert. Hierbei wird dem Wunsch des größten Teils der Gesprächspartner Rechnung getragen, die Ergebnisse anonym zu behandeln.

2 STELLUNG, AUFGABEN UND AUFBAU DER KOMMUNEN UND DER KOMMUNALVERWALTUNGEN IN DER BUNDESREPUBLIK DEUTSCHLAND

2.1 Die Kommunalverwaltungen in der Wirtschafts- und Staatsordnung der Bundesrepublik Deutschland

2.1.1 Soziale Marktwirtschaft und föderativer Staatsaufbau als grundlegende Kennzeichen der Bundesrepublik Deutschland

Wesentliche Träger der ökonomischen Aktivitäten in Marktwirtschaften sind neben den Unternehmen die privaten Haushalte. Über den Marktmechanismus werden die Einzelpläne dieser Wirtschaftssubjekte koordiniert. Weiterer Akteur ist der Staat.

Nach Beendigung des Zweiten Weltkrieges stellte sich die Frage, wie der politische und wirtschaftliche Wiederaufbau Deutschlands zu bewerkstelligen sei. Insbesondere herrschte eine sehr differenzierte Meinung darüber, welche Wirtschaftsordnung hierfür geeignet sei. Vorherrschend war zunächst die Vorstellung, daß in Anbetracht der enormen wirtschaftlichen Probleme nur eine sozialistische Wirtschaftsordnung mit Verstaatlichung wichtiger Industriezweige sowie Zentralisierung der Lenkung und Koordination geeignet sei, den Wiederaufbau zu garantieren.[22] Letztlich gelang es jedoch Ludwig Erhard, die im wesentlichen von Alfred Müller-Armack konzipierte Soziale Marktwirtschaft zu etablieren. Die Soziale Marktwirtschaft basiert auf dem System des Ordoliberalismus, unterscheidet sich jedoch in ihrer inhaltlichen Ausprägung. Die Rolle des Staates im Ordoliberalismus besteht hauptsächlich darin, den Ordnungsrahmen zu schaffen, innerhalb dessen sich ein freies, funktionsfähiges Wettbewerbsgeschehen abspielen kann. Ein Eingriff in das Wirtschaftsgeschehen ist nur in den Fällen vorgesehen, in denen es zu einer negativen Beeinflussung des Wettbewerbs kommen kann. In der Sozialen Marktwirtschaft hingegen kommt es zu einer stärkeren Gewichtung sozialpolitischer Ziele und Instrumente. Dem Staat kommen weitergehende Interventionsbefugnisse, insbesondere im Bereich der Einkommens- und Vermögensverteilung, zu. Dane-

---

[22] Vgl. Hartwig, Karl-Hans: Bundesrepublik Deutschland: Wirtschaftspolitik in der Sozialen Marktwirtschaft, in: Cassel, Dieter (Hrsg.): Wirtschaftspolitik im Systemvergleich, München 1984, S. 180.

ben spielt auch die staatliche Wachstums- und Konjunkturpolitik eine bedeutende Rolle. Eingriffe des Staates müssen dabei aber marktkonform sein, d.h., daß Störungen des Marktgeschehens weitgehend unterbleiben.[23] Es ist damit eine normative Entscheidung für eine wettbewerblich ausgerichtete Lenkungsform getroffen worden.

Grundlage der rechtlichen und politischen Ordnung der Bundesrepublik Deutschland bildet das Grundgesetz vom 23. Mai 1949. Dieses definiert in Art. 20 Abs. 1 die Bundesrepublik als demokratischen und sozialen Bundesstaat. Bei einem Bundesstaat handelt es sich um ein Staatsgebilde, welches aus verschiedenen Gliedern zusammengesetzt ist. Hierbei sind sowohl der Bund als auch die einzelnen Glieder eigene Staaten.[24] Der zweiteilige Staatsaufbau der Bundesrepublik Deutschland unterscheidet als Zentralstaat den Bund und als Gliedstaaten die einzelnen Länder. Während damit der Staatsaufbau zweistufig ist, ist der Verwaltungsaufbau dreistufig. Neben Bund und Länder treten die Kommunen als eigenständige Verwaltungsträger.[25] Bei den Gemeinden[26] handelt es sich um „von ihren Bürgern getragene, landesunmittelbare öffentlich-rechtliche Gebietskörperschaften, die originär örtliche sowie vom Staat zugewiesene Aufgaben innerhalb ihres Gebietes wahrnehmen."[27] Die Kommunalverwaltungen sind aus rechtlicher Sicht den Verwaltungssystemen der Länder zugeordnet. Verfassungsrechtlich sind die Gemeinden damit als Teil der Bundesländer anzusehen.[28] Während Bund und Länder über eine eigenständige Gesetzgebungskompetenz verfügen, kommt den Rechtsakten der

---

[23] Vgl. Hartwig, Karl-Hans: a.a.O., S. 183. Zum Ordoliberalismus vgl. Schachtschnabel, Hans Georg: Wirtschaftspolitische Konzeptionen, Stuttgart 1967, S. 79 ff.

[24] Vgl. Arndt, Hans-Wolfgang/Rudolf, Walter: Öffentliches Recht, 8. Aufl., München 1991, S. 37.

[25] Vgl. Schoch, Friedrich/Wieland, Joachim: Finanzierungsverantwortung für gesetzgeberisch veranlaßte kommunale Aufgaben, Baden-Baden 1995, S. 53. Teilweise wird auch von einem vierstufigen Verwaltungsaufbau gesprochen, da auch die Kreise als Verwaltungsträger auftreten. Vgl. Maurer, Hartmut: Verfassungsrechtliche Grundlagen der kommunalen Selbstverwaltung, in: Deutsches Verwaltungsblatt, 110. Jg., 1995, S. 1040.

[26] Streng genommen gliedern sich die Kommunalverwaltungen in Städte und Gemeinden. Vgl. Hesse, Joachim Jens: Kommunalorganisation, in: Frese, Erich (Hrsg.): Handwörterbuch der Organisation, 3. Aufl., Stuttgart 1992, Sp. 1099. Diese Unterscheidung wird allerdings im Grundgesetz nicht getroffen.

[27] Stern, Klaus: Gemeinden. I: Rechtsstellung in der Bundesrepublik Deutschland, in: Albers, Willi u.a. (Hrsg.): Handwörterbuch der Wirtschaftswissenschaft, Band 3, Stuttgart/New York 1981, S. 486.

[28] Vgl. Thürer, Daniel: Bund und Gemeinden, Berlin u.a. 1986, S. 10 f.

Kommunalverwaltungen lediglich der Charakter von Verwaltungsakten mit untergesetzlicher Rechtssatzqualität zu.[29]

2.1.2 Die kommunale Selbstverwaltungsgarantie nach Artikel 28 Absatz 2 Grundgesetz

2.1.2.1 Verfassungsrechtliche Grundlagen der kommunalen Selbstverwaltung

Den jeweiligen Verwaltungsträgern ordnet das Grundgesetz Aufgabenbereiche zu. Zunächst weist Art. 30 GG die Ausübung der staatlichen Befugnisse sowie die Erfüllung der staatlichen Aufgaben den Ländern zu, sofern nicht eine Regelung zugunsten des Bundes besteht (Subsidiaritätsprinzip). Die Abgrenzung der Zuständigkeitsbereiche zwischen Bund und Ländern erfolgt in den Art. 70 ff.[30]

Explizit nimmt Art. 28 GG Bezug auf die Gemeinden und Gemeindeverbände. In Art. 28 Abs. 1 Satz 2 kommt zunächst das Demokratieprinzip zum Ausdruck, indem vorgeschrieben wird, daß in den Ländern, Kreisen und Gemeinden Vertretungen existieren müssen, die aus freien und geheimen Wahlen hervorgegangen sind. Hierdurch wird gewährleistet, daß die demokratische Staatsstruktur auch auf den unteren Ebenen gegeben ist.[31]

Art. 28 Abs. 2 ist schließlich die verfassungsrechtliche Garantie der kommunalen Selbstverwaltung:

„Den Gemeinden muß das Recht gewährleistet sein, alle Angelegenheiten der örtlichen Gemeinschaft im Rahmen der Gesetze in eigener Verantwortung zu regeln... Die Gewährleistung der Selbstverwaltung umfaßt auch die Grundlagen der finanziellen Eigenverantwortung."

Basierend auf dieser Verfassungsnorm darf sich eine Gemeinde jeder Angelegenheit der örtlichen Gemeinschaft annehmen, wobei es sich um solche handeln muß, bei denen die räumliche Komponente erfüllt ist, d.h., es müssen Angelegenheiten sein, die einen spezifischen Bezug zu der örtlichen Gemeinschaft haben.[32] Existieren keine anderen gesetzlichen Bestimmungen, die sol-

---

[29] Vgl. mit weiteren Quellenangaben Streibl, Ulrich: Organisationsgestaltung in der Kommunalverwaltung, Wiesbaden 1996, S. 40 f.
[30] Vgl. ausführlich Schoch, Friedrich/Wieland, Joachim: a.a.O., S. 53 ff.
[31] Vgl. Thürer, Daniel: a.a.O., S. 14 f. Stern, Klaus: a.a.O., S. 488.
[32] Vgl. Stern, Klaus: a.a.O., S. 488. Auf Probleme des Konzepts der örtlichen Gemeinschaft weist Thürer hin. Vgl. Thürer, Daniel: a.a.O., S. 19 f.

che Aufgaben an andere Verwaltungsträger verweisen, so liegt quasi eine universelle Kompetenz der Gemeinde auf ihrem Gebiet vor.[33] Weiter verfestigt wird diese „Allzuständigkeit" der Gemeinden durch die Länderverfassungen, in denen sie dann jeweils konkretisiert wird. Grundgedanke dieser Konzeption ist das der katholischen Soziallehre entstammende Subsidiaritätsprinzip. Eine öffentliche Aufgabe soll erst dann an eine höherrangige Verwaltungsebene verwiesen werden, wenn die untere Ebene diese Aufgabe nicht erfüllen kann. Daneben ist wesentlicher Gedanke des Subsidiaritätsprinzips, daß öffentliche Einrichtungen eine Aufgabe erst dann übernehmen, wenn der eigenverantwortlich handelnde Einzelne nicht mehr in der Lage ist, eine Aufgabe voll oder ausreichend zu erledigen.[34] Durch die Gewährleistung der Eigenverantwortlichkeit steht es im Ermessen der jeweiligen Gemeinde, ob, wann und wie sie Aufgaben, welche die örtliche Gemeinschaft betreffen, wahrnimmt.[35]

Was genau unter dem Begriff „Angelegenheiten der örtlichen Gemeinschaft" zu verstehen ist, bleibt in der Formulierung unklar. Auch Versuche des Bundesverfassungsgerichtes, diesen Begriff mit Inhalt zu füllen, helfen letztlich nicht weiter und haben eher tautologischen Charakter.[36] Demnach handelt es sich um Aufgaben, „die den Gemeindeeinwohnern gerade als solchen gemein sind, indem sie das Zusammenleben und -wohnen der Menschen in der (politischen) Gemeinde betreffen." Weiterhin heißt es, die Aufgaben stellen das „Betätigungsfeld (für die) grundgesetzlich gewollte Teilnahme der Bürger an der öffentlichen Verwaltung" dar.[37] Insgesamt ergibt sich ein breites Spektrum an Aufgaben, die in den Bereich der Selbstverwaltung fallen und die damit von den Gemeinden besetzt werden können.[38] Diese reicht von der Strom- und Wasserversorgung über die Bereitstellung von Sport- und Freizeiteinrichtungen bis hin zur Wirtschaftsförderung und städtebaulichen Entwicklung.

---

[33] Vgl. Schoch, Friedrich/Wieland, Joachim: a.a.O., S. 60.
[34] Vgl. Hanusch, Horst/Rauscher, Gerhard: Gemeinden II: Kommunale Wirtschafts- und Sozialpolitik, in: Albers, Willi u.a.: Handwörterbuch der Wirtschaftswissenschaft, Band 3, Stuttgart/New York 1981, S. 496; Krieger, Heinz-Jürgen: Schranken der Zulässigkeit der Privatisierung öffentlicher Einrichtungen der Daseinsvorsorge mit Anschluß- und Benutzungszwang, Siegburg 1981, S. 29 f.
[35] Vgl. Maurer, Hartmut: a.a.O., S. 1043.
[36] Vgl. Schmidt-Jortzig, Edzard: Gemeinde- und Kreisaufgaben – Funktionsordnung des Kommunalbereiches nach „Rastede", in: DÖV, 46. Jg., 1993, S. 974.
[37] Entscheidung des Bundesverfassungsgericht vom 23.11.1998 („Rastede-Entscheidung"). Zitiert nach Schmidt-Jortzig, Edzard: a.a.O., S. 974.
[38] Vgl. Schmidt-Jortzig, Edzard: a.a.O., S. 975.

2.1.2.2 Ziele der kommunalen Selbstverwaltung

Wendet man sich Ziel und Zweck der kommunalen Selbstverwaltung zu, so lassen sich, abstrahiert man von der rechtlichen Perspektive, im wesentlichen zwei Funktionen hervorheben. Dies ist zum einen der Aspekt der Dezentralität. Durch die Zuordnung von Kompetenzen auf untere Verwaltungsebenen soll gewährleistet werden, daß eine Orientierung an örtlichen Problemen und Bedürfnissen erfolgt. Sachnahe Entscheidungen und Flexibilität der Verwaltungsträger sollen so ermöglicht werden. Gleichzeitig erfolgt hiermit auch eine Entlastung übergeordneter Verwaltungseinheiten.[39] Dieser Aspekt der Dezentralität zieht sich im übrigen durch den gesamten Staats- und Verwaltungsaufbau der Bundesrepublik.

Ein weiterer Gesichtspunkt liegt zum anderen in der Mitwirkung und Mitgestaltung der Bürger an der Kommunalverwaltung. Die Gemeindebürger sollen in die politischen Prozesse auf der Gemeindeebene einbezogen werden und eigenverantwortlich über wichtige Fragen, die ihr direktes Umfeld betreffen, entscheiden können. Hierin kommt die politisch-demokratische Funktion der kommunalen Selbstverwaltung zum Ausdruck.[40]

Die Frage der kommunalen Selbstverwaltung spielt auch bei den Überlegungen zur Übertragung öffentlich wahrgenommener Aufgaben an Private eine Rolle. Es ist zu prüfen, inwiefern die kommunale Selbstverwaltung durch die verschiedenen Arten der Einschaltung Privater betroffen ist und welche Konsequenzen hieraus zu ziehen sind.[41]

Im folgenden soll jedoch zunächst eine genauere Charakterisierung kommunaler Aufgaben vorgenommen werden. Sodann erfolgt eine Einordnung der Gebäudewirtschaft in diese Aufgaben. Hierzu wird zunächst eine ökonomisch-normative Sicht eingenommen, um aufzuzeigen, welche Aufgaben vom Staat und seinen Gebietskörperschaften übernommen werden sollten. Anschließend werden kommunale Aufgaben juristisch abgegrenzt.

---

[39] Vgl. Hill, Hermann: Entwicklungstendenzen und Anforderungen an die kommunale Selbstverwaltung, in: Blümel, Willi/Hill, Hermann (Hrsg.): Die Zukunft der kommunalen Selbstverwaltung, Berlin 1991, S. 40; Schmidt-Aßmann, Eberhard: Kommunale Selbstverwaltung „nach Rastede", in: Franßen, Everhard u.a. (Hrsg.): Bürger – Richter – Staat: Festschrift für Horst Sendler zum Abschied aus seinem Amt, München 1991, S. 123 ff.

[40] Vgl. Hill, Hermann: a.a.O., S. 41;.

[41] Vgl. auch Völmicke, Christine: Privatisierung öffentlicher Leistungen in Deutschland, Frankfurt am Main u.a. 1996, S. 74 ff.

2.2 Abgrenzung kommunaler Aufgaben

2.2.1 Ökonomische Begründung kommunaler Aufgaben

2.2.1.1 Die Theorie des Markt- und Wettbewerbsversagens als Begründung für öffentliche Tätigkeiten

Wie die obigen Ausführungen gezeigt haben, sind die staatlichen Aktivitäten in der Bundesrepublik Deutschland nicht allein bei einer Körperschaft zentralisiert. Es stellt sich aber die Frage, wie staatliche Aktivitäten – und damit auch Aktivitäten der Kommunen – überhaupt begründet werden können. Mit anderen Worten bedeutet dies, daß zu klären ist, wie öffentliche Aufgaben festzulegen sind bzw. normativ festgelegt werden. Aus ordnungspolitischer Sicht kann hierzu auf die Theorie des Marktversagens zurückgegriffen werden. Staatliche Eingriffe bzw. staatliches Handeln wird damit begründet, daß (tatsächliches oder vermutetes) Markt- und/oder Wettbewerbsversagen vorliegt.

Die Theorie des Marktversagens versucht aufzuzeigen, in welchen Fällen und auf welche Weise staatliche Eingriffe bzw. staatliches Handeln erfolgen sollen. Sie ist aus diesem Blickwinkel den normativen Theorien zuzuordnen.[42] Im Gegensatz dazu stehen positive bzw. erklärende Theorien, die sich mit dem „Istzustand", d.h. der Frage „Was ist" befassen. Hier wird nicht mehr eine Antwort darauf gegeben, wie bestimmte Institutionen gestaltet werden sollten, sondern vielmehr eine Begründung dafür, wie die tatsächlich Ausgestaltung und Wirkungsweise von Institutionen aussieht. Dazu wird u.a. auf den Einfluß einzelner Interessengruppen zurückgegriffen. Zu letzterer Theoriekategorie zählen u.a. die Politische Ökonomie und die Bürokratietheorie, die an späterer Stelle aufgegriffen werden.

2.2.1.2 Der Begriff des Marktversagens

In der Literatur existieren unterschiedliche Sicht- und Abgrenzungsweisen des Begriffs Marktversagen.[43] Eickhof unterscheidet in Marktversagen und in Wettbewerbsversagen, indem er auf die unterschiedlichen Funktionen von

---

[42] Vgl. mit kritischen Anmerkungen Blankart, Charles B.: Öffentliche Finanzen in der Demokratie, 3. Aufl., München 1998, S. 68.

[43] Einen Überblick gibt Bögelein, Margareta: Ordnungspolitische Ausnahmebereiche: marktwirtschaftliche Legitimation und wirtschaftspolitische Konsequenzen, Wiesbaden 1991.

Markt und Wettbewerb abstellt.[44] Während die Hauptfunktion des Marktes in der Koordination dezentral aufgestellter Einzelpläne der Wirtschaftssubjekte besteht, erfolgt mittels des Wettbewerbs die Effizienzkontrolle der marktlichen Koordination.[45] Von Marktversagen ist dann zu sprechen, wenn der Markt seine Koordinationsleistung nicht erbringt; Wettbewerbsversagen liegt dann vor, wenn der Wettbewerb keine effizienzorientierte Unternehmensselektion oder Verbesserung der Marktergebnisse bewirkt.[46] Als Fälle des Marktversagens werden Öffentliche Güter, unüberwindliche Koordinationshemmnisse und externe Effekte genannt. Wettbewerbsversagen liegt nach dieser Sichtweise im Fall des Natürlichen Monopols, bei ruinöser Konkurrenz, bei Marktzutrittsschranken und bei hohen Transaktionskosten auf seiten der Nachfrager vor.[47]

Im einzelnen soll hier auf öffentliche Güter, externe Effekte und das natürliche Monopol eingegangen werden, da diese drei Fälle für die Begründung kommunaler Aktivitäten relevant sind.

2.2.1.3 Öffentliche Güter

Eingriffserfordernisse staatlicherseits werden dann gesehen, wenn Märkte für bestimmte Güter nicht entstehen, d.h. kein privater Anbieter bereit ist, dieses Gut bereitzustellen. In diesem Fall spricht man von öffentlichen Gütern. Das Versagen des Marktes als Koordinationsmechanismus wird zum Anlaß genommen, das Angebot der betreffenden Güter durch staatliche Instanzen sicherzustellen. Zwei Merkmale werden als kennzeichnend für öffentliche Güter angesehen. Zum einen versagt bei diesen Gütern das Ausschlußprinzip.[48]

---

[44] Vgl. Eickhof, Norbert: Theorien des Markt- und Wettbewerbsversagens, in: Wirtschaftsdienst, 66. Jg. 1986, S. 470 ff. Der oben aufgeführte Fall des Natürlichen Monopols fällt nach dieser Vorgehensweise in den Bereich des Wettbewerbsversagens. Vgl. auch Bögelein, Margareta: a.a.O., S. 141 ff.

[45] Vgl. Bögelein, Margareta: a.a.O., S. 100 f.

[46] Vgl. Eickhof, Norbert: a.a.O., S. 471.

[47] Die hier dargestellte Einteilung in Markt- und Wettbewerbsversagen wird in der Literatur nicht einhellig vollzogen. Vielfach wird lediglich von Marktversagen gesprochen Vgl. Müller, Jürgen/Vogelsang, Ingo: Staatliche Regulierung – Regulated Industries in den USA und Gemeinwohlbindung in wettbewerblichen Ausnahmebereichen in der BRD, Baden-Baden 1979, S. 36 ff.; Fritsch, Michael/Wein, Thomas/Ewers, Hans-Jürgen: Marktversagen und Wirtschaftspolitik: mikroökonomische Grundlagen staatlichen Handelns, München 1993, S. 53 ff.

[48] Zum Ausschlußprinzip vgl. Musgrave, Richard A./Musgrave, Peggy B./Kullmer, Lore: Die öffentlichen Finanzen in Theorie und Praxis, 1. Band, 5. Aufl., Tübingen 1990, S. 55. Vgl. auch Olson, Mancur: Die Logik des kollektiven Handelns, Tübingen 1968, S. 13 f.

Der Konsum des Gutes ist ohne die Entrichtung eines Preises möglich. Folge hiervon ist ein strategisches Verhalten der Nachfrager, die eine „Trittbrettfahrer-Position" einnehmen werden: die rational handelnden Nachfrager werden ihre wahren Präferenzen für die entsprechenden Güter nicht offenlegen, um dann kostenfrei an den Gütern zu partizipieren. Aus diesem Grunde findet sich kein privater Produzent, der diese Güter bereitstellen wird.[49]

Allokative Folgen des versagenden Ausschlußprinzips sind eine Unterversorgung mit noch zu produzierenden öffentlichen Gütern und eine tendenzielle Übernutzung bestehender öffentlicher Güter.[50] Eine individuelle Rationalität führt damit zu einer kollektiven Irrationalität; es liegt ein sogenanntes „Gefangenendilemma" vor.[51] Als Grund für die Nichtfunktionsfähigkeit des Ausschlußprinzips kann die mangelnde Zuordnung von exklusiven Eigentumsrechten angesehen werden.[52]

Zweites Charakteristikum öffentlicher Güter ist die Nichtrivalität im Konsum. Diese liegt vor, wenn ein Gut gleichzeitig von mehreren Individuen genutzt werden kann, ohne daß der Nutzen des Konsums hierbei für einen anderen Nutzer geschmälert wird.[53]

---

[49] Vgl. Bögelein, Margareta: a.a.O., S. 110 f.

[50] Vgl. Streit, Manfred E.: Theorie der Wirtschaftspolitik, 3. Aufl., Düsseldorf 1991, S. 94 f.

[51] Dies ist eine spezielle Situation, in der es für die Individuen optimal wäre, sich gemeinwohlorientiert zu verhalten. Aus strategischen Erwägungen wählen sie aber eine Option, die subjektiv ihren individuellen Nutzen maximiert. Geprägt ist diese Entscheidung durch die Überzeugung, daß sich auch die anderen Individuen nicht gemeinwohlorientiert verhalten. Die Bezeichnung Gefangenendilemma stammt aus der Spieltheorie und geht auf ein Beispiel zurück, in dem zwei Untersuchungsgefangene isoliert voneinander verhört werden und eine Abstimmung ihrer Aussagen nicht möglich ist. Vgl. zum Gefangenendilemma Hartwig, Karl-Hans: Umweltökonomie, in: Bender, Dieter u.a. (Hrsg.), Vahlens Kompendium der Wirtschaftstheorie und Wirtschaftspolitik, Band 2, 5. Aufl. 1992, S. 133 f.

[52] Vgl. Bögelein, Margareta: a.a.O., S. 111.

[53] Vgl. Brümmerhoff, Dieter: Finanzwissenschaft, 7. Aufl., München/Wien 1996, S. 77. Für Musgrave ist die Nichtrivalität im Konsum dominierendes Merkmal öffentlicher Güter. Ein Ausschluß sollte bei Nichtrivalität selbst dann nicht vorgenommen werden, wenn er möglich wäre. Soll nämlich der Preis aus Effizienzgründen den Grenzkosten entsprechen, wäre hier der Preis gleich Null, da auch die Grenzkosten gleich Null sind. Vgl. Musgrave, Richard A./Musgrave, Peggy B./Kullmer, Lore: a.a.O., S. 55 f.

Ausschlaggebend für eine staatliche Bereitstellung öffentlicher Güter sollte jedoch das Versagen des Ausschlußprinzips sein.[54] Es existiert kein Preis, der private Unternehmen zu einem Angebot veranlassen und Interessenten von einer kostenlosen Nutzung ausschließen wird. Daher sollten die entsprechenden Güter von staatlichen Instanzen ohne direkte Entgelte angeboten werden.[55] Als Beispiele für öffentliche Güter werden vielfach die Landesverteidigung und die innere Sicherheit, aber auch der Straßenbau und die Straßenbeleuchtung genannt.[56]

In der Realität jedoch sind Güter, auf die beide der o.a. Eigenschaften zutreffen, selten zu finden. Es gibt eine Reihe von Gütern, auf die eine der beiden Eigenschaften oder aber beide nur begrenzt zutreffen. In diesen Fall liegen keine reinen öffentlichen Güter vor, sondern es handelt sich um Mischgüter, d.h. die betreffenden Güter besitzen sowohl Kennzeichen privater als auch öffentlicher Güter.

Neben der Zielsetzung der Bereitstellung öffentlicher Güter lassen sich weiterhin meritorische Zielsetzungen feststellen. Hierbei handelt es sich nicht um einen Fall des Marktversagens. Vielmehr funktioniert der Marktmechanismus, jedoch werden bestimmte Güter nicht in dem Ausmaß nachgefragt bzw. angeboten, welches die politischen Entscheidungsträger für wünschenswert halten, so daß diese Leistungen von staatlicher Seite bereitgestellt werden. Man spricht in diesem Fall von meritorischen Gütern.[57] Als gerechtfertigt gelten meritorische Eingriffe zum einen dann, wenn bei Individuen keine volle Entscheidungsfähigkeit gegeben ist und die Entscheidung u.U. bedeutend für die Existenz des Individuums ist. Zum anderen geht man davon aus, daß die Indivi-

---

[54] So auch Junkernheinrich, Martin: Gemeindefinanzen: theoretische und methodische Grundlagen ihrer Analyse, Berlin 1991, S. 32.

[55] Vgl. Eickhof, Norbert: Staatliche Regulierung zwischen Marktversagen und Gruppeninteressen, in: Jahrbuch für Neue Politische Ökonomie, Band 5, 1986, S. 128.

[56] Betrachtet man den Bereich der Verkehrsinfrastruktur so zeigt sich in letzter Zeit insbesondere im Bereich der Autobahnen, daß das Ausschlußprinzip zu vertretbaren Kosten durchsetzbar ist. Zunehmend finden sich daher Überlegungen, private Unternehmen in die Finanzierung und Bereitstellung der Verkehrsinfrastruktur einzubeziehen. Vgl. Schmidt, Frank O.: Erfahrungen mit der Maut, in: Die Bank, Nr. 5, 1994, S. 290 ff; o.V.: Clement für private Tunnelbauer, in: WAZ, Nr. 23 vom 28.1.1997, o.S.; o.V.: Bundeszuschuß für Betreibermodelle, in: HB, Nr. 41 vom 27.2.1997, S. 6.

[57] Im entgegengesetzten Fall, daß bestimmte Güter in einem zu hohen Maße nachgefragt werden, als für wünschenswert gehalten wird spricht man von demeritorischen Gütern. Auch hier können Eingriffe erfolgen. Vgl. Stobbe, Alfred: Mikroökonomik, 2. Aufl., Berlin u.a. 1991, S. 500.

duen tendenziell nicht über alle Informationen verfügen, die für eine rationale Entscheidung benötigt werden.[58] Es wird also ein Eingriff in die individuellen Präferenzen der Wirtschaftssubjekte vorgenommen. Beispiel für meritorische Zielsetzungen sind u.a. die Einführung der allgemeinen Schulpflicht, aber auch Leistungen im Gesundheitswesen sowie das kulturelle Angebot von Kommunen.

2.2.1.4 Externe Effekte

Ein weiterer Fall, der zur Rechtfertigung staatlicher Eingriffe herangezogen wird, ist das Vorliegen externer Effekte. Von externen Effekten spricht man, wenn aus Produktions- und Konsumaktivitäten eines Wirtschaftssubjektes positive oder negative Wirkungen bei anderen Wirtschaftssubjekten entstehen, die nicht über den Preismechanismus abgegolten werden. Es werden damit nicht alle Kosten- und Nutzenelemente in das Entscheidungskalkül des Verursachers einbezogen. Vielfach entstehen externe Effekte aus der Nutzung öffentlicher Güter.[59] Es liegen bei den anderen Wirtschaftssubjekten Zusatzkosten oder Zusatznutzen vor, die nicht im Preis berücksichtigt werden. Der Verursacher negativer externer Effekte wird durch den Markt nicht belastet, der Verursacher positiver externer Effekte wird durch den Markt nicht voll entschädigt.[60] Für Verursacher negativer externer Effekte besteht damit keine Veranlassung, ihre Aktivitäten einzuschränken und für die Verursacher positiver externer Effekte besteht keine Veranlassung, ihre Aktivitäten auszuweiten. Dadurch kommt es zu Über- bzw. Unterversorgung und damit zu einer suboptimalen Allokation.

Das Vorliegen externer Effekte kann ebenfalls dafür sprechen, daß staatliche Instanzen aktiv werden. Ziel ist es, nicht erwünschte Effekte privatwirtschaftlicher Aktivitäten einzuschränken und erwünschte Effekte zu fördern. Beispiel hierfür ist u.a. die Festlegung von Immissionsnormen und deren Überwachung im Rahmen der Umweltpolitik[61], auf kommunaler Ebene z.B. die Ausweisung spezieller Gewerbegebiete aber auch die Auslobung von Preisen für besonders gelungene Gartengestaltung, um über gepflegte Wohngebiete bzw. -anlagen die Lebensqualität der Bürger einer Stadt zu erhöhen. Im kommunalen Bereich lassen sich u.a. die Wirtschaftsförderung, die Abfall- und Abwas-

---

[58] Vgl. Külp, Bernhard u.a.: Sektorale Wirtschaftspolitik, Berlin u.a. 1984, S. 21 f.
[59] Vgl. Müller, Jürgen/Vogelsang, Ingo: a.a.O., S. 43 f.
[60] Vgl. Brümmerhoff, Dieter: a.a.O., S. 58 ff.; Hartwig, Karl-Hans: Umweltökonomie, a.a.O., S. 134 ff.
[61] Vgl. Hartwig, Karl-Hans: Umweltökonomie, a.a.O., S. 144 f.

serbeseitigung sowie Straßenreinigung und Grünflächenpflege auf die Existenz externer Effekte zurückführen.

2.2.1.5 Natürliches Monopol

Ebenso wie beim Vorliegen externer Effekte wird der Staat bei der Existenz natürlicher Monopole aktiv, um unerwünschte privatwirtschaftliche Aktivitäten einzuschränken bzw. zu steuern. Ein natürliches Monopol liegt dann vor, wenn die am Markt nachgefragte Menge von einem Anbieter kostengünstiger bereitgestellt werden kann als von einer Vielzahl von Anbietern.[62] Liegen die Bedingungen für ein natürliches Monopol vor, so sei es gesamtwirtschaftlich effizient, wenn nur ein Unternehmen als Produzent auftrete. Hier ist jedoch der Gefahr vorzubeugen, daß der alleinige Anbieter sich monopolistisch verhält.[63] Regulierende Eingriffe können daher notwendig sein, um ein wünschenswertes Angebotsverhalten zu generieren. Als Beispiele für natürliche Monopole im kommunalen Bereich gelten u.a. die Trinkwasser- und – zunehmend mit Einschränkungen – die Energieversorgung.[64]

Im Zusammenhang mit natürlichen Monopolen wird vielfach von der öffentlichen Bindung sowohl öffentlicher als auch privater Unternehmen gesprochen. Ziele der öffentlichen Bindung sind u.a. der Schutz der Kunden vor monopolistischer Ausbeutung, die Ordnung der öffentlichen Netze sowie die politische Entmachtung der privaten Inhaber von Schlüsselpositionen.[65] Generell bedeutet öffentliche Bindung, daß Leitgedanke des Handelns das Allgemeininteresse der Gemeindebevölkerung sein soll. Um dieses Allgemeininteresse zu gewährleisten, ist es notwendig, eine Reihe von Pflichten zu übernehmen, wie z.B. Vorhalte- und Bereitstellungspflichten, Betriebspflichten sowie Tarifpflichten.[66]

---

[62] Vgl. Müller, Jürgen/Vogelsang, Ingo: a.a.O., S. 36; Eickhof, Norbert: Staatliche Regulierung..., a.a.O., S. 129 f.; Brümmerhoff, Dieter: a.a.O., S. 47 f. Man spricht hierbei von dem Vorliegen einer subadditiven Kostenfunktion.

[63] Vgl. Bögelein, Margareta: a.a.O., S. 187.

[64] Vgl. Münch, Paul: Das System der öffentlichen Bindung der Versorgungsunternehmen in der Bundesrepublik Deutschland, in: Thiemeyer, Theo (Hrsg.): Öffentliche Bindung von Unternehmen, 1. Aufl., Baden-Baden 1983, S. 239 ff.

[65] Vgl Eynern, Gert von: Das öffentlich gebundene Unternehmen, in: Archiv für öffentliche und freigemeinwirtschaftliche Unternehmen, Band 4 1958, S. 7.

[66] Vgl. Zeiß, Friedrich: Die öffentliche Bindung der Gemeindewirtschaft, in: Thiemeyer, Theo u.a. (Hrsg.): Öffentliche Bindung von Unternehmen, Baden-Baden 1983, S. 277 ff.

2.2.1.6 Aussagegehalt der Theorie des Marktversagens

Die Rechtfertigung für staatliche Aktivitäten wird aus einem Versagen des Marktmechanismus (und/oder des Wettbewerbsmechanismus) abgeleitet. Eine Erklärung, ob der Staat seinerseits eine bessere Allokation als der Markt realisiert, ist durch diese Theorie jedoch nicht zu erhalten. Hierzu wäre eine genaue Untersuchung der staatlichen Aktivitäten unter Effizienzgesichtspunkten erforderlich.[67]

Die Theorie des Marktversagens liefert insofern lediglich ein theoretisches Gerüst, mit dem staatliche Aktivitäten – und damit auch kommunale Aktivitäten – normativ begründet werden können. Angesichts erheblicher Operationaliesierungsprobleme können allein Anhaltspunkte darüber gewonnen werden, ob eine Aufgabe eher öffentlich oder eher privat zu erledigen ist.[68]

In der Realität sieht es so aus, daß der Bereich der Aufgaben, der durch die Kommunen wahrgenommen wird, sehr vielschichtig und im Laufe der Zeit aufgrund kulturellen, gesellschaftlichen und technologisch-wirtschaftlichen Wandels Änderungen unterworfen ist.[69] Eine genaue Grenzziehung zwischen öffentlichen und privaten Aufgaben fällt in Anbetracht dieses Wandels schwer. Welche Aufgaben durch die Kommune übernommen werden, hängt nicht zuletzt im hohen Maße auch von den gesellschafts- und wirtschaftspolitischen Entscheidungsträgern im Rahmen der kommunalen Selbstverwaltung ab. Daneben kommt den übergeordneten Entscheidungsträger auf Landes- und auf Bundesebene eine bedeutende Rolle bei der Aufgabenzuweisung an die Kommunen zu.[70]

---

[67] Vgl. Brümmerhoff, Dieter: a.a.O., S. 37.

[68] Vgl. Junkernheinrich, Martin: a.a.O., S. 32 f.

[69] Einen kurzen Überblick für eine Verlagerung der Schwerpunkte staatlicher Aktivitäten vgl. bei Erhardt, Manfred: Öffentliche Aufgaben, in: Chmielewicz, Klaus/Eichhorn, Peter (Hrsg.): Handwörterbuch der Öffentlichen Betriebswirtschaft, Stuttgart 1989, Sp. 1007 f. Einen Überblick über die Notwendigkeit und die Ursachen des Wandels insbesondere großstädtischer Aufgabenerfüllung gibt Budäus. Vgl. Budäus, Dietrich: Großstädtische Aufgabenerfüllung im Wandel – Probleme und neue Formen der Verwaltung von Metropolen, in: Budäus, Dietrich/Engelhardt, Gunther (Hrsg.): Großstädtische Aufgabenerfüllung im Wandel, Baden-Baden 1996, S. 227 ff.

[70] Vgl. ähnlich Püttner, Günter: Verwaltungslehre, 2. Aufl., München 1989, S. 34 f. An dieser Stelle sei nochmals an die positiven Theorien der Staatstätigkeit verwiesen, die explizit die einzelnen Interessengruppen und ihr Verhalten einbeziehen.

2.2.2 Juristische Abgrenzung kommunaler Aufgaben

Neben dieser ökonomisch-normativen Begründung für kommunale Aktivitäten lassen sich die kommunalen Aufgaben auch juristisch abgrenzen. Unterschieden wird dabei in den eigenen Wirkungskreis und den übertragenen Wirkungskreis. Aufgaben des eigenen Wirkungskreises sind freiwillige und pflichtige Selbstverwaltungsaufgaben.[71] Bei den Selbsverwaltungsaufgaben handelt es sich entweder um solche, bei denen die Kommune entscheiden kann, ob und wie sie eine Aufgabe aufgreift (freiwillig) oder um solche, die gesetzlich vorgegeben sind, bei denen die Art der Erfüllung aber freigestellt bleibt (pflichtig).[72] Die übertragenen Aufgaben sind solche des Bundes oder der Länder (insbesondere aus dem Bereich der Ordnungs- und Sozialverwaltung), die aber von den Kommunen in Fremdverwaltung wahrzunehmen sind.[73] Diese drei Aufgabenkategorien umfassen diejenigen Leistungen, die dem Bürger gegenüber erbracht werden, somit also die „Kernaufgaben" der Verwaltung darstellen. Dies bedeutet jedoch nicht, daß hier nicht auch private Unternehmen in die Aufgabenerfüllung einbezogen werden können, wie z.B. der Bereich der Abfallentsorgung zeigt. Da die Kommune allerdings dafür verantwortlich ist, ein Angebot aufrechtzuerhalten, sind besondere Ausgestaltungen in Form von Kontroll- und Eingriffsrechten notwendig, wenn ein Privater mit der Aufgabenerstellung betraut wird.

Neben diesen Aufgaben existieren solche der inneren Verwaltung. Es handelt sich dabei um Teile der Verwaltung, die Zentralaufgaben wahrnehmen und damit die Erledigung der Fachaufgaben ermöglichen.[74] Auf kommunaler Ebene sind viele Aufgaben der inneren Verwaltung in sogenannten Querschnittsämtern zusammengefaßt. Hierzu zählen u.a. das Hauptamt, das Personalamt, das Liegenschaftsamt, das Rechtsamt und die Kämmerei.[75] In den Bereich der inneren Verwaltung sind auch die sogenannten Annexaufgaben, d.h. Hilfstätigkeiten, die den Eigenbedarf der Verwaltung decken und damit Vorleistungen für die Verwaltungstätigkeit darstellen, einzuordnen. Das Gebiet dieser Aufgaben ist dadurch gekennzeichnet, daß verwaltungsinterner Bedarf

---

[71] Vgl. Köstering, Heinz: Das Verhältnis zwischen Gemeinde- und Kreisaufgaben einschließlich der Funktionalreform, in: Püttner, Günter (Hrsg.): Handbuch der kommunalen Wissenschaft und Praxis, 2. Aufl., Berlin/Heidelberg/New York 1983, S. 40 f.
[72] Vgl. Schmidt-Jortzig, Edzard: a.a.O., S. 975.
[73] Vgl. Schmidt-Jortzig, Edzard: a.a.O., S. 976.
[74] Vgl. Hack, Hans: Innere Verwaltungen, in: Chmielewicz, Klaus/Eichhorn, Peter (Hrsg.): Handwörterbuch der Öffentlichen Betriebswirtschaft, Stuttgart 1989, Sp. 654.
[75] Vgl. Hack, Hans: a.a.O., Sp. 659 ff.

durch verwaltungseigene Einheiten gedeckt und das Verhältnis Bürger/Verwaltung nicht direkt berührt wird.[76] Beispiele für Annexaufgaben sind die Gebäudereinigung, Gärtnereien und technische Dienstleistungen.

Traditionell spielen die Annexaufgaben in der Privatisierungsdiskussion eine wichtige Rolle.[77] Kritiker sehen jedoch auch hier Privatisierungsschranken, da sich eine Übertragung dieser Leistungen durchaus auf das Verhältnis zum Bürger auswirken kann.[78] So wirkt sich z.B. eine schlechte Reinigung von Schulen und Kindergärten durch ein privates Reinigungsunternehmen direkt auf das Leistungsverhältnis zwischen Kommune und Bürger aus, da in diesem Fall hygienische Standards nicht eingehalten werden.

Auch die gebäudewirtschaftlichen Leistungen (zur ausführlichen Darstellung dieser Leistungen vgl. Kap. 3) lassen sich – wie die weiteren Ausführungen zeigen werden – in den Bereich der Annextätigkeiten eingliedern. Die kommunalen Immobilien sind der Ort der Leistungserstellung. Um diese zu gewährleisten, ist die Bewirtschaftung und der Betrieb dieser Immobilien notwendig. Somit kommt den immobilienbezogenen Aufgaben eine unterstützende Funktion zu und sie erfüllen insofern das Charakteristikum von Annextätigkeiten.

2.2.3 Die Kommunalverwaltung als Dienstleister und gebäudewirtschaftliche Leistungen als verwaltungsinterne Dienstleistungen

Betrachtet man die kommunalen Leistungen, so läßt sich feststellen, daß sie weitgehend Dienstleistungscharakter aufweisen und die Kommunalverwaltung damit als Dienstleistungsproduzent angesehen werden kann.[79]

---

[76] Vgl. Pappermann, Ernst: Privatisierung kommunaler Aufgaben: Möglichkeiten und Grenzen, in: Der Städtetag, 37. Jg., Heft 4, 1984, S. 248.; Deutscher Städtetag: Möglichkeiten und Grenzen der Privatisierung öffentlicher Aufgaben, DST-Beiträge zur Kommunalpolitik, Heft 7, Köln 1986, S.

[77] Vgl. Budäus, Dietrich: Betriebswirtschaftliche Instrumente zur Entlastung kommunaler Haushalte, Baden-Baden 1982, S. 105 ff.; Bach, Stefan: Private Bereitstellung von Infrastruktur, in: Vierteljahreshefte zur Wirtschaftsforschung, Heft 3, 1994, S. 240.

[78] Vgl. Gromoll, Bernhard: Rechtliche Grenzen der Privatisierung öffentlicher Aufgaben, München 1982, S. 292 f.

[79] Zur Charakterisierung der öffentlichen Verwaltung als Dienstleistungsbetrieb vgl. Eichhorn, Peter: Die öffentliche Verwaltung als Dienstleistungsbetrieb, in: Rehkopp, Alfons (Hrsg.): Dienstleistungsbetrieb Öffentliche Verwaltung, Stuttgart 1976, S. 15 ff. Diese Charakterisierung betrifft weniger die Eingriffsverwaltung, die Ordnungsaufgaben wahrnimmt, als vielmehr die Leistungsverwaltung, welche unterstützende (z.B. Sozialhilfe) oder gewährleistende (z.B. Verkehrs- und Versorgungsbetriebe, Schulen) Aufgaben

Eine allgemein anerkannte Definition des Dienstleistungsbegriffes ist in der wirtschaftswissenschaftlichen Literatur nicht anzutreffen.[80] Als Definitionsmerkmale lassen sich jedoch die Immaterialität sowie die Integration eines externen Faktors hervorheben. Beide Definitionsmerkmale setzen auf jeweils unterschiedlichen Ebenen an: die Immaterialität auf der Leistungsergebnisebene, die Integration des externen Faktors auf der Leistungserstellungsebene. Als externe Faktoren können z.B. Personen, Objekte, Rechte, Informationen etc. angesehen werden. Die Integration eines externen Faktors bedeutet, daß der Nachfrager am Leistungserstellungsprozeß mitwirkt, indem er einen externen Faktor (hierzu kann er durchaus selbst zählen) befristet in den Verfügungsbereich des Anbieters einbringt und dieser durch den Anbieter eine Bearbeitung erfährt. Der Leistungserstellungsprozeß wird damit auch erst durch den Nachfrager ausgelöst.[81] Aufgrund der Schwierigkeiten, die mit den verschiedenen Definitionsmerkmalen verbunden sind[82], schlagen Engelhardt et al. vor, die Trennung in Sach- und Dienstleistungen – insbesondere im Hinblick auf absatzpolitische Überlegungen – aufzugeben. Statt dessen sind Absatzobjekte als Leistungsbündel zu betrachten, die sowohl immaterielle als auch materielle Ergebnisbestandteile enthalten. Daneben kann ein mehr oder weniger hoher Grad an Integrativität des externen Faktors gegeben sein.[83] Im weiteren Verlauf dieser Arbeit soll dennoch der Begriff Dienstleistungen verwendet werden.

---

umfaßt. Vgl. zu dieser Kategorisierung Maurer, Hartmut: Allgemeines Verwaltungsrecht, 10. Aufl., München 1995, S. 7.

[80] Eine Übersicht über Definitionsansätze geben Engelhardt, Werner H./Kleinaltenkamp, Michael/Reckenfelderbäumer, Martin: Dienstleistungen als Absatzobjekt, Arbeitsbericht Nr. 52 des Institut für Unternehmensführung und Unternehmensforschung, Bochum 1992, S. 8 ff. Vgl. auch Meffert, Heribert/Bruhn, Manfred: Dienstleistungsmarketing, 2. Aufl., Wiesbaden 1997, S. 23 ff.

[81] Vgl. Engelhardt, Werner H./Kleinaltenkamp, Michael/Reckenfelderbäumer, Martin: a.a.O., S. 15.

[82] Gegen das Merkmal der Immaterialität wird eingewendet, daß Dienstleistungen durchaus auch materielle Bestandteile aufweisen können und somit eine Einordnung von Dienstleistungen allein anhand diese Kriteriums abzulehnen ist. Auch das Kriterium der Integration des externen Faktors wird kritisch gesehen, da er eine sehr weitgefaßte Begriffsbestimmung erlaubt und Abgrenzungsprobleme zwischen Sach- und Dienstleistungen aufwirft. Vgl. Engelhardt, Werner H./Kleinaltenkamp, Michael/Reckenfelderbäumer, Martin: a.a.O., S. 12 f. und S. 14 ff.

[83] Engelhardt, Werner H./Kleinaltenkamp, Michael/Reckenfelderbäumer, Martin: a.a.O., S. 34 ff.

Beispiel für die Integration des externen Faktors bei kommunalen Leistungen sind die Beantragung eines Personalausweises im Einwohnermeldeamt oder der Antrag auf Erteilung einer Baugenehmigung. In beiden Fällen liegt eine geringe Intensität der Integrativität vor. Der Bürger initiiert den Erstellungsprozeß und stellt im wesentlichen Informationen zur Verfügung. Anders sieht es z.b. bei einer standesamtlichen Trauung oder einer ärztlichen Untersuchung im Gesundheitsamt aus. Hier geht nicht nur die Initiierung der Leistungserstellung vom Bürger aus (jedenfalls zumindest bei der Trauung), sondern er muß physisch zugegen sein, sich also als externen Faktor einbringen. Ohne dies wäre die entsprechende Leistung nicht durchführbar.

Dienstleistungen lassen sich allgemein in die drei Dimensionen Bereitstellungsleistung, Leistungserstellungsprozeß und Leistungsergebnis einteilen.[84] Kommunale Immobilien betreffen zwei dieser Dimensionen. Die Bereitstellungsleistung erfordert, daß der Dienstleistungsanbieter die erforderlichen Fähigkeiten sowie die notwendige Bereitschaft zur Leistungserbringung, und damit das Dienstleistungspotential, besitzt.[85] Um dieses Potential zu schaffen, hat er bestimmte Betriebsmittel vorzuhalten. Zu diesen Betriebsmitteln zählen die Immobilien, in denen der Bürger die Leistungen nachfragen kann. Der Leistungserstellungsprozeß wird durch den Bürger ausgelöst. Die Räumlichkeiten werden von der Kommune (als interner Faktor) in den Leistungserstellungsprozeß eingebracht, indem sie den Ort der Leistungserstellung darstellen.

Da gebäudewirtschaftliche Leistungen anderen Verwaltungseinheiten gegenüber erbracht werden und nicht der Bürger unmittelbarer Leistungsempfänger ist, zählen sie zu den verwaltungsinternen Dienstleistungen.[86] Dabei wirken sie

---

[84] Vgl. Hilke, Wolfgang: Grundprobleme und Entwicklungstendenzen des Dienstleistungs-Marketing, in: Hilke, Wolfgang (Hrsg.): Dienstleistungs-Marketing, Wiesbaden 1989, S. 10 ff. Hierbei spricht Hilke von Phasen. Da dies jedoch eine chronologische Abfolge implizieren würde, der gesamte Prozeß jedoch als dynamisches System anzusehen ist, ist diese Bezeichnung irreführend. Vgl. Engelhardt, Werner H./Kleinaltenkamp, Michael/Reckenfelderbäumer, Martin: a.a.O., S. 34.

[85] Vgl. Hilke, Wofgang: a.a.O., S. 11.

[86] Engelhardt/Schwab sprechen – auf den Unternehmensbereich bezogen – von investiven Dienstleistungen. Dies sind solche, mit deren Einsatz weitere Güter oder Dienstleistungen für die Fremdbedarfsdeckung erstellt werden. Vgl. Engelhardt, Werner H./Schwab, Wilfried: Die Beschaffung von investiven Dienstleistungen, in: DBW, 42. Jg., Heft 4, 1982, S. 505. In einer früheren Arbeit definiert Engelhardt innerbetriebliche Leistungen als „...sämtliche auf Erhaltung und Ausbau des Betriebsgefüges ausgerichteten Leistungen...". Engelhardt, Werner H.: Grundprobleme der Leistungslehre, dargestellt am Beispiel der Warenhandelslehre, in: ZfbF, 18. Jg., 1966, S. 162.

auf zwei der o.a. Leistungsdimensionen ein. Im Rahmen der Bereitstellungsleistung sind sie dafür verantwortlich, die Gebrauchs- und Funktionsfähigkeit der kommunalen Immobilien zu gewährleisten. Daneben nehmen sie eine unterstützende Funktion im Rahmen des Leistungserstellungsprozeß ein, indem sie die Arbeitsprozesse innerhalb der Immobilien ermöglichen. Sie sind allerdings nur indirekt an der Leistungserstellung beteiligt, da sie nicht in das Endprodukt „eingehen". Insgesamt stellt sich schon hier die Frage, wie die geeignete Organisation für solche verwaltungsinternen Leistungen aussehen kann.[87] Diese Frage wird im weiteren Verlauf der Arbeit wieder aufgegriffen.

Bezüglich der gebäudewirtschaftlichen Leistungen ist zu prüfen, ob für sie die Tatbestände des Marktversagens vorliegen und insofern eine staatliche bzw. kommunale Produktion gerechtfertigt ist. Es hatte sich gezeigt, daß es möglich ist, Leistungen in verschiedene Dimensionen zu zerlegen. Selbst wenn für das Leistungsergebnis der Tatbestand des Marktversagens erfüllt sein sollte und damit die staatliche Bereitstellung geboten erscheint, heißt dies noch nicht, daß sämtliche Dimensionen staatlicherseits ausgefüllt werden müssen. Insbesondere für verwaltungsinterne, unterstützende (Dienst)Leistungen treffen Marktversagenstatbestände in der Regel nicht zu, so daß private Unternehmen durchaus in die Leistungserstellung einbezogen werden können. Da es sich bei den gebäudewirtschaftlichen Leistungen – wie die weiteren Ausführungen zeigen werden – um Leistungen handelt, für die ein breiter privater Markt existiert, kann das Vorliegen von Marktversagen negiert werden und können aus ordnungspolitischer Sicht keine Bedenken gegen eine Privatisierung vorgebracht werden. Vielmehr sprechen ordnungspolitische Gesichtspunkte für eine verstärkte Einbeziehung privater Unternehmen. Es ist wohl zu prüfen, ob eine Auslagerung die eigentliche Erfüllung der Aufgabe gefährdet und wie einer solchen Gefährdung begegnet werden kann.

Zunächst gilt es jedoch aufzuzeigen, in welchem organisatorischen Rahmen die kommunale Aufgabenerfüllung stattfindet und wie gebäudewirtschaftliche Leistungen hier eingeordnet werden können.

---

[87] Die Organisationsfrage sprechen auch Engelhardt/Schwab an. Vgl. Engelhardt, Werner H./Schwab, Wilfried: a.a.O., S. 505 f.

2.3 Der organisatorische Aufbau der Kommunalverwaltungen

2.3.1 Kommunalverfassung

Die Regelung des Kommunalrechts ist gemäß Art. 30 und Art. 70 ff. GG ausschließlich den Ländern zugewiesen. Die Ausgestaltung der Kommunalverfassung erfolgt daher durch die einzelnen Bundesländer in Form der Gemeindeordnungen, die die Rahmenbedingungen kommunalen Handelns festlegen. Dies hat zur Folge, daß die Gemeindeordnungen keine bundesweit einheitlichen Regelungen enthalten, sondern daß sich länderspezifische Unterschiede ergeben können. Dies gilt bspw. für die Gemeindeorgane und –zuständigkeiten. Hier lassen sich die Bürgermeisterverfassung, die Magistratsverfassung, die norddeutsche sowie die süddeutsche Ratsverfassung als grundsätzliche Verfassungstypen unterscheiden.[88] Weitere Unterschiede betreffen u.a. die Möglichkeiten der wirtschaftlichen Betätigung der Kommunen und die Anwendung des Eigenbetriebsrecht im nichtwirtschaftlichen Bereich.

2.3.2 Die Aufbauorganisation der Kommunen

Die Ausgestaltung der inneren Organisation der Kommunalverwaltung obliegt wiederum jeder Kommune selbst, so daß ein allgemein geltender Verwaltungsaufbau nicht existiert. In der Praxis hat sich jedoch ein Modell der Kommualen Gemeinschaftsstelle für Verwaltungsvereinfachung (KGSt) durchgesetzt, welches weitgehend von den Städten und Gemeinden übernommen worden ist (vgl. Abb. 3).[89] Maximal ist in diesem Modell ein dreistufiger Verwaltungsaufbau vorgesehen. Die Spitze bildet der Verwaltungschef[90], darunter folgen die Dezernate und als dritte Stufe die einzelnen Ämter. Die Ämter sind die den Aufgabenvollzug tragenden Verwaltungseinheiten; sie tragen die Fachverantwortung. Die Ressourcenverantwortung ist hingegen bei speziellen Ämtern (Hauptamt, Kämmerei, Personalamt, etc.), den sogenannten Quer-

---

[88] Vgl. zu diesen Verfassungstypen ausführlich Hesse, Joachim Jens: a.a.O., Sp. 1102 ff. Für die norddeutsche Ratsverfassung vgl. Frère, Eric: Vergleich der Kommunen in Deutschland und Frankreich, Wiesbaden 1998, S. 127 ff.

[89] Vgl. Hesse, Joachim Jens: a.a.O., Sp. 1106. Ausführlich vgl. KGSt: Verwaltungsorganisation der Gemeinden, Köln 1979. Zu den folgenden Ausführungen vgl. auch Streibl, Ulrich: a.a.O., S. 50 ff.

[90] In NRW z.B. seit September 1999 der hauptamtliche Bürgermeister. Vgl. Ministerium für Inneres und Justiz des Landes Nordrhein-Westfalen: Der hauptamtliche Bürgermeister, Düsseldorf 1998, S. 3.

schnittsämtern, angesiedelt. Diese nehmen bereichsübergreifende Aufgaben war.[91] Die Ämter wiederum können selbst in Sachbereiche bzw. Abteilungen gegliedert werden, wobei diesen Einheiten jedoch die organisatorische Selbständigkeit fehlt. Grundlage zur Bildung eines Amtes bildet eine Aufgabengruppe. Zu einer Aufgabengruppe werden artverwandte Aufgaben zusammengefaßt, wobei die Artverwandtschaft sich nach Verrichtungen, Zielgruppen, gesetzlichen Anforderungen etc. richten kann. Die Aufgabengruppen werden wiederum in acht Aufgabenhauptgruppen eingeteilt. Das KGSt-Modell sieht die in Abb. 3 mit den Zffern 1-8 bezeichneten Hauptgruppen vor. Diese Aufgabenhauptgruppen können die Grundlage zur Bildung eines Dezernates sein. Mehrere Ämter mit verwandten Aufgaben bilden modellgemäß ein Dezernat. In der Praxis jedoch werden Dezernate auch aus anderen als organisatorischen Gesichtspunkten gebildet (z.B. politische Entscheidungen).[92]

Das Modell geht von den Verhältnissen in den einwohnerstärksten Gebietskörperschaften aus. So sieht das Modell bspw. für Städte ab 200.000 Einwohner eine Gliederung in 44 Ämter vor. Mit abnehmender Gemeindegröße wird auch der Umfang der bestehenden Aufgaben geringer, so daß hier auch die Zahl der Dezernate und Ämter geringer sein kann. In kleinen Gemeinden (<20.000 Einwohner) kann die Dezernentenebene entfallen und ein Leitung der Ämter direkt durch den Verwaltungschef erfolgen.[93]

---

[91] Zu Zentralbereichen in der Unternehmensorganisation vgl. Kreikebaum, Hartmut: Zentralbereiche, in: Frese, Erich (Hrsg.): Handwörterbuch der Organisation, 3. Aufl., Stuttgart 1992, Sp. 2605 f.

[92] Vgl. Siepmann, Heinrich/Siepmann, Ursula: Verwaltungsorganisation, 4. Aufl., Köln 1992, S. 42.

[93] Vgl. Hack, Hans: Die institutionelle Organisation/Aufbauorganisation, in: Püttner, Günter (Hrsg.): Handbuch der kommunalen Wissenschaft und Praxis, 2. Aufl., Berlin/Heidelberg/New York 1983, S. 118.

1	2	3	4	5	6	7	8
Allgemeine Verwaltung	Finanzverwaltung	Rechts-, Sicherheits- und Ordnungsverwaltung	Schul- und Kulturverwaltung	Sozial-, Jugend u. Gesundheitsverwaltung	Bauverwalltung	Verwaltung für öffentliche Einrichtungen	Verwaltung für Wirtschaft und Verkehr
10	20	30	40	50	60	70	80
Hauptamt	Kämmerei	Rechtsamt	Schulverwaltungsamt	Sozialamt	Bauverwaltungsamt	Stadtreinigungsamt	Amt für Wirtschaft- und Verkehrsförderung
11	21	31	41	51	61	71	81
Personalamt	Kasse	1)	Kulturamt	Jugendamt	Stadtplanungsamt	Schlacht- und Viehhof	Eigenbetriebe
12	22	32	42	52	62	72	82
Statistisches Amt	Steueramt	Ordnungsamt	Bibliothek	Sportamt	Vermessungs- u. Katasteramt	Marktamt	Forstamt
13	23	33	43	53	63		
Presseamt	Liegenschaftsamt	Einwohner- u. Meldeamt	Volkshochschule	Gesundheitsamt	Bauordnungsamt		
14	24	34	44	54	64		
Rechnungsprüfungsamt	Amt f. Verteidigungslasten	Standesamt	Musikschule	Krankenhäuser	Wohnungsförderungsamt		
		35	45	55	65		
		Versicherungsamt	Museum	Ausgleichsamt	Hochbauamt		
		36	46		66		
		1)	Theater		Tiefbauamt		
		37	47		67		
		Feuerwehr	Archiv		Grünflächenamt		
		38					
		Zivischutzamt					

1) nicht besetzt

Abb. 3: Der Verwaltungsgliederungsplan der Kommunalen Gemeinschaftsstelle

Quelle: Modifiziert entnommen aus KGSt: Verwaltungsorganisation der Gemeinden, Köln 1979, S. 234 f.

In der idealtypischen Struktur entspricht das Modell der KGSt aufgrund der Zusammenfassung ähnlicher Aufgabengebiete auf Ämter- und Dezernatsebene der Funktionalorganisation.[94]

Kennzeichen des Verwaltungsapparates in der Bundesrepublik ist eine hohe vertikale Integration. Finanzierungs-, Durchführungs- und Betriebsfunktion werden verwaltungsmäßig gebündelt und weitgehend intern erstellt.[95] Das bedeutet, daß sowohl Leistungen, die dem Bürger gegenüber erbracht werden, als auch interne Leistungen, die anderen Verwaltungseinheiten gegenüber erbracht werden, eigenerstellt werden.

2.3.3 Das kommunale Haushaltswesen

Grundsätzlich sind zwei Arten von Rechnungssystemen zu unterscheiden, die auf kommunaler Ebene Anwendung finden können: die kameralistische Haushaltsrechnung und die kaufmännische doppelte Buchführung. Wirtschaftliche Unternehmen der Kommunen (vgl. hierzu Kapitel 6.1.2) haben die kaufmännische doppelte Buchführung anzuwenden, sofern sie in privatrechtlicher Unternehmensform geführt werden; ansonsten besteht für sie ein Wahlrecht zwischen diesem Rechnungssystem und einer entsprechenden Verwaltungsbuchführung. Im übrigen Verwaltungsbereich findet das kamerale Rechnungswesen Anwendung. Hierbei handelt es sich um eine Einnahmen/Ausgaben-Rechnung. Eine Kostenrechnung findet lediglich für die Bereiche der Kommunalverwaltung statt, in denen Gebühren und Preise festgelegt werden müssen (den sogenannten kostenrechnenden Einrichtungen).[96] Die Entgeltkalkulation stellt dabei den dominierenden Rechnungszweck dar; Managementinformationen werden hingegen in unzureichendem Ausmaß geliefert.[97]

---

[94] Vgl. zur Funktionalorganisation Braun, Günther E./Beckert, Joachim: Funktionalorganisation, in: Frese, Erich (Hrsg.): Handwörterbuch der Organisation, 3. Aufl., Stuttgart 1992, Sp. 643 ff.

[95] Vgl. Naschold, Frieder: Public Private Partnership in den internationalen Modernisierungsstrategien des Staates, in: Budäus, Dietrich/Eichhorn, Peter (Hrsg.): Public Private Partnership: Neue Formen öffentlicher Aufgabenerfüllung, Baden-Baden 1997, S. 68.

[96] Vgl. Reichard, Christoph: Betriebswirtschaftslehre der öffentlichen Verwaltung, 2. Aufl., Berlin 1987, S. 308; Seifert, Klaus: Prozeßmanagement für die öffentliche Verwaltung, Wiesbaden, 1998, S. 56 f. Zu den Mängeln der Kostenerfassung im kommunalen Bereich vgl. Metzger, Michaela: Realisierungschancen einer Privatisierung öffentlicher Dienstleistungen, München 1990, S. 140 ff.; Ergenzinger, Till: Kommunalleasing, Wiesbaden 1996, S. 249 ff.

[97] Vgl. Seifert, Klaus: a.a.O., S. 55.

Der Anteil der kostenrechnende Einrichtungen liegt i.d.R. bei ca. 30% und umfaßt die klassischen Gebührenhaushalte Entwässerung, Abfallbeseitigung etc. Für die anderen Bereiche wird keine kaufmännische Kostenrechnung aufgestellt.[98]

Den Kern der kommunalen Haushaltsrechnung stellt der Haushaltsplan dar.[99] Im Haushaltsplan werden in systematischer Form die erwarteten Einnahmen, die Ausgaben und die Verpflichtungserklärungen (hierbei handelt es sich um Ermächtigungen, bestimmte Ausgaben in den nächsten Jahren zu tätigen) einer Rechnungsperiode gegenübergestellt. Je nach der Vermögenswirksamkeit der Zahlungen werden diese entweder im Verwaltungshaushalt oder im Vermögenshaushalt erfaßt. Während der Vermögenshaushalt sämtliche Zahlungen umfaßt, die das Vermögen der Kommune verändern, d.h. die Investitionen und die damit verbundenen Finanzierungsvorgänge sowie die Rücklagenveränderungen, werden im Verwaltungshaushalt die laufenden Ausgaben (z.B. Personal- und Sachausgaben, Zinszahlungen) und Einnahmen aus der allgemeinen Verwaltungstätigkeit erfaßt.[100]

Eine Differenzierung der Einnahmen und Ausgaben nach ihrem ökonomischen Inhalt findet im Gruppierungsplan nach Hauptgruppen statt. Die Ausgaben für gebäudewirtschaftliche Maßnahmen (sofern sie nicht vermögenswirksam sind) werden im Verwaltungshaushalt nach dem Gruppierungsplan in der Hauptgruppe sachlicher Verwaltungs- und Betriebsaufwand (Hauptgruppe 5/6) erfaßt. Diese Hauptgruppe enthält als Untergruppen u.a. die Unterhaltung der Grundstücke und baulichen Anlagen (Untergruppe 50), Mieten und Pachten (Untergruppe 53), Bewirtschaftung der Grundstücke und baulichen Anlagen (Untergruppe 54).[101]

Die Aufstellung des Haushalts ist an eine Reihe von Grundsätzen gebunden. Neben den Grundsätzen der Vollständigkeit, der Einheit, der Haushaltswahrheit und Haushaltsklarheit ist als wichtigster der Grundsatz der Wirtschaftlichkeit und Sparsamkeit zu nennen.[102] So besagt z.B. § 75 Abs. 2 GO NW „die Haushaltswirtschaft ist sparsam und wirtschaftlich zu führen". Der Grundsatz der Wirtschaftlichkeit erlangt auch überall dort Bedeutung, wo es um die Ein-

---

[98] Vgl. Rau, Thomas: Betriebswirtschaftslehre für Städte und Gemeinden, München 1994, S. 332.
[99] Vgl. Schwarting, Gunnar: Der kommunale Haushalt, Berlin 1993, S. 35, Rd.-Nr. 60.
[100] Vgl. Schwarting, Gunnar: a.a.O., S. 35, Rd.-Nr. 62.
[101] Vgl. Seifert, Klaus: a.a.O., S. 60 f.
[102] Vgl. Schwarting, Gunnar: a.a.O., S. 42 ff., Rd.-Nr. 83 ff.

schaltung privater Unternehmen in die Finanzierung kommunaler Investitionen und die Erstellung kommunaler Leistungen geht. So ist eine genaue Kosten/ Nutzen-Analyse aufzustellen, um zu beurteilen, ob der Fremdbezug der Leistungen günstiger ist als die Eigenerstellung.

Die kameralistische Rechnungslegung kann als reine Geldrechnung angesehen werden, da sie sich auf die Erfassung zahlungswirksamer Vorgänge beschränkt. Fiktive Zahlungsströme wie kalkulatorische Abschreibungen, Zinsen oder Mieten werden nicht erfaßt. Gleiches gilt auch für Pensionsrückstellungen. Dies hat zur Folge, daß der tatsächlich stattfindende Werteverzehr nicht zutreffend wiedergegeben wird und der Aussagegehalt der Rechnung stark eingeschränkt ist.[103] Als wesentliches Rechnungsziel der Kameralistik kann der Nachweis der Haushaltsansätze und deren Einhaltung angesehen werden.[104] Eine Beurteilung der Effizienz der Kommunalverwaltung und Wirtschaftlichkeitsvergleiche mit anderen Kommunen oder mit privaten Anbietern ist jedoch über eine Geldrechnung kaum möglich.

---

[103] Vgl. Seifert, Klaus: a.a.O., S. 67.

[104] Ergänzend wird ein gesamtwirtschaftliches Steuerungsziel genannt, welches die Allokation, Distribution und Stabilisation der Einnahmen und Ausgaben umfaßt. Vgl. Eichhorn, Peter: Allgemeine und Öffentliche Betriebswirtschaftslehre, insbesondere Doppik und Kameralistik, in: Eichhorn, Peter (Hrsg.): Doppik und Kameralistik, Baden-Baden 1987, S. 54 ff.

2.4 Situationsanalyse der kommunalen Haushalte

2.4.1 Die kommunale Haushaltssituation als Auslöser des Reformdrucks auf die Kommunalverwaltung

Ein wichtiger Auslöser der Diskussion über eine Reform der öffentlichen Verwaltung und die Einschaltung privater Unternehmen in die öffentliche Leistungserstellung ist – neben ordnungspolitischen Überlegungen – die Entwicklung der öffentlichen Finanzen.[105]

Seit Beginn der neunziger Jahre rücken die öffentlichen Haushalte wieder verstärkt in das Interesse einer breiten Öffentlichkeit. Ausschlaggebend hierfür war u.a. die deutsche Wiedervereinigung mit ihren finanziellen Belastungen.[106] Die finanziellen Handlungsspielräume der Gebietskörperschaften haben sich immer weiter eingeschränkt und können durch die herkömmlichen Methoden der Haushaltskürzungen nicht mehr beseitigt werden. Ursachen der Finanzkrise sind dabei interner, externer und struktureller Natur. Dabei liegen die internen Ursachen im wesentlichen im Zuständigkeitsbereich der Kommunen (z.B. kurzsichtige Investitionspolitik, mangelnde Aufgabenkritik, Besitzstandsdenken) während die externe Ursachen im Entscheidungsbereich von Bund und Ländern begründet liegen und für die Kommunen exogene Daten darstellen (z.B. Konsolidierungspolitik zu Lasten der Kommunen, Zuweisungen neuer Aufgaben). Die strukturellen Ursachen schließlich sind in den rechtlich-

---

[105] So erklärt z.B. der Bundeswirtschaftsminister, daß seine Privatisierungsüberlegungen hauptsächlich auf ordnungspolitischen Gründen beruhen, nennt die finanziellen Auswirkungen aber „willkommene Nebeneffekte". Vgl. o.V.: 1997 rund 7 Mrd. aus Privatisierung, in: BZ, Nr. 109 vom 12.6.1997, S. 4 und o.V.: Der Bund will seine Ölreserven verkaufen, in: HB, Nr. 108 vom 10.6.1997, S. Aufgrund des Zeitpunktes, zu dem diese Äußerungen getätigt wurden, ist aber anzunehmen, daß diese „Nebeneffekte" im Vordergrund stehen. Zur Überprüfung staatlicher Aufgaben vor dem Hintergrund der finanziellen Situation öffentlicher Haushalte vgl. beispielhaft Riener, Heinz: Öffentliche Haushalte – Ist die Wende geschafft?, in: LangfrKredit, 1995, S. 758 f. und Kistner, Peter: Prekäre Finanzlage der Kommunen und Landkreise, in: Magazin Wirtschaft, Nr. 10, 1996, S. 13.

[106] Zur Lage ostdeutscher Kommunen vgl. o.V.: Ostdeutschen Großstädten geht die Luft aus, in: HB, Nr. 35 vom 19.2.1997, S. 8. Die Finanzierungsbeteiligug der westdeutschen Gemeinden am Fonds „Deutsche Einheit" belief sich 1995 auf 956,12 Mio. DM. Vgl.: Schwabedissen, Annette: Kommunaler Finanzausgleich 1995, in: Städte- und Gemeinderat, 49. Jg., 1995, S. 109.

institutionellen Rahmenbedingungen zu suchen.[107] Eine strukturelle Reform der öffentlichen Verwaltung stellt daher eine Alternative dar, die dauerhafte Leistungsfähigkeit aufrecht zu erhalten (bzw. wiederherzustellen).

2.4.2 Entwicklung der kommunalen Finanzen

2.4.2.1 Kommunale Finanzierungsdefizite

Betrachtet man die Kommunen in der Bundesrepublik Deutschland, so ergibt sich hier ein sehr differenziertes Bild, welches auf die Heterogenität der einzelnen Kommunen zurückzuführen ist. Diese ist bestimmt durch die große Anzahl der Gemeinden in Deutschland und ihre unterschiedlichen Funktionen sowie durch die verschiedenen geographischen, demographischen und wirtschaftlichen Rahmenbedingungen der Städte, Gemeinden und Kreise.[108] Eine aggregierte Betrachtungsweise der Gemeindefinanzen führt daher zu Nivellierungseffekten, die den erheblichen interkommunalen Disparitäten keine Rechnung zollt.[109] Unabhängig davon sei eine solche aggregierte Betrachtungsweise gewählt, um einige globale Aussagen über die Entwicklung der kommunalen Finanzsituation zu treffen.

---

[107] Vgl. Noll, Werner/Ebert, Werner/Meyer, Steffen: Finanznot der Kommunen im Kontext von Bund und Ländern, in: Zimmermann, Gebhard (Hrsg.): Neue Finanzierungsinstrumente für öffentliche Aufgaben – eine Analyse im Spannungsfeld von Finanzkrise und öffentlichen Interesse, Baden-Baden 1997, S. 75 ff.

[108] So weist z.B. der Verband Deutscher Städtestatistiker in einer Analyse der kommunale Finanzen auf verschiedene Strukturunterschiede hin. Vgl. Verband Deutscher Städtestatistiker (Hrsg.): Städte in Zahlen. Ein Strukturbericht zum Thema Finanzen, Nürnberg 1989, S. 10 ff. Vgl. zu interkommunalen Disparitäten auch Sarrazin, Thilo: Kommunale Aufgaben und kommunaler Finanzstatus, in: Ipsen, Jörn (Hrsg.): Kommunale Aufgabenerfüllung im Zeichen der Finanzkrise, Baden-Baden 1995, S. 15.

[109] Vgl. Junkernheinrich, Martin: a.a.O., S. 15.

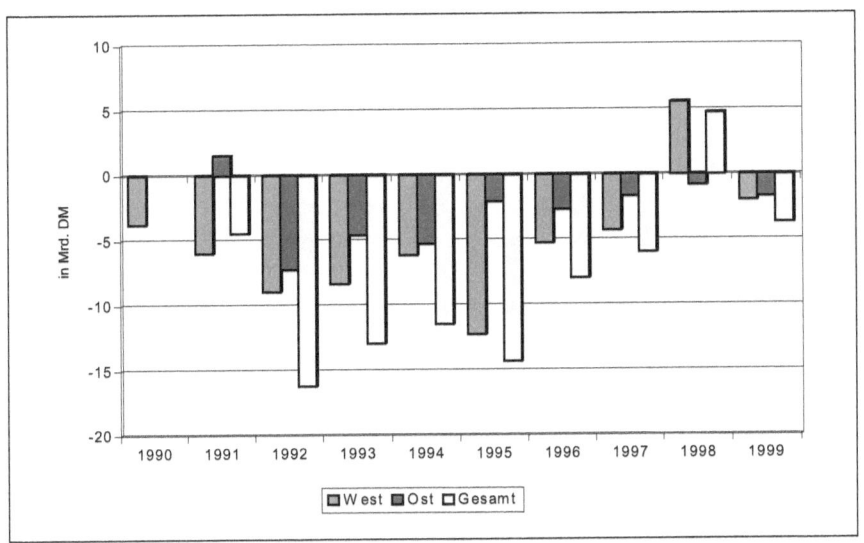

Abb. 4: Entwicklung der kommunalen Finanzierungsdefizite[110]

Quelle: Karrenberg, Hanns/Münstermann, Engelbert: Gemeindefinanzbericht 1999, in: Der Städtetag, Jg. 52, Heft 4, 1999, Tabellenanhang, S. 226 ff. Eigene Darstellung.

Die Finanzierungssalden der kommunalen Haushalte haben sich nach einer Erholung zur Mitte der achtziger Jahre seit 1990 wieder verschlechtert (Abb. 4). Den Höhepunkt dieser Entwicklung bilden die Jahre 1992 und 1995. In 1996 gelang es erstmals wieder, das Defizit unter die 10-Milliarden-DM-Grenze zurückzuführen. Nach einem positiven Saldo in 1998 sehen die Schätzungen für 1999 ein erneutes Defizit in Höhe von 3,7 Mrd. DM vor. Von einer nachhaltigen Verbesserung kann daher keine Rede sein, insbesondere da Einnahmen teilweise aus Verkäufen von Vermögensgegenständen erzielt wurden und eine weiter Einschränkung städtischer Leistungen sowie eine Reduzierung der Investitionen stattgefunden hat.[111]

---

[110] Die Zahlen bis 1996 stellen Rechnungsergebnisse dar. Für 1997 und 1998 handelt es sich um Jahresergebnisse der Vierteljahresstatistik; bei den Zahlen für 1999 um Schätzungen. Im folgenden soll daher weitgehend auf das Jahr 1996 Bezug genommen werden, da die anderen Zahlen noch keinen endgültigen Charakter haben.

[111] Vgl. Karrenberg, Hanns/Münstermann, Engelbert: Gemeindefinanzbericht 1999, in: Der Städtetag, Jg. 52, 1999, S. 153 und 188 f.

2.4.2.2 Entwicklung der Einnahmen

Haupteinnahmequellen der Kommunen sind weiterhin die Steuereinnahmen. Ihr Anteil am gesamten Einnahmenvolumen der Verwaltungshaushalte betrug 1996 35,5 %. Dominierend bei den Steuereinnahmen sind dabei der Gemeindeanteil an der Einkommensteuer sowie die Gewerbesteuer. Für die Steuern ergibt sich jedoch ein differenziertes Bild, wenn man west- und ostdeutsche Kommunen vergleicht. Während ihr Anteil an den Gesamteinnahmen des Verwaltungshaushaltes im Westen 1998 bei 43,65 % lag, beträgt ihr Anteil in den ostdeutschen Kommunen lediglich 19,80 %.

	Alte Länder			Neue Länder
	1985	1990	1998	1998
Steuern	45,08	43,98	43,65	19,80
darunter:				
GewSt	19,14	19,50	16,73	7,28
Ant. a.d. EkSt	19,44	18,80	17,99	5,54
Zuweisungen	25,76	25,98	25,52	53,46
Gebühren	14,14	15,09	14,90	11,19
Sonstige Einnahmen	15,02	14,95	15,93	15,55

Abb. 5: Einnahmenstruktur der Verwaltungshaushalte (in Prozent)

Quelle: Karrenberg, Hanns/Münstermann, Engelbert: Gemeindefinanzbericht 1999, in: Der Städtetag, Jg. 52, Heft 4, 1999, Tabellenanhang, S. 226 ff. Eigene Berechnungen.

Eine weitere wichtige Einnahmequelle in den Verwaltungshaushalten stellen die Zuweisungen – sowohl allgemeiner als auch zweckgebundener Art – übergeordneter Gebietskörperschaften dar. Während sie im Westen gut ein Viertel der Einnahmen ausmachen, erreichen sie in den neuen Ländern 1998 einen Anteil von fast 55 %. Insbesondere bei den sich im Vermögenshaushalt niederschlagenden Investitionszuweisungen zeichnet sich in den letzten Jahren ein insgesamt rückläufiger Trend ab (Abb. 6).

	1991	1994		1995		1996		1997	
	Mrd. DM	Mrd. DM	+/- % geg. Vorj.	Mrd. DM	+/- % geg. Vorj.	Mrd. DM	+/- % geg. Vorj.	Mrd. DM	+/- % geg. Vorj.
West	11,98	12,02	-4,2	11,17	-7,1	11,65	+4,3	10,47	-10,1
Ost	10,02	6,96	-27,3	8,00	+14,9	7,83	-2,1	8,10	+3,5
Gesamt	22,00	18,98	-14,2	19,17	+1,0	19,48	+1,6	18,57	-4,7

Abb. 6: Entwicklung der Investitionszuweisungen

Quelle: Karrenberg, Hanns/Münstermann, Engelbert: Gemeindefinanzbericht 1999, in: Der Städtetag, Jg. 52, 1999, Tabellenanhang, S. 226 ff. Eigene Berechnung.

2.4.2.3 Entwicklung der Ausgaben

Die Einschränkung der Defizite ab 1996 ist im wesentlichen auf die Konsolidierung der Ausgabenseite zurückzuführen. In den Verwaltungshaushalten ist seit 1996 nahezu eine Stagnation der Personal- und der laufenden Sachausgaben zu konstatieren. Letztere umfassen neben Energiekosten u.a. auch die Kosten für die Unterhaltung von Gebäuden und Anlagen.[112] Die laufenden Sachaufwendungen der Gemeinden und Gemeindeverbände (ohne Stadtstaaten) beliefen sich 1996 auf 51,92 Mrd. DM. Der Anteil der Ausgaben für die Bewirtschaftung der Grundstücke und baulichen Anlagen betrug daran mit 10,2 Mrd. DM nahezu 20 %.[113] In diesen Volumina werden Hinweise auf das Marktpotential im Bereich der kommunalen Gebäudewirtschaft für Facility Management-Anbieter gesehen.[114]

Zwei Positionen fallen bei der Betrachtung der Ausgabenseite aber besonders ins Auge. Zum einen steigen die Ausgaben für soziale Leistungen aufgrund konjunktureller Entwicklungen und der verstärkten Verlagerung sozialer Aufgaben auf die Kommunen kontinuierlich, ohne daß dabei für eine entsprechende Gegenfinanzierung gesorgt wird.[115] Genau entgegengesetzt ist demgegenüber

---

[112] Vgl. Schwarting, Gunnar: a.a.O., S. 150, Rd.-Nr. 428.
[113] Vgl. Statistisches Bundesamt (Hrsg.): Finanzen und Steuern, Fachserie 14, Reihe 3.3, Rechnungsergebnisse der kommunalen Haushalte, Wiesbaden 1998, S. 12.
[114] Vgl. Staudt, Erich/Kriegesmann, Bernd/Thomzik, Markus: Facility Management: der Kampf um Marktanteile beginnt, Frankfurt am Main 1999, S. 112.
[115] Vgl. Portz, Norbert/Lübking, Uwe: Die Abwälzung von Soziallasten auf die Kommunen hat Tradition, in: Stadt und Gemeinde, 1995, S. 391 f.; o.V.: Kommunale Aufgaben..., a.a.O., S. 6. Vgl auch Schoch, Friedrich/Wieland, Joachim: Finanzierungsverantwortung

die Entwicklung bei den Investitionsausgaben, bei denen ein inzwischen bedenklicher Rückgang festzustellen ist. Lag ihr Anteil an den Gesamtausgaben 1992 noch bei 23,5 %, so ist er bis 1998 auf 17,17 % zurückgegangen. Es zeigt sich daran, daß Kürzungen eher im Bereich der Investitionsausgaben (und mit Einschränkungen auch im Bereich der laufenden Sachausgaben) als z.B. bei den weniger disponiblen Personalausgaben und insbesondere den sozialen Ausgaben möglich sind und vorgenommen werden.

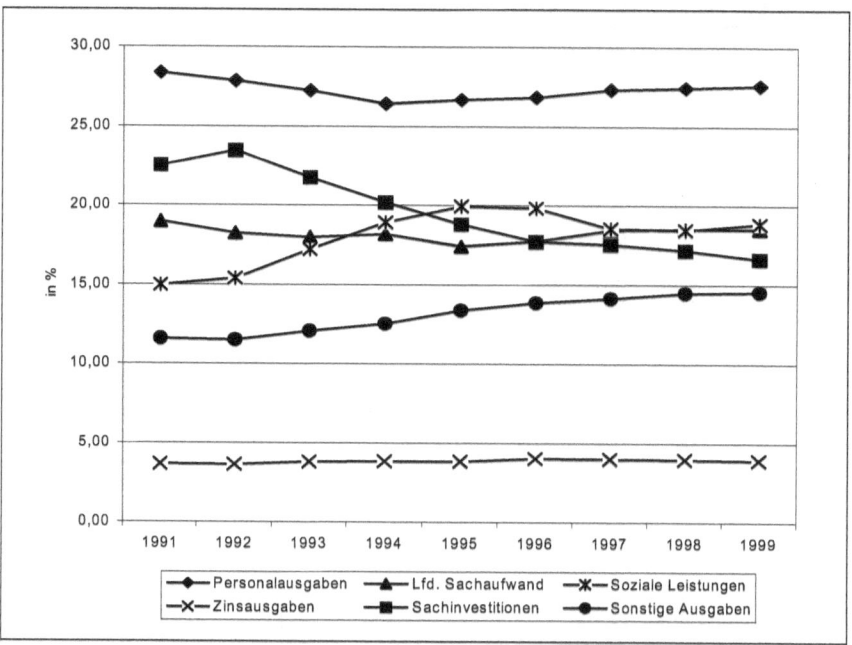

Abb. 7: Entwicklung verschiedener Ausgabenblöcke

Quelle: Karrenberg, Hanns/Münstermann, Engelbert: Gemeindefinanzbericht 1999, in: Der Städtetag, 52. Jg., 1999, Tabellenanhang, S. 226 ff. Eigene Darstellung.

Viele Städte waren in den Jahren 1996 bis 1998 nicht in der Lage, Überschüsse in ihren Verwaltungshaushalten zu erwirtschaften, die für Investitionszwecke genutzt werden konnten. Als Indikator der Investitionsfähigkeit einer Kom-

---

für gesetzgeberisch veranlaßte kommunale Aufgaben, 1. Aufl., Baden-Baden 1995, S. 119. Zu einer leichten Entlastung hat die 1996 eingeführte Pfelgeversicherung beigetragen. Vgl. Karrenberg, Hanns/Münstermann, Engelbert: Gemeindefinanzbericht 1999, a.a.O., S. 161.

mune kann die „freie Spitze" herangezogen werden.[116] Es handelt sich um den Betrag der Einnahmen, der für Investitionszwecke zur Verfügung steht. Daneben dient sie als Beurteilungsmaßstab für die dauerhafte Leistungsfähigkeit einer Kommune im Rahmen der Kreditgenehmigungsverfahren der kommunalen Aufsichtsbehörden.[117] Aufgrund der fehlenden Eigenmittel waren die Investitionen weiter rückläufig. Zum Teil mußten Defizite in den Verwaltungshaushalten durch Zuführungen aus den Vermögenshaushalten – mit der Folge negativer Investitionsraten – gedeckt werden.[118] In einer Studie kommt die IHK Stuttgart für Baden-Württemberg zu dem Ergebnis, daß über 40% der in ihre Erhebung einbezogenen Gemeinden eine negative „freie Spitze" aufweisen.[119] Für Nordrhein-Westfalen ergab eine Befragung des nordrhein-westfälischen Städte- und Gemeindebundes, daß in 1996 76 Städte und Gemeinden ein Haushaltssicherungskonzept aufgestellt haben[120] und weitere 162 Gemeinden einen Haushaltsausgleich nur durch Vermögensveräußerung und Rücklagenentnahmen erreichen konnten.[121]

Es zeigt sich somit, daß es in den Städten und Gemeinden immer weniger möglich ist, Investitionen aus eigener Kraft vorzunehmen. Der Rückgang der Investitionstätigkeit führt dazu, daß notwendige Infrastrukturprojekte im Immobilienbereich zurückgestellt werden bzw. gar nicht verwirklicht werden können. In Verbindung mit den stagnierenden Ausgaben für Gebäudeunterhaltung kommt es zudem zu einer Gefährdung der Erhaltung der Substanz des kom-

---

[116] Hierbei handelt es sich um die Zuführung des Verwaltungshaushaltes an den Vermögenshaushaltes, korrigiert um bestimmte Finanzierungsvorgänge und nach Deckung der Kredittilgungsleistungen und der Kreditbeschaffungskosten

[117] Vgl. Schwarting, Gunnar: a.a.O., S. 116 f., Rd.-Nr. 321 ff. Kritische Ausführungen zum Indikator „freie Spitze" vgl. bei Krähmer, Rolf: Ansätze zur Bestimmung der finanziellen Leistungsfähigkeit von Gemeinden, in: Finanzwirtschaft, Heft 2, 1993, S. 26 ff.

[118] Vgl. Karrenberg, Hanns/Münstermann, Engelbert: Gemeindefinanzbericht 1999, a.a.O., S. 189 ff. Vgl. zu diesem Problem auch Karrenberg, Hanns: Finanzprobleme strukturschwacher Städte – Ursachen und Lösungen, in: Heilemann, Ulrich/Klemmer, Paul/Löbbe, Klaus (Hrsg.): Empirische Wirtschaftsforschung und wirtschaftspolitische Beratung, Essen 1993, S. 184 ff.

[119] Vgl. Kistner, Peter: a.a.O., S. 10.

[120] Ein Haushaltssicherungskonzept ist nach § 75 Abs. 4 GONW aufzustellen, wenn ein Haushaltsausgleich nicht erreichbar ist. In ihm ist aufzuzeigen, wie und bis wann ein Haushaltsausgleich wieder zu erreichen ist.

[121] Vgl. Schwabedissen, Annette/Hamacher, Claus: Aktuelle Finanzsituation der Städte und Gemeinden, in: Städte- und Gemeinderat, 51. Jg., 1997, S. 90. In die Untersuchung einbezogen sind 327 kreisangehörige Städte und Gemeinden in Nordrhein-Westfalen.

munalen Immobilienvermögens.[122] Im weiteren Verlauf der Untersuchung ist daher zu prüfen, ob dieser Entwicklung durch eine Reorganisation der Gebäudewirtschaft entgegen gesteuert werden kann.

Die Finanzkrise der Kommunen kann als ein wesentlicher Auslöser für eine Modernisierungsbewegung im kommunalen Bereich angesehen werden.[123] Im folgenden werden die zwei Hauptrichtungen dieser Bewegung, die interne Verwaltungsreform und die Privatisierung, vorgestellt.[124]

---

[122] Einen kurzen Situationsbericht zum Zustand öffentlicher Gebäude im Ruhrgebiet gibt Wolf, Hubert: Tropfenweise zum Verfall, in: WAZ, Nr. 270 vom 15.11.1996, o.S.

[123] Vgl. Grömig, Erko/Gruner, Kersten: Reform in den Rathäusern, in. Der Städtetag, Jg. 51, Heft 8, 1998, S. 581 f.

[124] Als weiterer Lösungsweg wird die Reform des Gemeindesteuersystems angesehen. Vgl. Junkernheinrich, Martin: Reform...,a.a.O.; Karrenberg, Hanns: a.a.O., S. 189 ff.

2.5 Ansätze der Reform der kommunalen Verwaltung

2.5.1 Kennzeichen der Modernisierungsbewegungen im kommunalen Bereich

Seit Beginn der achtziger Jahre sind in ganz Europa und auch weltweit Modernisierungsbewegungen im kommunalen Sektor unter dem Stichwort „New Public Management" festzustellen. Dabei handelt es sich nicht um eine einheitliche Bewegung, sondern es sind Unterschiede in den einzelnen Ländern zu beobachten, die u.a. auf die jeweiligen rechtlichen Rahmenbedingungen zurückzuführen sind. Gemeinsame Zielsetzung dieser Bewegungen ist allerdings eine grundlegende Verhaltensänderung in den Kommunalverwaltungen.[125] Hierbei ist eine strukturelle Veränderung des klassischen Bürokratiemodells hin zu einer unternehmensähnlichen Verwaltungsstruktur festzustellen. Betriebswirtschaftliche Konzepte, u.a. aus der Managementlehre, sollen auf den öffentlichen Sektor übertragen werden.[126] Um dies zu erreichen, sind zwei interdependente Wege gangbar. Dies ist zum einen eine externe Strukturreform, die eine Verlagerung von Leistungen nach außen umfaßt, zum anderen die Binnenreform der Verwaltungen.[127]

Der Wandel von einer produzierenden zu einer gewährleistenden Verwaltung erfolgt durch die Trennung von Gewährleistung und Erstellung sowie die Verlagerung der Leistungserstellung auf private Unternehmen. Daneben sind die Modernisierungsbewegungen dadurch gekennzeichnet, daß die einzelnen Verwaltungseinheiten eine höhere Autonomie und Ergebnisverantwortung erhalten. Voraussetzung dafür ist, daß die zu erbringenden Leistungen eindeutig spezifiziert und damit auch meßbar sind. Auch der politische Bereich muß sich in ein neues Rollenverständnis hineinleben. Seine Aufgabe soll darin beste-

---

[125] Vgl. Banner, Gerhard: Die internationale Entwicklung im kommunalen Management und ihre Rezeption in Deutschland, in: Banner, Gerhard/Reichard, Christoph (Hrsg.): Kommunale Managementkonzepte in Europa, Köln 1993, S. 185. Einen kurzen Überblick des Standes der Verwaltungsreform im Ausland gibt Reichard, Christoph: Hauptströmungen der kommunalen Verwaltungsreform im Ausland, in: Bertelsmann Stiftung (Hrsg.): Demokratie und Effizienz in der Kommunalverwaltung, Band 2, Gütersloh 1994, S. 18 ff.

[126] Indikator hierfür ist auch, daß zunehmend Unternehmensberatungen von den Kommunen bei der Organisationsentwicklung zu Rate gezogen werden.

[127] Vgl. Budäus, Dietrich: Von der bürokratischen Steuerung zum New Public Management – Eine Einführung, in: Budäus, Dietrich/Conrad, Peter/Schreyögg, Georg (Hrsg.): New Public Management, Berlin/New York 1998, S. 6.

hen, der Verwaltung Vorgaben zu setzen, welche Leistungen zu erbringen sind und die Leistungserfüllung zu kontrollieren. Die Aufgabenerfüllung selbst liegt jedoch im Verantwortungsbereich der Verwaltung und soll nicht durch Einzeleingriffe der Politik behindert werden.[128]

Auch in Deutschland hat das klassische Verwaltungsmodell die Grenzen seiner Leistungsfähigkeit überschritten. Daher werden seit Anfang der neunziger Jahre insbesondere Strategien der Binnenmodernisierung der Städte und Gemeinden eingeleitet, die z.T. auf Erfahrungen aus dem Ausland beruhen („Tilburger Modell"). Oberbegriff dieser Strategien ist das „Neue Steuerungsmodell".[129] Die Umsetzung in den einzelnen Städten sieht unterschiedlich aus und läuft teilweise unter anderen Bezeichnungen.[130]

Neben dem Weg der Binnenmodernisierung der öffentlichen Verwaltung tritt auch in der Bundesrepublik als zweiter Trend – in Anlehnung an Lean Managementkonzepte der Privatwirtschaft – die Schaffung einer schlanken Verwaltung durch teilweise oder vollständige Privatisierungen.[131] Eine Reihe von Kommunen ergreift Maßnahmen zur Verringerung der Leistungstiefe. Beispiel hierfür ist die Stadt Offenbach, die eine konsequente Politik der Auslagerung betreibt und damit eine Verringerung der Leistungstiefe vornimmt.[132] Im Rahmen der Binnenmodernisierung der Verwaltung spielt allerdings die Frage der Leistungstiefe eine eher untergeordnete Rolle. Vielmehr soll eine Steigerung der Effizienz der Verwaltung durch eine dezentrale Ressourcenverantwortung,

---

[128] Zu den Merkmalen der Reformbewegungen vgl. Banner, Gerhard: Die internationale..., a.a.O., S. 186 ff.; Borins, Sandford/Grüning, Gernod: New Public Management – Theoretische Grundlagen und problematische Aspekte der Kritik, in: Budäus, Dietrich/Conrad, Peter/Schreyögg, Georg (Hrsg.): New Public Management, Berlin/New York 1998, S. 14 f.

[129] Vgl. KGSt: Das neue Steuerungsmodell. Begründung – Konturen – Umsetzung, Bericht Nr. 5, Köln 1993.

[130] Das Reformkonzept der Stadt Oberhausen trägt z.B. den Namen „Rathaus ohne Ämter". Vgl. Drescher, Burkhard Ulrich/Dellwig, Magnus: Rathaus ohne Ämter, Frankfurt am Main 1996, S. 19 ff.

[131] Vgl. Hill, Hermann: In welchen Grenzen ist kommunalwirtschaftliche Betätigung Daseinsvorsorge?, in: BB, 52. Jg., Heft 9, 1997, S. 426.

[132] Vgl. Grandke, Gerhard: Reformstrategie für die Stadt Offenbach: Effiziente Dienstleistungen – kommunal und privat, in: Mayrzedt, Hans (Hrsg.): Privatwirtschaftliche Tätigkeit im Dienst von Kommunen, Wiesbaden/Berlin 1996, S. 57 ff. Eine ähnliche Strategie wird in Magdeburg verfolgt. Vgl. o.V.: Magdeburg setzt auf Privatisierungen, in: HB, Nr. 196 vom 10.10.1996, S. 8.

von der Anreize zu einem wirtschaftlichen Verhalten ausgehen sollen, erreicht werden.

Die Diskussion um eine Verwaltungsreform ist jedoch in Deutschland nicht neu; auch in der Vergangenheit hat es bereits eine Reihe von Reformansätzen gegeben.[133] Erstmalig ist jedoch ein grundlegender Umbau des bisher vorherrschenden Prinzips der zentralen Ressourcenverantwortung (bei dezentraler Fachverantwortung) festzustellen. Dabei tritt eine zunehmend ökonomische Betrachtungsweise der öffentlichen Hand in den Vordergrund, indem versucht wird, betriebswirtschaftliche Instrumente auf die Kommunalverwaltungen zu übertragen. Als Referenzmodell für den Umbau der kommunalen Verwaltung wird das privatwirtschaftliche Großunternehmen angesehen; es wird vom „Konzern Stadt" oder auch vom „Dienstleistungsunternehmen Kommunalverwaltung" gesprochen. Zielsetzung ist die Schaffung einer unternehmensähnlichen dezentralen Führungs- und Organisationsstruktur.[134]

Im folgenden soll zunächst die Binnenmodernisierung der Kommunalverwaltungen in Deutschland behandelt werden. Einleitend sollen kurz wesentliche Strukturdefizite der Verwaltungen vorgestellt werden, um daran anschließend aktuelle Reformtendenzen aufzuzeigen. Dies ist für den Untersuchungsgegenstand dieser Arbeit von Bedeutung, da auch die kommunale Gebäudewirtschaft durch die Verwaltungsreform betroffen ist und sich ein grundlegender Wandel der bisherigen Organisation ergeben kann bzw. schon ergeben hat. In einem zweiten Schritt werden die verschiedenen Formen der Privatisierung und der Einschaltung privater Unternehmen in die kommunale Leistungserstellung dargestellt. Hierbei wird deutlich werden, daß es durchaus Überschneidungen zwischen den beiden Reformbewegungen gibt.

---

[133] Einen Überblick gibt Knorr, Friedhelm: Organisationstheoretische und ökonomische Grundlagen der kommunalen Verwaltungsreform in Nordrhein-Westfalens Großstädten, Frankfurt am Main u.a. 1996, S. 47 ff.; vgl. auch Meyer, Christine: Die Effizienz der Kommunalverwaltung, Baden-Baden 1998, S. 106 ff. Eine Bestandsaufnahme von Verwaltungsreformen auf Bundes-, Landes- und Gemeindeebene findet sich bei Hesse, Joachim Jens: Regierungs- und Verwaltungsreform in Nordrhein-Westfalen, Düsseldorf 1999, S. 21 ff.

[134] Vgl. KGSt: Das neue..., a.a.O., S. 3.

2.5.2 Die aktuelle Verwaltungsmodernisierung in der Bundesrepublik Deutschland

2.5.2.1 Defizite des traditionellen Verwaltungsaufbaus

Die kommunalen Verwaltungen sind durch einen stark hierarchischen Aufbau gekennzeichnet. Die Arbeitsabläufe werden durch Dienstvorschriften und Rechtsverordnungen gesteuert, das Prinzip von Anordnung und Ausführung ist vorherrschend. Verstärkend kommt hinzu, daß die Verantwortlichkeiten nicht klar voneinander abgetrennt sind und häufig eine Vielzahl von Ämtern und auch verschiedene Hierarchiestufen an der Bearbeitung eines Verwaltungsvorganges beteiligt sind. Dies führt zu einen erhöhten Koordinationsbedarf zwischen den einzelnen Verwaltungseinheiten, d.h. es sind Informations- und Abstimmungserfordernisse gegeben. Folge davon sind letztlich Langsamkeit in der Entscheidungsfindung und eine mangelhafte Orientierung an den Bedürfnissen der Bürger. Eine wirtschaftliche Form der Leistungserbringung wird verhindert.[135] Zudem ist das Selbstverständnis der Verwaltung nicht darauf ausgerichtet, sich selbst als Dienstleister und den Bürger als Kunden anzusehen; vielmehr war sie lange Zeit als Vollzugsverwaltung anzusehen. Der Bürger stellt jedoch zunehmend Ansprüche an Qualität und Preis der erbrachten Leistungen. Dort, wo diesen Erwartungen nicht entsprochen werden kann, gerät die Kommunalverwaltung unter Rechtfertigungsdruck. Allerdings ist anzumerken, daß sie in vielen Bereichen noch die Stellung eines Monopolisten hat, eine Marktkontrolle und -disziplinierung daher nicht stattfindet. Eine Möglichkeit, seine Unzufriedenheit durch den Wechsel des Anbieters auszudrücken, besteht für den Bürger nicht.

Problematisch sind auch die Implikationen, die sich aus der Anwendung des kameralen Rechnungswesens ergeben. Da eine Kostenerfassung im betriebswirtschaftlichen Sinn nur in einem unzureichenden Maß stattfindet, werden Steuerungsinformationen für die politischen Entscheidungsträger und für die Verwaltung nicht geliefert. Somit liegen weder Informationen über den tatsächlichen Werteverzehr und damit über die tatsächlichen Kosten der Leistungserstellung vor. Die Kameralistik stellt eine reine Einnahmen- und Ausgabenrechnung dar, die ein Denken in eben diesen Kategorien fördert.

---

[135] Vgl. Osner, Andreas: Theorie der Unternehmung und Praxis des Neuen Steuerungsmodells – Brauchbare Implikationen für die Reform der Kommunalverwaltung?, in: Lang, Eva (Hrsg.): Kommunen vor neuen Herausforderungen, Berlin 1996, S. 55; Banner, Gerhard: a.a.O., S. 15.

Kostenorientiertes Denken und Handeln findet hingegen kaum statt.[136] Insofern sind für die ausführenden Verwaltungseinheiten auch keine Anreize gegeben, sparsam mit den vorhandenen Ressourcen umzugehen. Hinzu kommt, daß ein sparsamer Einsatz nicht belohnt, sondern eher bestraft wird. Sollten veranschlagte Mittel nicht voll verbraucht worden sein, so führt dies zu einer Kürzung der Zuweisungen in der Folgeperiode. Eine Übertragbarkeit der Mittel auf die nächste Periode oder ein Einsatz für andere als die angemeldeten Zwecke ist nicht möglich. Auswirkung hiervon ist das sogenannte „Dezemberfieber". Es besteht weitgehend immer noch ein Anreiz, noch vorhandene Mittel zum Jahresende möglichst vollständig auszugeben, um einer Kürzung der Finanzmittel in der nächsten Haushaltsperiode vorzubeugen.[137]

Diese Strukturdefizite treten durch die Finanzkrise der öffentlichen Hand deutlich zu Tage. Die traditionellen Konsolidierungsanstrengungen greifen nicht mehr bzw. führen zu keiner Lösung der bestehenden Probleme. Insofern kann die Finanzkrise als wesentlicher Auslöser für die seit Beginn der neunziger Jahre einsetzenden Reformbestrebungen angesehen werden. Auf eine Umfrage des nordrhein-westfälischen Städte- und Gemeindebundes antwortete ein Großteil der befragten Kommunen, daß die gegenwärtige Finanzkrise der wichtigste Grund für die Verwaltungsmodernisierung sei.[138] Verglichen mit anderen westlichen Staaten setzten diese Reformbestrebungen allerdings hierzulande recht spät ein. Dies wird auf die damals vergleichsweise bessere Lage der öffentlichen Finanzen der deutschen Kommunen zurückgeführt.[139]

2.5.2.2 Interne Verwaltungsreform im Rahmen des Neuen Steuerungsmodells

Auch im Rahmen der Verwaltungsmodernisierung orientieren sich die deutschen Städte und Gemeinden an einem Vorschlag der KGSt, dem Neuen Steuerungsmodell. Bei ihrem Empfehlungsentwurf hat sich die KGSt an die

---

[136] Vgl. Budäus, Dietrich: Kommunale Verwaltungen in der Bundesrepublik Deutschland zwischen Leistungsdefizit und Modernisierungsdruck, in: Banner, Gerhard/Reichard, Christoph (Hrsg.): Kommunale Managementkonzepte in Europa, Köln 1993, S. 169.

[137] Vgl. Störmann, Wiebke: Reformbedarf im kommunalen Haushalts- und Rechnungswesen, in: Wissenschaftsförderung der Sparkassenorganisation e.V. (Hrsg.): Kommunales Management im Wandel, Stuttgart 1997, S. 47 f.

[138] Vgl. Lennep, Hans Gerd von: Umfrage zeigt vielfache Ansätze zur Verwaltungsmodernisierung, in: Städte- und Gemeinderat, 53. Jg., Heft 1, 1999, S. 6 f. Auch der deutsche Städtetag kam zu diesen Ergebnis. Vgl. Grömig, Erko/Gruner, Kersten: a.a.O., S. 581 f.

[139] Vgl. Banner, Gerhard: Neue Trends im kommunalen Management, in: VOP, 16. Jg., Heft 1, 1994, S. 5.

Erfahrungen der niederländischen Stadt Tilburg angelehnt und wesentliche Elemente des Tilburger Modells übernommen.[140]

Kernelemente des Neuen Steuerungsmodell sind die dezentrale Ressourcenverantwortung, das Kontraktmanagement und die zentrale Steuerungsunterstützung. Die bisherige Trennung in zentrale Ressourcenverantwortung und dezentrale Fachverantwortung wird aufgehoben, und den Ämtern bzw. Fachbereichen[141] wird eine weitgehende Ressourcenverantwortung übertragen; damit werden erweiterte Verfügungsrechte über die Ressourcen geschaffen. Die Verwaltungsführung legt zusammen mit den Fachbereichen fest, welche Leistungen zu erbringen sind, überläßt diesen aber innerhalb vorgegebener Rahmenbedingungen, wie sie die Leistungen erbringen. Art und Umfang der zu erbringenden Leistungen werden im Rahmen von Kontrakten zwischen Verwaltungsführung und Fachbereichen geregelt.[142] Basis der Kontrakte bilden die Produkte. Unter Produkten sind, einfach ausgedrückt, die Ergebnisse des Verwaltungshandelns zu verstehen. Damit ist ein Produkt der Output eines Fachbereiches bzw. eines Amts, der zum Zweck der Bedarfsdeckung an außerhalb dieser Organisationseinheit stehende Verwaltungseinheiten oder Dritte geliefert wird. Um solche „Produkte" überhaupt als Bezugspunkt für bestimmte Zwecke verwenden zu können, ist eine genaue Definition ihres Inhaltes erforderlich.[143]

Die bisherige Inputsteuerung durch Zuteilung von Finanzmitteln und Personal wird durch eine Outputsteuerung ersetzt, indem definiert wird, welche Leistungen zu erstellen sind.[144] Neben der Vereinbarung, welche Produkte der Fachbereich erstellt, kommt den Produkten die Funktion eines Kostenträgers zu. Durch Aufbau einer Kosten- und Leistungsrechnung soll es damit ermöglicht

---

[140] Zum Tilburger Modell vgl. Wolters, Jan: Das Tilburger Modell – Management und Steuerung in der Kommunalverwaltung, in: Bertelsmann Stiftung (Hrsg.): Demokratie und Effizienz in der Kommunalverwaltung, Band 2, Gütersloh 1994, S. 289 ff.; Korsten, Arno F.A.: 10 Jahre Tilburger Modell. Tilburg – Mekka der öffentlichen Verwaltung?, in: Mix, Ulrich/Herweijier, Michiel (Hrsg.): 10 Jahre Tilburger Modell, Bremen 1996, S. 21 ff.

[141] Die Bezeichnung „Amt" wird zunehmend durch die Bezeichnung „Fachbereich" abgelöst.

[142] Vgl. Banner, Gerhard: Die kommunale..., a.a.O., S. 22.

[143] Vgl. KGSt: Das Neue Steuerungsmodell: Definition und Beschreibung von Produkten, Bericht Nr. 8, Köln 1994, S. 11; Bertelsmann Stiftung/Saarländisches Ministerium des Inneren (Hrsg.): Kommunales Management in der Praxis. Band 3. Definition und Beschreibung von Produkten, Gütersloh 1999, S. 15 ff.

[144] Vgl. Banner, Gerhard: Die kommunale..., a.a.O., S. 24.

werden, eine Kostentransparenz zu schaffen und den einzelnen Fachbereichen eine Ergebnisverantwortung zukommen zu lassen.[145]

Die dezentrale Ressourcenverantwortung wird in finanzieller Hinsicht durch die Budgetierung flankiert. Den Fachbereichen wird ein finanzieller Rahmen (Budget) vorgegeben, der ihnen zur Erzeugung der vereinbarten Leistungen zur Verfügung steht. Dieses Budget verwalten die Fachbereiche eigenverantwortlich und haben daraus alles zu zahlen, was zur Leistungserstellung notwendig ist. Eine weitgehende dezentrale Ressourcenverantwortung umfaßt allerdings nicht allein die Verantwortung über den finanziellen Rahmen, sondern die Verantwortung über sämtliche Ressourcen, die zur Leistungserstellung notwendig sind, also auch Personal und Sachmittel.[146] Innerhalb vorgegebener Handlungsspielräume soll es den Fachbereichen möglich sein, ihre Ressourcen frei zu bewirtschaften, untereinander auszutauschen oder in die nächste Haushaltsperiode zu übertragen.[147] Dies bedeutet, daß die Fachbereiche z.B. auch verantwortlich sind für die Ermittlung des Stellenbedarfs oder – bezogen auf die Gebäudewirtschaft – die Bestimmung ihrer betriebsnotwendigen Arbeitsfläche. Den Fachbereichen wird damit eine Entscheidungs- und Ergebnisverantwortung übertragen. In der Praxis ist eine derart umfassende Delegation der Ressourcenverantwortung bisher nicht festzustellen; vielmehr beschränkt sie sich auf die Budgetverantwortung.

Implizit ist in der dezentralen Ressourcenverantwortung und der Budgetierung die Prämisse enthalten, daß hiervon eine Verhaltensänderung in Richtung einer Leistungssteigerung ausgehen wird. Auf eine weitergehende Analyse von Anreiz- und Sanktionsmechanismen, die eine solche Leistungssteigerung unterstützen können, wird jedoch verzichtet.

Um die gewünschte Entscheidungs- und Ergebnisverantwortung zu gewährleisten, ist es wie oben ausgeführt notwendig, das System der dezentralen Ressourcenverantwortung durch eine Kosten- und Leistungsrechnung zu unterstützen, welche in der Lage ist, entscheidungsrelevante Informationen zu lie-

---

[145] Vgl. Plamper, Harald: Neue Steuerungsmodelle im kommunalen Bereich: Überblick und Erfahrungen, in: BFuP, Heft 6, 1997, S. 615.

[146] Vgl. Hill, Hermann: Einführung eines neuen Steuerungsmodells, in: Verwaltungsorganisation, Heft 1, 1995, S. 8; Bertelsmann Stiftung/Saarländisches Ministerium des Inneren (Hrsg.): Kommunales Management in der Praxis. Band 4. Budgetierung und Dezentrale Ressourcenverantwortung, Gütersloh 1997, S. 18.

[147] Vgl. KGSt: Das neue Steuerungsmodell. Begründung..., a.a.O., S. 18.

fern und damit eine Steuerungsfunktion zu übernehmen.[148] Auf Basis der Produkte als Kostenträger soll die Ermittlung der Budgets und die anschließende Wirtschaftlichkeitskontrolle erfolgen. Während einige Kommunen die kamerale Haushaltsrechnung um eine Kosten- und Leistungsrechnung ergänzen[149], gibt es bereits einige Ansätze, daß gesamte Haushalts- und Rechnungswesen auf eine (modifizierte) kaufmännische Buchführung umzustellen. Als Modellprojekt gilt hier die Stadt Wiesloch in Baden-Württemberg.[150]

Ergänzt wird die dezentrale Ressourcenverantwortung durch eine zentrale Steuerung in Form eines Steuerungs- und Controllingbereichs. Hierdurch soll eine zentrale Einheit geschaffen werden, die steuernde, koordinierende und kontrollierende Funktionen wahrnimmt und verhindert, daß die Fachbereiche ein Eigenleben entwickeln. Diesem Bereich kommen u.a. folgende Aufgaben zu:[151]

- Informationsbereitstellung für Politik, Verwaltungsführung und Fachbereiche,
- fachbereichsübergreifende Koordination,
- Entwicklung zentraler Leitlinien der Personal-, Planungs-, Organisations- und Finanzpolitik sowie Übernahme zentraler Funktionen in diesen Bereichen,
- Analyse und Überprüfung der Leistungen der Fachbereiche,
- Entwicklung und fortlaufende Verbesserung des Steuerungsinstrumentariums.

Abgerundet wird das Neue Steuerungsmodell mit einer Wettbewerbskomponente.[152] Durch den Wettbewerb bzw. Vergleich mit privaten Anbietern sollen

---

[148] Zum Aufbau einer Kosten- und Leistungsrechnung auf kommunaler Ebene vgl. bspw. Knöll, Heinz-Dieter: Betriebswirtschaftliche Kostenrechnung als Grundlage des Controlling in öffentlichen Verwaltungen, in: Controller Magazin, Heft 6, 1996, S. 355 ff.

[149] In diese Richtung geht auch der Vorschlag von Knöll. Vgl. Knöll, Heinz-Dieter: a.a.O., S. 355.

[150] Vgl. Schäuble, Thomas: Doppik als kommunales Rechnungssystem, in: Der Städtetag, Jg. 52, Heft 3, 1999, S. 106 ff. Auch in Berlin soll die Kameralistik durch eine Kosten- und Leistungsrechnung abgelöst werden. Vgl. o.V.: In der Hauptstadt hat die Kameralistik bald ausgedient, in: HB, Nr. 168 vom 2.9.1998, S. 5.

[151] Vgl. KGSt: Das neue Steuerungsmodell. Begründung..., a.a.O., S. 19; Banner, Gerhard: Die kommunale..., a.a.O., S. 23; Meyer, Christine: a.a.O., S. 114.

[152] Vgl. Plamper, Harald: a.a.O., S. 616; Banner, Gerhard: Die kommunale..., a.a.O., S. 28 f.

Anreize zur Verbesserung der Effizienz und zur Erhöhung der Innovationsbereitschaft geschaffen werden. Einschränkend ist allerdings festzuhalten, daß bei einer großen Zahl kommunaler Leistungen ein Wettbewerb mit einem korrespondierenden Marktangebot nicht möglich ist, da ein entsprechendes Leistungsangebot aufgrund des Monopol- (bzw. Öffentlichen Gut)Charakters zahlreicher kommunaler Leistungen nicht existiert. In diesen Fällen sollen interkommunale Leistungsvergleiche als Wettbewerbssurrogate fungieren. Voraussetzung für solche Leistungsvergleiche ist, daß entsprechende Informationen, z.B. in Form von Kennzahlen, zugänglich sind und daß die Vergleichbarkeit dieser Informationen auch gewährleistet ist.

Kennzeichnend für die Reform der Kommunalverwaltung in Deutschland ist, daß eine theoretische Fundierung und Auseinandersetzung bisher weitgehend ausgeblieben ist.[153] Dies findet seinen Niederschlag in den relativ vielfältigen Wegen, auf denen eine Verwaltungsmodernisierung in einzelnen Städten umgesetzt wird. Eine Theorieunterstützung ist jedoch insofern wünschenswert, als durch die Nutzung theoretischer Ansätze (z.b. der Neuen Institutionenökonomik) Handlungsempfehlungen für die Umsetzung von Reformmaßnahmen abgeleitet werden können.

Eine Umfrage des Deutschen Städtetages von 1998 hat ergeben, daß von 227 antwortenden Städten bereits 203 konkrete Modernisierungsmaßnahmen ergriffen haben. Vorrangige Methoden der Modernisierung sind dabei die Einführung der Kosten- und Leistungsrechnung sowie die Budgetierung.[154] Abb. 8 und 9 geben einen Überblick über Hauptgründe und Ziele der Verwaltungsmodernisierung.

---

[153] Vgl. Budäus, Dietrich: Großstädtische..., a.a.O., S. 240 ff. Eine Untersuchung des Neuen Steuerungsmodell mittels institutionenökonomischer Ansätze nimmt Osner vor. Vgl. Osner, Andreas: a.a.O., S. 56 ff.

[154] Vgl. Grömig, Erko/Gruner, Kersten: a.a.O., S. 581 und S. 584.

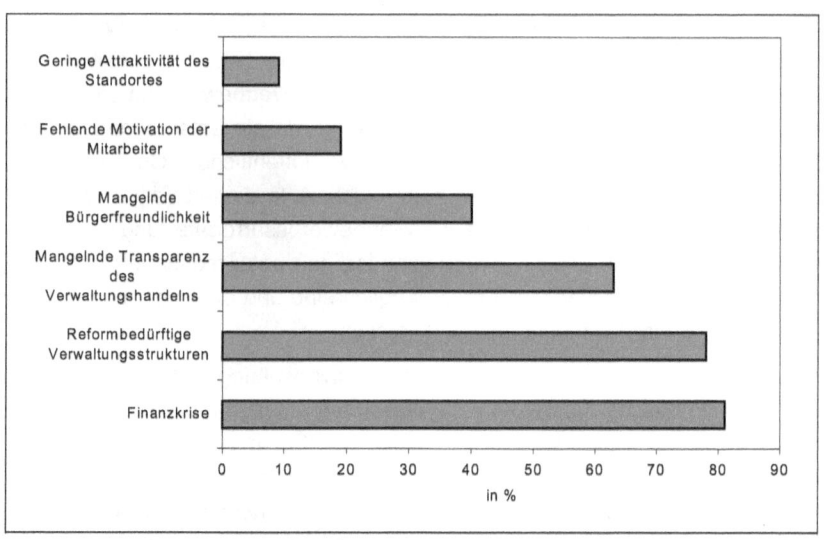

Abb. 8: Hauptgründe für eine Verwaltungsmodernisierung

Quelle: Grömig, Erko/Gruner, Kersten: Reform in den Rathäusern, in: Der Städtetag, Jg. 51, Heft 8, 1998, S. 581 f. Eigene Darstellung

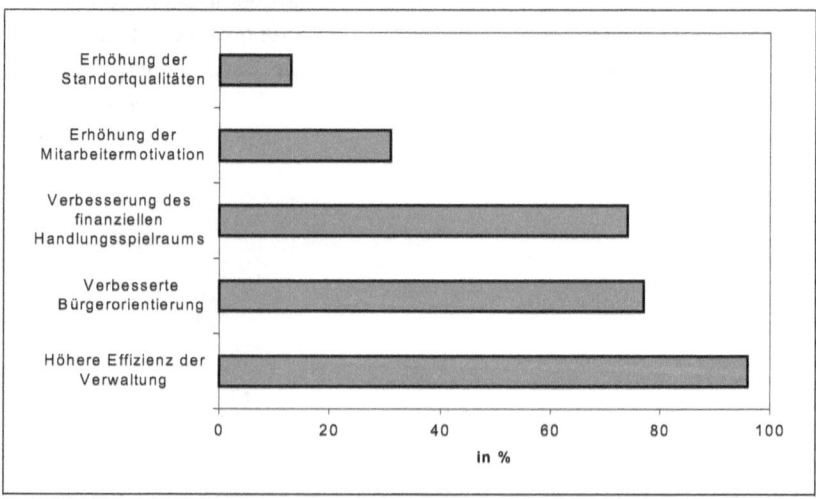

Abb. 9: Ziele der Verwaltungsmodernisierung

Quelle: Grömig, Erko/Gruner, Kersten: Reform in den Rathäusern, in: Der Städtetag, Jg. 51, Heft 8, 1998, S. 582. Eigene Darstellung.

2.5.3 Privatisierung kommunal erstellter Leistungen

Der Begriff „Privatisierung" weist zahlreiche Facetten auf und ist mit unterschiedlichen Vorstellungen verbunden. Vielfach wird er assoziiert mit Entstaatlichung, Deregulierung oder Entbürokratisierung.[155] Auf diese Aspekte soll hier nicht näher eingegangen werden, vielmehr soll eine grundsätzliche Abgrenzung der verschiedenen Privatisierungskonzepte erfolgen. Hierbei wird zunächst der traditionell vorherrschenden, eher juristisch geprägten Sichtweise gefolgt.

2.5.3.1 Formen der Privatisierung

Grundsätzlich kann zwischen der Vermögens- und der Leistungsprivatisierung unterschieden werden. Die Leistungsprivatisierung umfaßt die Verringerung des Leistungsangebotes oder der Leistungstiefe der öffentlichen Hand. Unter Vermögensprivatisierung wird der Verkauf von Liegenschaften und Beteiligungen der öffentlichen Hand an Unternehmen bzw. allgemein an private Wirtschaftssubjekte verstanden. So handelt es sich z.B. bei einem Verkauf der städtischen Wohnimmobilien um eine Vermögensprivatisierung. Im Rahmen dieser Arbeit ist schwerpunktmäßig jedoch die Leistungsprivatisierung von Interesse. Diese läßt sich unterteilen in die beiden (Extremausprägungen) formale und die materielle Privatisierung. Dazwischen liegen eine Reihe von Möglichkeiten der Zusammenarbeit zwischen der öffentlichen Hand und privaten Akteuren, die unter dem Begriff PPP gefaßt werden können.

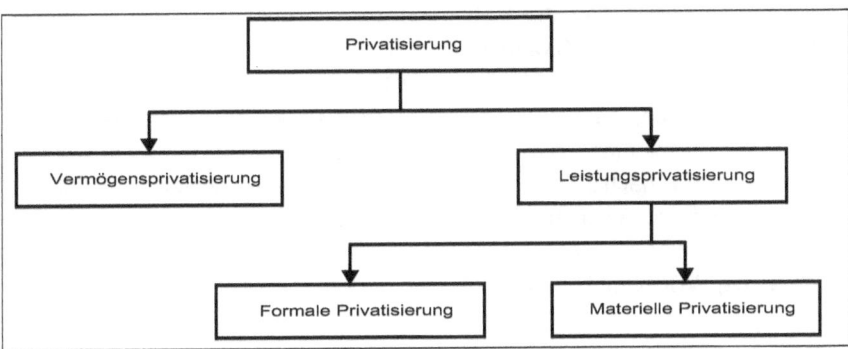

Abb. 10: Formen der Privatisierung

---

[155] Vgl. mit weitergehenden Ausführungen Kraus, Hans S.: Privatisierung öffentlicher Aufgaben, Wiesbaden 1997, S. 102 ff. Vgl. auch Eichhorn, Peter/Loesch, Achim von: a.a.O., Sp. 1303 ff.

2.5.3.2 Formale Privatisierung

Unter formaler Privatisierung (auch: formelle Privatisierung) versteht man die Privatisierung der Organisationsform, d.h. eine Verwaltungseinheit wird von ihrer bisher öffentlich-rechtlichen in eine privatrechtliche Form überführt. Die Aufgabenverantwortung und -durchführung verbleibt damit weiterhin bei der Kommune, es findet lediglich ein Wechsel der Rechtsform statt. Daher spricht man in diesem Fall auch von der „Organisationsprivatisierung".[156] Es findet eine organisatorische, personal-, rechnungs- und haushaltsmäßige Trennung dieser Einheiten vom übrigen Verwaltungsapparat statt. In der Praxis sieht dies in der Regel so aus, daß eine GmbH oder eine AG gegründet wird, die sich im 100%tigem Eigentum der Kommune befindet. Gewählt wird dieser Weg, um sich aus dem öffentlichen Rechts- und Verwaltungsvorschriften zu lösen. Sowohl die personalpolitischen als auch die finanzierungspolitischen Handlungsspielräume sollen auf diese Weise erweitert und die Flexibilität gesteigert werden. Der Einfluß der öffentlichen Hand bleibt jedoch – unter Beachtung der entsprechenden rechtlichen Bestimmungen (GmbHG, AktG) – voll gewahrt.

Eine formale Privatisierung ist aber auch dann geboten, wenn die Kommune mit einem privaten Partner kooperieren möchte, d.h. wenn sie ein Beteiligungsverhältnis eingehen will.[157] Diesen Weg ist bspw. die Stadt Oberhausen mit ihren Wirtschaftsbetrieben gegangen. Die Wirtschaftsbetriebe Oberhausen (WBO) wurden 1993 aus Ämtern der Stadtverwaltung in einen Eigenbetrieb überführt. Tätigkeitsfelder der WBO sind u.a. die Müllabfuhr, die Entwässerung, die Gebäude- und Straßenreinigung, die Grünflächenpflege sowie Kfz-Werkstätten. Da es nicht gelang, die WBO an „privatwirtschaftliche Rentabilität" heranzuführen, beschloß die Stadt Oberhausen nach Diskussion verschiedener Optimierungskonzepte, private Partner an der WBO zu beteiligen. Hierzu wurden zunächst die WBO GmbH als 100% tige Tochter der Stadt gegründet. In einem nächsten Schritt wurde als privater Partner ein Konsortium aus der Babcock Borsig AG und R+T, einer Entsorgungstochter der RWE, mit 49 % an der WBO GmbH beteiligt.[158]

---

[156] Vgl. Schmidt, Reiner: Der Übergang öffentlicher Aufgabenerfüllung in private Rechtsformen, in: ZGR, 25. Jg., Heft 3, 1996, S. 347.
[157] Vgl. Kraus, Hans S.: a.a.O., S. 104.
[158] Vgl. Drescher, Burkhard Ulrich/Dellwig, Magnus: a.a.O., S. 128 ff. Was genau die Autoren unter „privatwirtschaftlicher Rentabilität" verstehen, wird nicht näher ausgeführt.

2.5.3.3 Materielle Privatisierung

Eine materielle Privatisierung liegt dann vor, wenn eine öffentliche Aufgabe bzw. Leistung auf Private übertragen wird.[159] In diesem Rahmen kann es zum Abbau des staatlichen Aufgabenbestandes und/oder einer Verringerung der Fertigungstiefe im öffentlichen Sektor kommen. Der Staat gibt die Erfüllung der Aufgabe vollständig auf.

Die Verwendung des Begriffs der materiellen Privatisierung ist in der Literatur nicht einheitlich. So ist sie aus der Sicht einiger Autoren dann gegeben, wenn eine Aufgabe – wie oben aufgeführt – ganz aus dem Zuständigkeitsbereich der öffentlichen Hand entlassen wird und keine Möglichkeit der Steuerung und Einflußnahme mehr besteht.[160] Diese weitestgehende Form der Privatisierung wird von anderen Autoren hingegen als Teilaspekt der materiellen Privatisierung angesehen und als funktionale Privatisierung bezeichnet. Daneben ist es indes auch möglich, Teilbereiche von Leistungen oder der Leistungserstellung in verschiedener Form auf private Wirtschaftssubjekte zu übertragen.[161] Hierfür findet sich die Bezeichnung organisatorische Privatisierung, die in Form des Konzessions- und des Submissionssystems erfolgen kann.[162]

An diesen kurzen Ausführungen zeigt sich schon die Uneinheitlichkeit, mit der der Begriff der Privatisierung verwendet wird. So ist z.B. auch die Bezeichnung „funktionale Privatisierung" für eine vollständige Übertragung einer Aufgabe auf Private als unglücklich anzusehen. In Anlehnung an Budäus kann die Wahrnehmung öffentlicher Aufgaben und Leistungen – unabhängig von der Gewährleistungsfunktion – in die Teilaspekte Finanzierung, Erstellung und in den Betrieb zerlegt werden.[163] In jedem dieser Bereiche können private Unternehmen einbezogen werden. Die Leistungen lassen sich somit in Teilbereiche

---

[159] Vgl. Völmicke, Christine: a.a.O., S. 49.

[160] Vgl. Donges Juergen B. u.a.: a.a.O.; S. 28; Witte, Gertrud: Abgrenzung zwischen privatisierbaren und nicht privatisierbaren Bereichen – Kriterien für die Privatisierbarkeit, in: Forschungsinstitut für Wirtschaftsverfassung und Wettbewerb (Hrsg.): Sicherung des Wettbewerbs im kommunalen Bereich, FIW-Schriftenreihe, H. 162, Köln u.a. 1995, S. 72; Kraus, Hans S.: a.a.O., S. 104.

[161] Vgl. Steinheuer, Wilfried: Privatisierung kommunaler Leistungen, Köln 1991, S. 24 ff.; Völmicke, Christine: a.a.O., S. 50 ff.

[162] Vgl. Völmicke, Christine: a.a.O., S. 50.

[163] Vgl. Budäus, Dietrich: Alternative Ansätze zur Finanzierung der öffentlichen Infrastruktur in den neuen Bundesländern unter besonderer Berücksichtigung von Transaktionskosten, in: Eichhorn, Peter (Hrsg.): Finanzierung und Organisation der Infrastruktur in den neuen Bundesländern, Baden-Baden 1993, S. 114.

aufspalten, so daß es angebracht wäre, von einer funktionalen Privatisierung dann zu sprechen, wenn Teilleistungen auf private Unternehmen übertragen werden. Da in diesen Fällen eine Zusammenarbeit zwischen der Kommune und privaten Wirtschaftssubjekten erfolgt, sind die Grenzen zu PPP (Kapitel 2.5.3.4) teilweise fließend. Auch der Terminus „organisatorische Privatisierung" kann zu einer Verwechslung mit dem Ausdruck „Organisationsprivatisierung" führen.

Eine andere Abgrenzung der Privatisierung nimmt Bartling vor, indem er eine wettbewerbsorientierte Betrachtungsweise einnimmt. Er unterscheidet zwischen Privatisierungsformen, die auf Wettbewerbsmärkte orientiert sind und solchen, die Nichtwettbewerbsmärkte, z.B. bei Tendenzen zu natürlichen Monopolen, betreffen. Im zweiten Fall spricht er von regulierenden Privatisierungsformen.[164] Im ersten Fall existieren am Markt Wettbewerbsstrukturen, so daß dieser Wettbewerb im Rahmen der Privatisierung genutzt werden kann. Es lassen sich dann drei Formen der Privatisierung unterscheiden. Zum einen kann sich der Staat vollständig aus einer Aufgabe zurückziehen, was der „funktionalen" bzw. „materiellen" Privatisierung entspricht. Zum anderen ist aber auch der Fremdbezug von Leistungen möglich. Hier können zum einen Vorleistungen, d.h. auch gebäudewirtschaftliche Leistungen, oder aber Hauptleistungen, d.h. Leistungen, die direkt dem Bürger gegenüber erbracht werden, fremdbezogen werden. Da ein differenziertes Angebot für gebäudewirtschaftliche Leistungen am Markt gegeben ist, kann sich die Kommune dieser Privatisierungsform bedienen. Sie muß in diesem Fall anhand geeigneter Kriterien prüfen, ob ein solcher Fremdbezug für sie vorteilhaft ist. Die Kommune steht somit vor einer Outsourcing-Entscheidung.

2.5.3.4 Zusammenarbeit zwischen Kommunen und privaten Unternehmen als Public Private Partnership

2.5.3.4.1 Zur Entwicklung von Public Private Partnership

Zwischen den beiden Polen der öffentlichen Leistungserstellung – auch bei formaler Privatisierung – und der vollständigen Verlagerung einer Aufgabe an private Wirtschaftssubjekte ist eine Reihe von Organisationsformen angesiedelt, die einen hybriden „Charakter" haben, bei denen also eine Vermischung

---

[164] Vgl. Bartling, Hartwig: Privatisierung kommunaler Tätigkeiten: Wettbewerbsaspekte und Prinzipal-Agenten-Beziehungen, Mainz 1994, S. 9 ff. Müller/Vogelsang benutzen auch den Begriff „regulierende Privatisierung", verstehen darunter aber, daß der Staat genau definierte Aufgaben an private Unternehmen abgibt, aber weiterhin eine Überwachungsfunktion innehat. Vgl. Müller, Jürgen/Vogelsang, Ingo: a.a.O., S. 312.

von öffentlicher und privater Leistungserstellung erfolgt.[165] Es handelt sich hierbei um die „Zusammenarbeit" bzw. die „Kooperation" zwischen der öffentlichen Hand und privaten Wirtschaftssubjekten, in denen eine arbeitsteilige Aufgabenerledigung stattfindet. Je höher hierbei der Beitrag der Privaten ist, desto näher ist die betreffende Organisationsform bei der materiellen Privatisierung angesiedelt. Vermehrt ist für diese Organisationsformen der Begriff Public Private Partnership (PPP) aufgekommen.

Bei Durchsicht der Literatur zeigt sich, daß ein allgemeines Verständnis des PPP-Begriffs noch nicht existiert und eine eindeutige Definition nicht vorliegt.[166] Vielmehr wird der Begriff in unterschiedlicher Form verwandt. In der Praxis dient der Begriff PPP als Bezeichnung für die verschiedensten Kooperationsansätze der öffentlichen Hand und privaten Wirtschaftssubjekten.[167] Zu weitgehend ist es auf jeden Fall, jede Art der Zusammenarbeit zwischen der öffentlichen Hand und Privaten, also auch die reine Auftragsvergabe, als PPP zu bezeichnen. Betrachtet man verschiedene Projekte, die als PPP bezeichnet werden können, so zeigt sich ein weites Feld für öffentlich-private Partnerschaften:

- Stadtentwicklung und -erneuerung,
- Finanzquellenerschließung,
- Stadtmarketing,
- Wirtschaftsförderung,
- Ver- und Entsorgung,
- Wohnungsbau,
- Technologiezentren,
- Öffentlicher Personennahverkehr,
- Betrieb von Kultureinrichtungen.

Dabei lassen sich verschiedene Formen und organisatorische Ausgestaltungen dieser Projekte feststellen. Diese reichen von der Gründung „gemischt-

---

[165] Vgl. ähnlich Schuppert, Gunnar Folke: Die Erfüllung öffentlicher Aufgaben durch die öffentliche Hand, private Anbieter und Organisationen des Dritten Sektors, in: Ipsen, Jörn (Hrsg.): Privatisierung öffentlicher Aufgaben: private Finanzierung kommunaler Investitionen, Köln 1994, S. 18.

[166] Vgl. Heinz, Werner: Wesentliche Merkmale von Partnerschaftsansätzen bei der Stadtentwicklung und Stadterneuerung, in: Heinz, Werner (Hrsg.): Public private partnership – ein neuer Weg zur Stadtentwicklung, Köln 1993, S. 487. Er verweist darauf, daß PPP durch mangelnde Präzisierung zu einer Leerformel wird.

[167] Vgl. Heinz, Werner: Public Private Partnership, in: AfK, 37. Jg., Band II, 1998, S. 215.

wirtschaftlicher" Gesellschaften über Betreibermodelle bis hin zu reinen Finanzierungsmodellen.[168]

Der Begriff PPP ist aus dem anglo-amerikanischen Sprachraum übernommen und seit Mitte der achtziger Jahre verstärkt in Deutschland und anderen europäischen Ländern für Gemeinschaftsprojekte der öffentlichen Hand und privaten Wirtschaftssubjekten in Gebrauch.[169] Ihren Ursprung haben PPP in den USA. Ältestes Beispiel – auch wenn hier der Begriff noch nicht verwandt wurde – ist die Stadt Pittsburgh. In den vierziger Jahren wurde, ausgehend von wirtschaftlichen und Umweltproblemen, von Richard Mellon, Vorsitzender der Mellon Bank, eine öffentlich-private Partnerschaft ins Leben gerufen, die die führenden Unternehmen der Stadt und Vertreter aus Politik, Verwaltung und Hochschulen mit einbezog. Ziel dieser „Allegheny Conference on Community Development" (ACCD) war es, Maßnahmen zu ergreifen, die geeignet erschienen, den Wirtschaftsstandort Pittsburgh zu sichern und zu fördern. Insbesondere sollte das Zentrum Pittsburghs wiederbelebt und attraktiver gestaltet werden. Bei der ACCD handelte es sich um eine informelle Zusammenarbeit zwischen Wirtschaft und Stadt.[170] An diesem Beispiel zeigt sich der Kern des ursprünglichen PPP-Gedankens, nämlich der Zusammenschluß von Privaten und der öffentlichen Hand auf dem Gebiet der Stadterneuerung und -entwicklung. Vorrangiges Ziel der öffentlich-privaten Partnerschaften in den Vereinigten Staaten ist die wirtschaftliche Entwicklung von Gemeinden, d.h. die Schaffung von Arbeitsplätzen u.a. durch die Förderung und Entwicklung von Stadtzentren sowie die Ansiedlung neuer Unternehmen und damit eine

---

[168] Vgl. für Beispiele Heinz, Werner: Public Private Partnership – ein neuer Weg zur Stadtentwicklung, in: Heinz, Werner (Hrsg.): Public private partnership – ein neuer Weg zur Stadtentwicklung, Köln 1993, S. 42 ff.; Einen Überblick über Finanzierungs- und Betriebsmodelle gibt Greiling, Dorothea: Neuere Formen von Public Private Partnership, in: Akademie, 39. Jg., Heft 3, 1994, S. 73 f.; ein konkretes Beispiel aus dem Bereich Stadtmarketing liefert Mittmann, Jan Dirk: Public-private-partnership als Verkaufsstrategie, in: Arbeitgeber, 49. Jg., Heft 10, 1997, S. 328 ff.; für verschiedene Projekte aus Köln vgl. Uhlig, Klaus: Private Public Partnership, in: Archiv für Kommunalwissenschaft, 29. Jg., 1990, S. 107 ff.

[169] Zur Entstehung und zur ideologischen Sichtweise von PPP vgl. Kirsch, Daniela: Public Private Partnership, Köln 1997, S. 15 ff.

[170] Vgl. Budäus, Dietrich/Grüning, Gernod: Public Private Partnership – Konzeption und Probleme eines Instruments zur Verwaltungsreform aus Sicht der Public Choice-Theorie, in: Budäus, Dietrich/Eichhorn, Peter (Hrsg.): Public Private Partnership, Baden-Baden 1997, S. 42; Kirsch, Daniela: a.a.O., S. 20.

Verbreiterung bzw. Sicherung der Steuerbasis.[171] Hieran zeigt sich auch, daß PPP darauf abzielen, lokale oder regionale Probleme zu lösen.[172] Auch für Deutschland wird aufgrund von zunehmender globaler (und auch regionaler) Konkurrenz, sowohl zwischen den Unternehmen als auch zwischen Standorten, die Notwendigkeit gesehen, das Potential der Standorte zu aktivieren und zu stärken. Da hierzu weder Vertreter des politisch-administrativen Systems noch die Unternehmen allein in ausreichendem Maß in der Lage sind, wird ein verstärkter Bedarf zur Zusammenarbeit gesehen, um dadurch eine Modernisierung der lokalen und regionalen Strukturen zu erreichen.[173]

2.5.3.4.2 Definition von Public Private Partnership

Merkmale der verschiedenen Definitionen von PPP sind die Art der formalen Ausgestaltung der Zusammenarbeit, die betroffenen Arbeitsfelder, die Akteure sowie die Ziele der beteiligten Parteien. Im folgenden sollen einige Definitionsansätze diskutiert werden, um daraus eine Begriffsbestimmung für diese Arbeit abzuleiten.

Kouwenhoven bezeichnet PPP als Zusammenarbeit (interaction) zwischen der öffentlichen Hand (government) und privaten Wirtschaftssubjekten (business) zur Erreichung konvergierender Ziele, welche sowohl sozialen als auch kommerziellen Charakter haben. Wesentlicher Aspekt der Zusammenarbeit ist die Erzielung von Synergieeffekten, d.h., die Zusammenarbeit basiert auf der Erwartung, eine höhere Effektivität und/oder Effizienz zu erreichen, als dies beide Partner alleine erreichen könnten.[174] Als Motive zur Gründung von PPP werden zum einen finanzielle Aspekte genannt. Für die Kommune bietet sich die Möglichkeit, privates Kapital zu erschließen, für den privaten Sektor bieten sich neue Investitionsmöglichkeiten. Daneben spielt für die Kommune ebenfalls eine Rolle, privates Know-how, sowohl in ökonomischer als auch in tech-

---

[171] Vgl. Fainstein, Norman I./Fainstein, Susan S.: Öffentlich-private Partnerschaften bei der Stadterneuerung und Stadtentwicklung in den USA, in: Heinz, Werner (Hrsg.): Public private partnership – ein neuer Weg zur Stadtentwicklung?, Stuttgart/Berlin/Köln 1993, S. 83.

[172] Vgl. auch Kestermann, Reiner: Public-Private Partnership – Anmerkungen zur Rezeption eines Modebegriffs, in: Raumplanung, Nr. 63, 1993, S. 207.

[173] Vgl. Batt, Helge-Lothar: Regionale und lokale Entwicklungsgesellschaften als Public-Private Partnerships: Kooperative Regime subnationaler Politiksteuerung, in: Bullmann, Udo/Heinze, Rolf G. (Hrsg.): Regionale Modernisierungspolitik, Opladen 1997, S. 166 ff.

[174] Vgl. Kouwenhoven, Vincent: The rise of the public private partnership: A model for the management of public-private cooperation, in: Kooiman, Jan (Ed.): Modern Governance. New Government-Society Interactions, London 1993, S. 120.

nischer Hinsicht, zu nutzen und damit Projekte besser verwirklichen zu können, als dies mit eigenen Fachwissen möglich gewesen wäre.[175]

Budäus/Grüning greifen den Ansatz von Kouwenhoven auf und definieren PPP im engeren und im weiteren Sinne. PPP im engeren Sinne bedeutet die Interaktion zwischen öffentlicher Hand und Akteuren aus dem privaten Sektor in (gesellschafts-)vertraglich formalisierter Form, wobei die Identität und die Verantwortung der Partner intakt bleiben. Der Fokus dieser Interaktion liegt bei ihnen auf der Verfolgung komplementärer Ziele. Dabei sollen Synergiepotentiale bei der Zusammenarbeit genutzt werden und eine Prozeßorientierung vorherrschen.[176] Bei dieser Definition ist die Dimension der Zielkomplementarität dominant. Sie ist so zu verstehen, daß beide Partner gleiche Ziele verfolgen, der private Partner an der Erbringung der Leistung selbst und nicht primär an der Erzielung von Erträgen aus der Leistungserbringung interessiert ist.[177] Budäus/Grüning sprechen hingegen von Contracting out, wenn der Private eine Leistung für die öffentliche Hand erbringt und dabei die Einnahmenerzielung für ihn im Vordergrund steht.[178]

„Kennzeichnend für die private public partnership ist...ihr beschränkter, sich aus einem privatrechtlich organisierten Unternehmen und einer Kommune zusammensetzender Gesellschafterkreis, ferner ihr aus dem Gebiet der Daseinsvorsorge, insbesondere der Abfall- und Abwasserentsorgung sowie der Trinkwasser- und Stromversorgung liegender Unternehmensgegenstand."[179] Nach diesem Begriffsverständnis handelt es sich bei PPP um eine Ausprägung gemischtwirtschaftlicher Unternehmen. Der Hinweis auf den Gesellschafterkreis deutet auf eine bestimmte institutionalisierte Organisationsform

---

[175] Vgl. Kouwenhoven, Vincent: a.a.O., S. 121 f.
[176] Vgl. Budäus, Dietrich/Grüning, Gernod: a.a.O., S. 54.
[177] Als Beispiele genannt werden u.a. das duale Ausbildungssystem in Deutschland und die Gründung einer Gesellschaft in Amsterdam, die als Ziel die Wiederherstellung der öffentlichen Ordnung in einem Stadtteil hat, um damit eine ökonomische Wiederbelebung zu ermöglichen.
[178] Vgl. Budäus, Dietrich/Grüning, Gernod: a.a.O., S. 52. Allerdings erwähnen sie an späterer Stelle, daß das Gewinninteresse durchaus von Bedeutung für die Gründung von PPP ist. Vgl. Budäus, Dietrich/Grüning, Gernod: a.a.O., S. 56.
[179] Habersack, Mathias: Private public partnership: Gemeinschaftsunternehmen zwischen Privaten und der öffentlichen Hand, in: ZGR, 25. Jg., Heft 3, 1996, S. 546.

hin. Weiterhin wird PPP hier auf ein spezielles Arbeitsfeld beschränkt. Die Ziele der beteiligten Parteien spielen hier keine hervorgehobene Rolle.[180]

Nach Wolff sind Public Private Partnership Kooperationen zwischen öffentlichen und privatwirtschaftlichen Aufgabenträgern, bei denen beide Vertragspartner spezifische Investitionen in einen gemeinsamen Leistungsprozeß einbringen.[181] Wesentliches Merkmal ist hier, daß ein gemeinsamer Leistungsprozeß auf Basis vertraglicher Beziehungen erfolgt. Daneben tätigen beide Partner spezifische Investitionen. Hierunter sind nach Wolff zum einen „non human assets", zum anderen „human assets" zu verstehen. Erstere können z.B. spezielle EDV-Ausstattungen in Form eines Gebäudeinformationssystems sein, letztere z.B. das Wissen der Verwaltungsmitarbeiter über örtliche Gegebenheiten und über spezielle Rechtsvorschriften.[182] In diesem Begriffsverständnis wird eine institutionenökonomische Sichtweise eingenommen. Das Verhältnis zwischen den beiden Vertragspartnern geht über eine reine Marktbeziehung hinaus, indem spezifische Investitionen bzw. Inputs notwendig sind und sich daraus spezielle Sicherungsbedürfnisse ergeben. Demnach liegen PPP dann vor, wenn die Spezifität des Inputs vertragliche Vereinbarungen erfordern, die in der Lage sind, Anreiz- und Sanktionswirkung zu entfalten.

Dies sind nur einige exemplarisch herausgegriffene Definitionsansätze für PPP. Gemeinsam haben diese Definitionen, daß es sich bei den Akteuren um öffentliche Körperschaften sowie um private Institutionen, insbesondere Wirtschaftsunternehmen, handelt. Des weiteren setzen die Ansätze ein Mindestmaß an formaler Institutionalisierung voraus.[183] Nicht geeignet als Definitionsmerkmal ist die Beschränkung auf bestimmte Arbeitsfelder, wie die Stadterneuerung, da hierdurch eine zu starke Einengung erfolgt. Das Modell der PPP sollte offen sein für die Lösung verschiedener Problemfelder. Auch das Merkmal der Zielkomplementarität scheint weniger geeignet. Zum einen können öffentliche und private Partner gemeinsame, das heißt projektbezogene Ziele

---

[180] Eine Einschränkung der PPP auf bestimmte Aufgabenbereiche findet sich ebenfalls bei anderen Autoren. Vgl. z.B. Birnstiel, Detlev: Public Private Partnership in der Wirtschaftsförderung, in: Ridinger, Rudolf/Steinröx, Manfred (Hrsg.): Regionale Wirtschaftsförderung in der Praxis, Köln 1995, S. 226 f.

[181] Vgl. Wolff, Birgitta: Public-Private Partnerships, in: Jahrbuch für Neue Politische Ökonomie, 15. Band, 1996, S. 244.

[182] Vgl. Wolff, Birgitta: a.a.O., S. 254 f.

[183] Daneben existieren aber Definitionslinien, insbesondere im anglo-amerikanischen Raum, die auch die informelle Kooperation einschließen. Vgl. Kirsch, Daniela: a.a.O., S. 28.

verfolgen. Zum anderen verfolgen sie jedoch auch unterschiedliche Ziele und Interessen, die durch ihre jeweiligen Funktionen und Motivation bestimmt werden.[184] Steht auf der einen Seite ein spezifisches öffentliches, so steht dem auf der anderen Seite ein erwerbswirtschaftliches Interesse gegenüber. Trotzdem ist eine Zusammenarbeit bzw. Kooperation auch bei gegenläufigen Zielsetzungen möglich, sofern diese nicht vollständig inkompatibel sind.[185] Wichtig ist, daß Arrangements gefunden werden, wie diese gegenläufigen Interessen aufeinander abgestimmt werden können. So können öffentliche Hand und Private durchaus in einer Gesellschaft kooperieren, die als Geschäftsgegenstand den Betrieb der kommunalen Immobilien hat. Durch entsprechende vertragliche Vereinbarungen sind die unterschiedlichen Zielsetzungen, nämlich die Aufrechterhaltung der Funktionalität der Gebäude und Liegenschaften sowie der Kostensenkung und eines guten Qualitätsstandards auf der einen Seite, die Erzielung von Einnahmen und Gewinnen auf der anderen Seite, aufeinander abzustimmen. Partnerschaft ist also so zu verstehen, daß eine vertrauensvolle Zusammenarbeit zwischen Wirtschaftssubjekten mit durchaus unterschiedlichen individuellen Zielsetzungen erfolgt. Um Konflikte zu vermeiden, sollten entsprechende Kompromiß- und Konfliktlösungsregelungen gefunden werden.

PPP soll hier als die Kooperation zwischen einer oder mehreren öffentlichen Institutionen sowie einer oder mehreren privaten Institutionen auf Basis vertraglicher Vereinbarungen oder in einer gemeinsam errichteten Gesellschaft zur Erreichung eines vereinbarten („Unternehmens-")Zweckes verstanden werden. Zugleich bleiben die individuellen Zielsetzungen der beteiligten Parteien bestehen. Von der Zusammenarbeit versprechen sich die beteiligten Parteien aber eine bessere Erreichung ihrer individuellen Ziele.[186] Zielkonflikte sind durch entsprechende Vereinbarungen zu vermeiden, Zielkonkurrenz darf nicht bestehen. Als Aufgabenfelder bieten sich unterschiedliche Bereiche an. Abzugrenzen ist eine solche Kooperation jedoch von einer bloßen Auftragsvergabe. Steht bei dieser eine einzelne (durchaus wiederholbare) Transaktion im Vordergrund, stellt PPP eine komplexe Leistungsbeziehung im Zeitablauf

---

[184] Vgl. Heinz, Werner/Scholz, Carola: Public Private Partnership im Städtebau, Berlin 1996, S. 13.

[185] Vgl. ähnlich Kouwenhoven, Vincent: a.a.O., S. 125.

[186] Vgl. auch Eichhorn, Peter: Public Private Partnership. Praxis, Probleme, Perspektiven, in: Neumann, Lothar F./Schulz-Nieswandt, Frank (Hrsg.): Sozialpolitik und öffentliche Wirtschaft, Berlin 1995, S. 174.

dar.[187] PPP können speziell dort Anwendung finden, wo Widerstände oder Bedenken der Kommune gegen eine (Teil-)Verlagerung von Aufgaben in den privaten Sektor durch institutionelle Arrangements abgebaut werden sollen. Von der materiellen Privatisierung sind PPP insoweit abzugrenzen, als, je nach Ausgestaltung der institutionellen Form, ein mehr oder weniger starker Einfluß der Kommune erhalten bleibt, der über ein bloßes Kontrollrecht hinausgeht, so daß die Aufgabenerfüllung nicht vollständig aus dem öffentlichen Einflußbereich herausgenommen wird.

Sollten spezielle Widerstände der Kommunen gegen eine Einschaltung privater Unternehmen in die Leistungserstellung im Rahmen einer Privatisierung bestehen, so kann geprüft werden, ob PPP geeignet sind, einen Lösungsbeitrag zur Überwindung dieser Widerstände zu leisten. Die im weiteren Verlauf der Arbeit dargestellten Organisationslösungen für die kommunale Gebäudewirtschaft unter Einschaltung privater Unternehmen lassen sich in den Bereich der PPP einordnen.

---

[187] Vgl. ähnlich Heinz, Werner: Public Private Partnership, a.a.O., S. 221 ff.

3 GEBÄUDEWIRTSCHAFTLICHE LEISTUNGEN ALS BESTANDTEIL DES IMMOBILIENMANAGEMENT UND DEREN ORGANISATION AUF KOMMUNALER EBENE

3.1 Grundlagen eines integrierten Immobilienmanagement

3.1.1 Immobilien im betrieblichen Leistungserstellungsprozeß

3.1.1.1 Der Begriff der Immobilie

Der Begriff der Immobilie kann aus physischer, juristischer und ökonomischer Sicht unterschieden werden. Während aus juristischer Sicht eine Legaldefinition nicht existiert und die Immobilie, d.h. das Gebäude, nur in Verbindung mit einem Grundstück gesehen wird, ist der physische Immobilienbegriff gebäudeorientiert und definiert die Immobilie über die materiellen Eigenschaften. Demnach ist sie ein dreidimensionales Gebilde, welches aus Wänden, Decken und Böden besteht und damit einen Teil der Erdoberfläche künstlich abgrenzt.[188] Beide Betrachtungsweisen helfen allerdings bei den weiteren Untersuchungen nicht weiter, da bei beiden Begriffsabgrenzungen eine betriebswirtschaftliche Betrachtungsebene weitgehend ausgeschlossen ist (allerdings auch nicht deren Ziel ist). Daher ist es erforderlich, eine ökonomische Begriffsabgrenzung vorzunehmen.

Betrachtet man Immobilien aus einer ökonomischen Perspektive, so kommen diesen zwei Dimensionen zu. Zum einen stellen sie aus finanzwirtschaftlicher Sicht Kapitalanlagen bzw. Sachvermögen dar. Aus produktionstheoretischer Sicht hingegen werden sie als Produktionsfaktoren betrachtet.[189] Unter beiden Aspekten kommen ihnen nutzenstiftende Funktionen zu. Das Verfügungsrecht[190] über Immobilien ermöglicht es den Eigentümer, entweder durch eigene Ausnutzung oder aber durch eine Übertragung an Dritte Erträge zu erzielen. Diese Nutzungsmöglichkeit ist über einen bestimmten Zeitraum, die Lebensdauer der Immobilie, gegeben. Als Inhalte des Immobilienbegriffes lassen

---

[188] Vgl. Schulte, Karl-Werner u.a.: Betrachtungsgegenstand der Immobilienökonomie, in: Schulte, Karl-Werner (Hrsg.): Immobilienökonomie. Band 1: Betriebswirtschaftliche Grundlagen, München/Wien 1998, S. 15 f.

[189] Vgl. Schulte, Karl-Werner u.a.: a.a.O., S. 16.

[190] Zum Begriff der Verfügungsrechte vgl. Kapitel 4.1.2.

sich nun der abgeschlossene Raum (physischer Immobilienbegriff), die Nutzenstiftung des Raumes sowie die zeitliche Dimension der Nutzung festhalten.[191]

Im Vergleich zu anderen Wirtschaftsgütern zeichnen sich Immobilien im wesentlichen durch folgende Charakteristika aus:[192]

Immobilität: Herausragendes Merkmal von Immobilien ist ihre Standortgebundenheit. Dies bedeutet, daß Gebäude nicht ohne weiteres von einem Ort an den anderen transferiert werden können. Daraus ergeben sich in der Nutzung Abhängigkeiten von der Art und (geographischen) Lage des Standortes, von benachbarten Nutzungen und auch von hoheitlichen Vorgaben wie bspw. Bebauungsplänen.

Lebenszyklus: Immobilien zählen zu den langlebigen Gebrauchsgütern. In einem weitgefaßten Verständnis umfaßt der Lebenszyklus einer Immobilie die Objektvorbereitung und -planung, die Erstellung, die Nutzung und die Endverwertung. Abhängig ist die Lebensdauer einer Immobilie – und damit auch ihre wirtschaftliche Nutzungsdauer – von Art und Umfang der erbrachten gebäudebezogenen Leistungen sowie der durchgeführten Sanierungs- und Modernisierungsmaßnahmen.

Investitionsvolumen: Immobilien erfordern sowohl während der Planungs- und Erstellungsphase als auch während der Nutzungsphase einen hohen Kapitaleinsatz. Dieser setzt sich zusammen aus den Investitionskosten und den Kosten der Gebäudeunterhaltung und -bewirtschaftung.

3.1.1.2 Die Stellung der Immobilie im Produktionsprozeß

3.1.1.2.1 Immobilien aus produktionstheoretischer Sicht

Eine weitergehende Typologisierung von Immobilien läßt sich einerseits nach Nutzern, andererseits nach Nutzungsarten vornehmen. Als Nutzergruppen lassen sich Private Haushalte, Unternehmen und der Staat (einschließlich Non profit-Organisationen) identifizieren. Nach Art der Nutzung können Immobilien in Wohn-, Gewerbe- und Sonderimmobilien eingeteilt werden. Als Gewerbeimmobilien gelten alle Gebäude, die der Produktion von Gütern und Dienstleistungen (bzw. Leistungsbündeln) sowie der Distribution von Waren dienen. Hingegen sind Sonderimmobilien auf eine spezifische Nutzung zugeschnitten, die in der Regel die Drittverwendungsfähigkeit reduziert. Sie zeichnen sich

---

[191] Vgl. Schulte, Karl-Werner u.a.: a.a.O., S. 17.
[192] Vgl. mit weiteren Nennungen Schulte, Karl-Werner u.a.: a.a.O., S. 18 f.

damit durch einen hohen Spezifitätsgrad aus und sind mit hohen sunk costs verbunden. Beispiele hierfür sind Kläranlagen und Kraftwerke, Kinos und Theater, Schulen und Schwimmbäder.[193] Kommunen sind als Nutzer dem Staat zuzurechnen. Dabei umfaßt ihr Gebäudebestand sowohl Wohnimmobilien als auch Gewerbe- und Sonderimmobilien. Hieraus ergeben sich, wie unten weiter ausgeführt wird, besondere Anforderungen an ein kommunales Gebäudemanagement.

Immobilien können als die physische Umgebung der betrieblichen Leistungserstellung angesehen werden;[194] sie sind dem Produktionsfaktorenbestand zuzuordnen. Als Produktionsfaktoren werden die Güter bezeichnet, die für die Produktion und den Absatz sowie für die Erhaltung der Betriebsbereitschaft eingesetzt werden.[195] Nimmt man eine Einordnung der Immobilien in das Klassifikationsschema der Produktionsfaktoren vor, so lassen sie sich als passive Potentialfaktoren, d.h. als Potentialfaktoren ohne Abgabe von Werkverrichtungen einordnen.[196] Aus ihrer Stellung im Produktionsprozeß ergeben sich hohe Anforderungen an die Immobilien. Die Gestaltung und der Zustand der Immobilien hat zum einen direkten Einfluß auf die Fertigungs- und Arbeitsprozesse; zum anderen besteht ein Einfluß auf die in den Immobilien arbeitenden Menschen.[197] So können sich bspw. durch Baumaterialien, Anstriche oder Belüftungssysteme Auswirkungen auf die Gesundheit und damit auch auf die Produktivität der Mitarbeiter ergeben. Daneben hat die Arbeitsumgebung auch Einfluß auf die Arbeitszufriedenheit der Mitarbeiter. Insofern erfüllen Immobilien eine physiologische und psychologische Funktion. Eine mangelnde Arbeitszufriedenheit kann sich niederschlagen in erhöhten Fehlzeiten der Mitarbeiter oder im Extremfall zu ihrer „inneren Kündigung" führen. Eine Steigerung der Arbeitszufriedenheit kann sich umgekehrt fördernd auf die Produktivität auswirken.[198] Über die Auswirkungen auf den Arbeitsprozeß und auf die Mitarbeiter ergibt sich ein direkter Einfluß auf die Kostensituation der Unternehmung. Gutenberg führt an, daß der Eignungswert der Gebäude und ihr pro-

---

[193] Vgl. Vgl. Schulte, Karl-Werner u.a.: a.a.O., S. 22 ff.
[194] Vgl. Pierschke, Barbara: Facilities Management, in: Schulte, Karl-Werner (Hrsg.): Immobilienökonomie. Band 1: Betriebswirtschaftliche Grundlagen, München/Wien 1998, S. 277.
[195] Vgl.: Busse von Colbe, Walther/Laßmann, Gert: Betriebswirtschaftstheorie. Band 1: Grundlagen, Produktions- und Kostentheorie, 4. Aufl., Berlin u.a. 1988, S. 76.
[196] Vgl. Busse von Colbe, Walther/Laßmann, Gert: a.a.O., S. 80.
[197] Vgl. Pierschke, Barbara: a.a.O., S. 277.
[198] Vgl. Kaiser, Harvey H.: The Facilities Manager's Reference, Kingston 1989, S. 70.

duktiver Beitrag sinkt, sofern sie die an sie gestellten Anforderungen nicht erfüllen.[199] Die Unternehmensimmobilien stellen somit den Ort dar, an dem sich – von Ausnahmen abgesehen – die unternehmerischen Aktivitäten abspielen; sie beeinflussen die betriebliche Effizienz und tragen direkt zur Zielerreichung der Unternehmen bei.

Neben ihrer Stellung im Produktionsprozeß stellen Immobilien einen bedeutenden Kostenfaktor für die Unternehmen dar. So sind die Gemeinkosten für den Betrieb der Immobilien neben den Personalkosten einer der wichtigsten Kostenblöcke in vielen Unternehmen.[200] Die Immobiliennutzungskosten umfassen neben den Kapitalkosten und den Abschreibungen im wesentlichen Steuern, Verwaltungs-, Betriebs- und Bauunterhaltungskosten; auf die Dauer der Nutzung der Immobilie bezogen übersteigen sie die Investitionskosten um ein Vielfaches. Im Verhältnis zu den jährlichen Gesamtkosten von Unternehmen bewegen sie sich in einer Größenordnung von 5 % bis 15 %. Neben ihrer Kostenwirkung entfalten Immobilien durch die Höhe der gebundenen Finanzmittel und deren Bindungsdauer eine hohe finanzwirtschaftliche Bedeutung für die Unternehmen. Diese ist zum einen darin zu sehen, daß es sich bei Immobilienentscheidungen vielfach um schwer reversible Investitionsentscheidungen handelt. Zum anderen spielen Bewertungsfragen eine Rolle. So weichen aufgrund der handelsrechtlichen Bewertungsvorschriften die Buchwerte erheblich von den Verkehrswerten ab. Dadurch können (zumindest die nicht betriebsnotwendigen) Immobilien als eine mögliche Liquiditätsreserve betrachtet werden, sofern die Marktgängigkeit und damit die Liquidierbarkeit gegeben ist. Der Anteil des Immobilienbesitzes am Gesamtvermögen der deutschen Unternehmen 1990 circa 10 %, wobei es sich hierbei lediglich um die Buchwerte handelt.[201]

---

[199] Vgl. Gutenberg, Erich: Grundlagen der Betriebswirtschaftslehre. Band 1: Die Produktion, 23. Aufl., Berlin/Heidelberg/New York 1979, S. 71 ff. Als allgemeine Faktoren nennt er den Grad der Mobilität Betriebsmitteln, ihren Abnutzungsgrad und ihren Zustand an Betriebsfähigkeit.

[200] Vgl. Lochmann, Hans-Dieter: Facility Management im Umfeld des modernen Managements, in: Lochmann, Hans-Dieter/Köllgen, Rainer (Hrsg.): Facility Management: Strategisches Immobilienmanagement in der Praxis, Wiesbaden 1998, S. 14.

[201] Vgl. Schulte, Karl-Werner/Schäfers, Wolfgang: Einführung in das Corporate Real Estate Management, in: Schulte, Karl-Werner/Schäfers, Wolfgang (Hrsg.): Handbuch Corporate Real Estate Management, Köln 1998, S. 40.

Allianz	5,26%
Bayer	11,83%
Daimler-Chrysler	16,38%
Deutsche Bank	4,88%
Deutsche Lufthansa	3,50%
Deutsche Telekom	21,81%
Mannesmann	9,11%
Metro	30,85%
RWE	11,80%
Siemens	9,58%
VEBA	13,67 %

Abb. 11: Anteil von Grundstücken und Gebäuden (Buchwerte) an der Konzernbilanzsumme deutscher Unternehmen 1997

Quelle: Geschäftsberichte 1997. Eigene Berechnung.

Den Anteil von Grundstücken und Gebäuden an der Bilanzsumme 1997 für die im Dow Jones Euro STOXX 50 vertretenen deutschen Aktiengesellschaften zeigt Abb. 13.

Über einen erheblichen Immobilienbesitz verfügt auch die öffentliche Hand. Aufgrund der im weiteren noch aufzuzeigenden Probleme bezüglich der Erfassung des Immobilienbestandes sind zuverlässige Aussagen über dessen Höhe kaum möglich.

3.1.1.2.2 Bedeutung von Immobilien im Rahmen einer wertorientierten Unternehmenssteuerung

In der Vergangenheit war jedoch festzustellen, daß die Immobilien in der Regel nur eine geringe Beachtung gefunden haben, obwohl ihr Einfluß auf den Erfolg des Unternehmens recht hoch einzuschätzen ist. Gemäß einer empirischen Erhebung bei deutschen Unternehmen aus dem Jahr 1996, verfügt nur gut ein Drittel der befragten Unternehmen über ein aktives Immobilienmanagement, welches insbesondere gekennzeichnet ist durch eine zentrale Institutionalisierung der betroffenen Funktionen sowie eine auf einen detaillierten Immobiliendatenbestand aufbauende Immobilienplanung. Rund 37% der Unternehmen werden als „selektiv" bezeichnet, d.h. sie weisen einen deutlich geringeren Realisationsgrad der Schlüsselvariablen für ein aktives Immobilienmanagement auf. Weitere 31% der Unternehmen werden als passiv eingestuft; sie zeigen eine weitgehend neutrale Grundhaltung gegenüber immobilienbezogenen Problemstellungen.[202] Wenn sich diese Ergebnisse auf die Gesamtheit der deutschen Unternehmen übertragen lassen, bedeutet dies, daß bei gut zwei Dritteln der Unternehmen immobilienbezogene Fragen einen eher geringen Stellenwert einnehmen.

An der traditionellen Betrachtungsweise der Unternehmensimmobilien wird bemängelt, daß die Kosten der Immobiliennutzung in vielen Unternehmen als Fixkosten betrachtet und somit einen statischen und unbeweglichen Charakter aufweisen würden.[203] Kostensenkungspotentiale, und damit die Möglichkeit der Beeinflussung des Unternehmenserfolges, werden nur unzureichend ausgenutzt. Die mangelnde Einbeziehung der Immobilien in die Unternehmensführung läßt sich u.a. an folgenden Punkten festmachen:[204]

- Immobilien und immobilienbezogene Leistungen zählen nicht zum Kerngeschäft der Unternehmen, sondern werden vielmehr dem Bestand an Betriebsmitteln zugerechnet, von denen unmittelbar nur sehr geringe Markt- und Wettbewerbswirkungen ausgehen. Insofern wird immobilienspezifischen Leistungen von seiten der Unternehmensleitung nicht die gleiche Aufmerksamkeit entgegengebracht wie anderen Unternehmensprozessen.[205] Die Erbringung immobilienspezifischer Leistungen stellt eine nach innen gerichtete Sekundärleistung dar, die nicht unmittelbar dem eigentlichen Unternehmenszweck dient. Die Ausnahme bilden hier Immobilienunternehmen, deren direkter Unternehmenszweck die Erbringung immobilienwirtschaftlicher Leistungen ist.

- Die genauen Kosten- und Vermögenswirkungen der Unternehmensimmobilien werden oft nicht beachtet; eine differenzierte Analyse und Erfassung ihrer Kosten findet nicht statt. Als Folge davon findet eine unzureichende

---

[202] Schäfers, Wolfgang: Corporate Real Estate Management in deutschen Unternehmen...,in: Schulte, Karl-Werner/Schäfers, Wolfgang (Hrsg.): Handbuch Corporate Real Estate Management, Köln 1998, S. 60 ff. Einschränkend verweist der Autor auf mögliche Verzerrugen in seiner Studie aufgrund der geringen Rücklaufquote.

[203] Vgl. Krummacker, Jürgen: a.a.O., S. 728.

[204] Vgl. im folgenden Schulte, Karl-Werner/Schäfers, Wolfgang: a.a.O., S. 31 ff. Zu empirischen Ergebnissen vgl. Schäfers, Wolfgang: Corporate Real Estate Management in deutschen Unternehmen...,in: Schulte, Karl-Werner/Schäfers, Wolfgang (Hrsg.): Handbuch Corporate Real Estate Management, Köln 1998, S. 53 ff.

[205] Vgl. auch Apgar IV, Mahlon: Uncovering your hidden occupancy costs, in: Harvard Business Review, No. 3, 1993, S. 124.

Zurechnung der Nutzungskosten auf die einzelnen Geschäftseinheiten statt.

- Weiterhin bestehen organisatorische Defizite im Immobilienmanagement der Unternehmen. Vielfach existieren zersplitterte Verantwortlichkeiten und Zuständigkeiten für immobilienbezogene Aufgaben mit der Folge von Doppelarbeit und unzureichender Abstimmung. Dies kann sich letztlich einer mangelnden Fundierung immobilienbezogener Entscheidungen niederschlagen.

Insgesamt kann festgehalten werden, daß es in der Vergangenheit an einer durchgängigen Immobilienstrategie in den Unternehmen weitgehend gefehlt hat. Dies betrifft sowohl die strategische Betrachtung des Immobilienportfolios als auch die nutzungsbegleitenden immobilienbezogenen Leistungen. Die Unternehmensimmobilien haben wenig Beachtung gefunden, obwohl sie wesentlichen Einfluß auf den Erfolg des Unternehmens haben können.

In den letzten Jahren ist allerdings zu beobachten, daß es zu einem Wandel in der Betrachtung der Unternehmensimmobilien und im Immobilienmanagement kommt. Schulte und Schäfers nennen technologische sowie Markt- und gesellschaftliche Entwicklungen als Ursache für den Bedeutungswandel in der Betrachtung von Unternehmensimmobilien.[206]

Ausgehend von der amerikanischen Unternehmenspraxis gewinnt auch in Deutschland im Rahmen von Shareholder Value-Ansätzen eine stärker kapitalmarktorientierte Unternehmenssteuerung an Bedeutung. In den Vordergrund rückt zunehmend die Maximierung des Marktwertes des Eigenkapitals.[207] Hierbei gewinnt auch das Management der Unternehmensimmobilien mit der Zielsetzung der Kostenreduzierung und der Verbesserung der Wettbewerbsposition der Unternehmung einen neuen Stellenwert.[208]

Grundgedanke des Shareholder Value-Ansatzes ist es, daß das Ziel unternehmerischen Handelns die Steigerung der Vermögensposition der Anteilseigner ist. Zielsetzung ist somit die langfristige Maximierung des Unterneh-

---

[206] Vgl. Schulte, Karl-Werner/Schäfers, Wolfgang: a.a.O., S. 34 ff.
[207] Vgl. Arbeitskreis „Finanzierung" der Schmalenbach-Gesellschaft Deutsche Gesellschaft für Betriebswirtschaft e.V.: Wertorientierte Unternehmenssteuerung mit differenzierten Kapitalkosten, in: ZfbF, 48. Jg., Heft 6, 1996, S. 543 f.
[208] Vgl. Apgar IV, Mahlon: Managing real estate to build value, in: Harvard Business Review, November-December 1995, S. 162.

menswertes. In der Literatur finden sich eine Vielzahl von Konzepten zur Unternehmenswertsteigerung.[209]

Im Grundmodell von Rappaport[210] soll der Shareholder Value durch das Management ex ante beeinflußt werden, und Managemententscheidungen sollen von ihren Wertsteigerungspotential abhängig gemacht werden. Dabei soll die Beeinflussung des Shareholder Value durch die Steuerung interner Finanzgrößen erfolgen.

Die Herleitung des Shareholder Value erfolgt über die Berechnung des Unternehmenswertes.[211] Der ökonomische Wert einer Unternehmung setzt sich zusammen aus dem Wert seines Fremdkapitals und dem Wert seines Eigenkapitals. Dieser Wert wird als „Unternehmenswert" bezeichnet, wobei der Anteil des Eigenkapitals den „Shareholder Value" darstellt. Daraus ergibt sich, daß sich der Shareholder Value aus dem Unternehmenswert abzüglich des Marktwertes des Fremdkapitals ergibt.[212] Der Unternehmenswert wiederum ergibt sich aus drei Komponenten.[213] Zunächst wird der Gegenwartswert der geschätzten betrieblichen Cash-flows während des Prognosezeitraums berechnet. Ebenfalls zu berücksichtigen ist der Residualwert, d.h. der Gegenwartswert des Wertes, der im Zeitraum nach der Prognoseperiode anfällt.[214] Dritte Komponente des Unternehmenswertes ist der Marktwert des sonstigen, nicht betriebsnotwendigen Vermögens, welches sich liquidieren läßt; hierzu zählen insbesondere handelsfähige Wertpapiere. Die Berechnung der Gegenwartswerte der Cash-flows und des Residualwertes erfolgt mittels des gewichteten Kapitalkostensatzes.[215] Im Rahmen dieser als Bruttomethode bezeichneten Verfahrens ergibt sich der Shareholder Value demnach wie folgt:[216]

---

[209] Einen Überblick gibt Bühner, Rolf: Kapitalmarktorientierte Unternehmenssteuerung, in: WiSt, 25. Jg., Heft 8, 1996, S. 392 ff.

[210] Vgl. Rappaport, Alfred: Creating shareholder value: a guide for managers and investors, 2nd ed., New York 1998.

[211] Einen Überblick über verschiedene Bewertungsverfahren zur Bestimmung des Unternehmenswerts vgl. bei Steiner, Manfred/Wallmeier, Martin: Unternehmensbewertung mit Discounted Cash Flow-Methoden und dem Economic Value Added- Konzept, in: FinanzBetrieb, 1. Jg., 1999, S. 3 ff.

[212] Vgl. Rappaport, Alfred: a.a.O., S. 32 f.

[213] Vgl. Rappaport, Alfred: a.a.O., S. 33.

[214] Die Schätzung des Residualwertes erfolgt nach der Methode der ewigen Rente. Vgl. Rappaport, Alfred: a.a.O., 41 ff.

[215] Hierbei können die Eigenkapitalkosten aus dem Capital Asset Pricing Model abgeleitet, während sich die Fremdkapitalkosten aus der langfristigen Rendite, die von den Fremd-

$$SV = UW - FK$$

$$UW = \sum CF_t (1 + k)^{-t} + CF_T/k (1 + k)^{-T} + V$$

mit: CF_t = Cash flows bis zum Planungshorizont
CF_T = Letzter planbarer Cash flow
V = Nicht betriebsnotwendiges Vermögen
$k = k_{EK} {}^{EK}/_{GK} + k_{FK} {}^{FK}/_{GK}$

Die Cash-flows werden durch sogenannte Werttreiber (value drivers) bestimmt. Hierunter fallen das Umsatzwachstum, die betriebliche Gewinnmarge, die Erweiterungsinvestitionen in das Anlage- und das Umlaufvermögen, der Cash-flow-Steuersatz sowie die Dauer der Wertsteigerung. Als weiterer Werttreiber werden die Kapitalkosten angesehen.[217] Diese Werttreiber sind jedoch auf einer sehr hohen Aggregationsstufe angesiedelt. Aus diesem Grunde ist es notwendig, daß Mikro-Werttreiber gefunden werden, welche Einfluß auf die Makro-Werttreiber haben und somit deren Steuerung sowie damit die Steuerung der Wertentwicklung der Unternehmung ermöglichen.[218] Über diese Werttreiber können dann auch immobilienbezogene Maßnahmen in das Kalkül der Unternehmenswertsteigerung einbezogen werden.[219]

Eine Beeinflussung der Werttreiber ist über verschiedene immobilienbezogene Leistungen möglich. Diese können in den Bereichen Immobilienstrategie, Immobilienbetrieb, Immobilieninvestition und -desinvestition sowie in der Immobilienfinanzierung angesiedelt sein (Abb. 12).[220] Es zeigt sich somit, daß konkrete Immobilienentscheidungen Auswirkungen auf den Unternehmenswert

---

kapitalgebern am Markt verlangt wird, ergibt. Vgl. Rappaport, Alfred: a.a.O., S. 38; Arbeitskreis „Finanzierung" der Schmalenbach-Gesellschaft Deutsche Gesellschaft für Betriebswirtschaft e.V.: a.a.O., S. 547 ff.; Bea, Franz Xaver: Shareholder Value, in: WiSt, Heft 10, 26. Jg., 1997, S. 541 f.

[216] Vgl. Busse von Colbe, Walther: Was ist und was bedeutet Shareholder Value aus betriebswirtschaftlicher Sicht?, in: Zeitschrift für Unternehmens- und Gesellschaftsrecht ZGR, 26. Jg., Heft 2, 1997, S. 280 f.

[217] Vgl. Rappaport, Alfred: a.a.O., S. 56; Bühner, Rolf: a.a.O., S. 392.

[218] Vgl. Rappaport, Alfred: a.a.O., S. 171 f.

[219] Zur Ermittlung des freien Cash-flows unter Berücksichtigung immobilienspezifischer Zahlungsströme vgl. Jürgensonn, Insa von/Schäfers, Wolfgang: Ansätze zur Shareholder Value-Analyse im Corporate Real Estate Management, in: Schulte, Karl-Werner/ Schäfers, Wolfgang (Hrsg.): Handbuch Corporate Real Estate Management, Köln 1998, S. 827 ff.

[220] Vgl. Jürgensonn, Insa von/Schäfers, Wolfgang: a.a.O., S. 839 f.

und als Folge daraus auf den Shareholder Value haben können. Insofern ist es notwendig, das Management der Immobilien als Bestandteil der Unternehmensführung zu betrachten, da ihm auch in Anbetracht der hohen Kapitalbindung und Kostenwirkungen ein deutliches Erfolgs- und Wertsteigerungspotential zukommen kann. Eine Integration des „Immobilienmanagements" in die strategische Unternehmensführung muß daher ein anderer Stellenwert zugerechnet werden als dies in der Vergangenheit der Fall war. Immobiliendispositionen können (und müssen) so getroffen werden, daß sie im Ergebnis zu einer Steigerung des Unternehmenswertes führen; hierbei führen diese Dispositionen entweder zu Immobilien-Portfolioumschichtungen, Kosteneinsparungen und/oder zu Wertsteigerungen. Zielsetzung muß es sein, Kostensenkungs- und Erfolgspotentiale zu identifizieren und durch geeignete Maßnahmen zu realisieren.

Die auf Seite 67 angeführte Studie hat ergeben, daß ein aktives Immobilienmanagement vor allen in den Unternehmen anzutreffen ist, die ihre Unternehmensaktivitäten nach dem Shareholder Value-Konzept steuern.[221] Auch Unternehmensvertreter verweisen darauf, daß immobilienwirtschaftliche Entscheidungen und Maßnahmen so vorzunehmen sind, daß eine Verbesserung des Unternehmenserfolgs erreicht wird. Um dieses „Wertsteigerungspotential" zu erschließen, ist eine Restrukturierung der traditionellen Immobilienverwaltung hin zu einem aktiven Immobilienmanagement notwendig.[222]

---

[221] Schäfers, Wolfgang: Corporate Real Estate Management in deutschen Unternehmen..., in: Schulte, Karl-Werner/Schäfers, Wolfgang (Hrsg.): Handbuch Corporate Real Estate Management, Köln 1998, S. 71 f..

[222] Vgl. Lampe, Peter/Lechtenböhmer, Artur: Fallstudie Thyssen, in: Schulte, Karl-Werner/Schäfers, Wolfgang (Hrsg.): Handbuch Corporate Real Estate Management, Köln 1998, S. 586 ff.

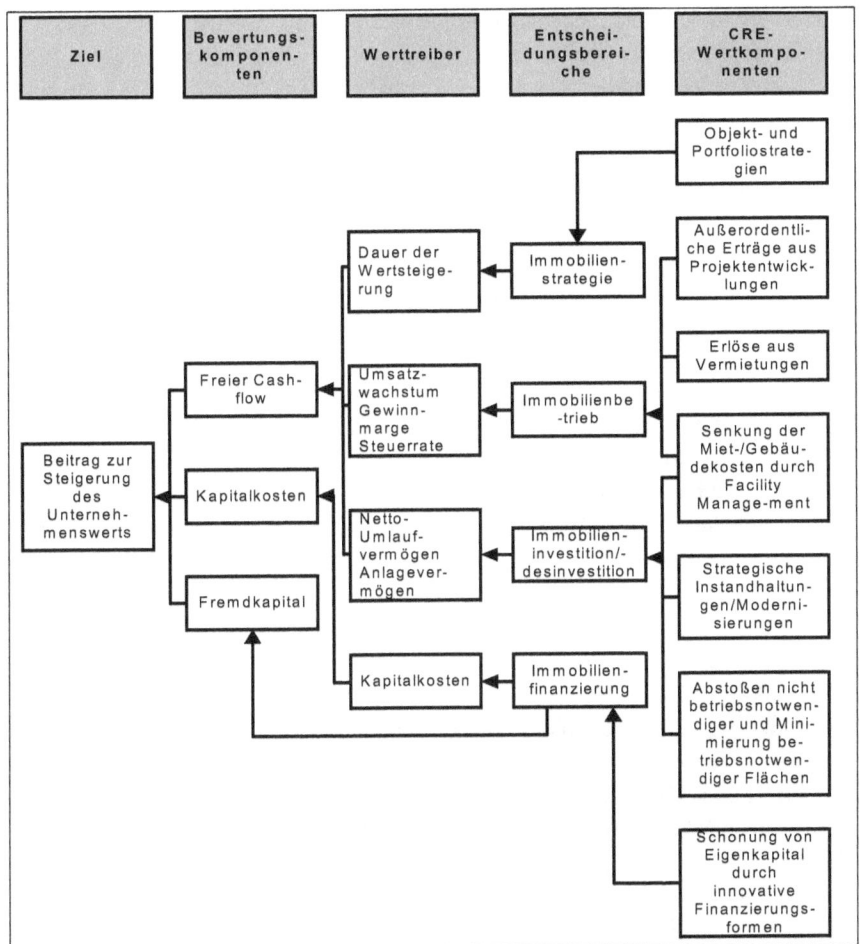

Abb. 12: Corporate Real Estate Management-Maßnahmen zur Steigerung des Shareholder Value

Quelle: Jürgensonn, Insa von/Schäfers, Wolfgang: Ansätze zur Shareholder Value-Analyse im Corporate Real Estate Management, in: Schulte, Karl-Werner/ Schäfers, Wolfgang (Hrsg.): Handbuch Corporate Real Estate Management, Köln 1998, S. 840.

Festzuhalten ist, daß ein Paradigmenwechsel bei der Betrachtungsweise von Unternehmensimmobilien zu erkennen ist. An die Stelle der herkömmlichen Perspektive der objektorientierten und auf die Funktionserhaltung ausgerichteten Immobilienverwaltung tritt ein Immobilienverständnis, welches ihren Beitrag zu Rentabilität und Wettbewerbsfähigkeit in den Mittelpunkt stellt.

Der Shareholder Value-Ansatz orientiert sich an den Interessen der Eigentümer einer Unternehmung. Es ist zu fragen, ob sich diese Überlegungen auch auf Kommunen übertragen lassen. Zunächst ist festzuhalten, das die Zielsetzung kommunalen Handels nicht die Gewinnerzielung ist. Daneben sind die Eigentumsverhältnisse über das kommunale Vermögen unklar. Mittelbarer Eigentümer der kommunalen Immobilien sind die Bürger und Steuerzahler, jedoch existieren keine eindeutig definierten Eigentumsrechte. Die Verwaltung ist jedoch als Agent für den Principal Bürger tätig[223], so daß auch hier die Zielsetzung sein müßte, den „Shareholder Value" zu steigern. Nun hält der Bürger natürlich keine Anteile an seiner Kommune aus denen er Erträge erzielen kann und will. Es ist daher zu fragen, wie ein mögliches Ziel der Steigerung des „Kommunalwerts" auszulegen ist. Daneben stellt sich die Frage, wie ein solcher Wert zu operationalisieren ist. Aus Sicht der Bürger kann ein solcher Kommunalwert in zwei Richtungen interpretiert werden. Erstens zieht der Bürger einen Nutzen aus der kommunalen Infrastruktur. Dies umfaßt originäre Verwaltungsleistungen ebenso wie z.B. Freizeit- und Kulturangebote. Zweitens, nun speziell bezogen auf die kommunalen Immobilien, stellen die Einrichtungen und Anlagen der Kommune einen Wert dar, an dem der Bürger unmittelbar durch die Nutzung dieser Einrichtungen und mittelbar durch Werterhaltung oder sogar Wertsteigerung profitieren kann (z.B. wenn sich durch den Verkauf nicht mehr benötigter Gebäude der finanzielle Handlungsspielraum der Kommune erweitern läßt). Insofern zieht der Bürger aus seiner Kommune keinen direkten monetären Nutzen, sondern vielmehr einen Gebrauchsnutzen. Eine Steigerung des „Kommunalwerts" kann im Fall der Kommune den effizienten Einsatz der Steuermittel bedeuten. Auf diese Weise soll gewährleistet werden, daß die Verwaltung ihre Aufgaben bestmöglich wahrnimmt, die notwendigen Einrichtungen vorhält sowie unterhält und den „Kundennutzen" der Bürger steigert. Insofern können Überlegungen der Unternehmenswertsteigerung in abgewandelter Form auch auf den „Dienstleister" Kommune übertragen werden. Damit ist es auch geboten, den Immobilien und ihrer Bewirtschaftung eine stärkere Beachtung zu widmen. Wie die weiteren Ausführungen zeigen, sind in diesem Bereich jedoch erhebliche Defizite festzustellen, die es notwendig machen, neue organisatorische Lösungen zu finden, die eine Effizienzsteigerung bewirken können.

---

[223] Vgl. zur Principal-Agent-Theorie Kapitel 4.4.

3.1.2 Abgrenzung verschiedener Konzepte des Immobilienmanagement

Die bisherigen Ausführungen haben speziell die Auswirkungen immobilienbezogener Leistungen bzw. Maßnahmen auf den Unternehmenserfolg aufgezeigt und die Bedeutung eines aktiven „Immobilienmanagement" verdeutlicht. Im folgenden gilt es nun, die verschiedenen Begriffe für ein „Immobilienmanagement" voneinander abzugrenzen. In Literatur und Praxis werden eine Vielzahl von Begriffen nebeneinander verwendet, wobei eine genaue Abgrenzung unterbleibt bzw. verschwommen ist. Vielfach werden für immobilienbezogene Aufgaben und Leistungen die Begriffe Corporate Real Estate Management, Immobilien Facility Management und Gebäudemanagement verwendet.

3.1.2.1 Corporate Real Estate Management

Unter dem Begriff Corporate Real Estate Management (CREM) wird das aktive und ergebnisorientierte Management betriebsnotwendiger und nicht betriebsnotwendiger Immobilien verstanden; es umfaßt sowohl die strategische als auch die operative Ebene.[224] Das CREM stellt für Unternehmen, deren Kerngeschäft nicht der Immobilienbereich ist, eine Führungskonzeption dar, die unter Berücksichtigung der strategischen Zielsetzung der Unternehmung durch die systematische Planung, Steuerung und Kontrolle aller immobilienbezogenen Aktivitäten der Unternehmung einen Beitrag zur nachhaltigen Wettbewerbsfähigkeit der Unternehmung leisten soll.[225] Zentrale Bestandteile des CREM sind die Bereitstellung, die Bewirtschaftung und die Verwertung von Immobilien. Für diese Felder sind Strategien zu entwickeln, die in operative Maßnahmen umzusetzen sind.[226] So stellt sich bspw. im Bereich der Bereitstellung die Frage, ob die Immobiliennutzung durch Kauf oder durch Miete bzw. Leasing gesichert werden soll, im Bereich der Bewirtschaftung das Problem der internen Bereitstellung oder des Fremdbezugs der entsprechenden Leistungen. Weiteres Aufgabengebiet des CREM ist das Portfolio-Management sein. Mittels der Portfolioanalyse kann der Immobilienbestand einer Un-

---

[224] Vgl. Schulte, Karl-Werner/Schäfers, Wolfgang: a.a.O., S. 45; Falk, Bernd: Immobilien-Management – Grundlagen, Stand und Entwicklungsperspektiven, in: Falk, Bernd (Hrsg.): Das große Handbuch für Immobilien-Management, Landsberg am Lech, 1997, S. 34.

[225] Vgl. Schäfers, Wolfgang: Corporate Real Estate Management, in: Schulte, Karl-Werner (Hrsg.): Immobilienökonomie. Band 1: Betriebswirtschaftliche Grundlagen, München/Wien 1998, S. 824.

[226] Schäfers spricht von Basisstrategien. Vgl. Schäfers, Wolfgang: Corporate Real Estate Management, a.a.O., S. 837 ff.

ternehmung gemäß der Zielkonzeption strukturiert werden. Kriterien der Einordnung von Immobilien in eine Portfolio-Matrix können z.B. ihre Betriebsnotwendigkeit und ihr Erhaltungszustand sein. Investitions- und Desinvestitionsentscheidungen können dann auf Basis einer solchen Portfolioanalyse getroffen werden. Die Struktur des betrieblichen Immobilienportfolios ist dabei unter Berücksichtigung der Unternehmensziele und -stratgien zu gestalten.

Zusammenfassend kann festgehalten werden, daß das CREM eine unternehmerische Führungskonzeption darstellt, die sowohl strategischen als auch operativen Charakter aufweist. Es umfaßt alle immobilienbezogenen Unternehmensaktivitäten und bezieht sich auf den gesamten Immobilienbesitz, d.h. auf betriebsnotwendige und nicht betriebsnotwendige Grundstücke und Gebäude. CREM stellt sich als Ansatz dar, der in den Immobilien Potentiale sieht, die zur Wettbewerbsfähigkeit (und zur Rentbilität) des Unternehmens beitragen können. Dies geschieht im wesentlichen durch die Identifikation und Realisation von Kostensenkungs- und Erfolgspotentialen sowie durch gezielte Immobilienportfoliostrukturierungen.

3.1.2.2 Immobilien Facility Management

Neben dem Begriff CREM hat sich der Begriff Facility Management etabliert.[227] Unter „Facilities" handelt es sich abstrakt formuliert in einer weiten Begriffsfassung (die über Immobilien hinausgeht) um Einrichtungen, deren Zweck darin liegt, Erleichterungen zu schaffen oder die Herstellung von Annehmlichkeiten zu erzeugen.[228] Diese Definition hilft zunächst jedoch nicht weiter; eine genaue Abgrenzung und inhaltliche Konkretisierung ist notwendig. Danach handelt es sich bei „Facilities" um die Gesamtheit der zur Leistungserstellung benötigten Sachmittel, die einerseits nicht körperlich in ein Produkt oder eine Dienstleistung eingehen, andererseits aber für die Erfüllung des Unternehmenszwecks unverzichtbar sind. Diese Sachmittel umfassen neben Grundstücken und Gebäuden auch Versorgungseinrichtungen und Installationen, Betriebsanlagen, Kommunikationseinrichtungen und reichen hin bis zur Büroausstattung und Büromaterialien. Damit handelt es sich um Anlagevermögen und die zur Leistungserstellung benötigten Sachmittel. Wesentliches Charak-

---

[227] Eine Auswahl von Begriffsdefinitionen vgl. bei Pierschke, Barbara: a.a.O., S. 278. Vgl. auch Seifert, Frank: Was ist Facility Management?, in: Lochmann, Hans-Dieter/Köllgen, Rainer (Hrsg.): Facility Management: Strategisches Immobilienmanagement in der Praxis, Wiesbaden 1998, S. 24 f.

[228] Vgl. Hammann, Peter/Palupski, Rainer/Trautmann, Christoph: Facility Management, in: zfo, 66. Jg., Heft 5, 1997, S. 290.

teristikum dieser Sachmittel ist weiterhin, daß sie in der Regel kostenrechnerisch als Gemeinkosten erfaßt werden.[229]

Ausgehend von diesem Begriffsverständnis kann die Aufgabe des Facility Managements in der optimalen Gestaltung des Arbeitsumfeldes im Rahmen der Unternehmensziele gesehen werden. Es beinhaltet neben der Steuerung und Kontrolle der Nutzung der Sachmittel und der Entwicklung alternativer Nutzungsmöglichkeiten auch die Optimierung des Einsatzes der Sachmittel über deren gesamte Lebensdauer.[230] Das Arbeitsumfeld umfaßt nicht nur das Gebäude und die sonstigen Sachressourcen, sondern auch Elemente, die Auswirkungen auf die Mitarbeiter und die Arbeitsprozesse haben, wie z.B. das Raumklima und der Lärmpegel.[231]

Eine weitere Definition des Facility Management liefert der Deutsche Verband für Facility Management e.V. (GEFMA). Unter Facility Management versteht er „die Betrachtung, Analyse und Optimierung aller kostenrelevanten Vorgänge rund um ein Gebäude, ein anderes bauliches Objekt oder eine im Unternehmen erbrachte (Dienst-)Leistung, die nicht zum Kerngeschäft gehört."[232] Objekte des Facility Management sind Gebäude sowie gebäudetechnische Anlagen, infrastrukturelle Einrichtungen und Inventar (z.B. EDV-Anlagen, produktionstechnische Anlagen, Mobiliar). Dabei erstreckt sich der Betrachtungshorizont des Facility Management auf den gesamten Lebenszyklus dieser Objekte. Hervorzuheben an dieser Definition ist, daß eine Trennung zwischen dem Kerngeschäft einer Unternehmung und den Leistungen des Facility Management vorgenommen wird. Demnach sind diese Leistungen den Sekundärprozessen, denen eine unterstützende Funktion zukommt, zuzuordnen.

Gemeinsam ist den verschiedenen Definitionsansätzen, daß sie als Objekte des Facility Management Sachressourcen betrachten, die im betrieblichen Leistungserstellungsprozeß eingesetzt werden. Dabei umfassen die Leistungen den gesamten Lebenszyklus dieser Sachressourcen. Bei der Betrachtung wurden sämtliche Betriebs- und Arbeitsmittel eingeschlossen. Stellt man nun speziell auf Immobilien ab, so ist von Immobilien Facility Management zu sprechen. Immobilien Facility Management kann als ein Managementkonzept

---

[229] Vgl. Schwarze, Jochen: Informationsmanagement als Voraussetzung für eine erfolgreiches Facility Management, in: Zeitschrift für Planung, Heft 3, 1991, S. 209.

[230] Vgl. Schwarze, Jochen: a.a.O., S. 212.

[231] Vgl. Hammann, Peter/Palupski, Rainer/Trautmann, Christoph: a.a.O., S. 290.

[232] Deutscher Verband für Facility Management e.V.: Facility Management, GEFMA-Richtlinie 100, S. 5.

angesehen werden, welches sämtliche immobilienbezogenen Leistungen während des gesamten Lebenszyklus eines Gebäudes umfaßt. Damit beinhaltet es die Planung, die Erstellung, die Nutzung und die Nutzungsanpassung sowie die Endverwertung von Gebäuden. Diese Leistungen sind allerdings nicht isoliert zu betrachten, sondern sind in die unternehmerischen Wirkungszusammenhänge (Unternehmensziel, Unternehmensstrategie, Unternehmensorganisation, Prozeßabläufe) einzuordnen. Insofern kann das Immobilien Facility Management als Bestandteil des CREM angesehen werden. Es ist speziell bezogen auf die Immobilien, die im Rahmen der betrieblichen Leistungserstellung benötigt werden und umfaßt die Bereitstellung der Immobilien und alle Maßnahmen, deren Funktionsfähigkeit zu erhalten.

Die Leistungen des Immobilien Facility Management solen zur Unterstützung und Gewährleistung der betrieblichen Prozesse beitragen. Objekt des Immobilien Facility Management ist damit nicht allein das Gebäude, sondern seine Maßnahmen müssen auch geeignet sein, die Arbeitsprozesse und die im Gebäude arbeitenden Menschen zu unterstützen. Sämtliche Aktivitäten sind daher auf ihre Auswirkungen auf Arbeitsprozesse und Mitarbeiter zu überprüfen. Aufgabe des Immobilien Facility Management ist die Koordination der Zusammenhänge zwischen physischer Arbeitsumgebung mit den Menschen, den Arbeitsprozessen und den Unternehmenszielen. Dabei ist die Integration betriebswirtschaftlicher, verhaltenswissenschaftlicher und ingenieurwissenschaftlicher Ansätze notwendig.[233]

Bereits den Phasen Planung sowie Erstellung einer Immobilie kommt, obwohl sie im Vergleich zur Nutzungsphase einen relativ kurzen Zeitraum darstellen, im Rahmen des Immobilien Facility Managements eine hohe Bedeutung zu. In dieser Phase werden Entscheidungen getroffen, die einen erheblichen Einfluß auf die Lebensdauer der Immobilie, ihre Gebrauchsfähigkeit und ihre Funktionalität sowie auf die Kostenentwicklung während der Nutzungsphase haben. So kann eine mangelhafte Qualität der Bauausführung zu einer bedeutenden Einschränkung der Funktionalität führen; die Entscheidung für bestimmte Baumaterialien, Heizungs- und Lüftungssysteme, Beleuchtung etc. hat Auswirkungen auf die späteren Betriebs-, Energie- und Instandhaltungskosten. Aufgrund der Bedeutung dieser Phase und der zu treffenden Entscheidungen wird hier dem Immobilien Facility Management eine strategische Dimension

---

[233] Vgl. Brown, Robert/Arnold, Alvin: Managing Corporate Real Estate, New York 1993, S. 5.

zugewiesen.[234] Als operative Dimension wird das Management der Immobilie während der Nutzungsphase angesehen.

3.1.2.3 Gebäudemanagement

Der Teilbereich des Immobilien Facility Management, der die Leistungen während der Nutzungsphase zum Inhalt hat, wird als Gebäudemanagement bezeichnet. Hierunter versteht man alle Leistungen, die erbracht werden, um die Funktionsfähigkeit von Immobilien zu erhalten und ein effektives Nutzen ermöglichen sowie die Werthaltigkeit eines Gebäudes zu gewährleisten.[235] Die Leistungen des Gebäudemanagements werden in das technische, das kaufmännische und das infrastrukturelle Gebäudemanagement eingeteilt.[236]

Die Aufgaben eines Bereiches Gebäudemanagement lassen sich in einem Regelkreismodell abbilden. Kernstück bildet ein EDV-gestütztes Gebäudeinformationssystem, dessen Aufgabe es ist, sämtliche relevanten gebäudebezogenen Informationen zu speichern, angefangen von der Zusammensetzung des Immobilienbestandes, seiner Nutzung, dem Alter der Immobilien bis hin zu Angaben über Art und Umfang von Instandhaltungsmaßnahmen. Die so erfaßten Daten können dann in einem ersten Schritt zu einer Analyse des Gebäudebestandes herangezogen werden. Hierbei ist zu ermitteln, ob und in welcher Form Handlungsbedarf für bestimmte Aktionen besteht. Die aus dieser Analyse erhaltenen Ergebnisse sind dann in Maßnahmen zur Veränderung der Struktur der Nutzungskosten und der Verbesserung der Gebäudequalität (und damit einer Verbesserung der Funktionalität der Gebäude sowie der Nutzungsmöglichkeiten) oder der Gebäudeverwertung umzusetzen. Solche Maßnahmen können z.B. Entscheidungen über die Investition in bestimmte energiesparende Beleuchtungen sein ode die Anpassung der Gebäude an neue technische Standards im Bereich der Telekommunikation. Sämtliche durchgeführten Maßnahmen fließen wiederum in das Gebäudeinformationssystem ein. Nach Abschluß der Ausführung der erforderlichen Maßnahmen setzt die Erfolgskontrolle ein, z.B. im Hinblick darauf, ob durch die Installation energiesparender Beleuchtungen tatsächlich eine Reduzierung der Kosten entstanden ist. Danach beginnt der Regelkreis von Neuem.

---

[234] Vgl. Pierschke, Barbara: a.a.O., S. 279.
[235] Vgl. Nävy, Jens: Facility Management: Grundlagen, Computerunterstützung, Einführungsstrategie, Praxisbeispiel, Berlin u.a. 1998, S. 8.
[236] Vgl. hierzu Kapitel 2.4.

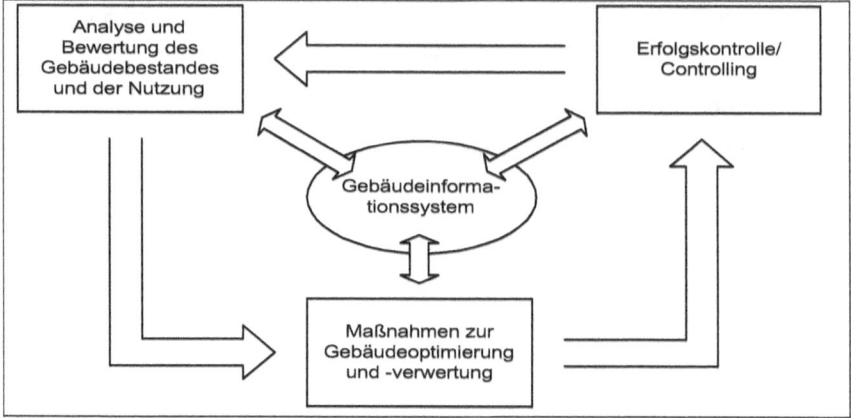

Abb. 13:   Regelkreis Gebäudemanagement

Zielsetzung diese Abschnittes war es, die Begriffe CREM, Immobilien Facility Management und Gebäudemanagement voneinander abzugrenzen. CREM und Immobilien Facility Management stellen Konzepte eines übergreifenden Immobilien Management dar. Eine saubere Abgrenzung zwischen CREM und Immobilien Facility Management ist aufgrund der vielen Überschneidungen dieser beiden Begriffe indes schwer möglich. Das Augenmerk des Immobilien Facility Management ist im wesentlichen auf die betriebsnotwendigen Immobilien gerichtet. Diese werden als Betriebsmittel angesehen und dienen in erster Linie dem betrieblichen Leistungserstellungsprozeß. Als ausreichendes Abgrenzungskriterium scheint dies jedoch nicht geeignet zu sein. Daneben überwiegen im Immobilien Facility Management die operativen Elemente (insbesondere das Gebäudemanagement), während das CREM auch eine starke strategische Ausrichtung hat. Das Gebäudemanagement wiederum ist Bestandteil des Immobilien Facility Managements und umfaßt die technischen, kaufmännischen und infrastrukturellen Leistungen, die während der Nutzungsphase der Immobilie zur Erhaltung ihrer Funktionsfähigkeit und Werthaltigkeit erbracht werden.

In Abbildung 14 sind die zwei wesentlichen Bestandteile des CREM, das Portfolio-Management und das Immobilien Facility Management, dargestellt. Bei den jeweiligen immoiliebezogenen Entscheidungen sind die übergeordneten Unternehmensziele zu beachten.

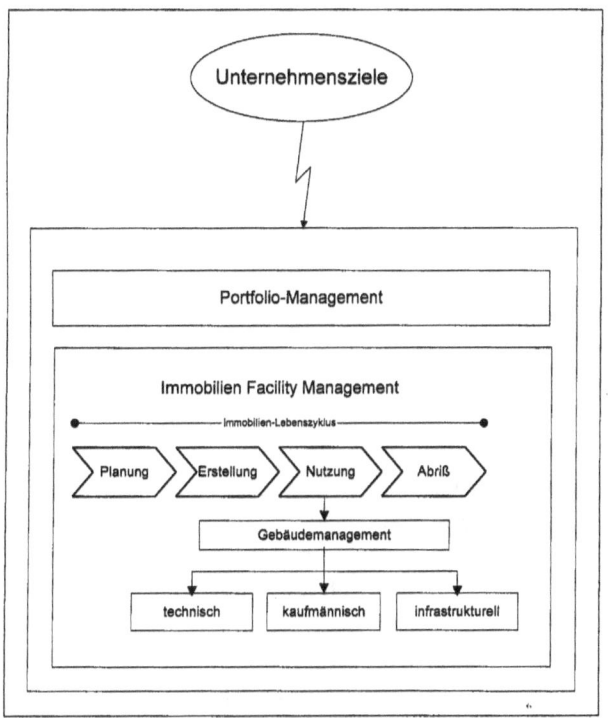

Abb. 14: Bestandteile des Corporate Real Estate Management

Bei den späteren Betrachtungen zur Gebäudewirtschaft der Kommunen soll im wesentlichen dieser Bereich des Immobilien Facility Management im Vordergrund stehen. Grundgedanke dieser Vorgehensweise ist es, daß es sich bei den Leistungen des Immobilien Facility Management weitgehend um operative Leistungen handelt und eine Fremdvergabe dieser Leistungen diskussionswürdig ist. Daneben werden in einem weiteren Schritt auch Finanzierungsaspekte einbezogen.

3.1.3 Zielsetzung des Immobilien Facility Management und des Gebäudemanagements

Unabhängig von der Zielsetzung der Unternehmung (Gewinnmaximierung, Gemeinnützigkeit etc.) sollte die Zielerreichung nach dem Prinzip der Wirtschaftlichkeit erfolgen. Dieses Prinzip ist dann eingehalten, wenn ein vorgegebenes Produktionsziel mit möglichst geringen Kosten erreicht wird (Minimalprinzip) oder bei gegebenen Kosten ein möglichst hoher Output erzielt wird (Maximalprinzip).[237] Bezogen auf das Immobilien Facility Management sollte die Zielsetzung in der Steigerung der Wirtschaftlichkeit von Immobilien liegen. Mögliche Ansatzpunkte sind dabei einerseits die Gebäudekosten. Setzt man andererseits Output gleich mit dem Nutzen, den eine Immobilie für die Unternehmenszielsetzung erbringt, ist der Gebäudenutzen ein weiterer Ansatzpunkt.[238] Insofern können zwei zentrale Ziele des Immobilien Facility Management identifiziert werden:

(1) *Reduzierung der Gebäudekosten*: Immobilien Facility Management kann als Instrument angesehen werden, welches Kostensenkungspotentiale aufdeckt und Maßnahmen zur direkten Kostensenkung umsetzt. Zu unterscheiden ist zwischen Investitionskosten, die bei Erstellung, Modernisierung und Sanierung von Immobilien anfallen, den Baunutzungskosten sowie den Abriß- bzw. Verwertungskosten. Bei den Baunutzungskosten handelt es sich hauptsächlich um laufende Kosten, die sich aus Kapitalkosten, Abschreibungen, Verwaltungs- und Betriebskosten sowie Bauunterhaltungskosten zusammensetzen.[239] Da sie die Nutzungsphase der Immobilie betreffen, fallen sie in den Bereich des Gebäudemanagements.

(2) *Steigerung des Gebäudenutzens*: Neben der Senkung der Gebäudekosten kann Ziel des Immobilien Facility Managements die Erhaltung und die Steigerung des Gebäudenutzens unter Berücksichtigung sich wandelnder Anforderungen sein.[240] Unter Gebäudenutzen sind dabei die Funktionen zu verstehen, die ein Gebäude im Rahmen der betrieblichen Leistungserstellung erbringt, so z.B. der Schutz des Produktionsprozesses und der Mitarbeiter vor Umwelt- und Witterungseinflüssen oder die Gewährleistung des aktuellen technischen Standards. Es zeigt sich, daß Immobilien Facility Management und Gebäudemanagement nicht allein eine statische Funktion haben, sondern eine dynamische Komponente aufweisen. Das Immobilien Facility Management muß auf sich verändernde Rahmenbedingungen reagieren und sie in seine Maßnahmen einbeziehen. Aus diesem Grund sind die Nutzungsprozesse und ihre Veränderungen zu integrieren.[241] Hierzu gehört auch, daß Entwicklungen frühzeitig erkannt wer-

---

[237] Vgl. Busse von Colbe, Walther/Laßmann, Gert: a.a.O., S. 17 und S. 220 f.
[238] Vgl. Pierschke, Barbara: a.a.O., S. 280.
[239] Vgl. Pierschke, Barbara: a.a.O., S. 280.
[240] Vgl. Pierschke, Barbara: a.a.O., S. 281 f.
[241] Vgl. Schneider, Rüdiger: Zusatznutzen für den Kunden, in: Immobilien Manager, Heft 11, 1996, S. 13.

den, um sie so in die Entscheidungen des Facility Management einbeziehen zu können. Insofern ist hier eine strategische Komponente angesprochen, als das ökonomische und technische Trends identifiziert werden und in geeignete Immobilienstrategien umgesetzt werden können. Eine mögliche Entwicklung ist die Zunahme von Telearbeit, d.h. die Verlagerung von Tätigkeiten auf außerhalb des Betriebs liegende Arbeitsplätze.[242] Hierdurch ergeben sich direkte Auswirkungen auf die benötigte Betriebsfläche; ein solcher Trend ist daher im Flächenmanagement zu berücksichtigen.

Sowohl die Reduzierung der Gebäudekosten als auch die Steigerung des Gebäudenutzens können unter dem Gesichtspunkt des Shareholder Value-Ansatzes zu einer Steigerung des Unternehmenswertes beitragen. So kann eine hohe Gebäudefunktionsfähigkeit zu einer erhöhten Produktivität führen. Allerdings sind die Auswirkungen einer Senkung der gebäudebezogenen Kosten besser zu operationalisieren, da sie direkt aus den Zahlen des betrieblichen Rechnungswesen ermittelbar sind.

Beide Aspekte sind darüber hinaus ineinander verzahnt und sollten nicht isoliert betrachtet werden. So haben Maßnahmen zur Steigerung des Gebäudenutzens ebenfalls Kostenwirkungen. Bspw. kann die Installation eines neuen Heizungs- und Belüftungssystems zu einer Senkung der Energiekosten, gleichzeitig aber auch zu einer Verbesserung des Raumklimas führen und damit eine direkte Wirkung auf die in den Räumen tätigen Mitarbeiter haben. Konsequenzen hieraus können in einem geringeren Krankenstand und einer höheren Leistungsfähigkeit liegen.

Als weiteres Ziel des Immobilien Facility Management, welches auf organisatorischer Ebene angesiedelt ist, wird die Entlastung der Immobiliennutzer von Aufgaben der Immobilienbewirtschaftung gesehen.[243] Hierbei kommt der Aspekt zum Tragen, daß es sich bei den immobilienbezogenen Leistungen um Sekundärprozesse handelt. Der Nutzer soll von diesen Prozessen entlastet werden, so daß er sich voll seinem eigentlichen Kerngeschäft widmen kann. Hieraus ergibt sich dann direkt die Frage der organisatorischen Ansiedlung des Immobilien Facility Management. Die organisatorische Ansiedlung ihrerseits entfaltet Kostenwirkungen. Zum einen ergeben sich Organisationskosten

---

[242] Dies ist eine Entwicklung die z.B. in der Kreditwirtschaft zu beobachten ist. Vgl. Braun, Silke/Moog, Manfred: Ermutigendes Pilotprojekt Telearbeit, in: Die Bank, Nr. 2, 1999, S. 112-115.

[243] Vgl. Wahlen, Robert: Gebäude-Management versus Facility Management, in: Falk, Bernd (Hrsg.): Das große Handbuch Immobilien-Management, Landsberg am Lech, 1997, S. 235.

aus einer etwaigen Restrukturierung des Immobilienbereichs. Zum anderen können sich Kostensenkungen bei den Personal- und Sachkosten durch eine Bündelung von Zuständigkeiten und Ausnutzung von Synergien ergeben.

Um die genannten Ziele zu erreichen, wird auf die Bedeutung eines EDV-gestützten Gebäudeinformationssystem hingewiesen, welches die Steuerung und Kontrolle der immobilienbezogenen Aktivitäten ermöglicht.[244] Voraussetzung für ein wirkungsvolles Immobilien Facility Management ist die Erfassung und Bereitstellung sämtlicher gebäuderelevanter Daten und die darauf aufbauende fundierte Planung gebäudewirtschaftlicher Leistungen sowie die daran anschließende Überwachung ihrer Durchführung.[245]

3.1.4 Bestandteile des Gebäudemanagements

Das Gebäudemanagement läßt sich in das technische, das infrastrukturelle und das kaufmännische Management einteilen. Abb. 15 gibt einen Überblick über die Bestandteile dieser drei Komponente, wobei die Abbildung keinen Anspruch auf Vollständigkeit erhebt. Die einzelnen Segmente können durchaus durch weitere Leistungen ergänzt werden.

---

[244] Vgl. Schwarze, Jochen: a.a.O., S. 214 ff.; Braun, Hans-Peter: Facility Management. Was ist es? – Was bringt es? – Wer braucht es?, in: Verwaltung und Management, 1. Jg., Heft 2, 1995, S. 121.

[245] Vgl. auch S.

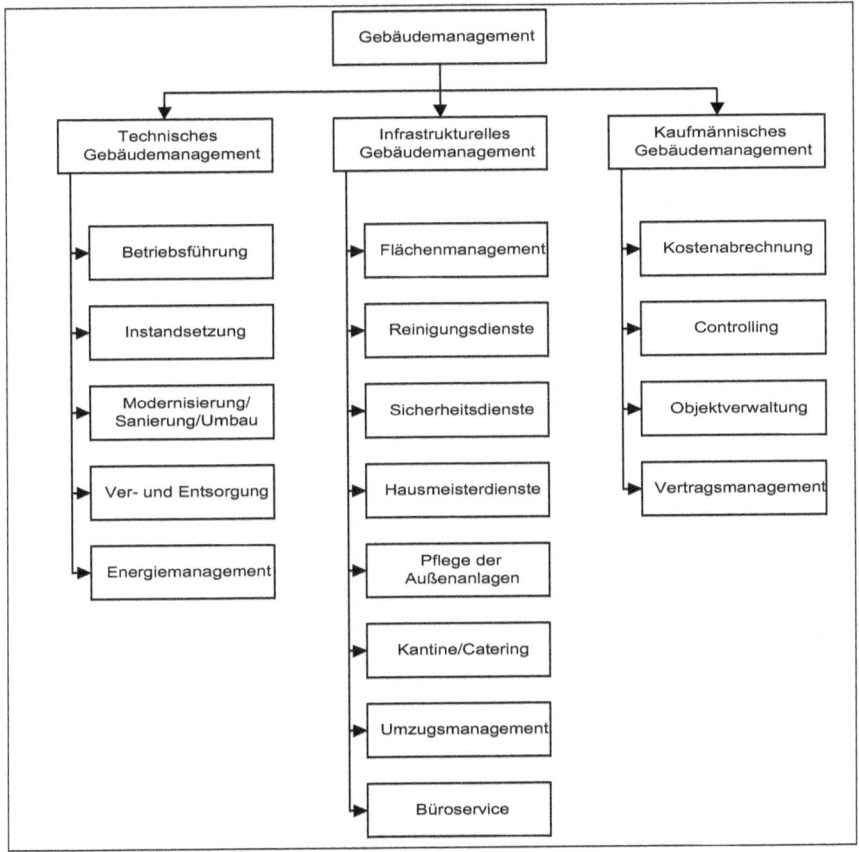

Abb. 15: **Bestandteile des Gebäudemanagements**

Quelle: Eigene Darstellung. In Anlehnung an Deutscher Verband für Facility Management e.V.: Facility Management, GEFMA-Richtlinie 100.

Im folgenden sollen einzelne dieser Aufgabenfelder genauer dargestellt werden. Die ausführlichere Darstellung ausgewählter Teilleistungen hat dabei zwei Zielsetzungen: Zum einen soll aufgezeigt werden, wie einzelne Maßnahmen zur Zielerreichung des Gebäudemanagements beitragen und auch einen Beitrag zur Steigerung des Unternehmenswertes leisten können. Zum anderen kann an bestimmten Leistungen aufgezeigt werden, daß Auslagerungspotentiale gegeben sind und die betroffenen Leistungen damit nicht vertikal integriert sein müssen.

3.1.4.1 Technisches Gebäudemanagement

Objekte des technischen Gebäudemanagement sind die Elemente der Baukonstruktion und die im Bauwerk vorhandenen technischen Anlagen. Hauptaufgaben sind der Betrieb, die Instandhaltung (große Instandsetzung), die Modernisierung, Sanierung und der Umbau, das Ver- und Entsorgen sowie das Energiemanagement.[246]

Laut der Definition der GEFMA umfaßt die Betriebsführung die Tätigkeiten, die für Pflege und Bewirtschaftung sowie für die Nutzbarkeit und für die Erhaltung von Gebäuden und gebäudetechnischen Anlagen notwendig sind. Dabei schließt sie in dieser Definition auch Teile der Instandhaltung mit ein. Diese setzt sich zusammen aus der Wartung, Inspektion und Instandsetzung. Letztere wird nochmals unterteilt in kleine und große Instandsetzung. Lediglich Wartung, Inspektion und kleine Instandsetzung, die im wesentlichen aus dem Austausch von Verschleißteilen besteht, wird zur Betriebsführung gezählt. Neben der Instandhaltung beinhaltet die Betriebsführung die Inbetriebnahme, das Betätigen und die Außerbetriebnahme der betroffenen Objekte.[247]

Während die Instandhaltung der Bewahrung und Wiederherstellung eines definierten Soll-Zustands dient (DIN 31051), sind unter der Modernisierung bauliche Maßnahmen zu verstehen, die eine Anpassung an die technische Entwicklung vornehmen und damit den Gebrauchswert einer Immobilie nachhaltig erhöhen. Eng damit verbunden ist die Sanierung, welche der Wiederherstellung des Soll-Zustands solcher Immobilien dient, die nicht mehr den technischen, rechtlichen und/oder ökologischen Anforderungen genügen.[248]

Eine wichtige Bedeutung kommt im Rahmen des technischen Gebäudemanagements, nicht zuletzt vor dem Hintergrund erhöhter ökologischer Standards und der Entwicklung der Energiemärkte[249], dem Energiemanagement zu. Unter Energiemanagement sind alle Maßnahmen zu verstehen, die darauf abzielen, entweder weniger Energie zu verbrauchen oder kostengünstigere Energie einzusetzen. Weiterhin zählen Maßnahmen dazu, die das Ziel haben, Energie unter Ausnutzung der Kraft-Wärme-Kopplung selbst bereitzustellen,

---

[246] Vgl. Pierschke, Barbara: a.a.O., S. 291 ff.
[247] Vgl. Deutscher Verband für Facility Management e.V.: Betriebsführung von Gebäuden, gebäudetechnischen und Außenanlagen, GEFMA-Richtlinie 122, S. 1 ff.
[248] Vgl. Pierschke, Barbara: a.a.O., S. 295 f.
[249] Zur Neuregelung des Energiewirtschaftsrechts und der Energiemärkte vgl. Eickhof, Norbert: Die Neuregelung des Energiewirtschaftsrechts, in: Wirtschaftsdienst, 78. Jg., Heft 1, 1998, S. 18 ff.

sofern dies ökonomisch und ökologisch sinnvoll ist. Auch sollen im Rahmen des Energiemanagements energieverbrauchsbedingte Emissionen gemindert werden.[250] Somit kommt dem Energiemanagement sowohl eine ökonomische als auch eine ökologische Funktion zu. Insgesamt umfaßt das Energiemanagement die Betriebsführung energiewirtschaftlicher Anlagen, die Verbrauchskontrolle, die Planung von Energiesparmaßnahmen, die Energiebeschaffung und die Durchführung investiver Maßnahmen.

Insbesondere im Energiemanagement bietet sich die Zusammenarbeit mit externen Spezialisten im Rahmen von Contracting-Modellen an. Grundgedanke des Contracting ist, daß ein Contractor (Contracting-Geber) eine effizienzerhöhende Maßnahme im Bereich der Energieverwendung für einen Kunden (Contracting-Nehmer) durchführt. Diese kann entweder in der Errichtung und/oder der Finanzierung und/oder dem Betrieb von energieversorgungstechnischen Anlagen liegen. Ziel ist es, Energiekosteneinsparungen beim Contracting-Nehmer zu erreichen. Über die während der vereinbarten Vertragslaufzeit erzielten Einsparungen erfolgt die Amortisation der Investition. Der Contracting-Nehmer zahlt dem Contractor während der Nutzungsdauer ein vereinbartes Entgelt.[251] Für die Gestaltung der Entgeltregelung und der Aufteilung der Einsparungen gibt es grundsätzlich vier Möglichkeiten:[252]

- Shared Savings: Die Kosteneinsparungen werden in einem definierten Verhältnis während der Vertragslaufzeit zwischen Contractor und Contracting-Nehmer aufgeteilt. Der Contracting-Nehmer profitiert damit schon während der Vertragslaufzeit von diesen Einsparungen. Dabei sind variable Anteile während der Vertragslaufzeit möglich.

- Contract Energy Management: Der Contractor übernimmt die „optimierten" Energiekosten des Contracting-Nehmers und erhält von diesem dafür einen festgelegten Prozentsatz der früheren Energiekosten. Dem Contracting-Nehmer wird damit eine Kostenersparnis garantiert; für den Contractor ist es notwendig, die (übernommenen) Energiekosten unter den vereinbarten Prozentsatz zu senken, um Erträge für sich zu erzielen.

---

[250] Vgl. Deutscher Verband für Facility Management e.V.: Energiemanagement, GEFMA-Richtlinie 124, S. 1. Einen Überblick über mögliche Maßnahmen gibt Schmoigl, Ralf: Energie- und Umweltmanagement von Gebäuden, in: Schulte, Karl-Werner/Schäfers, Wolfgang (Hrsg.): Handbuch Corporate Real Estate Management, Köln 1998, S. 351 ff.

[251] Vgl. Jeschke, Kurt: Contracting, in: WiSt, 27. Jg., Heft 7, 1998, S. 368 f.; Möhl, Ulrich: Modelle des Contracting, in: BBauBl, Heft 11, 1998, S. 12 ff.; Kirchhoff, Ulrich/Müller-Godefroy, Heinrich: a.a.O., S. 123 ff.

[252] Vgl. Jeschke, Kurt: a.a.O., S. 369.

- First Out Agreements: Der Contracting-Nehmer zahlt seine früheren Energiekosten an den Contractor, so daß diesem die vollen Einsparungen zu Gute kommen. Erst nach Ablauf des Vertrages profitiert der Contracting-Nehmer von diesen Einsparungen. Dafür erfolgt die Amortisation der Investition allerdings in einer kürzeren Zeit.
- Guaranteed Saving Leases: Über das Investitionsobjekt wird ein Leasingvertrag abgeschlossen. Hierbei garantiert der Contractor Kosteneinsparungen, die mindestens die Höhe der Leasingkosten umfassen.

Am Beispiel des Energiemanagements und speziell anhand der Contracting-Modelle läßt sich aufzeigen, daß hier Maßnahmen ergriffen werden können, die einen Beitrag zur Steigerung des Unternehmenswertes liefern können. Durch eine Verringerung der Energiekosten, die ein Bestandteil der Betriebskosten sind, wird ceteribus paribus eine Erhöhung des Cash-flows bewirkt.[253] Gleichzeitig erfolgt die Investition beim Contracting außerhalb der Bilanz des Contracting-Nehmers, so daß Kapitalkosten und Kapitalstruktur hiervon unberührt bleiben.

Eine besondere Zielgruppe für solche Contracting-Modelle stellen Städte und Gemeinden dar. Viele kommunale Liegenschaften sind sanierungsbedürftig und die technischen Anlagen sind veraltet. Notwendige Finanzmittel, die für Investitionszwecke eingesetzt werden können, sind jedoch knapp. Gerade in diesen Fällen bieten sich Contracting-Modelle als Ausweg aus dieser Situation an.[254]

3.1.4.2 Infrastrukturelles Gebäudemanagement

Elemente des infrastrukturellen Gebäudemanagement sind das objektbezogene Flächenmanagement sowie darüber hinaus alle Leistungen, die unter dem Begriff „Zentrale Dienste" subsumiert werden können. Dies sind zum einen Leistungen, die im gewissen Grade von der Fläche abhängig sind und somit einen direkten Bezug zu diesen aufweisen. Hierzu zählen die Reinigungs-, die Hausmeister- und die Sicherheitsdienste sowie die Dienste in den Außenanlagen. Darüber hinaus werden Leistungen hinzugerechnet, die der Versorgung

---

[253] Vgl. das Schema zur Berechnung des Cash-flows bei Jürgensonn, Insa von/Schäfers, Wolfgang: a.a.O., S. 828. Das mögliche Einsparpotential an Gebäudeenergiekosten wird durchschnittlich mit 20 % beziffert. Vgl. Schmid, Wolfgang: Negawatt: Noch Blockade in Köpfen, in: HB, Nr. 203 vom 21.10.1998, S. 32.

[254] Einige Beispiele für umgesetzte Contracting-Modelle im kommunalen Bereich nennt Schmid, Wolfgang: a.a.O., S. 32.

der im Gebäude arbeitenden Menschen dienen. Zu nennen sind Kantinendienste und das Catering, das Umzugsmanagement und Büroservices.[255]

Im Rahmen des infrastrukturellen Gebäudemanagement kommt dem Flächenmanagement eine besondere Bedeutung zu. Ziel des Flächenmanagement ist die quantitativ, qualitativ und zeitlich optimale Ausnutzung der vorhandenen Flächen, wobei dies im Ergebnis zu einer höheren Flächenproduktivität bzw. Wertsteigerung führen soll.[256] Ausgangspunkt ist eine Bestandsaufnahme der vorhandenen Flächen und ihrer Struktur, der Belegung dieser Flächen und ihrer Qualität sowie der zeitlichen Nutzung der Flächen. Insbesondere bei der zeitlichen Inspruchnahme von Büro- und Verwaltungsimmobilien zeigt sich, daß Büroflächen in der Regel nur zu ca. 16% ihrer effektiven Verfügbarkeit in Anspruch genommen werden.[257] Unter Berücksichtigung der erfaßten Daten und unter Berücksichtigung der Auswirkungen sich verändernder Organisations- und Arbeitsprozesse sind Konzepte und Maßnahmen zur Ermittlung und Bereitstellung des „optimalen" Flächenbestandes sowie der Erhöhung der Nutzungsintensität zu entwickeln. Im Ergebnis kann es durch Restrukturierungen zu Flächenreduzierungen und damit zu Kosteneinsparungen kommen.[258] Im Bereich der Büroimmobilien ist dies durch eine Veränderung der Büroorganisation zu erreichen, indem z.B. anstelle eines festen Arbeitsplatz pro Mitarbeiter innerhalb des Gebäudes flexible Arbeitsplätze geschaffen werden, die der Mitarbeiter quasi gegen Voranmeldung nutzen kann. Auch andere Raumkonzepte können hier zur Diskussion stehen.[259] Ausschlaggebend für diesen Wandel sind technologische Veränderungen, die sich in der Gestaltung der Arbeitsabläufe und der Arbeitsorganisation niederschlagen.

---

[255] Vgl. Pierschke, Barbara: a.a.O., S. 298; o.V.: Facility-Management als strategischer Ansatz einer Ressourcenoptimierung, in: FWI Management Report, Nr. 4, 1997, S. 6.

[256] Vgl. Falk, Bernd: a.a.O., S. 25.

[257] Vgl. Krummacker, Jürgen: a.a.O., S. 727 f. Berücksichtigt bei dieser Berechnung sind u.a. eine fünftägige Arbeitswoche mit 35 bis 40 Dienststunden und Urlaubszeiten. Aber auch Dienstreisen und Kundentermine sowie Heimarbeit spielen eine Rolle.

[258] So hat bspw. die IBM Deutschland seit 1990 ihre Flächennutzung von 2 Mio. m^2 auf 1 Mio. m^2 reduzieren können. Dies ging mit einer Reduzierung der Bürofläche pro Mitarbeiter von 30 m^2 auf 23 m^2 von 1990 bis 1995 einher. Vgl. Herzog, Rudolf/Scheins, Jürgen: Fallstudie IBM Deutschland, in: Schulte, Karl-Werner/Schäfers, Wolfgang (Hrsg.): Handbuch Corporate Real Estate Management, Köln 1998, S. 700.

[259] Vgl. Dawson, Patrick M.: Flächenmanagement, in: Lochmann, Hans-Dieter/Köllgen, Rainer (Hrsg.): Facility Management: Strategisches Immobilienmanagement in der Praxis, Wiesbaden 1998, S. 111 ff.; Becker, Franklin: The total workplace – Facilities Management and the elastic organization, New York 1990, S. 202 ff.

Ein Trend auf kommunaler Ebene, der im Flächenmanagement zu berücksichtigen wäre, ist die zunehmende Einrichtung von „Bürgerämtern" im Rahmen einer steigenden Kundenorientierung. Zielsetzung solcher Bürgerämter ist, daß der Bürger alle Dienstleistungen quasi aus einer Hand abrufen kann.[260] Das Aufsuchen verschiedener Ämter soll hierdurch vermieden werden; ein Verwaltungsmitarbeiter soll als zentraler Ansprechpartner für den Bürger zur Verfügung stehen.

Reinigungsdienste umfassen die Außen- und Innenreinigung von Gebäuden. Bei der Fremdvergabe von Leistungen des Gebäudemanagement stehen Reinigungsdienstleistungen vielfach an erster Stelle. Als Grund für die hohe Akzeptanz des Outsourcing in diesem Bereich werden Einsparpotentiale, organisatorische Vorteile und die Kompetenz der Reinigungsunternehmen genannt.[261]

Auch im Bereich der Städte und Gemeinden ist der Bereich der Reinigungsdienste ein Feld, in dem traditionell externe Dienstleister einbezogen werden. So betrug 1990 in Nordrhein-Westfalen der Anteil der Kommunen, die die Gebäudereinigung ausschließlich durch private Betriebe erledigen ließen 7,6 %, der Anteil der Kommunen, die sowohl durch eigene Kräfte als auch durch externe Dienstleister die Gebäudereinigung erledigen ließen, immerhin 74,0 %. Bei 17,9 % erfolgte die Gebäudereinigung ausschließlich kommunal.[262]

3.1.4.3 Kaufmännisches Gebäudemanagement

Die kaufmännischen Leistungen des Gebäudemanagement lassen sich in die Bereiche Kostenabrechnung (bzw. Rechnungswesen), Controlling, gebäudebezogene Objektverwaltung, gebäudebezogenes Vertragsmanagement (vgl. Abb. 15), aber auch in die Verwaltung von Betriebsflächen sowie sonstige gebäudebezogene kaufmännische Dienste gliedern.[263] Die Leistungen des technischen und des infrastrukturellen Gebäudemanagement finden ihren Niederschlag im kaufmännischen Gebäudemanagement; aus diesem Grunde sind

---

[260] Vgl. z.B. Kißler, Leo/Bogumil, Jörg: Der Bürgerladen Hagen – Kundenorientierung und Produktivitätssteigerung durch mehr Arbeitsqualität, in: Naschold, Frieder/Pröhl, Marga (Hrsg.): Produktivität öffentlicher Dienstleistungen, Band 2, Gütersloh 1995, S. 65 ff..

[261] Vgl. o.V.: „Saubere Vorstellung". Gebäudereiniger im Gebäudemanagement, in: Facility Management, Nr. 5, 1998, S. 31.

[262] Vgl. Steinheuer, Wilfried: a.a.O., S. 66.

[263] Vgl. Deutscher Verband für Facility Management e.V.: Facility Management, a.a.O., S. 4.

die drei Bestandteile als Gesamtheit zu betrachten, da sie aufeinander aufbauen und sich ergänzen.

Drei Hauptfunktionen kommen dem kaufmännischen Gebäudemanagement zu:

Rechnungswesen: Aufgabe des (betrieblichen) Rechnungswesens ist die Abbildung aller finanz- und leistungswirtschaftlicher Sachverhalte von Unternehmen. Neben dieser Dokumentationsfunktion kommt dem Rechnungswesen auch eine Kontroll- und Dispositionsfunktion zu.[264] Mittels des Rechnungswesens soll eine Informationsbasis geschaffen werden, die die Steuerung der Unternehmung erlaubt. Bezogen auf das Gebäudemanagement bedeutet dies die Erfassung und Abbildung aller kostenrelevanten Vorgänge rund um die Immobilie. Die Grundlage dieser Kostenerfassung bildet die gebäudebezogene Objektbuchhaltung. Hierunter fallen sämtliche buchhalterischen Leistungen, insbesondere die Erfassung und Pflege aller immobilienbezogenen Bestands- und Vertragsdaten, die Kontenführung und die Verbuchung sowie das Prüfen, Veranlassen und Überwachen von Zahlungsvorgängen. Zur Herstellung der notwendigen Kostentransparenz ist es erforderlich, daß eine Erfassung aller anfallenden Kosten und Erlöse vorgenommen wird. Wie oben aufgezeigt, lag ein Mangel der traditionellen „Immobilienverwaltung" in der unzureichenden Auseinandersetzung mit den Kosten- und Erlöswirkungen von Immobilien. Nur mit Hilfe einer „Immobilienkostenrechnung" ist es möglich, die Kosten der Immobiliennutzung sichtbar zu machen und die Nutzungseinheiten im Rahmen der Profit Center-Rechnung mit den Kosten der Gebäudenutzung in Form von Verrechnungspreisen zu belasten. Problematisch wirkt sich allerdings aus, daß ein allgemeingültiges und geschlossenes immobilienbezogenes Kostenrechnungskonzept mit einer dezidierten Unterteilung in Kostenarten-, Kostenstellen- und Kostenträgerrechnung nicht existiert.[265] Eine immobilienbezogene Kostenrechnung stellt die Grundlage für ein Immobilien-Controlling dar.

Controlling: Controlling kann als eine auf das Rechnungswesen gestützte Koordinations- und Kontrollhilfe für die Unternehmensleitung angesehen werden. In dieser Begriffsfassung beinhaltet Controlling zunächst die Abstimmung der Handlungen und Einzelpläne dezentraler Entscheidungsträger in Hinblick auf das Gesamtziel der Unternehmung. Daneben umfaßt es die Kontrolle der

---

[264] Vgl. Coenenberg, Adolf G.: Jahresabschluß und Jahresabschlußanalyse, 16. Aufl., Landsberg am Lech 1997, S. 8.

[265] Vgl. Schulte, Karl-Werner/Homann, Klaus: Immobilien-Controlling, in: Schulte, Christof (Hrsg.): Lexikon des Controlling, München/Wien 1996, S. 333.

Plandurchführung und liefert damit neben Steuerungsimpulsen auch die Grundlagen für zukünftige Planungen.[266] Die Basis des notwendigen betrieblichen Informationssystems bildet dabei das interne Rechnungswesen. Als zentrale Funktion des Controllingsystems wird die Koordination des Führungssystems zur Sicherstellung einer zielgerichteten Lenkung angesehen.[267]

Immobilien-Controlling kann nach dieser Sichtweise als führungsunterstützendes System innerhalb des Immobilien Facility Management angesehen werden. Seine Aufgabe besteht darin, mittels eines Informationsverarbeitungssystems entscheidungsrelevante Informationen über alle Phasen des Lebenszyklus einer Immobilie zur Unterstützung des Facility Management bereitzustellen.[268] Bezogen auf den Immobilienlebenszyklus läßt sich das Immobilien-Controlling in das Controlling in der Entstehungsphase, während der Nutzungsphase und in der Verwertungsphase einteilen. Die Controllingaufgaben im Bereich des Gebäudemanagement beziehen sich auf das Immobilien-Controlling in der Nutzungsphase; dabei darf es nicht isoliert betrachtet werden, sondern muß einerseits eingebettet sein in ein Immobilien-Controlling-Konzept, welches sämtliche Phasen umfaßt, andererseits in das Gesamt-Controlling der Unternehmung. Zentrale Aufgabenfelder während der Nutzungsphase sind das Instandhaltungs-Controlling und das Nutzungskosten-Controlling.[269] Instandhaltungs-Contolling soll relevante Informationen für die Planung, Steuerung und Kontrolle der Instandhaltungsaktivitäten des Gebäudemanagements sammeln und bereitstellen. Insofern ist eine enge Ankopplung an das technische Gebäudemanagement gegeben. Auf Basis der vorhandenen und verarbeiteten Informationen können Instandhaltungsstrategien entwickelt und Entscheidungen bezüglich der Eigenerstellung oder des Fremdbezugs entsprechender Leistungen vorbereitet werden sowie eine Kontrolle der durchgeführten Maßnahmen mit entsprechenden Reaktionen bei Ergebnisabweichungen erfolgen.[270] Zielsetzung des Nutzungskosten-Controlling ist es, auf Basis einer immobilienbezogenen Kostenrechnung eine Reduzierung

---

[266] Vgl. Schneider, Dieter: Betriebswirtschaftslehre. Band 2: Rechnungswesen, 2. Aufl., München/Wien 1997, S. 465 f.

[267] Vgl. Küpper, Hans-Ulrich/Weber, Jürgen/Zünd, André: Zum Verständnis und Selbstverständnis des Controlling, in: ZfB, 60. Jg., Heft 3, 1990, S. 283 f.; Weber, Jürgen: Ursprünge, Begriff und Ausprägungen des Controlling, in: Mayer, Elmar/Weber, Jürgen (Hrsg.): Handbuch Controlling, Stuttgart 1990, S. 22 ff.

[268] Vgl. Schulte, Karl-Werner/Homann, Klaus: a.a.O., S. 329 f.

[269] Vgl. Schulte, Karl-Werner/Homann, Klaus: a.a.O., S. 333.

[270] Vgl. Homann, Klaus: Immobiliencontrolling, in: Schulte, Karl-Werner (Hrsg.): Immobilienökonomie. Band 1: Betriebswirtschaftliche Grundlagen, München/Wien 1998, S. 734 f.

der durch die Nutzung verursachten Kosten zu erreichen.[271] Dazu sind Kostensenkungspotentiale aufzudecken und in entsprechende Maßnahmen umzusetzen.[272]

Wichtiges Instrument des Controlling kann das Benchmarking sein. Dabei handelt es sich um einen langfristig angelegten, kontinuierlichen und systematischen Prozeß zur Messung und zum Vergleich von bestimmten „Geschäftsobjekten". Hierbei können gleichartige Prozesse anhand geeigneter Vergleichsindikatoren entweder im eigenen Unternehmen oder aber mit anderen, im Bereich des Vergleichsobjektes führenden Unternehmen („best in class", „best practice") verglichen werden.[273] Die erhaltenen Ergebnisse sollen Verbesserungsmöglichkeiten im eigenen Unternehmen aufzeigen. Voraussetzung für das Benchmarking ist die Aufstellung geeigneter und allgemein anerkannter Vergleichsindikatoren.[274] Hier liegt auch das Hauptproblem der Einführung des Benchmarking im Immobilien-Controlling. Zunächst müssen andere Unternehmen bereit sein, die entsprechenden Daten zur Verfügung zu stellen. Zudem muß eine einheitliche, allgemein anerkannte Definition der Bezugsgrößen gefunden werden, damit eine Vergleichbarkeit der Daten überhaupt möglich ist. Bei der Entwicklung von Vergleichsgrößen muß die Heterogenität der Immobilien bezüglich ihrer unterschiedlichen Ausstattung, ihrer verschiedenen Nutzerstrukturen, der unterschiedlichen Gebäudetechnik etc. beachtet werden.[275] Darüber hinaus haben auch die Unternehmenszielsetzung, die Unternehmensorganisation und die Unternehmenskultur Einfluß auf die Geschäftsprozesse und damit auf ihre Vergleichbarkeit.[276]

---

[271] Vgl. Schulte, Karl-Werner/Homann, Klaus: a.a.O., S. 333.

[272] Kostensenkungspotentiale ergeben sich insbesondere im Bereich der Betriebskosten, d.h. bei den Energiekosten, den Reinigungskosten und den Kosten für Wasserver- und -entsorgung. Vgl. Pierschke, Barbara: a.a.O., S. 302.

[273] Vgl. Horváth, Péter/Herter, Ronald N.: Benchmarking. Vergleich mit den Besten der Besten, in: Controlling, 4. Jg., Heft 1, 1992, S. 5; Schäfer, Stefan/Seibt, Dietrich: Benchmarking – eine Methode zur Verbesserung von Unternehmensprozessen, in: BFuP, Heft 4, 1998, S. 366 ff.

[274] Vgl. Nourse, H.O.: Measuring business real property performance, in: The Journal of Real Estate Research, Vol. 9, No. 4, 1994, S. 433.

[275] Vgl. Köllgen, Rainer: Benchmarking, in: Lochmann, Hans-Dieter/Köllgen, Rainer (Hrsg.): Facility Management: Strategisches Immobilienmanagement in der Praxis, Wiesbaden 1998, S. 98 f.

[276] Vgl. Schäfer, Stefan/Seibt, Dietrich: a.a.O., S. 377.

3.1.5 Organisatorische Einordnung des Immobilien Facility- und des Gebäudemanagements

Für die organisatorische Verankerung des Immobilien Facility Management und des Gebäudemanagement bieten sich – sowohl in Unternehmen als auch in öffentlichen Institutionen – verschiedene unternehmensinterne und unternehmensexterne Lösungen an, die im folgenden vorgestellt werden. Die Ausführungen beziehen sich hierbei auf das Immobilien Facility Management im allgemeinen und auf das Gebäudemanagement im besonderen (in der folgenden Ausführungen zur organisatorischen Ausrichtung wird vereinfachend vom Facility Management gesprochen). Die vorgestellten Organisationsmöglichkeiten haben allgemeingültigen Charakter, d.h., sie sind rechtsformindifferent und damit sowohl auf private Unternehmen als auch auf die öffentliche Hand anwendbar.

3.1.5.1 Dezentrale versus zentrale Organisation

Im Rahmen einer dezentralen Organisationslösung wird das Facility Management auf Ebene der einzelnen Geschäftseinheiten angesiedelt. Dies bedeutet, daß keine eigenständige Organisationseinheit, z.B. durch Gründung einer Abteilung oder durch (rechtliche) Ausgliederung, existiert, sondern daß die raumnutzenden Unternehmenseinheiten die immobilienbezogenen Leistungen neben ihren eigentlichen Hauptaufgaben mit erbringen. Abb. 16 verdeutlicht diesen Sachverhalt. Die immobilienwirtschaftlichen Aktivitäten werden von den einzelnen Geschäftsbereichen neben ihren eigentlichen Kernaufgaben erbracht. Daneben ist als Alternative, in Abhängigkeit von der Größe der jeweiligen Unternehmenseinheit, denkbar, daß innerhalb dieser Einheiten ein eigenständiger, spezialisierter Bereich geschaffen wird und somit eine Abkopplung von Kernaufgaben und Sekundärprozessen stattfindet.[277] Neben den einzelnen Funktionsbereich (z.B. Einkauf, Vertrieb, F & E, etc.) besteht damit innerhalb des Geschäftsbereiches ein Organisationsbereich für die Immobilienfunktionen.

Bezogen auf die Kommunalverwaltung bedeutet dies, daß die Kompetenzen für die gebäudewirtschaftlichen Leistungen in den einzelnen, gebäudenutzenden Fachbereichen angesiedelt sind. Wie die späteren Ausführungen zeigen

---

[277] Vgl. Schäfers, Wolfgang: Organisatorische Ausrichtung im Immobilienmanagement, in: Schulte, Karl-Werner/Schäfers, Wolfgang (Hrsg.): Handbuch Corporate Real Estate Management, Köln 1998, S. 256.

werden, entspricht eine solche Organisation dem „Eigentümer-Modell" der KGSt.

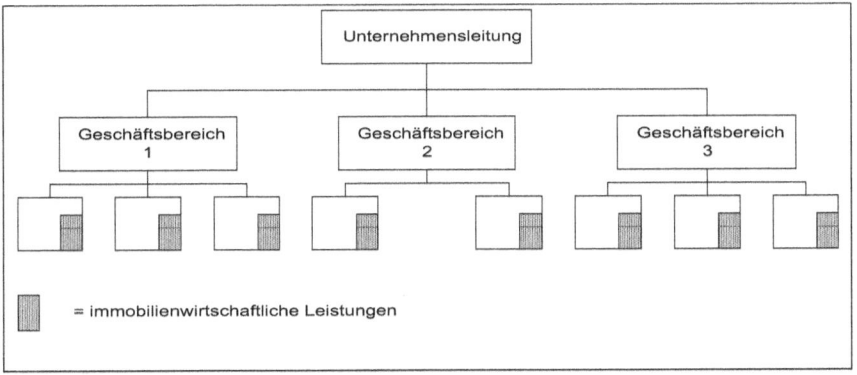

Abb. 16   Dezentrale Organisationslösung

Quelle: Schäfers, Wolfgang: Organisatorische Ausrichtung im Immobilienmanagement, in: Schulte, Karl-Werner/Schäfers, Wolfgang (Hrsg.): Handbuch Corporate Real Estate Management, Köln 1998, S. 256.

Vorteile einer solchen Lösung sind:

1. Die Ergebnisautonomie der einzelnen Unternehmensbereiche wird gestärkt, da eine unmittelbare Verantwortung für die Immobilie und ihre Nutzung besteht.

2. Darüber hinaus verfügen die mit den Immobilienaktivitäten betrauten Mitarbeiter der Unternehmenseinheiten über detaillierte Kenntnisse hinsichtlich der Gebäude und der betrieblichen Anforderungen an die Gebäude. Durch diese Kenntnis und durch die organisatorische Nähe ist ein hohes Maß an Flexibilität gegeben und eine intensive Betreuung der Flächennutzer ist gewährleistet.[278]

Daneben ist eine solche organisatorische Verankerung allerdings mit erheblichen Nachteilen verbunden:

1. Die dezentrale Verantwortung erschwert die Verfolgung einer unternehmenseinheitlichen Immobilienstrategie. Eine geschäftsbereichsübergreifende Koordination und Abstimmung der Immobilienaktivitäten im Gesamtunternehmen wird verhindert und es besteht die Gefahr, daß das ganzheitli-

---

[278] Vgl. Schäfers, Wolfgang: Organisatorische Ausrichtung..., a.a.O., S. 257.

che Erscheinungsbild und Funktionieren des Unternehmens nicht gewährleistet ist.[279]

2. Damit verbunden ist auch eine mangelnde Ausnutzung von Machtpotentialen durch die Bündelung der Nachfrage gegenüber externen Marktpartnern.

3. Weiterhin wird die Herausbildung einer notwendigen Professionalität und Expertise gehemmt, insbesondere wenn die immobilienbezogenen Aufgaben neben den eigentlichen Aufgaben erledigt werden müssen. Mögliche Folge kann eine mangelnde Fundierung immobilienbezogener Entscheidungen sein.

4. Da jede Unternehmenseinheit entsprechende Mitarbeiter vorhalten muß, führt dies zu einer Ausweitung der personellen Kapazitäten, und es besteht auf das Gesamtunternehmen bezogen die Gefahr, daß Arbeiten doppelt ausgeführt werden und mögliche Synergien ungenutzt bleiben.

Die dezentrale Zuordnung führt zu steigenden Fixkosten, die den Abbau der zentralen Gemeinkosten überkompensieren können. Zudem erhöhen sich die Schnittstellen und damit auch Transaktionskosten.[280] Je nach Grad der Autonomie der Geschäftseinheiten besteht die Gefahr, daß Immobilientransaktionen genutzt werden, um eine Ergebnisglättung oder -manipulation bzw. bestimmte Liquiditätseffekte zu erreichen oder daß es zu Eigenoptimierungen kommt.[281] Dies ist z.B. möglich, indem notwendige Maßnahmen unterlassen oder verzögert werden (und damit Auszahlungen vermieden werden) oder wenn Immobilieninvestitionen bzw. –desinvestitionen durchgeführt werden.[282] Durch eine solche dezentrale Ausrichtung des Facility Management bleiben viele der o.a. Mängel der traditionellen Behandlung von Unternehmensimmobilien bestehen.

---

[279] Vgl. Schumacher, Wolf D.: Organisatorische Stellungsfragen, in: Harden, Heinrich/ Kahlen, Hans (Hrsg.): Planen, Bauen, Nutzen und Instandhalten von Bauten, Köln 1993, S. 169.

[280] Vgl. Reiß, Michael/Schuster, Hermann: Kunden- und Kostenorientierung interner Service-Bereiche – Aus Zentralbereichen werden Dienstleister, in: Meyer, Anton (Hrsg.): Handbuch Dienstleistungs-Marketing, Band 2, Stuttgart 1998, S. 1305.

[281] Vgl. Schäfers, Wolfgang: Organisatorische Ausrichtung..., a.a.O., S. 257 f.

[282] Immobilien können für einen Geschäftsbereich nicht mehr unbedingt betriebsnotwendig sein, durchaus aber für einen anderen Geschäftsbereich verwendungsfähig. Eine unabgestimmte Desinvestition kann damit für das Gesamtunternehmen von Nachteil sein

Aus diesem Grunde scheint die zentrale Organisationslösung von Vorteil zu sein. Im Falle einer zentralen Lösung wird eine eigenständige organisatorische Einheit geschaffen, die für sämtliche immobilienbezogenen Aktivitäten zuständig ist. Diese Aufgaben und die entsprechenden Verantwortungen werden aus den Geschäftseinheiten ausgegliedert und auf diese Organisationseinheit übertragen.[283] Es wird ein Immobilienteam geschaffen, welches mit der entsprechenden Professionalität sämtliche Aufgaben des Facility Management auf Ebene der Gesamtunternehmung übernimmt. Abb. 17 zeigt eine solche Lösung bei vollständiger Zentralisation der Immobilienfunktion. Sämtliche Immobilienfunktionen sind auf diese Einheit übertragen worden. Durch die Herausbildung einer speziellen Immobilienkompetenz können die immobilienbezogenen Transaktionen effizient im Sinne der Unternehmensziele ausgeführt und gesteuert werden. Die Nachteile der dezentralen Organisationsalternative werden behoben.

Bei einer bestimmten Unternehmensgröße kann es aber durchaus angebracht sein, daß ein gewisser Umfang der (operativen) Immobilienfunktionen auf Geschäftsbereichsebene verbleibt. Das zentrale Immobilien-Management ist weitgehend für strategische Fragen zuständig oder dient als zentraler Dienstleister für die Geschäftsbereiche. Hierbei ist es möglich, die bestehenden Vorteile der dezentralen Lösung zu nutzen.

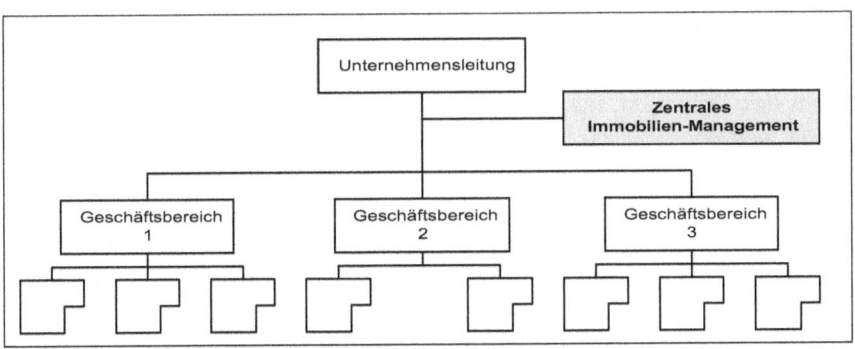

Abb. 17:   Zentrale Organisationslösung

Quelle: Schäfers, Wolfgang: Organisatorische Ausrichtung im Immobilienmanagement, in: Schulte, Karl-Werner/Schäfers, Wolfgang (Hrsg.): Handbuch Corporate Real Estate Management, Köln 1998, S. 258.

---

[283] Vgl. Schäfers, Wolfgang: Organisatorische Ausrichtung..., a.a.O., S. 258.

Für die Ausgestaltung einer zentralen Einheit „Immobilien Facility Management" bieten sich zwei Möglichkeiten an. Zum einen kann den einzelnen Geschäftsbereichen die Entscheidungsautonomie bezüglich immobilienbezogener Leistungen weitgehend entzogen werden. Die Geschäftsbereiche bestimmen lediglich noch über Art und Umfang der zu erbringenden Leistungen und müssen diese bei der Zentraleinheit abnehmen, welche autonom über die Art der Aufgabenerfüllung entscheidet. Diese gerät dadurch quasi in eine Monopolstellung und es kommt insoweit zu einer Einschränkung der Kosten- und Ergebnisautonomie der einzelnen Geschäftseinheiten. Auch besteht durch zeitliche Verzögerung in der Informationsübermittlung und in der Entscheidungsfindung die Gefahr des Verlustes an Flexibilität.[284] Die Budgets der Geschäftseinheiten werden für die Inanspruchnahme der Leistungen mit Verrechnungspreisen belastet.

Zum anderen kann eine marktorientierte Lösung gewählt werden. Hierbei haben die Unternehmenseinheiten die Möglichkeit, die Leistungen entweder bei der zentralen Immobilieneinheit abzunehmen oder aber externe Anbieter zu beauftragen. Hierdurch soll gewährleistet werden, daß die Immobilieneinheit sich in einer Wettbewerbsposition befindet, mit dem Marktangebot konkurrieren muß und sich somit effizienzfördernde Wirkungen einstellen.[285] Die Marktlösung kann ergänzt werden um die „Last-Call-Regelung", welche es dem Immobilienbereich ermöglicht, im Rahmen eines letzten Angebotes in die Konditionen eines externen Anbieters einzusteigen.

Es hat sich gezeigt, daß durch die dezentrale Organisationslösung die Problem des bisherigen Immobilienmanagement nicht behoben werden. Daher sollte eine ganzheitliche Betrachtung der Unternehmensimmobilien erfolgen, womit eine organisatorische Verselbständigung und damit die zentrale Organisationslösung naheliegt. Die Aufgaben des Facility Management können als Querschnittsaufgaben angesehen werden, so daß es angebracht erscheint, das Facility Management als bereichsübergreifende Managementaufgabe zu organisieren.[286] Es sollte ein eigenständiger Verantwortungs- und Aufgabenbereich geschaffen werden, welcher aufgrund seines bereichsübergreifenden Charakters in der Unternehmenshierarchie relativ hoch angesiedelt sein sollte. Hierzu bietet sich bspw. eine Stabsstelle an, die an die Unternehmensleitung

---

[284] Vgl. Schäfers, Wolfgang: Organisatorische Ausrichtung..., a.a.O., S. 258 ff.
[285] Vgl. Schäfers, Wolfgang: Organisatorische Ausrichtung..., a.a.O., S. 260 f. Schäfers rechnet die Belastung der Nutzerbudgets mit Verrechnungspreisen ebenfalls zur marktorientierten Organisationslösung.
[286] Vgl. Schwarze, Jochen: a.a.O., S. 226.

angebunden ist und fachlichen Einfluß auf die Unternehmensbereiche nehmen kann.[287] Die Organisationseinheit kann ihrerseits selbst wieder in eine eigene Organisationsstruktur, z.B. gemäß den Teilelementen des Facility Management gegliedert werden.[288]

3.1.5.2 Outsourcing des Facility Management

Eine weitere Möglichkeit der Organisation besteht in dem teilweisen oder vollständigen Outsourcing des Facility Management. Outsourcing ist in den Kontext der Make-or-buy-Problematik einzuordnen, wobei Make-or-buy – d.h. Selbsterstellung oder Fremdbezug – als übergeordneter Begriff angesehen werden kann. Während Gegenstand des Outsourcing Leistungen sind, die vorher bereits selbst erstellt wurden, kann eine Make-or-buy-Entscheidung schon zu einem früheren Zeitpunkt einsetzen und Überlegungen beinhalten, ob Leistungen überhaupt innerhalb eines Unternehmens erstellt werden sollen oder ob nicht direkt ein Fremdbezug in Erwägung zu ziehen ist.[289]

Der Begriff des Outsourcing ist abgeleitet von „outside resource using" und läßt sich übersetzen mit der Nutzung von außerhalb des Unternehmens stehenden Ressourcen. Es handelt sich um externe Anbieter, sobald sie rechtlich und organisatorisch eigenständig sind. Man unterscheidet das interne und das externe Outsourcing. Beim internen Outsourcing findet die Ausgliederung von Tätigkeiten auf Tochtergesellschaften statt. Beim externen Outsourcing handelt es sich um eine Auslagerung auf rechtlich und kapitalmäßig unabhängige Unternehmen.[290] Eine Mischform besteht darin, daß zusammen mit einem externen Dritten eine gemeinsame Gesellschaft als Joint Venture gegründet wird, auf die die entsprechenden Aufgaben übertragen werden.

Aus den Zielvorstellungen, die mit dem Outsourcing verbunden sind, lassen sich zwei wesentliche Zielsetzungen nennen: Zunächst sind die erwarteten Kostenwirkungen hervorzuheben. Neben einer Reduzierung der Kosten (z.B. durch die Ausnutzung komparativer Vorteile externer Dritter) soll die Kostentransparenz gesteigert werden und es soll zu einer Umwandlung von fixen in

---

[287] Schwarze schlägt ein an die Matrixorganisation angelehntes Organisationsschema vor Vgl. Schwarze, Jochen: a.a.O., s. 227 ff. Vgl. zur hierarchische Ansiedlung auch Braun, Hans-Peter/Haller, Peter/Oesterle, Eberhard: Facility management: Erfolg in der Immobilienbewirtschaftung, Berlin u.a. 1996, s. 130 f.

[288] Vgl. ähnlich Schumacher, Wolf D.: a.a.O., S. 172.

[289] Vgl. Bliesener, Max-Michael: Outsourcing als mögliche Strategie zur Kostensenkung, in: BFuP, 46. Jg., Heft 4, 1994, S. 278 f.

[290] Vgl. Bliesener, Max-Michael: a.a.O., S. 279.

variable Kosten kommen. Daneben ist die Zielsetzung auf qualitativer Ebene anzusiedeln. Durch den Einkauf des im eigenen Unternehmen nicht oder nicht ausreichend vorhandenen Spezialwissens sollen die ausgelagerten Funktionen qualitativ besser und effizienter ausgeführt werden und damit auch zu Wettbewerbsvorteilen des Unternehmens führen.[291] Als Resultat eines Outsourcingprozesses kann eine Verringerung der Leistungstiefe festgestellt werden.

Zusammenfassend und (jetzt) bezogen auf die Leistungen des Gebäudemanagement kann Outsourcing definiert werden als die vollständige oder teilweise Übertragung bisher eigenerstellter immobilienbezogener Leistungen, die nicht kostengünstig im eigenen Unternehmen erbracht werden, an externe Dritte. Hierbei kann es sich um (spezialisierte) Tochterunternehmen oder Gemeinschaftsunternehmen (Outsourcing i.w.S.) oder um kapitalmäßig und organisatorisch unabhängige Unternehmen (Outsourcing i.e.S.) handeln.

Wichtige Fragen im Zusammenhang mit einer Outsourcing-Entscheidung sind u.a., welche Funktionen überhaupt für eine Verlagerung in Betracht kommen, wer als Outsourcing-Partner in Frage kommt und welche Vorkehrungen zur Absicherung der Zusammenarbeit getroffen werden müssen.[292] Diese Fragen gilt es im weiteren Verlauf der Arbeit zu untersuchen. An dieser Stelle sollen zunächst jedoch Vor- und Nachteile des Outsourcing von Facility Management-Leistungen behandelt werden.

Kostensenkende Wirkungen können sich aus Spezialisierungsvorteilen des externen Dienstleisters ergeben. Die Erbringung immobilienbezogener Leistungen gehört zu seinem Kerngeschäft, er verfügt über entsprechend ausgebildetes Personal und das notwendige Fachwissen, um die Leistungen professionell zu erbringen. Aufgrund seiner Spezialisierung ist er schneller in der Lage, technische Innovationen zu erkennen und zu nutzen. Leistungsvorteile externer Facility Management-Anbieter können auch durch Motivationsaspekte begründet sein. Da die meisten Unternehmen immobilienbezogene Leistungen nicht zu ihrem Kerngeschäft zählen, kann es dazu kommen, daß Mitarbeiter dieses Bereiches sich innerhalb des Unternehmens weniger anerkannt fühlen

---

[291] Vgl. ähnlich Stößel, Frank Volker: Outsourcing in der Öffentlichen Verwaltung, Frankfurt am Main 1998, S. 16 f.

[292] Vgl. Heyd, Reinhard: Führungsorientierte Entscheidungskriterien beim Outsourcing, in: WISU, Heft 8-9, 1998, S. 906.

und daraus eine geringere Leistungsbereitschaft und letztlich ein sinkender Produktivitätsbeitrag resultiert.[293]

Des weiteren können Kostenersparnisse über Skaleneffekte erzielt werden. Der potentielle externe Dienstleister arbeitet gleichzeitig für eine Vielzahl von Kunden und kann so seine Kapazitäten besser und gleichmäßiger auslasten.[294] Darüber hinaus kann der Externe Preisvorteile auf den Beschaffungsmärkten generieren. Dies betrifft zum einen Preisvorteile auf dem Arbeitsmarkt, zum anderen Preisvorteile gegenüber Dritten, die er wiederum in die Leistungserbringung einbezieht (z.b. Handwerker). Positive Kostenwirkungen für den Outsourcing-Nachfrager ergeben sich, wenn diese Preisvorteile (zumindest teilweise) an ihn weitergegeben werden.

Weitere Einsparungen können sich durch Personalreduzierungen im outsourcenden Unternehmen ergeben.[295] Diese stellen sich jedoch nur ein, wenn ein Stellenabbau überhaupt möglich ist oder wenn das betroffene Personal in anderen Bereichen produktiv eingesetzt werden kann.

Werden Leistungen des Facility Management an eine Vielzahl von externen Dienstleistern vergeben, so kann dies zwangsläufig zu einer Erhöhung des Komplexitätsgrads führen. Die Erhöhung der Anzahl der Außenbeziehungen mündet in einem erhöhten Steuerungs- und Kontrollaufwand mit der Folge eines Flexibilitätsverlustes.[296] Dieser Komplexitätsgrad läßt sich verringern, indem nur einige wenige externe Unternehmen einbezogen werden oder eine Gesamtvergabe des Immobilien Facility Management an einen Dienstleister erfolgt und somit im Idealfall nur ein Ansprechpartner existiert. Dieser Facility Manager kann seine Kernkompetenz entweder in der eigenen Erbringung der entsprechenden Leistungen haben oder aber aufgrund seiner Marktkenntnis die Funktion der Integration verschiedener Facility Service-Unternehmen in die Leistungserstellung wahrnehmen.[297] Die Bindung an einen externen Dienstleister birgt allerdings die Gefahr einer steigenden Abhängigkeit in sich. Verstärkt

---

[293] Vgl. Grüner, Herbert/Osterloh, Jan: Outsourcing von Facility Management-Leistungen unter Motivationsaspekten, in: Der Facility Manager, November/Dezember 1998, S. 29 f.

[294] Bächle, Arthur/Henzelmann, Torsten: Vor- und Nachteile des Eigenbetriebs, in: Zechel, Peter u.a. (Hrsg.): Facility Management in der Praxis: Herausforderungen in Gegenwart und Zukunft, 2. Aufl., Renningen-Malmsheim 1998, S. 130 f.

[295] Vgl. Bächle, Arthur/Henzelmann, Torsten: a.a.O., S. 130.

[296] Vgl. Köllgen, Rainer: Kernkompetenzen, Outsourcing und Allianzenbildung, in: Lochmann, Hans-Dieter/Köllgen, Rainer (Hrsg.): Facility Management: Strategisches Immobilienmanagement in der Praxis, Wiesbaden 1998, S. 57 f

[297] Vgl. Köllgen, Rainer: Kernkompetenzen..., a.a.O., S. 62 f.

wird eine solche Abhängigkeit, wenn gleichzeitig auf Unternehmensebene personelle Kapazitäten abgebaut werden und aufgrund mangelnden Knowhow die Überwachung und Kontrolle erschwert wird. Ein Wechsel des Marktpartners kann daneben durch gegebenenfalls längerfristige Verträge erschwert werden.[298] Mit dem Wechsel des Partners sind Wechselkosten für den Nachfrager verbunden. Ein kostenintensiver Neuaufbau der Kapazitäten oder der Einstieg in zeit- und kostenaufwendige Vertragsverhandlungen mit potentiellen neuen Partnern werden notwendig. Für den Anbieter gebäudewirtschaftlicher Leistungen kann die Existenz dieser Wechselkosten jedoch Vorteile bringen. Gelingt es ihm, den Nachfrager eng an sich zu binden (und insofern ein Abhängigkeitsverhältnis zu schaffen), wachsen seine preispolitischen Spielräume und damit seine Ertragschancen. Dies ist jedoch nur der Fall, wenn der Nachfrager zufrieden mit der Zusammenarbeit ist und aus dieser Zufriedenheit heraus bereit ist, Preiszugeständnisse zu machen.[299]

3.1.6 Der Markt für Immobilien Facility Management Leistungen

Aufgrund des sich wandelnden Immobilienverständnis ist zu erwarten, daß sich der Markt für Facility Management-Leistungen zunehmend zu einem Wachstumsmarkt entwickeln wird. Schätzungen gehen dahin, daß das Marktpotential ca. 60 Mrd. DM jährlich beträgt und bisher lediglich zu gut 35% ausgeschöpft ist.[300] Anderen Schätzungen zufolge liegt das Marktpotential ebenfalls zwischen 60 bis 70 Mrd. DM, das tatsächlich realisierte Marktvolumen durch integrierte Facility Management-Pakete liegt jedoch deutlich darunter (1994: 1,5 Mrd. DM).[301] Daher ist es nicht verwunderlich, daß dieser Markt für eine Vielzahl von Anbietern aus unterschiedlichen Branchen interessant ist. Zu nennen sind hier u.a. Bauunternehmen, Ver- und Entsorgungsunternehmen, Architekten und Ingenieure, Sicherheitsdienste, Handwerksbetriebe etc. Dabei ist festzustellen, daß viele Anbieter nur Segmente des Marktes abdecken und

---

[298] Vgl. Pierschke, Barbara: a.a.O., S. 310 f.; Bächle, Arthur/Henzelmann, Torsten: a.a.O., S. 131; Bandow, Gerhard: In or out? Outsourcing der Instandhaltung, in: Facility Management, Heft 5, 1998, S. 42.

[299] Diesen Zusammenhang beschreibt Süchting auf den Absatz von Bankleistungen bezogen unter dem Aspekt des Beziehungsmanagement. Vgl. Süchting, Joachim/Paul, Stephan: Bankmanagement, 4. Aufl., Stuttgart 1998, S. 634 ff.

[300] Vgl. Schneider, Hermann: Outsourcing von Gebäude- und Verwaltungsdiensten, Stuttgart 1996, S. 192.

[301] Vgl. Fleischhauer, Uwe/Joas, August: Ein Milliardenmarkt entsteht, in: Facility Management, Heft 1, 1995, S. 43.

ein umfassendes Facility Management nicht angeboten wird.[302] Bedingt durch das prognostiziert hohe Marktpotential wird die Zahl der Anbieter zukünftig steigen. Dabei werden sowohl Anbieter auftreten, die weiterhin nur Teilbereiche des Facility Management abdecken, als auch solche, die den gesamten Leistungsumfang erbringen werden.[303] Es ist zu erwarten, daß es in Teilbereichen zu einem Überangebot und damit zu einem Verdrängungswettbewerb kommen wird. Diese Tendenz kann verstärkt werden, wenn marktfremde Unternehmen, die gegebenenfalls auch nicht über die entsprechende Qualifikation verfügen, in dieses Marktsegment eindringen. Dies kann auch in einer steigenden Intransparenz des Marktes münden. Daraus resultieren Schwierigkeiten für den Nachfrager, einen leistungsfähigen Geschäftspartner zu finden. Die Entwicklung des Marktes ist auch davon abhängig, ob das o.a. Potential auch tatsächlich nachfragewirksam wird oder ob ein Trend zu interner Leistungserstellung besteht.[304]

Im gewerblichen Bereich ist durchaus ein solcher Trend zur Auslagerung der Leistungen des Facility Management festzustellen. Insbesondere große Unternehmen gehen jedoch dabei so vor, daß sie die entsprechenden Aufgaben auf neugegründete Tochterunternehmen übertragen. So hat z.B. der Thyssen-Konzern seine Immobilienaktivitäten auf die Thyssen Immobilien GmbH, eine 100% tigen Tochter der Thyssen AG, übertragen.[305] Damit wird eine Ausgliederug der immobilienbezogenen Leistungen vollzogen, d. h. eine Verlagerung auf ein eigenständiges Tochterunternehmen. Dieser Entscheidung war die Überlegung vorausgegangen, das Immobilienportfolio des Konzerns unter Kosten- und Ertragsgesichtspunkten zu steuern und damit einen Beitrag zur Wettbewerbsfähigkeit des Kerngeschäfts zu leisten. Neben der Leistungserbringung für das Mutterunternehmen treten diese Tochterunternehmen wiederum ihrerseits am Markt als Anbieter von Facility Management-Leistungen auf.

Neue Untersuchungen bestätigen die oben beschriebenen Tendenzen. Zwei Trends kristallisieren sich dabei heraus. Zum einen setzt ein Verdrängungswettbewerb der großen Anbieter ein. Zum anderen wächst die Konkurrenz

---

[302] Vgl. Schneider, Hermann: a.a.O., S. 194; Holzkämper, Hilko: a.a.O., S. 206 f.
[303] Vgl. Staudt, Erich/Kriegesmann, Bernd/Thomzik, Markus: a.a.O., S. 94. Zu Beispielen vgl. Donnerbauer, Robert: Run auf die Gebäudebewirtschaftung, in: HB, Nr. 72 vom 15.4.1998, S. 38; o.V.: Handwerker gründen eine AG, in: HB, Nr. 84 vom 4.5.1998, S. 29.
[304] Vgl. Staudt, Erich/Kriegesmann, Bernd/Thomzik, Markus: a.a.O., S. 107.
[305] Vgl. Lampe, Peter/Lechtenböhmer, Artur: a.a.O., S. 589 ff.

durch den Markteintritt der ursprünglich als Immobilien-Abteilungen gegründeten Tochtergesellschaften großer Konzerne sowie von Unternehmen aus anderen Branchen (z.B. Energieversorger).[306] Es bildet sich ein neuer, von Dynamik geprägter Markt heraus. Hierbei stehen sich traditionelle Anbieter immobilienwirtschaftlicher Leistungen und neue Anbieter aus unterschiedlichen Ursprungsbranchen gegenüber.

---

[306] Vgl. o.V.: Facility-Manager unter Druck, in: HB, Nr. 125 vom 3.7.2000, S. 20.

3.2 Organisation, Probleme und aktuelle Entwicklung der kommunalen Gebäudewirtschaft

3.2.1 Organisatorische Zuordnung gebäudewirtschaftlicher Leistungen im traditionellen Verwaltungsaufbau

Die Erstellung und das Angebot öffentlicher Dienstleistungen erfordern ebenso wie solche im privaten Bereich die Nutzung von Grundstücken und Gebäuden. So muß z.b. das Gebäude des Einwohnermeldeamts aufgesucht werden, wenn man einen neuen Personalausweis beantragt, für den Unterricht sind Schulgebäude, für die Kinderbetreuung Kindergärten notwendig und für die Aufführung von Theaterstücken und Konzerten werden die städtischen Bühnen genutzt. Wie dieser kurze Überblick verdeutlicht, umfaßt der kommunale Immobilienbestand Gebäude, die den unterschiedlichsten Nutzungen dienen. Sie reichen von reinen Büro- und Verwaltungsgebäuden über Schulen, Kindergärten, Bibliotheken, Sportstätten und Kultureinrichtungen bis hin zu Bauhöfen, Werkstätten und Kläranlagen. Es liegt somit ein äußerst heterogener Immobilienbestand vor, der zum einen marktgängige Immobilien, zum anderen Spezialimmobilien umfaßt. Ihre Funktionsfähigkeit und ihr Zustand sind damit eine wesentliche Voraussetzung für ein effizientes Verwaltungshandeln. Ohne die Nutzung funktionsfähiger Grundstücke und Gebäude ist die Erstellung und Erbringung von kommunalen Dienstleistungen nicht oder nur eingeschränkt möglich.

Hieran zeigt sich, daß den kommunalen Immobilien und den zum Erhalt ihrer Funktionsfähigkeit notwendigen gebäudewirtschaftlichen Leistungen ein hoher Stellenwert zukommt. Dem wird die kommunale Realität – und hier ist durchaus eine Parallele zu den Entwicklungen im privaten Sektor zu ziehen – vielfach nicht gerecht. Der Bereich der kommunalen Gebäudewirtschaft (wenn im folgenden von der kommunalen Gebäudewirtschaft gesprochen wird, sind hierunter hauptsächlich die Leistungen des Gebäudemanagements zu verstehen) ist zum einen dadurch geprägt, daß der Großteil der oben beschriebenen Leistungen verwaltungsintern erbracht wird (eine Ausnahme stellt die erwähnte Gebäudereinigung dar). Zum anderen gibt es eine Vielzahl von Verantwortlichen und damit eine Zersplitterung der Zuständigkeiten für gebäudewirtschaftliche Leistungen. Wenn man sich das Organigramm der traditionellen Aufbauorganisation der Kommunalverwaltungen vor Augen hält, so läßt sich feststellen, daß die betroffenen Aufgaben auf eine Vielzahl von Ämtern verteilt sind. Einen beispielhaften Überblick für den Bereich der Schulen gibt Abb. 18.

Während das Schulverwaltungsamt für die Fachaufgaben zuständig ist, ist eine Reihe weiterer Ämter mit gebäudebezogenen Aufgaben betraut.

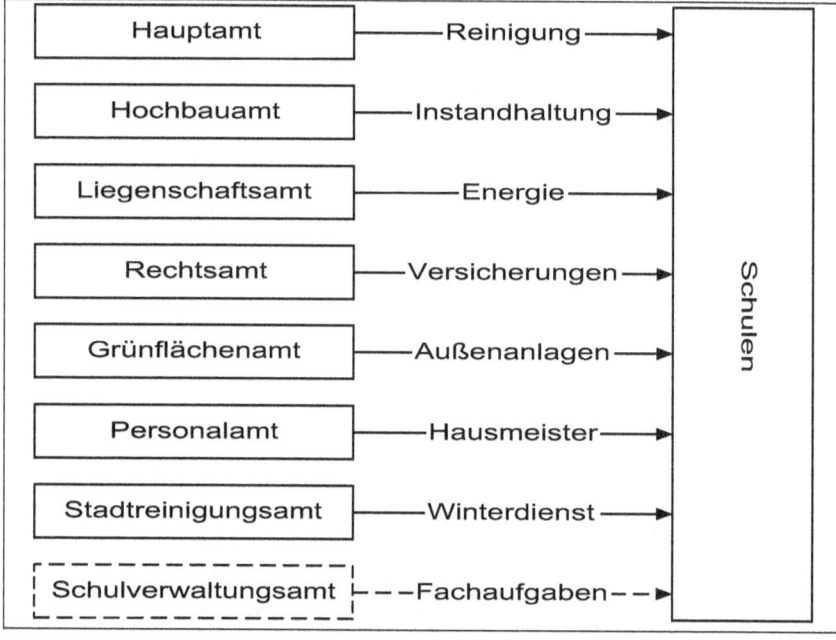

Abb. 18: Zuordnung gebäudewirtschaftlicher Leistungen am Beispiel der Schulen

Die gebäudewirtschaftlichen Leistungen können der inneren Verwaltung zugeordnet werden. Auf kommunaler Ebene sind diese Aufgaben in den Querschnittsämtern angesiedelt. Ein eigenständiges Amt für Gebäudewirtschaft existiert allerdings nicht (wie das o.a. Beispiel der Schulen zeigt). Eine einheitliche Zuständigkeit und Verantwortung für die Immobilien ist i.d.R. nicht gegeben. Vielmehr sind die Zuständigkeiten für diesen Bereich stark dezentralisiert und auf eine Vielzahl von Verantwortungsträgern aufgeteilt.[307] Nach einer Erhebung des Deutschen Instituts für Urbanistik (126 antwortende Städte und Gemeinden) sind in 8% der antwortenden Kommunen fünf und mehr Ämter für die Verwaltung und Bewirtschaftung der Gebäude zuständig. Bei 44% der

---

[307] Vgl. Dieckmann, Cord: Instandhaltung und Bewirtschaftung kommunaler Gebäude durch private Dienstleister, in: Stadt und Gemeinde, 51. Jg., Heft 2, 1996, S. 35; Floeting, Holger/Barthelme, Gerlinde: Facility Management, in: Deutsches Institut für Urbanistik (Hrsg.): Aktuelle Information, Berlin, Juli 1997, S. 3.

Städte waren es noch drei bis vier Ämter. Eine Zentralisation der Verantwortlichkeiten fand lediglich bei 15% der Kommunen statt, wobei es sich insbesondere um kleinere Gemeinden handelte. Dabei liegen die Hauptverantwortlichkeiten in erster Linie beim Haupt-, Liegenschafts- und/oder Hochbauamt (Abb. 19). Daneben sind aber weitere Querschnitts- und Fachämter für Teilbereiche der Gebäudewirtschaft zuständig.[308] Mitspracherechte ergeben sich darüber hinaus für verschiedene Ausschußgremien der Kommunalvertretung. Hierzu zählen bspw. der Haupt- und Finanzausschuß, der Bauausschuß, der Vergabeausschuß oder auch (sofern betroffen) der Schulausschuß oder andere Fachausschüsse.

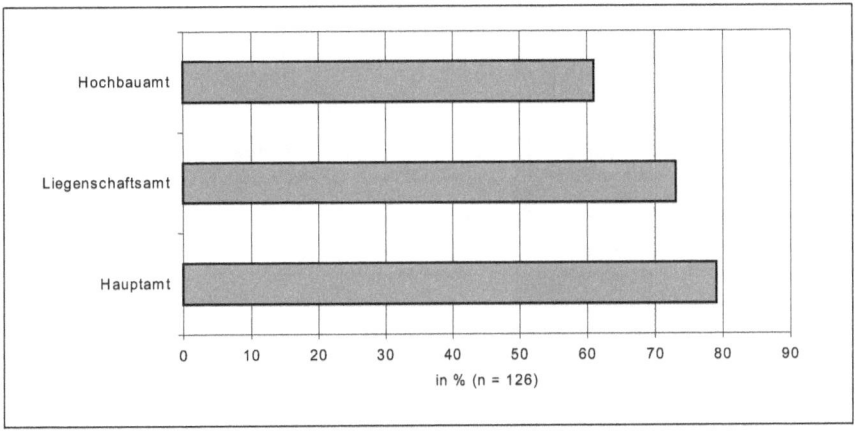

Abb. 19: Zuordnung der Hauptverantwortlichkeiten für die Verwaltung und Bewirtschaftung der kommunalen Gebäude (Mehrfachnennungen möglich)

Quelle: Floeting, Holger/Barthelme, Gerlinde: Facility Management, in: Deutsches Institut für Urbanistik (Hrsg.): Aktuelle Information, Berlin, Juli 1997, S. 4. Eigene Darstellung

Festzuhalten ist, daß die Verantwortung für die Nutzung, die Verwaltung und die Bewirtschaftung der Gebäude zersplittert, eine Vielzahl von Verantwortungsträgern zuständig ist und die Schnittstellen nicht unbedingt sauber abgetrennt sind. Dabei ergibt sich von Kommune zu Kommune ein unterschiedliches Bild, da die Ausgestaltung der inneren Organisation jeder Kommune selbst obliegt.

---

[308] Vgl. Floeting, Holger/Barthelme, Gerlinde: a.a.O., S. 4.

3.2.2 Probleme der kommunalen Gebäudewirtschaft

Die traditionelle Einordnung immobilienwirtschaftlicher Leistungen in die Aufbauorganisation der Kommunen birgt eine Reihe systemimmanenter Probleme (Abb. 20). Dies kam auch in den Gesprächen mit kommunalen Vertretern deutlich zum Ausdruck (zur Struktur der Umfrage vgl. Kapitel 1.3.2). Nimmt man eine Systematisierung der angeführten Probleme vor, so lassen sich drei Kategorien von Problemfeldern unterscheiden.

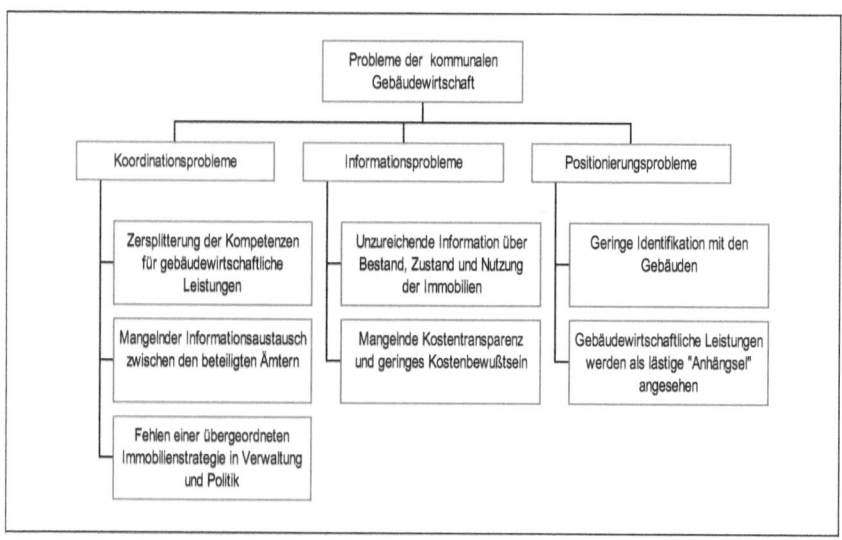

Abb. 20: Probleme der kommunalen Gebäudewirtschaft

Ein erster Problembereich der sich identifizieren läßt, kann als *Koordinationsprobleme* charakterisiert werden. Die starke Zersplitterung der Kompetenzen für gebäudewirtschaftliche Leistungen in der traditionellen Struktur führt dazu, daß eine Vielzahl von Schnittstellen existiert und dadurch eine ganzheitliche Betrachtung der Immobilien sehr erschwert wird. Vielfach kommt es hierdurch auch dazu, daß lediglich Einzelmaßnahmen durchgeführt werden. Komplexere Lösungsansätze werden hingegen nicht in Angriff genommen. Verstärkt wird dies dadurch, daß ein mangelnder Informationsaustausch zwischen den beteiligten Ämtern stattfindet und damit eine bereichsübergreifende Koordination erschwert wird. Für den Objektnutzer ergibt sich aus den uneinheitlichen Zuständigkeiten, daß er unterschiedliche Ansprechpartner hat und daß sein eigener Verantwortungsbereich eingeschränkt ist. Vielfach kennt der Nutzer die

Kosten, die durch die Raumbereitstellung und Nutzung entstehen, gar nicht.[309] Ein Bewußtsein für die Kostenwirkungen der Raumnutzung kann damit nicht entstehen. Hinzu kommt, daß sowohl in der Verwaltung als auch in der Politik die Immobilien als eher nebensächlich betrachtet werden und eine übergeordnete Immobilienstrategie fehlt. Von Interesse sind Immobilien hauptsächlich in der Phase der Planung und Erstellung sowie der Endverwertung. Die Nutzungsphase wird weitgehend außer acht gelassen. Zusätzlich wird die Verfolgung einer einheitlichen Immobilienstrategie durch wechselnde politische Verantwortungsträger und Mehrheiten in den politischen Entscheidungsgremien sowie durch damit verbundene Wechsel in den Prioritäten der durchzuführenden Maßnahmen erschwert.[310]

Eng verbunden mit den Koordinationsproblemen sind die *Informationsprobleme*, die sich in zwei Aspekten niederschlagen und den Immobilienbestand sowie die Kostenwirkungen betreffen. Bedingt durch die „Kompetenzkonfusion" liegen unzureichende Informationen über Bestand, Zustand und Nutzung der Immobilien vor. Entweder sind diese Informationen gar nicht vorhanden oder sie werden unzureichend erfaßt und sind nicht für jedermann verfügbar.[311] Ihre Erfassung wird auch dadurch erschwert, daß ein Großteil der Kommunen nicht über ein entsprechendes Gebäudeinformationssystem verfügt. Der Aufbau und die Pflege eines solchen Datenbestandes ist allerdings Voraussetzung dafür, daß ein funktionsfähiges Facility Management eingerichtet werden kann.

Ein bedeutendes Problem stellt daneben die mangelnde Kostentransparenz dar. Eine Erfassung und Zuordnung der gebäuderelevanten Kosten erfolgte in der Vergangenheit nicht oder nur mangelhaft. Insbesondere kalkulatorische Kosten (z.B. kalkulatorische Mieten für eigengenutzte Objekte oder kalkulatorische Abschreibungen) werden unzureichend erfaßt. Es findet damit keine periodengerechte Erfassung des tatsächlichen Werteverzehrs statt.[312] Zudem sind dem Objektnutzer diese Kosten nicht bekannt oder werden ihm nicht zu-

---

[309] Vgl. auch Knirsch, Hanspeter: Neue Wege kommunalen Gebäudemanagements, in: Städte- und Gemeinderat, 52. Jg., Heft 8, 1998, S. 236.

[310] Vgl. so auch Straßheimer, Petra: Public Real Estate Management, in: Schulte, Karl-Werner/Schäfers, Wolfgang (Hrsg.): Handbuch Corporate Real Estate Management, Köln 1998, S. 871.

[311] Auf diese Problem weist auch Winnemöller hin. Vgl. Winnemöller, Bernhard: Aspekte eines kommunalen Gebäude- oder Facility-Managements, in: Stadt und Gemeinde, 52. Jg., Heft 12, 1997, S. 396.

[312] Vgl. allgemein Seifert, Klaus: a.a.O., S. 67.

gerechnet; deshalb sind für ihn auch keine Anreize für eine wirtschaftliche Immobiliennutzung gegeben.[313] Zurückzuführen ist die mangelnde Kostenerfassung auf das kameralistische Haushaltswesen und das Fehlen eines kaufmännischen Rechnungswesens. Notwendig ist ein aussagekräftiges Kostenrechnungssystem, um als Grundlage zur Entscheidungsfindung zu fungieren. Kosteninformationen sind bspw. unumgänglich, wenn entschieden werden soll, ob ein neues Verwaltungsgebäude errichtet werden soll oder ob eine Verwaltungseinheit in gemieteten Räumen untergebracht wird.[314] Die Installation einer betriebswirtschaftlichen Kostenrechnung stellt infolgedessen einen wichtigen Bestandteil der Reorganisation der kommunalen Gebäudewirtschaft dar. Weiterhin existieren keine aussagefähigen Kennzahlen(systeme), auf deren Basis Managemententscheidungen getroffen werden können. Es fehlen damit auch die Grundvoraussetzungen für die Einrichtung eines Controllingsystems.

Ein dritter Problembereich kann als *Positionierungsprobleme* (bzw. Motivationsprobleme) bezeichnet werden. Diese resultieren aus der Zuordnung der gebäudewirtschaftlichen Leistungen zu einzelnen Ämtern bzw. Fachbereichen. Die relevanten Aufgaben werden nicht durch ein professionelles, darauf spezialisiertes Team erbracht, sondern neben dem eigentlichen Kerngeschäft der zuständigen Bereiche. Zudem ist der jeweilige Bearbeiter jeweils nur mit einem Teilbereich des Gebäudemanagements konfrontiert. Eine ganzheitliche Betrachtung erfolgt nicht, so daß die Identifikation mit der Immobilie gering bleibt und auch aus dieser Richtung keine Anreize zur wirtschaftlichen Nutzung gegeben sind.[315]

Die einzelnen Problemfelder zeigen, daß in der traditionellen Organisation Schwierigkeiten insbesondere hinsichtlich der Kommunikation, der Information und der Motivation auftreten. Die aufgezeigten Problemfelder sind dabei nicht typisch für die öffentliche Hand; vielmehr bestehen Parallelen zu den genannten Schwierigkeiten, die in der Privatwirtschaft im Bereich der Unternehmen-

---

[313] Auf das Problem, daß ohne Kostenbewußtsein auch keine Anreize zu Effizienzverbesserungen entstehen können weist schon Eichhorn hin. Vgl. Leistungsanreize zur Verbesserung der Verwaltungseffizienz, in: Helmstedter, Ernst (Hrsg.): Neuere Entwicklungen in den Wirtschaftswissenschaften, Berlin 1978, S. 745 ff.

[314] Vgl. Eichhorn, Peter: Kosten, Kostenanalyse und Kostenrechnung in der Kommunalverwaltung, in: Kommunalpolitische Vereinigung der CDU in Nordrhein-Westfalen e.V. (Hrsg.): Kommunale Gebührenhaushalte, 67. Fachtagung der KPV/NW in Essen, Recklinghausen 1981, S. 12.

[315] Vgl. auch Becker-Melching, Markus: Gebäudemanagement statt Kompetenzwirrwarr, in: Das Rathaus, 49. Jg., Heft 8, 1996, S. 309.

simmobilien zu beobachten sind bzw. waren. Insofern ist auch im kommunalen Bereich eine Neuordnung der Gebäudewirtschaft notwendig. Insbesondere gilt es, die Voraussetzungen zur Herstellung von Kostentransparenz zu schaffen, eine eindeutige Kostenzurechnung vorzunehmen und so ein Kostenbewußtsein sowohl bei den Gebäudenutzern als auch bei den Gebäudeeigentümern herzustellen. Notwendig ist hierfür ein kaufmännisches Rechnungswesen. Daneben gilt es, neue Organisationsformen zu wählen.

3.2.3 Die Neuordnung der kommunalen Gebäudewirtschaft

3.2.3.1 Determinanten des Strukturwandels

Die aufgeführten Probleme sind seit langem bekannt, sind aber nicht hauptverantwortlich dafür, daß über eine Neuordnung der Gebäudewirtschaft nachgedacht wird. Hauptauslöser dafür, sich in den Verwaltungen mit einer Reorganisation der Gebäudewirtschaft auseinanderzusetzen, ist auch hier die vorgestellte Finanzkrise der öffentlichen Hand und die daraus resultierenden Strategien zu Kostenreduzierungen. Die Konsolidierungsanstrengungen der Kommunen setzen vorrangig zunächst an den Sachinvestitionen an. So gingen die Sachinvestitionen kontinuierlich zurück (1992: 65,5 Mrd. DM; 1995: 56,4 Mrd. DM, 1999: 46,9 Mrd. DM).[316] Ein deutlicher Rückgang war in 1997 bei den kommunalen Bauausgaben festzustellen, die im Vergleich zum Vorjahr um 6,7% auf 25,4 Mrd. DM sanken.[317] Daneben werden in vielen Kommunen auch die Etats für Gebäudeinstandhaltung eingefroren oder gekürzt.[318] Hierin zeigt sich, daß gerade die kommunalen Immobilien ein Bereich sind, der zunehmend vernachlässigt wird. Einsparungen bei den laufenden Unterhaltungsaufwendungen werden sich mittel- bis langfristig in erheblichen Schäden bei den städtischen Immobilien niederschlagen.[319] Dies ist insbesondere deshalb bedenklich, da Immobilien, wie aufgezeigt, eine wesentliche Ressource im Leistungserstellungsprozeß der Kommunen darstellen und eine weitere Vernachlässigung des kommunalen Immobilienbestandes zu einem Funktio-

---

[316] Vgl. Karrenberg, Hanns/Münstermann, Engelbert: Gemeindefinanzbericht 1999, a.a.o, S. 226 ff.

[317] Vgl. o.V.: Finanzen der öffentlichen Haushalte in den ersten drei Quartalen 1997, in: „Mitteilungen" NWStGB, Jg. 51, Nr. 2 vom 20.1.1998, S. 20.

[318] Vgl. bspw. Dieckmann, Cord: a.a.O., S. 38. Schwarting weist darauf hin, daß die Kürzung der Unterhaltungs- und Bewirtschaftungskosten zu den gängigen Konsolidierungsstrategien der Kommunen zählen. Vgl. Schwarting, Gunnar: Der kommunale..., a.a.O., S. 160 f., Rd.-Nr. 461 f.

[319] Für einige Beispiele im Ruhrgebiet vgl. Wolf, Hubert: a.a.O., o.S.

nalitätsverlust der Immobilien und damit zu einer Beeinträchtigung der Leistungserstellung gegenüber dem Bürger führen kann.

Der Bereich der Gebäudebetriebs- und -instandhaltungsausgaben stellt – neben den Personalkosten und den sozialen Leistungen – den Hauptausgabenblock innerhalb der kommunalen Haushalte dar.[320] Die beschrieben Kürzungen in diesem Bereich erscheinen aufgrund der damit einhergehenden Folgen nicht als der richtige Weg, eine nachhaltige Haushaltskonsolidierung zu erreichen. Es entsteht ein „Unterhaltungsstau", der zu erheblichen Mehrbelastungen in der Zukunft führt. Vielmehr lassen sich Einsparpotentiale durch ein professionelles Gebäudemanagement realisieren. So wird inzwischen auch von Vertretern der öffentlichen Hand erkannt, daß durch eine Reorganisation der Gebäudewirtschaft erhebliche Einsparpotentiale erzielt werden können.[321] Daneben kann durch ein solches Gebäudemanagement auch die Gebäudenutzung verbessert werden.[322]

Neben der bereits angesprochenen Finanzkrise existiert aber auch noch eine Reihe von anderen Determinanten, die in mehr oder weniger starken Ausmaß nahelegen, eine moderne Gebäudewirtschaft einzurichten (Abb. 21).[323] In Gesprächen mit kommunalen Vertretern hat sich gezeigt, daß z.B. die verstärkte „Kundenorientierung" der Kommunen zu neuen Anforderungen an die zu nutzenden Büroflächen führt (z.B. die Einrichtung von Bürgerämtern). Ergänzend spielt auch die technische Entwicklung eine Rolle, das heißt durch den zunehmenden EDV-Einsatz und die fortentwickelte Telekommunikationstechnik steigen die Anforderungen an die Gebäudeinfrastruktur insbesondere in alten Gebäuden, in denen ein erheblicher Modernisierungsbedarf gegeben ist. Es ist somit ein Wandel in der Arbeitsorganisation festzustellen, der dazu führt, daß sich die Anforderungen an die Gebäude ändern. Weiterhin spielen teilweise auch Entscheidungen der politischen Gremien eine Rolle, die gestützt auf Erfahrungen aus der Privatwirtschaft eine Modernisierung der Gebäudewirtschaft umsetzen wollen. Nicht zuletzt erfolgen, wie oben bereits angeführt, Moderni-

---

[320] Vgl. auch Portz, Norbert: Unterlassene Instandhaltung kommt teuer zu stehen, in: Stadt und Gemeinde, Nr. 5, 1999, S. 220.

[321] Vgl. Schulte, Franz-Josef: Immobilien-Management einer Kommune, in: Der Städtetag, Jg. 50, Heft 9, 1997, S. 609; Schwarzmann, Hans-Ulrich: Immobilienmanagement in den Kommunen, in: Städte- und Gemeinderat, 52. Jg., Heft 8, 1998, S. 232

[322] Durch eine Analyse des Gebäudebestandes können Leerstände identifiziert oder Mängel erkannt werden, so daß Maßnahmen zur Gegensteuerung eingeleitet werden können.

[323] Vgl. auch Floeting, Holger/Barthelme, Gerlinde: a.a.O., S 1 f.

sierungsüberlegungen auch im Rahmen des Neuen Steuerungsmodells. Damit ist die Gebäudewirtschaft ebenfalls ein Bereich, in dem interne Modernisierungsüberlegungen getroffen werden. Ein weiterer Aspekt ist, daß sich insbesondere bei der jüngeren Generation von Verwaltungsmitarbeitern ein ökonomisches Denken durchsetzt, so daß sie neuen Konzepten durchaus aufgeschlossen gegenüberstehen (neue Konzepte allerdings so zu verstehen, daß es sich in erster Linie um eine Binnenmodernisierung der öffentlichen Verwaltung handelt).

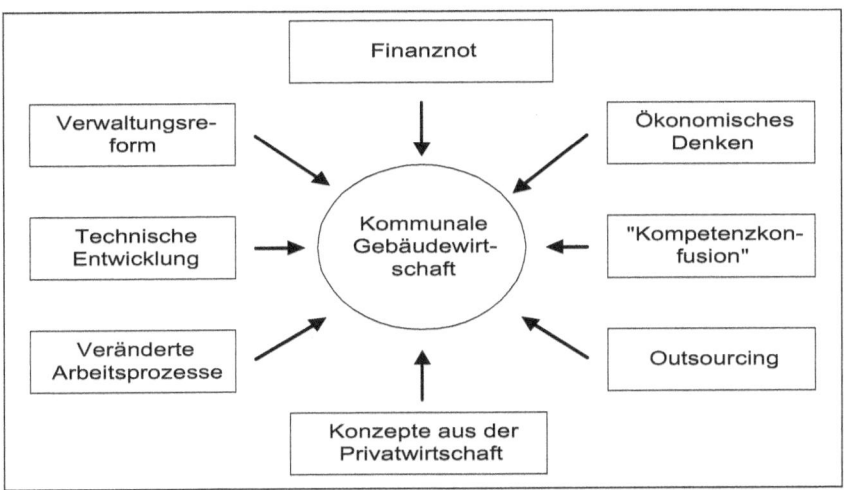

Abb. 21: Determinanten des Reformdrucks auf die kommunale Gebäudewirtschaft

So sind verstärkt in den letzten beiden Jahren Tendenzen zu einer Reorganisation der Gebäudewirtschaft zu erkennen.[324] Zunehmend werden Arbeitsgruppen und Vergleichsringe eingerichtet, die sich mit dem Thema Immobilienmanagement auseinandersetzen.[325]

---

[324] Vgl. Starzacher, Karl: Immobilienmanagement der Hessischen Landesverwaltung, in: BBauBl, Heft 2, 1998, S. 60 ff.; Tappe, Ulrich: Die Kommunen wollen ihre Immobilienvermögen besser nutzen, in: FAZ, Nr. 12 vom 15.1.1999, S. 48.

[325] Vgl. z.B. o.V.: Immobilienmanagement-/Vergleichsring Gebäudewirtschaft, in: „Mitteilungen" NWStGB, 51. Jg., Nr. 15 vom 5.8.1998, S. 246.

3.2.3.2 Das Modell der Kommunalen Gemeinschaftsstelle (KGSt)

3.2.3.2.1 Grundgedanken des Modellentwurfs

Eine grundlegende Neuorganisation der Gebäudewirtschaft wird vor dem Hintergrund der o.a. Problembereiche von der KGSt vorgeschlagen. Grundgedanke ist, daß der gebäude- bzw. raumnutzenden Verwaltungseinheit die Verantwortung für Art, Kosten und Qualität der Raumnutzung sowie der Bewirtschaftung übertragen wird.[326] Dabei sollen die Kosten der Gebäudenutzung und der erbrachten gebäudewirtschaftlichen Leistungen in das Budget des Nutzers eingehen. Hierdurch sollen Anreize zur wirtschaftlichen Raum- und Gebäudenutzung geschaffen werden; der Nutzer soll ein Interesse daran haben, die Gebäudekosten zu senken und damit seinen Budgetspielraum zu erhöhen.[327] Dem Nutzer stehen damit Entscheidungskompetenzen zu. Diese kann er jedoch nicht allein nach eigenem Ermessen ausnutzen; er ist vielmehr an Vorgaben und Rahmenbedingungen gebunden, die von der Verwaltungsführung gesetzt werden.[328] Nur im Rahmen dieser Vorgaben können die raumnutzenden Einheiten Entscheidungen treffen. Es liegt insofern eine dezentrale Ressourcen- und Budgetverantwortung bei zentraler Steuerung durch die Verwaltungsführung vor. Damit ist auch eine enge Anbindung an das Neue Steuerungsmodell gegeben.

Zur Umsetzung ihrer Vorschläge, schlägt die KGSt drei Organisationstypen vor: das Eigentümer-Modell, das Mieter-/Vermieter-Modell und das Management-Modell.[329]

3.2.3.2.2 Das Eigentümer-Modell

Im Rahmen des Eigentümer-Modells übernimmt die raumnutzende Einheit die „Eigentümerfunktion" (nicht im juristischen Sinne) und die damit verbundenen Aufgaben. Es findet eine Dezentralisation der Eigentümerfunktion mit der Folge statt, daß jede raumnutzende Verwaltungseinheit die Bereitstellung, die Bewirtschaftung und die Unterhaltung der genutzten Räume bzw. Gebäude mit eigenen Kapazitäten übernimmt (dies entspricht einer dezentralen Organisationslösung). Der Nutzer trägt die Verantwortung für die komplette kaufmän-

---

[326] Vgl. KGSt: Organisation..., a.a.O., S. 21 ff.
[327] Vgl. KGSt: Organisation..., a.a.O., S. 28 ff.
[328] Vgl. KGSt: Organisation..., a.a.O., S. 24 ff.
[329] Vgl. grundlegend zu den folgenden Ausführungen KGSt: Organisation..., a.a.O., S. 16 ff.

nische und technische Bewirtschaftung der Immobilien und entscheidet im Rahmen der zentralen Vorgaben über alle gebäudewirtschaftlichen Fragen.

Wesentlicher Vorteil dieses Organisationsmodell ist, daß „ortsnahe" Entscheidungen getroffen und schnell in entsprechende Maßnahmen umgesetzt werden können. Die Entscheidungsträger verfügen über die genaue Kenntnis der vorhandenen Bedürfnisse, was bereits als Vorteil der dezentralen Lösung vorgestellt wurde. Dem steht als Nachteil allerdings gegenüber, daß die raumnutzenden Verwaltungseinheiten über entsprechendes gebäudewirtschaftliches Fachwissen verfügen müssen, um die ihnen übertragenen Aufgaben befriedigend erfüllen zu können. Insbesondere unter dem Gesichtspunkt, daß als Problem der bisherigen Organisation der Gebäudewirtschaft angeführt wurde, daß gebäudewirtschaftliche Aufgaben neben den eigentlichen Kernaufgaben erledigt werden und eine geringe Professionalität vorliegt, ist nicht davon auszugehen, daß dieses Fachwissen überall in ausreichendem Maß vorhanden ist.[330] Hier liegt mit Sicherheit ein Hauptproblem bei der Umsetzung des Eigentümer-Modells. Darüber hinaus muß jeder Verwaltungsbereich, der eine Eigentümerfunktion übernimmt, entsprechende eigene (Personal)Kapazitäten vorhalten. Hierdurch erfolgt eine Aufblähung des Verwaltungsapparates, da sich mehrere Mitarbeiter mit den gleichen Tätigkeiten befassen, d.h. Doppelarbeiten stattfinden. Besteht daneben für die Nutzer die Möglichkeit, Leistungen extern einzukaufen, so wird es in diesem Modell schwierig bzw. erfordert wieder erhöhten Abstimmungsaufwand, die Nachfrage zu bündeln, um damit gegebenenfalls Preisnachlässe am Markt erzielen zu können.

Eigentümer-Modell

- Raumnutzende Einheit hat die Eigentümerfunktion inne, bewirtschaftet und unterhält die Räumlichkeiten mit eigenen Kapazitäten

- Raumnutzende Einheiten müssen entsprechendes Fachwissen und Personalkapazitäten vorhalten

- Kosten gehen direkt in das Budget der raumnutzenden Einheit ein

Abb. 22: Das Eigentümer-Modell

---

[330] Winnemöller führt an, daß ein generelles Problem bei der Entwicklung betriebswirtschaftlicher Strukturen in der Kommunalverwaltung in einer mangelnden Fachkenntnis liegt. Vgl. Winnemöller, Bernhard: Kommunale Vermögensverluste durch politisch-administrative Strukturmängel, in: Das Rathaus, 51. Jg., Heft 6, 1998, S. 288.

Das Eigentümer-Modell entspricht der dezentralen Organisationslösung. Aufgrund der genannten Nachteile schränkt die KGSt selbst ein, daß ein solches Modell nur geeignet erscheint für Verwaltungseinheiten mit einem umfangreichen Gebäudebestand oder für solche, die einen sehr spezialisierten Gebäudebestand nutzen.

3.2.3.2.3 Das Mieter-/Vermieter-Modell

Im Mieter-/Vermieter-Modell übernimmt die raumnutzende Verwaltungseinheit die Rolle des Mieters. Die benötigten Räume bzw. Gebäude sowie die gebäudewirtschaftlichen Leistungen werden von einem Vermieter bereitgestellt. Der Gebäudenutzer wird in seinem Budget mit Miete, Nebenkosten sowie den Kosten für die in Anspruch genommenen gebäudewirtschaftlichen Leistungen belastet. Im Rahmen von Vereinbarungen mit dem Mieter werden die gebäudewirtschaftlichen Leistungen (einschließlich der Kostenerfassung und -abrechnung) durch den Vermieter erbracht. Der Nutzer bestimmt die Art und den Umfang der benötigten Leistungen und fragt sie beim Vermieter nach. Es findet eine Zentralisation der Eigentümerfunktion in einer spezialisierten Organisationseinheit statt, die das entsprechende Fachwissen vorhalten muß. Gleichzeitig wird damit erreicht, daß die raumnutzenden Einheiten von Aufgaben der Gebäudewirtschaft entlastet werden. Das Mieter-/Vermieter-Modell entspricht der in Kapitel 3.1.5.1 vorgestellten zentralen Organisationslösung. Aufgrund seiner Vorteile ist diese der dezentralen Lösung per Saldo vorzuziehen.

Mieter-/Vermieter-Modell

- Raumnutzende Einheit ist Mieter der Räume oder Gebäude und zahlt Miete, Nebenkosten und die Kosten der in Anspruch genommenen Serviceleistungen
- Vermieter ist eine eigenständige zentrale Organisationseinheit
- Vermieter muß entsprechendes Fachwissen und Personal vorhalten

---

Abb. 23: Das Mieter-/Vermieter-Modell

3.2.3.2.4 Das Management-Modell

Das Management-Modell ist dadurch gekennzeichnet, daß eine Mieter-/Vermieter-Leistungsbeziehung besteht, zwischen dem Mieter und dem Vermieter aber eine Managementorganisation eingeschaltet wird. Aufgabe dieser Managementeinheit ist es, den Vermieter von gebäudewirtschaftlichen Aufgaben zu entlasten, indem sie die Geschäftsbesorgung für die Bewirtschaftung und den Unterhalt des Gebäudebestandes übernimmt. Der Vermieter braucht daher keine Personalkapazitäten mehr für Aufgaben der Bewirtschaftung vorzuhalten. Er kann sein Hauptaugenmerk auf die eher strategisch ausgerichteten Fragestellungen zur Bereitstellung der erforderlichen Gebäude und Räumlichkeiten (Kauf/Verkauf/Neubau/Miete/Vermietung/Leasing) richten.

Das Management-Modell kann auch in das Eigentümer-Modell integriert werden. Die Managementorganisation tritt dann als Dienstleister auf, welcher für die Eigentümer gebäudewirtschaftliche Leistungen erbringt. Insofern würde auch hier eine Entlastung der Eigentümer erfolgen.

Eine solche Managementorganisation muß nicht unbedingt eine verwaltungsinterne Abteilung sein. Vielmehr ist gerade das Management-Modell geeignet, wenn gebäudewirtschaftliche Leistungen am Markt eingekauft werden sollen.

3.2.3.3 Aktuelle Trends in der kommunalen Gebäudewirtschaft

3.2.3.3.1 Modernisierung der Gebäudewirtschaft

In der bereits angeführten Erhebung des Deutschen Instituts für Urbanistik zeigt sich, daß in die Modernisierung des kommunalen Gebäudemanagements zwar Bewegung kommt, der Anteil der Kommunen, die bisher keine konkreten Schritte eingeleitet haben, aber immer noch sehr hoch ist und knapp über 50% liegt (vgl. Abb. 24).[331] Der Studie läßt sich allerdings nicht entnehmen, in welche Richtung die Modernisierung erfolgt.

---

[331] Vgl. Floeting, Holger/Barthelme, Gerlinde: a.a.O., S. 9.

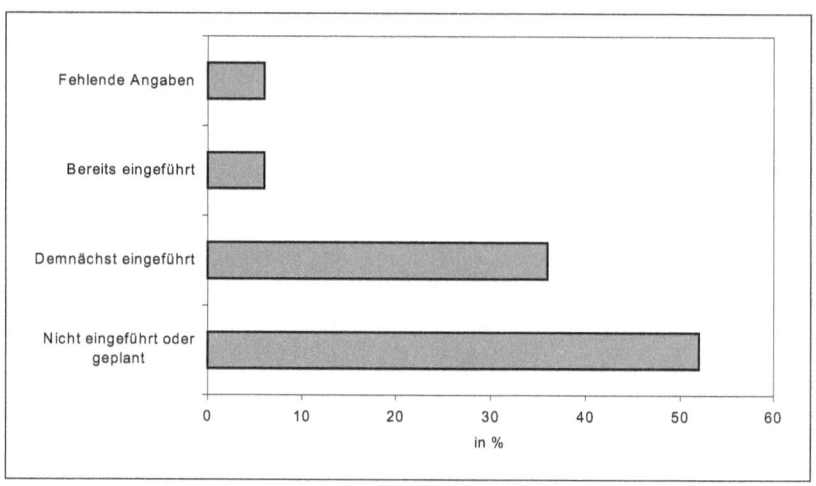

Abb. 24: Stand der Modernisierung in der Gebäudewirtschaft

Quelle: Floeting, Holger/Barthelme, Gerlinde: Facility Management, in: Deutsches Institut für Urbanistik (Hrsg.): Aktuelle Information, Berlin, Juli 1997, S. 9. Eigene Darstellung

Von den im Rahmen dieser Arbeit befragten Kommunen erklärten lediglich drei, daß eine Reorganisation der Gebäudewirtschaft noch nicht stattfindet bzw. geplant ist. Bei der überwiegenden Mehrheit waren jedoch zumindest erste konkrete Schritte hin zu einer Neuorganisation eingeleitet worden. Allerdings sei an dieser Stelle nochmals darauf verwiesen, daß die Auswahl der Ansprechpartner u.a. auch danach erfolgte, wer bereits erste Erfahrungen im Bereich der Gebäudewirtschaft gesammelt hat. Insofern kann dieses Ergebnis nicht überraschen.

Bei der eingeleiteten Modernisierung befinden sich die Städte in unterschiedlichen Entwicklungsstadien. Drei Phasen lassen sich dabei unterscheiden. Ein Teil der Kommunen befindet sich in einem Anfangsstadium der Reorganisation. Dieses ist dadurch gekennzeichnet, daß Arbeitskreise und Lenkungsgruppen eingerichtet werden, welche sich des Themas annehmen und die Erfassung sowie Bewertung des Gebäudebestandes und der gebäudebezogenen Daten vornehmen. Weitere Hauptaufgabe in dieser Phase ist es, bereits erste Konzepte für die Gebäudewirtschaft zu erarbeiten. Ein Zwischenstadium ist dadurch gekennzeichnet, daß die Erfassung der relevanten Daten weitgehend abgeschlossen ist. Auf Basis der erfaßten Daten werden die Konzeptvorschläge vervollständigt und diskutiert. Daneben kam es bereits zur Auflösung einzelner Ämter (z.B. Liegenschaftsamt) und Übertragung der diesbezüglichen

Kompetenzen auf eine für die Gebäudewirtschaft zuständige Organisationseinheit. In vielen Fällen erfolgte ebenfalls die Einführung einer kaufmännischen Kostenrechnung. Bei den Kommunen, die sich in der dritten Phase befinden, ist das Gebäudemanagement weitgehend installiert.

Die dargestellten Entwicklungsphasen decken sich weitgehend mit der „idealtypischen" Vorgehensweise zur Einführung des Facility Management in der öffentlichen Verwaltung.[332] Die Grundlage der Reorganisation der Gebäudewirtschaft stellt die Bestandsaufnahme dar. Zum einen sind die immobilienspezifischen Daten, d.h. der Gebäudebestand, der Gebäudewert, die Gebäudenutzung etc. zu erfassen. Zum anderen gilt das Interesse den Arbeitsprozessen. Die organisatorische Zuordnung der immobilienspezifischen Aufgaben ist dabei festzustellen. Auch ist festzuhalten, welche Mitarbeiter sich mit welchem Zeit- und Arbeitsaufwand mit diesen Aufgaben befassen. Auf Basis dieser Daten kann in der zweiten Phase die Konzeptentwicklung erfolgen. Hier sollten die verschiedenen Möglichkeiten zur Organisation der Gebäudewirtschaft unter Berücksichtigung der Zielvorstellungen von Rat und Verwaltung gegeneinander abgewogen werden, um zu ermitteln, welche dieser Konzeption für die betreffende Kommune geeignet erscheint.[333] Die abschließende Phase stellt schließlich die Implementierung der Gesamtkonzeption dar.

Die Zielvorstellungen, die mit einer Reorganisation der Gebäudewirtschaft verbunden sind, lassen sich in wirtschaftliche und organisatorische Ziele einteilen. Abb. 25 gibt einen Überblick der mit der Reorganisation verbundenen Zielvorstellungen.

---

[332] Vgl. Straßheimer, Petra: a.a.O., S. 880 ff.; Hellerforth, Michaela: Innovation als Notwendigkeit? Facility Management in der öffentlichen Verwaltung, in: Facility Management, 4. Jg., Heft 4, 1998, S. 38 f.

[333] Bei der Entscheidung für ein Organisationskonzept spielen selbstverständlich die individuellen Zielsetzungen der Entscheidungsträger eine Rolle. Dies wird an späterer Stelle aufgegriffen.

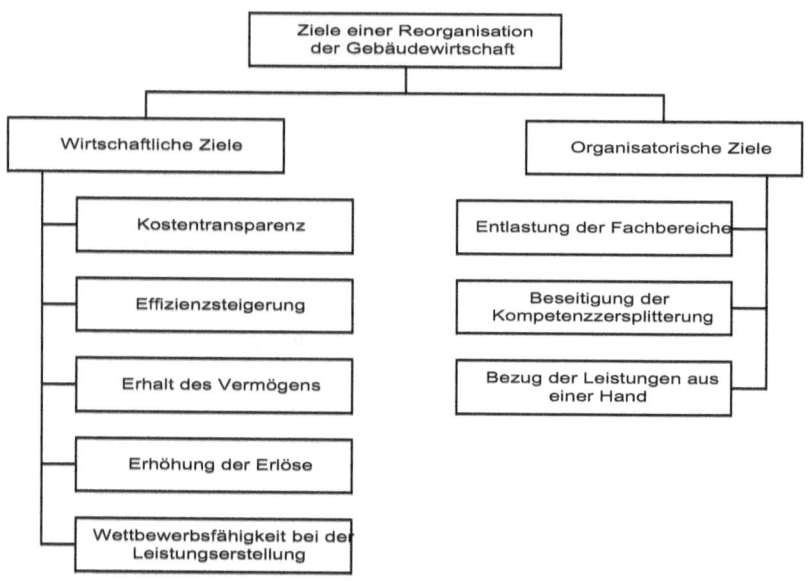

Abb. 25: Ziele einer Reorganisation der Gebäudewirtschaft

Als wirtschaftliche Ziele wurden folgende Punkte genannt:

(1) Durch die Einführung der Kosten- und Leistungsrechnung soll Kostentransparenz geschaffen werden.

(2) Darauf aufbauend soll eine verursachungsgerechte Kostenzuordnung auf die Nutzer der Räumlichkeiten erfolgen; die tatsächlichen Kosten der Immobiliennutzung sollen aufgedeckt werden. Dadurch sollen insgesamt Effizienzsteigerungen erzielt werden.

(3) Die Planung und die professionelle Durchführung gebäudewirtschaftlicher Leistungen soll zum Erhalt des Vermögens beitragen.

(4) Ein Vermietungsmanagement soll eine Erhöhung der Erlöse bewirken (z.B. durch Vermietung von Veranstaltungsräumen etc.)

(5) Durch den Vergleich mit der Privatwirtschaft soll die Wettbewerbsfähigkeit bei der Leistungserstellung erreicht werden (dies ist allerdings nicht so zu verstehen, daß die Kommunen selbst als Anbieter gebäudewirtschaftlicher Leistungen am Markt auftreten wollen)

Daneben existieren eine Reihe organisatorischer Zielsetzungen:

(1) Bei den Kommunen, die eine Zentralisation der Kompetenzen für die Gebäudewirtschaft präferieren, soll eine Entlastung der Fachbereiche erfolgen.

(2) Durch die eindeutige Zuordnung von Zuständigkeiten soll die bislang existierende Kompetenzzersplitterung beseitigt werden. In den Gesprächen wurde nahezu einheitlich betont, daß ein wesentliches Ziel auch darin bestehe, durch die Schaffung einer zentralen Einheit die Kompetenzzersplitterung zu beseitigen. Diese zentrale Einheit soll dann Ansprechpartner in (allen) immobilienwirtschaftlichen Fragen sein.[334]

(3) Damit soll für die Fachbereiche die Möglichkeit gegeben werden, die Leistungen aus einer Hand zu beziehen und nicht mehr mehreren Ansprechpartnern gegenüber zu stehen.

Diese Punkte stehen nicht isoliert nebeneinander, sondern sie sind interdependent. So kann z.B. die Beseitigung der Kompetenzzersplitterung zu Effizienzsteigerungen führen.

3.2.3.3.2 Übertragung gebäudewirtschaftlicher Leistungen an private Unternehmen

Betrachtet man die Bereitschaft zur (Teil-)Privatisierung der Gebäudewirtschaft in den befragten Kommunen, so erhält man zunächst ein eher ablehnendes Bild. Eine Zusammenarbeit mit privaten Unternehmen findet bisher nur in Teilbereichen immobilienwirtschaftlicher Leistungen statt. Neben der Beauftragung privater Handwerker und von Architekten sowie der Inanspruchnahme von Unternehmensberatungsgesellschaften seien hier zwei Bereiche näher beleuchtet:

Gebäudereinigung: Mit Ausnahme einer Kommune findet bei allen Befragten eine zumindest teilweise Fremdvergabe der Gebäudereinigung statt. Für das Ausmaß der Fremdvergabe sind u.a. sozialpolitische Gründe (z.B. Frauenpolitik, keine Kündigungen) ausschlaggebend. Daneben wurde angefügt, daß der private Reinigungsbetrieb keinen bedeutenden Kostenvorteil habe, wenn er sozialversicherungspflichtige Kräfte einsetzt. Ein Sozialversicherungsnachweis wird von den befragten Kommunen in der Regel verlangt.

Energiemanagement: Hierbei handelt es sich um einen Bereich, der sich aus kommunaler Sicht für eine Kooperation mit Privaten anbietet. Bei einigen Kommunen findet eine solche Zusammenarbeit bereits statt. Inhalt der Ver-

---

[334] Der Umfang an Zuständigkeiten dieser Einheiten variiert zwischen den Kommunen. So werden bei einer Kommune z.B. Reinigungsdienste nicht in diese Abteilung integriert.

tragsbeziehungen ist im wesentlichen die Erneuerung und der Betrieb (Bedienung und Instandhaltung) der kommunalen Heizanlagen sowie die Lieferung von Wärme.

Ein verstärktes Interesse an einer Zusammenarbeit mit privaten Unternehmen findet zudem bei der Flächenerschließung statt. Im Rahmen der Flächenerschließung übertragen Kommunen zunehmend die ihnen obliegende Aufgabe der Erschließung von Wohn- und Gewerbegebieten an Dritte.[335] Daneben existiert ein breites Spektrum an öffentlich-privaten Kooperationen im Bereich der städtebaulichen Projektentwicklung und der Stadterneuerung.[336]

Die angeführten Beispiele zeigen, daß bei einer Reihe von einzelnen Diensten und Leistungen bereits mit privaten Unternehmen zusammengearbeitet wird. Eine weiterreichende Zusammenarbeit in Richtung eines umfassenden Gebäudemanagement läßt sich noch nicht erkennen.

Insgesamt zeigt sich, daß der Anteil an gebäudewirtschaftlichen Leistungen, in deren Erstellung ausschließlich private Dienstleister eingeschaltet sind, eher gering ist (Abb. 26). Einer Untersuchung – die allerdings aus dem Jahr 1991 stammt – zufolge, weist lediglich der Bereich der Fensterreinigung einen privaten Anteil von ca. 51% auf. Dahingegen überwiegt in vielen Fällen eine gemischte kommunale und private Leistungserstellung. Auffällig ist, daß die Verwaltung des kommunalen Grund- und Hausbesitzes, d.h. eine Leistung des kaufmännischen Gebäudemanagements, in über 80% der Fälle ausschließlich intern erbracht wird.

---

[335] Vgl. Steinmetz, Christiane: Impuls für Stadterneuerung, in: Städte- und Gemeinderat, 51. Jg., Heft 7, 1997, S. 178.

[336] Vgl. Holst, Mathias: Etablierung von Entwicklungsgesellschaften für die städtebauliche Projektentwicklung, in: Walcha, Henning/Herrmanns, Klaus (Hrsg.): Partnerschaftliche Stadtentwicklung: Privatisierung kommunaler Aufgaben und Leistungen, Köln 1996, S. 61 ff.

Leistungsbereiche	Kommunen absolut	Leistungsherstellung in %			
		Keine	Ausschließlich kommunal	Teils kommunal, teils privat	Ausschließlich privat
Gebäudereinigung	262	0,4	17,9	74,0	7,6
Fensterreinigung	262	0,0	2,7	46,6	50,8
Gebäudebewachung	260	70,4	10,8	5,4	13,5
Verwaltung kommunalen Grund- und Hausbesitzes	262	1,5	83,2	14,9	0,4
Wartung technischer Anlagen	262	0,4	0,4	68,7	30,5
Wohnungsvermittlung	260	30,8	11,5	38,5	19,2
Kantinen	261	78,9	8,8	3,5	8,8
Planung und Bauleitung von Hoch- u. Tiefbauten	259	0,4	2,3	90,3	7,0
Grünflächenpflege	261	0,8	51,3	46,7	1,2
Parkplätze/-häuser	259	21,2	46,7	25,9	6,2
Müll- und Sperrmüllabfuhr	261	2,7	11,1	8,8	77,4
Wartung der Straßenbeleuchtung	262	2,3	13,7	11,1	72,9

Abb. 26: Verteilung zwischen kommunaler und privater Leistungserstellung in ausgewählten Leistungsbereichen

Quelle: Modifiziert entnommen aus Steinheuer, Wilfried: Privatisierung kommunaler Leistungen, Köln 1991, S. 66.

Beim Vergleich mit ausgewählten anderen, nicht immobilienbezogenen Leistungsbereichen (Entsorgung, Wartung der Straßenbeleuchtung) zeigt sich, daß der Anteil der ausschließlich privaten Leistungserstellung wesentlich höher ist.

4 Eigenerstellung oder Fremdbezug kommunaler Gebäudewirtschaftlicher Leistungen

4.1 Neue Institutionenökonomik als theoretischer Bezugsrahmen

Wie die Ausführungen im Abschnitt zur organisatorischen Verankerung des Facility Management gezeigt haben, handelt es sich beim Outsourcing um die Ausgliederung bzw. Auslagerung bisher eigenerstellter Leistungen. Die immobilienbezogenen Leistungen werden von den Kommunen bisher weitgehend im Rahmen des traditionellen Verwaltungsaufbaus erbracht; es liegt eine hohe vertikale Integration vor. Im folgenden soll daher die Frage der Leistungstiefe im kommunalen Bereich speziell im Hinblick auf gebäudewirtschaftliche Leistungen anhand von Ansätzen aus der wirtschaftswissenschaftlichen Literatur diskutiert werden. Den theoretischen Bezugsrahmen dafür liefert die Neue Institutionenökonomik.[337] Zunächst wird eine kurze Übersicht über den Inhalt der Neuen Institutionenökonomik gegeben. Anschließend werden die einzelnen Ansätze einer Analyse im Hinblick auf ihre Hauptaussagen unterzogen, um zu prüfen, welchen Aussagegehalt sie bezüglich der Bestimmung von Organisationsformen bzw. -designs und der Outsourcing-Entscheidung hinsichtlich der kommunalen Gebäudewirtschaft haben.[338]

---

[337] Die Grundsteine der Neuen Institutionenökonomik, die zunächst nicht als zusammenhängende Wissenschaftsrichtung zu erkennen war, wurden in den dreißiger Jahren gelegt und in den folgenden Jahren fortentwickelt. Vgl. grundlegend Commons, John R.: Institutional Economics, New York 1934; Coase, Ronald H.: The nature of the firm, in: Economica, Vol. 4., 1937, S. 386 ff.; Bössmann, Eva: Weshalb gibt es Unternehmen? Der Erklärungsansatz von Ronald H. Coase, in: Zeitschrift für die gesamte Staatswissenschaft, 137. Band, 1981, S. 667 ff.; Stigler, George J.: The Devision of labor is limited by the extent of the market, in. The Journal of Political Economy, Vol. 59, 1951, S. 185 ff.; Arrow. Kenneth J.: The organisation of economic activity: Issue pertinent to the choice of market versus nonmarket allocation, in: The analysis and evolution of public expenditure, the PPB System, Joint Economic Committee 1, Washington 1969, S. 47 ff.; Demsetz, Harold: Toward a theory of property rights, in: American Economic Review, Papers and Proceedings, Vol. 57, 1967, S. 347 ff.; Alchian, Armen A./Demsetz, Harold: Production, information costs and economic organisation, in: American Economic Review, Vol. 62, 1972, S. 777 ff.

[338] Neben der Neuen Institutionenökonomik existiert eine Reihe weiterer Ansätze zur Fundierung von Outsourcing-Entscheidungen. Einen Überblick vgl. bei Baur, Cornelius: Make-or-Buy-Entscheidungen in einem Unternehmen der Automobilindustrie, München

Zielsetzung der Neuen Institutionenökonomik ist es, die Existenz und den Wandel von Institutionen zu erklären (Positive bzw. Erklärende Institutionenökonomik) sowie alternative Institutionen im Hinblick auf bestimmte Zwecke zu beurteilen (Normative bzw. Vergleichende Institutionenökonomik).[339] Ein allgemein anerkannter Institutionenbegriff existiert nicht, jedoch lassen sich Institutionen in zwei Richtungen interpretieren. Eine Reihe von Begriffsbestimmungen sehen Institutionen als ein Regelsystem, welches das zwischenmenschliche Handeln bestimmt und das individuelle Verhalten in bestimmte Richtungen lenken soll. Hierdurch werden Unsicherheiten reduziert, wenn die einzelnen Individuen von der Erwartung ausgehen, daß sich auch die anderen Individuen entsprechend der bestehenden Regeln verhalten. Beispiel für Institutionen nach diesem Begriffsverständnis sind die Wirtschaftsordnung, die Rechtsordnung, aber auch die Börsenordnung oder die Regeln beim Fußballspiel.[340] Ein zweiter Begriffsinhalt von Institutionen versteht sie als Handlungssystem. Handlungssysteme sind dann gegeben, wenn Menschen zeitweise und unter Regeln zusammenarbeiten, die Handlungsabläufe damit über Regelsysteme geordnet werden. In diesem Sinne sind Institutionen als Organisationen zu verstehen. Beispiele sind Unternehmen, Bürokratien und Gebietskörperschaften.[341]

Die Neue Institutionenökonomik zielt primär auf die Wahl zwischen Markt und Unternehmung und die Analyse wirtschaftlicher Aktivitäten ab. Obwohl der Schwerpunkt der kommunalen Tätigkeiten nicht auf wirtschaftlichen Aktivitäten liegt, lassen sich Kommunen jedoch institutionenökonomisch ähnlich wie Unternehmen betrachten. Es findet eine Leistungserstellung innerhalb der Kommune statt und es stellt sich die Frage, ob diese intern zu erbringen ist oder ob eine externe Leistungserstellung (Marktbezug) in Betracht kommt.[342] Für die

---

1990, S. 13 ff.; Picot, Arnold: Ein neuer Ansatz zur Gestaltung der Leistungstiefe, in: ZfbF, 43. Jg., Heft 4, 1991, S. 340 ff.

[339] Vgl. Ordelheide, Dieter: Institutionelle Theorie und Unternehmung, in: Wittmann, Waldemar u.a. (Hrsg.): Handwörterbuch der Betriebswirtschaft, Band 2, 5. Aufl., Stuttgart 1993, Sp. 1839.

[340] Vgl. Elsner, Wolfram: Institutionen und ökonomische Institutionentheorie, in: WiSt, 16. Jg., Heft 1, 1987, S. 5; Schneider, Dieter: Betriebswirtschaftslehre. Band 1: Grundlagen, München/Wien 1993, S. 18 f.; Richter, Rudolf: Institutionen ökonomisch analysiert, Tübingen 1994, S. 2.

[341] Vgl. Schneider, Dieter: a.a.O., S. 20 f.; Frey, Bruno S.: Vergleichende Analyse von Institutionen: Die Sicht der politischen Ökonomie, in: Staatswissenschaften und Staatspraxis, 1. Jg., Heft 1, 1990, S. 160.

[342] Vgl. auch Bartling, Hartwig: a.a.O., S. 5.

vorliegende Untersuchung folgt daraus, daß die Kommunen einerseits als Organisation und damit als (politische) Institution selber Gegenstand der Analyse sind, andererseits die Zusammenarbeit mit Privaten als institutionelles Arrangement anzusehen ist und seine Ausgestaltung ebenfalls in die Analyse einzubeziehen ist. Hierbei geht es zum einen um die Gestaltung eines möglichen Outsourcing-Vertrags (Regelsystem), zum anderen um die Ausgestaltung einer möglichen Kooperation (Handlungssystem). Zu beachten ist ergänzend die Frage, ob eine Verlagerung der Leistungserstellung auf den Markt aus ordnungspolitischen und juristischen Gründen überhaupt möglich ist.

Die analytische Untersuchung von Institutionen erfolgt in der Neuen Institutionenökonomik auf Basis wirtschaftstheoretischer Grundannahmen:[343]

(1) Methologischer Individualismus: Die Einstellungen und die Verhaltensweisen der Individuen bestimmen das Handeln sozialer Gruppierungen. Diese Organisationen handeln nicht geschlossen als Einheit, sondern einzelne Akteure handeln im Namen der Organisation. Die Analyse von Institutionen hat daher die individuellen Verhaltensmuster zu berücksichtigen; Individuen stehen damit als Untersuchungsgegenstand im Blickpunkt. Es wird berücksichtigt, daß in Institutionen Individuen mit jeweils eigener Nutzenfunktion handeln und somit das Handeln der Institution selbst bestimmen. Ausgangspunkt theoretischer Auseinandersetzung mit Institutionen müssen daher die Präferenzen und Handlungen der einzelnen Organisationsmitglieder sein.

(2) Individuelle Nutzenmaximierung: Ergänzend wird angenommen, daß die Individuen eigennutzmaximierend handeln. Das bedeutet, daß sie ihren eigenen Präferenzen entsprechend agieren, um ihren persönlichen Nutzen zu maximieren. Dabei werden die Handlungsmöglichkeiten jedoch durch institutionelle Rahmenbedingungen, d.h. Verhaltensnormen, begrenzt.

(3) Individuelle Rationalität: Individuen handeln der Intention nach rational, können aber aufgrund unvollständiger Informationen und Kenntnis zukünftiger Ereignisse nur beschränkt rational handeln.[344]

---

[343] Vgl. im folgendem Richter, Rudolf: a.a.O., S. 3 f.; Wolff, Birgitta: Zum methodischen Status von Verhaltensannahmen in der Neuen Institutionenökonomik, in: Edeling, Thomas/Jann, Werner/Wagner, Dieter (Hrsg.): Institutionenökonomie und Neuer Institutionalismus, Opladen 1999, S. 135 ff.

[344] Insbesondere die in der Neoklassik getroffene Annahme, daß die Wirtschaftssubjekte über vollständige Informationen verfügen, wird aufgegeben. Mit dieser Annahme war verbunden, daß Fragen des Organisationsdesigns von Koordinationsmechanismen ausgeschlossen waren. Vgl. Windsperger, Josef: Transaktionskosten und das Organisati-

(4) Transaktionskosten: Entgegen der neoklassischen Sichtweise ist die Nutzung des Marktes und des Preismechanismus nicht kostenlos möglich; vielmehr fallen Transaktionskosten zur Überwindung von Informationsasymmetrien an.

Die Neue Institutionenökonomik stellt sich nicht als einheitliche Theorie dar, sondern als ein Theoriegebäude, welches sich im wesentlichen aus drei aufeinander aufbauenden und sich ergänzenden Ansätzen zusammenfügt: der Theorie der Verfügungsrechte, der Transaktionskostentheorie und der Principal-Agent-Theorie. Es liegt damit eine Gruppe von Ansätzen vor, mit denen Institutionen analysiert werden können. Erkenntnisziel ist dabei letztlich, wie Institutionen beschaffen sein müssen, damit wirtschaftliche Aktivitäten mit den relativ geringsten Kosten und der größten Effizienz abgewickelt werden können und wie sich Koordinationsprobleme und Kosten von Austauschbeziehungen auf den Wandel von Institutionen auswirken.[345] Die Analyse der Institutionen erfolgt nicht anhand eines Idealzustandes; vielmehr werden existierende Institutionen als Vergleichsmaßstab herangezogen. Zielsetzung ist die Verbesserung des bestehenden Zustandes.[346]

Im folgenden sollen die drei erwähnten Ansätze der Neuen Institutionenökonomik vorgestellt werden. Ausgehend von den jeweiligen Hauptaussagen wird herausgearbeitet, welchen Beitrag sie zur Analyse der kommunalen Gebäudewirtschaft leisten können.

---

onsdesign von Koordinationsmechanismen, in: Jahrbuch für Neue Politische Ökonomie, 4. Band, 1985, S. 199 ff.

[345] Vgl. Ebers, Mark/Gotsch, Wilfried: Institutionenökonomische Theorien der Organisation, in: Kieser, Alfred (Hrsg.): Organisationstheorien, 2. Aufl., Stuttgart/Berlin/Köln 1995, S. 185.

[346] Vgl. Frey, Bruno S.: a.a.O., S. 161. Ein Vergleich mit einem Idealzustand wird von Demsetz als „Nirwana Approach" bezeichnet. Jeder Vergleich mit einem Idealzustand würde im Ergebnis dazu führen, daß die gegebene Situation als ineffizient erkannt würde. Vgl. Demsetz, Harold: Information and efficiency: Another viewpoint, in: Journal of Law and Economics, Vol. 12, 1969, s. 1.

4.2 Die Theorie der Verfügungsrechte

4.2.1 Verfügungsrechte als Basis der Effizienzwirkungen ökonomischer Institutionen

Verfügungsrechte (Property Rights) werden definiert als Rechte zur Kontrolle über Ressourcen (Güter und Dienstleistungen). Sie umfassen das Recht, eine Ressource zu nutzen, ihre Erträge einzubehalten, ihre Form und Substanz zu verändern sowie das Recht, die Ressource oder an ihr bestehende Rechte ganz oder teilweise an Dritte zu übertragen.[347] Ziel der Theorie der Verfügungsrechte (Property Rights-Theorie) ist die Analyse der Auswirkungen der Gestaltung und Verteilung der Verfügungsrechte auf das Verhalten der beteiligten Individuen. Daneben soll die Erklärung der Entstehung von Verfügungsrechten, ihrer Verteilung und ihres Wandels erfolgen.[348]

Die Verteilung der Verfügungsrechte kann als eine Rahmenbedingung für ökonomisches Handeln angesehen werden.[349] Durch die Zuordnung von Verfügungsrechten werden Handlungsmöglichkeiten für die begünstigten Individuen geschaffen, die dadurch die Ressourcen in ihrem Sinne einsetzen können. Daraus folgt als Hauptaussage, daß die Ausgestaltung der Verfügungsrechte die Nutzung wirtschaftlicher Ressourcen in spezifischer und vorhersehbarer Weise beeinflußt. Ein effizienter Einsatz der Ressourcen findet dann statt, wenn eine exklusive und eindeutige Zuordnung der Verfügungsrechte erfolgt. Befinden sich die Verfügungsrechte an einer Ressource in einer Hand, so trägt ihr Inhaber sämtliche Konsequenzen der Nutzung dieser Ressource, d.h. er erhält die Nutzungserträge, muß auf der anderen Seite aber auch die Nutzungskosten tragen.[350] Es findet damit eine Internalisierung der positiven und negativen externen Effekte statt. Dort wo es nicht gelingt, die Verfügungs-

---

[347] Vgl. Richter, Rudolf: Sichtweise und Fragestellungen der Neuen Institutionenökonomik, in: ZWS, 110. Jg., Heft 4, 1990, S. 574 f.; Fischer, Marc: Der Property Rights-Ansatz, in: WiSt, 23. Jg., Heft 6, 1994, S. 316. Richter unterscheidet weiterhin in absolute Verfügungsrechte, die gegenüber jedermann wirken, und relativen Verfügungsrechten, d.h. Befugnissen gegenüber einer bestimmten Person (z.B. aus Schuldverhältnissen). Vgl. Richter, Rudolf: Institutionen..., S. 12.

[348] Vgl. Ebers, Mark/Gotsch, Wilfried: a.a.O., S. 186.

[349] Vgl. Fischer, Marc: a.a.O., S. 316.

[350] Vgl. Fischer, Marc: a.a.O., S. 317.

rechte eindeutig zuzuordnen, entstehen externe Effekte, die sich in Wohlfahrtsverlusten niederschlagen.[351]

Mittels der Theorie der Verfügungsrechte können die Effizienzauswirkungen verschiedener Verfügungsrechteverteilungen analysiert werden. Von der Zuordnung von Verfügungsrechten gehen Anreiz- und Sanktionswirkungen aus, die den Begünstigten dieser Zuordnung zu bestimmten Handlungen veranlassen wird. Fehlt die eindeutige Zuordnung, so bestehen keine Anreize, die Ressourcen in die produktivsten Verwendungen zu lenken und dadurch „Gewinne" (bzw. allgemein Vorteile) zu realisieren. Ausgehend von der Sichtweise des methologischen Individualismus werden Institutionen durch die in ihnen agierenden (eigennutzmaximierenden) Individuen bestimmt, wobei die Verteilung der Verfügungsrechte wiederum Auswirkungen auf das Verhalten der beteiligten Individuen hat.[352]

4.2.2 Effizienzwirkungen der Verteilung der Verfügungsrechte am Beispiel der Eigentümerunternehmungen, der Publikumsgesellschaft und der öffentlichen Verwaltung

Im folgenden werden drei Institutionen, die Eigentümerunternehmung, die Publikumsgesellschaft und die öffentliche Verwaltung anhand der Theorie der Verfügungsrechte auf ihre Effizienzwirkung untersucht.

Im Fall der Eigentümerunternehmung ist der Unternehmensleiter selbst Eigentümer. Eine eindeutige Zuordnung der Verfügungsrechte liegt vor; hervorzuheben ist insbesondere das volle Aneignungsrecht auf die Gewinne. Dies wirkt als Anreiz, die gegebenen Ressourcen effizient einzusetzen und die kostengünstigste Produktionsmethode zu suchen. Gleichzeitig wirkt ein ineffizienter Einsatz der Ressourcen sanktionierend, da sich hierdurch die Gewinnsituation der Unternehmung verschlechtert und auch die Wettbewerbsposition gefährdet wird. Negative Auswirkungen auf Einkommen und Vermögen sind zu erwarten.[353] Die Erfolgssituation des Unternehmens trägt gleichzeitig zu ihrer Reputation bei und hat damit auch Einfluß auf andere Zielgrößen der

---

[351] Vgl. Picot, Arnold: Ökonomische Theorien der Organisation – Ein Überblick über neuere Ansätze und deren betriebswirtschaftliches Anwendungspotential, in: Ordelheide, Dieter/Rudolph, Bernd/Büsselmann, Eva (Hrsg.): Betriebswirtschaftslehre und ökonomische Theorie, Stuttgart 1991, S. 145.

[352] Vgl. Ebers, Mark/Gotsch, Wilfried: a.a.O., S. 186.

[353] Vgl. Steinheuer, Wilfried: a.a.O., S. 36 f.; Scholl, Rainer: Eigenerstellung oder Fremdbezug kommunaler Leistungen: theoretische Grundlegungen, empirische Untersuchungen, Stuttgart 1998, S. 31.

Nutzenfunktion des Unternehmenseigentümers, wie bspw. Ansehen und Macht.

Eine Verwässerung der Verfügungsrechte findet bei Publikumsgesellschaften (z.B. Aktiengesellschaften) statt. Hier handelt es sich um managementgesteuerte Unternehmen. Eine Identität zwischen Unternehmensleitung und Unternehmenseigentümern ist in der Regel nicht mehr gegeben. Hier müssen Anreiz- und Kontrollmechanismen, z.B. in Form erfolgsabhängiger Vergütungssysteme, installiert werden, die sicherstellen, daß sich das Management ebenfalls an der Zielsetzung der Gewinnmaximierung und des effizienten Ressourceneinsatzes orientiert.[354] Die Eigentümer stehen außerhalb des Unternehmens, mit der Folge, daß hohe Kontrollkosten für sie anfallen, wenn sie feststellen wollen, ob ihre Interessen von der Unternehmensleitung, die in ihrem Auftrag handelt, auch wahrgenommen werden.[355] Ist das Eigentum weit gestreut, so kann es dazu führen, daß die notwendigen Kontrollaufwendungen des einzelnen seinen Nutzen bei weitem übersteigen. Folge hiervon kann eine „Trittbrettfahrer-Situation" sein: Der Einzelne unterläßt seine Kontrollaufwendungen in der Hoffnung, daß andere der Kontrolle nachkommen, er aber von den Ergebnissen profitieren kann. Der Kontrolle der Unternehmensleitung kommt hier in diesem Sinne die Funktion eines öffentlichen Gutes zu.[356] Im Ergebnis führt ein solches Verhalten dazu, daß die Eigentümerkontrolle ausgehöhlt wird. Hierdurch ergeben sich Handlungsspielräume für das Management, das sie im Eigeninteresse ausnutzen kann. Individuelle Zielsetzungen des Managements (Dienstwagen, großes Büro, Mitarbeiterstab etc.) treten dann neben die Organisationszielsetzung der Gewinnmaximierung.

Die Trennung zwischen Unternehmensleitung und Eigentum führt zu der Annahme, daß von Managern geleitete Unternehmen weniger effizient arbeiten als von Eigentümern geleitete Unternehmen.[357] Leibenstein spricht in diesem Zusammenhang von dem Auftreten von X-Ineffizienzen. Hierbei handelt es sich um organisationsinterne Ineffizienzen, die – bezogen auf das Management – dann entstehen, wenn es zu einer Diskrepanz zwischen den organisatorischen Zielen und den individuellen Zielen des Managements kommt und

---

[354] Vgl. Scholl, Rainer: a.a.O., S. 31.
[355] Zwischen Eigentümern und Management besteht ein Principal-Agent-Verhältnis. Vgl. hierzu ausführlich Kapitel 4.1.2.3.
[356] Vgl. Picot, Arnold/Kaulmann, Thomas: Industrielle Großunternehmen in Staatseigentum aus verfügungsrechtlicher Sicht, in: ZfbF, 37. Jg., Heft 11, 1985, S. 958 f.
[357] Vgl. De Alessi, Louis: Property rights, transaction costs, and X-Efficiency: An essay in economic theory, in: American Economic Review, Vol. 73, 1983, S. 72 ff.

geringe Anreize bestehen, die von der Organisation vorgegebenen Ziele zu verfolgen.[358] Im Ergebnis führen X-ineffiziente Verhaltensweisen dazu, daß auf einem höheren Kostenniveau produziert wird, als dies betriebsbedingt notwendig wäre.[359]

Eigentümer öffentlicher „Produktionseinrichtungen" ist der Staat, so daß kollektive und/oder politische Verfügungsrechte dominieren.[360] Da der Staat letztlich durch die Bürger gebildet wird, können diese als mittelbare Eigentümer angesehen werden. Dies bedeutet eine sehr weite Streuung der Verfügungsrechte und eine Anonymisierung der Verantwortlichkeit.[361] Zwei Auswirkungen ergeben sich hieraus. Zum einen lohnt es sich für den einzelnen Bürger kaum, seinen Eigentümerinteressen nachzugehen und Ineffizienzen in der öffentlichen Verwaltung aufzudecken. Mögliche Vorteile wären für ihn kaum spürbar und kommen hauptsächlich der Allgemeinheit zugute. Noch eher als bei der Publikumsgesellschaft kann sich hier eine Trittbrettfahrer-Situation ergeben. Die direkten Eingriffsmöglichkeiten für den Bürger sind darüber hinaus sehr gering. Eine Sanktionierung über den Kapitalmarkt, z.B. durch Veräußerung von Anteilen wie im Falle einer Aktiengesellschaft, ist nicht möglich, da entsprechende fungible Rechte nicht existieren. Die Abwanderung aus der betreffenden Kommune wäre zwar möglich, ist aber mit relativ hohen Kosten verbunden, so daß sie für den einzelnen allein unter dem Gesichtspunkt des Protestes gegen ineffizientes Verwaltungshandeln kaum in Frage kommt. Sanktionierungsmöglichkeiten bestehen daher im wesentlichen allein über die Wahl der einzelnen Gemeindevertretungen.[362]

Weiterhin ist bei der öffentlichen Leistungserstellung das Ziel der Gewinnerzielung in der Regel nicht existent. Somit ist es auch nicht möglich, erfolgsab-

---

[358] Vgl. Leibenstein, Harvey: Allocative efficiency vs. „X-Efficiency", in: American Economic Review, Vol. 56, 1966, S. 392 ff.

[359] Vgl. Schmidt, Ingo/Schmidt, André: X-Ineffizienz, Lean Produktion und Wettbewerbsfähigkeit, in: WiSt, 25. Jg., Heft 2, 1996, S. 66.

[360] Vgl. für öffentliche Unternehmen Budäus, Dietrich: Theorie der Verfügungsrechte als Grundlage der Effizienzanalyse öffentlicher Regulierung und öffentlicher Unternehmen, in: Budäus, Dietrich/Gerum, Elmar/Zimmermann, Gebhard (Hrsg.): Betriebswirtschaftslehre und Theorie der Verfügungsrechte, Wiesbaden 1988, S. 59.

[361] Vgl. Steinheuer, Wilfried: a.a.O., S. 37; Stößel, Frank Volker: a.a.O., S. 78

[362] Vgl. Pommerehne, Werner W.: Private versus öffentliche Müllabfuhr: Ein theoretischer und empirischer Vergleich, in: Finanzarchiv, Band 35, 1976, S. 275; Stößel, Frank Volker: a.a.O., S. 78 f.

hängige Entlohnungssysteme zu installieren.[363] Ein Aneignungsrecht an einem Residualgewinn besteht nicht, so daß geringe Anreize für eine wirtschaftliche Leistungserstellung gegeben sind. Daneben findet eine leistungsorientierte Bezahlung im öffentlichen Dienst zur Zeit nicht statt. Differenzierungen innerhalb einer Besoldungsgruppe sind vielmehr an leistungunabhängige Faktoren wie Lebensalter und Familienstand geknüpft, mit der Folge, daß unterschiedliche Leistungen gleich bezahlt werden. Das Problem der mangelnden Anreizwirkung des öffentlichen Besoldungssystems wurde bereits recht früh erkannt. Insbesondere das anstelle des Leistungsprinzips geltende Ancienni-tätsprinzip wird bemängelt.[364] Bestrebungen, eine Reform des Besoldungssystems zu erreichen, sind allerdings verstärkt erst in den letzten Jahren zu beobachten.[365] Es zeigt sich insgesamt, daß derzeit über die Entlohnungssysteme im öffentlichen Dienst nur äußerst geringe Anreize für ein effizienzorientiertes Handeln gesetzt werden.

In der Nutzenfunktion der Verwaltungsmitarbeiter spielt das Element der Gewinnsteigerung bzw. des kostenminimalen Einsatzes der Ressourcen insofern keine Rolle, da hieraus individuelle finanzielle Vorteile in Form erfolgsabhängiger Vergütungselemente nicht zu erzielen sind.

Die Ökonomischen Theorie der Bürokratie[366], die eng verbunden ist mit der Theorie der Verfügungsrechte, geht davon aus, daß es sich bei Bürokraten, ebenso wie bei allen anderen Menschen auch, um Menschen handelt, die nicht allein gemeinwohlorientiert agieren, sondern ihren persönlichen Nutzen maximieren wollen und sich insofern opportunistisch verhalten. Da die Einkommensseite für sie aus den o.a. Gründen nur wenig zu beeinflussen ist, müssen sie versuchen, andere Variablen ihrer Nutzenfunktion zu maximieren. Hierzu gehören u.a. öffentliches Ansehen und Macht, die als positive Funktion des Gesamtbudgets des Büros angesehen werden können. Daneben spielen Sicherheit und ein angenehmes Dasein eine Rolle. Weiterhin wird angenommen, daß die Verwaltung einen Informationsvorsprung gegenüber Politikern

---

[363] Vgl. Steinheuer, Wilfried: a.a.O., S. 37.; Picot, Arnold/Wolff, Birgitta: Zur ökonomischen Organisation öffentlicher Leistungen: „Lean Management" im öffentlichen Sektor?, in: Naschold, Frieder/Pröhl, Marga (Hrsg.): Produktivität öffentlicher Dienstleistungen, Band 1, 3. Aufl., Gütersloh 1995, S. 69 f.

[364] Vgl. Eichhorn, Peter: Leistungsanreize..., a.a.O., S. 744 f.

[365] Vgl. o.V.: Länderchefs für neue Verhandlungen, in: SZ, Nr. 249 vom 28./29.10.1995, S. 2.

[366] Vgl. grundlegend zu den Ausführungen Niskanen, William A.: Bureaucracy and representative government, Chicago 1971.

und Bürgern hat und sich damit Handlungsspielräume eröffnen, die zur individuellen Nutzenmaximierung ausgenutzt werden können. Für die Führungskräfte ergibt sich somit ein Anreiz, ihr Budget bewußt höher zu veranschlagen und durch Zuweisung weiterer Mitarbeiter oder Sachmittel auszuweiten, um auf diese Weise ihre individuellen Ziele zu verwirklichen.[367] Die öffentliche Leistung wird dann mit einem höheren Faktoreneinsatz als er eigentlich notwendig erstellt (X-Ineffizienz). Indirekt ist mit der Budgetausweitung auch eine Einflußmöglichkeit auf das persönliche Einkommen gegeben.

Eine Kontrolle der Verwaltungsführung durch den Wettbewerb findet in vielen Fällen nicht statt, da ein großer Teil der kommunalen Leistungserstellung nicht über Wettbewerbsmärkte erfolgt. Auch die Gefahr eines Konkurses ist nicht gegeben. Lediglich in den Bereichen, in denen auch private Anbieter die Leistungserstellung vornehmen können (z. B. Abfallentsorgung), kann eine Wettbewerbssituation gegeben sein, die sich sanktionierend auf das Verhalten der Führungskräfte auswirkt. Sollte die Leistungserstellung suboptimal erfolgen, können die Politiker sich dafür entscheiden, den betreffenden Bereich an Private zu übertragen mit der Folge, daß kommunale Beschäftigte ihre Position verlieren.[368] Daneben ist ein Arbeitsplatzrisiko allerdings in wesentlich geringerem Umfang als in der Privatwirtschaft gegeben.

Die Verteilung der Verfügungsrechte hat demnach einen wichtigen Einfluß auf die Effizienz der jeweiligen Institution. Abb. 27 gibt einen zusammenfassenden Überblick über die Verteilung der Verfügungsrechte in den behandelten Organisationen.

---

[367] Vgl. auch Banner, Gerhard: Die kommunale..., a.a.O., S. 14 f. Die Aufblähung des bürokratischen Apparates wird auch durch das „Parkinsonsche Gesetz" beschrieben. Vgl. Claassen, Emil-Maria: Ökonomische Aspekte gesellschaftlicher Probleme, in: Bender, Dieter u.a. (Hrsg.): Vahlens Kompendium der Wirtschaftstheorie und Wirtschaftspolitik, Band 2, 4. Aufl., München 1990, S. 153 f.

[368] In Nordrhein-Westfalen gehen Bestrebungen dahin, kommunalen Unternehmen die Möglichkeit einzuräumen, auf bestimmten Feldern mit privaten Unternehmen in Wettbewerb treten zu können. Vgl. Horn, Ulrich: NRW-Städte dürfen bald als „Unternehmer" auftreten, in: WAZ, Nr. 47 vom 25.2.1999, o.S. Hierbei muß allerdings gewährleistet sein, daß es zu keinen Wettbewerbsverzerrungen, bspw. durch Quersubventionierungen, kommt.

Verfügungsrecht/ Organisationstyp	Koordinationsrecht (Planung, Organisation, Kontrolle)	Recht auf Aneignung des Gewinns (Verlustübernahmepflicht)	Veräußerungsrecht
Eigentümerunternehmung	Unternehmer	Unternehmer	Unternehmer
Publikumsgesellschaft	Manager	Anteilseigner	Anteilseigner
Öffentliche Verwaltung	Mitglieder/Politiker	-	-

Abb. 27: Verteilung von Verfügungsrechten in der Eigentümerunternehmung, einer Publikumsgesellschaft und der öffentlichen Verwaltung

Quelle: In Anlehnung an Picot, Arnold/Kaulmann, Thomas: Industrielle Großunternehmen in Staatseigentum aus verfügungsrechtlicher Sicht, in: ZfbF, 37. Jg., Heft 11, 1985, S. 962.

4.2.3 Effizienznachteile der öffentlichen Verwaltung als Folge einer unzureichenden Zuordnung von Verfügungsrechten

Wie die bisherigen Ausführungen gezeigt haben, lassen sich mit Hilfe der Theorie der Verfügungsrechte die Effizienzauswirkungen unterschiedlicher Zuordnungen der Verfügungsrechte analysieren. Es hat sich insgesamt gezeigt, daß in der öffentlichen Verwaltung durch eine mangelnde Zuordnung von Verfügungsrechten die institutionellen Rahmenbedingungen nicht ausreichend sind, um Anreize für den kosteneffizienten Einsatz der vorhandenen Ressourcen zu schaffen. Daneben sind Sanktionsmechanismen nur rudimentär ausgebildet. Als Ergebnis läßt sich festhalten, daß die Produktionskosten damit höher ausfallen können als notwendig. Verstärkt werden diese Effekte durch die Erkenntnisse aus der Theorie der Bürokratie, die von einem budgetmaximierenden Verhalten der Führungskräfte ausgeht.

Es ergeben sich damit Anhaltspunkte, daß die private Leistungserstellung Effizienzvorteile gegenüber der öffentlichen Leistungserstellung aufweist. Dies kann jedoch nicht in der pauschalen Aussage resultieren, das eine Privatisierung auf jeden Fall vorzunehmen ist. Vielmehr ist es wichtig, daß eine eindeutigere Zuordnung der Verfügungsrechte auf einzelne Organisationen vorgenommen wird, so daß sich hieraus effizienzsteigernde Wirkungen ergeben. Eine solche Zuordnung kann auch innerhalb einer verwaltungsinternen Lösung, z.B. bei der Gründung eines Eigenbetriebes oder einer Eigengesellschaft, erfolgen. Zu beachten ist jedoch, daß zur Zeit durch das starre öffentliche Dienst- und Besoldungsrecht die Möglichkeit, anreizorientierte Entlohnungssysteme zu installieren, eher gering ist.

Die bisher allgemein auf die öffentliche Verwaltung bezogenen Ausführungen lassen sich auf die kommunale Gebäudewirtschaft übertragen. Da sie bisher in den traditionellen Verwaltungsaufbau eingebunden ist, gelten die Überlegungen analog. Generell gilt, daß eindeutige Verfügungsrechte an den Immobilien nicht existieren und damit Anreize zu einer „pfleglichen" Nutzung und zur langfristigen Erhaltung der Funktionsfähigkeit kaum gegeben sind. Indikator dafür ist auch, daß in vielen Städten keine bzw. nicht ausreichende Informationen über den Wert des Gebäudebestandes, seine Nutzung und seinen Zustand vorliegen.[369] An dieser Stelle sei nochmals auf die Probleme im Umgang mit Immobilien im allgemeinen und im besonderen bei der Kommunalverwaltung hingewiesen. Die Strukturen sind derart ausgeprägt, daß ein Verantwortungsbewußtsein für die genutzten Räumlichkeiten nur sehr begrenzt existiert.

Insgesamt lassen sich aus der Theorie der Verfügungsrechte noch keine Anhaltspunkte ableiten, ob die gebäudewirtschaftlichen Leistungen eigenerstellt oder fremdbezogen werden sollten. Vielmehr kann festgehalten werden, daß eine eindeutige Zuordnung der Verfügungsrechte an den Immobilien eine Steigerung der Effizienz in der Immobiliennutzung und -bewirtschaftung bewirken kann. Einschränkend muß erwähnt werden, daß aufgrund des Charakters der öffentlichen Verwaltung eine Zuordnung des Rechts auf Gewinnaneignung und auf Veräußerung nicht möglich ist. Unabhängig davon lassen sich in Verbindung mit der Bürokratietheorie Effizienzvorteile der privaten Leistungserstellung konstatieren.

Empirische Untersuchungen bezüglich der Effizienzunterschiede zwischen öffentlicher und privatwirtschaftlicher Leistungserstellung (vielfach bezogen auf private und öffentliche Unternehmen) zeigen ein uneinheitliches Bild auf.[370] Für die Schweiz kommt Pommerehne bei seiner Untersuchung der Müllabfuhr zu dem Ergebnis, daß die private Müllabfuhr effizienter arbeitet als die öffentliche Müllabfuhr. Er führt dies zurück auf kollektive Eigentumsrechte und auf die bürokratische Organisation.[371] Atkinson/Halvorsen kommen in ihrer empirischen Untersuchung der US-amerikanischen Elektrizitätsversorgung zu dem

---

[369] Vgl. Floeting, Holger/Barthelme, Gerlinde: a.a.O., S. 11.

[370] Eine Übersicht verschiedener Studien gibt Völmicke, Christine: a.a.O., S. 228 ff. Vgl. auch Frey, Bruno S.: Theorie demokratischer Wirtschaftspolitik, München 1981, S. 166 ff.

[371] Vgl. Pommerehne: a.a.O., S. 286 ff. Eine Übersicht über weiter Untersuchungen im Bereich der Müllabfuhr findet sich bei Metzger, Michaela: a.a.O., S. 53.

Ergebnis, daß öffentliche und privatrechtliche Elektrizitätsversorger gleich ineffizient sind.[372] Eine Untersuchung der öffentlichen Schulen in New York zeigt auf, daß ein Großteil der in die Untersuchung einbezogenen Schulen im Vergleich zu privaten Schulen ineffizient arbeitet.[373] Einen Überblick über Kostenvergleichsstudien zwischen öffentlicher und privater Produktion, die weitgehend Effizienzvorteile der privaten Produktion feststellen, gibt Budäus.[374] Auch Scheele verweist darauf, daß ein großer Teil der empirischen Studien Effizienzvorteile auf seiten der privaten Produktion sieht.[375] Vielfach werden in den Studien jedoch nicht die öffentliche Verwaltung, sondern öffentliche Unternehmen analysiert. Zudem beziehen sich viele der Studien auf die USA, so daß eine Übertragbarkeit der Ergebnisse nur bedingt möglich ist. Aufgrund der o.a. Argumente, der geringen Kontroll-, Anreiz- und Sanktionsmechanismen und -möglichkeiten auf seiten der öffentlichen Hand, kann jedoch per Saldo auch in Deutschland von Effizienzvorteilen der privaten Produktion ausgegangen werden.

---

[372] Neben eigenen Ergebnissen geben sie eine Übersicht über Studien im Bereich der Elektrizitäts- und Wasserversorgung, die zu unterschiedlichen Ergebnissen gekommen sind. Vgl. Atkinson, Scott E./Holvorsen, Robert: The relative efficiency of public and private firms in a regulated environment: The case of U.S. electric utilities, in: Journal of Public Economies, 1986, S. 285 ff. und 290 ff.

[373] Vgl. Duncombe, William/Miner, Jerry/Ruggiero, John: Empirical evaluation of bureaucratic models of inefficiency, in: Public Choice, Vol. 93, No. 1-2, 1997, S. 7 ff. Es wird allerdings darauf verwiesen, daß hier Determinanten wie bspw. die Größe des Schuldistrikts und sein Wohlstand sowie der Anzahl an Erwachsenen mit Collegeausbildung eine Rolle spielen.

[374] Vgl. Budäus, Dietrich: Einzelwirtschaftliche Effizienzanalyse privater und öffentlicher Leistungserstellung in der Privatisierungsdiskussion, in: Brede, Helmut (Hrsg.): Privatisierung und die Zukunft der öffentlichen Wirtschaft, Baden-Baden 1988, S. 208 ff. Mit kritischen Anmerkungen vgl. S. 213 ff.

[375] Vgl. mit kritischen Anmerkungen Scheele, Ulrich: Privatisierung von Infrastruktur: Möglichkeiten und Alternativen, Köln 1993, S. 248 ff. Vgl. ähnlich auch Corte, Christiane: Die Übernahme kommunaler Aufgaben durch private Unternehmen und freie Berufe, Stuttgart 1991, S. 15.

4.3 Die Transaktionskostentheorie

4.3.1 Die Analyse von Transaktionen als Basis des Vergleichs institutioneller Arrangements

Der Transaktionskostenansatz geht auf Ronald H. Coase (1937) zurück, blieb aber zunächst weitgehend unbeachtet[376], um dann von Oliver E. Williamson wieder aufgenommen und weiterentwickelt zu werden. Williamson betrachtet nicht allein die Alternativen Markt und Unternehmung (bzw. Hierarchie), sondern bezieht sogenannte hybride Koordinationsformen in die Analyse mit ein. Diese werden eingegangen, wenn die Bedingungen für eine unternehmensinterne Abwicklung nicht gegeben sind, aber aufgrund von Abhängigkeiten der Transaktionspartner ein Interesse an längerfristiger Zusammenarbeit besteht.[377]

Zielsetzung des Transaktionskostenansatzes ist die Analyse und der bewertende Vergleich verschiedener institutioneller Arrangements zur Organisation ökonomischer Aktivitäten. Hierbei soll geklärt werden, in welcher Koordinationsform diese Aktivitäten effizient abgewickelt werden können. Dies geschieht auf Basis eines Vergleichs der alternativen Koordinationsformen.[378] Als Gegenstand der Untersuchung gilt dabei die Transaktionen, verstanden als die Übertragung von Verfügungsrechten zwischen zwei Parteien, welche dem eigentlichen Gütertausch zeitlich vorgelagert sind.[379]

4.3.1.1 Transaktionskosten

Bei der Übertragung und Durchsetzung von Verfügungs- und Handlungsrechten fallen Kosten, die sogenannten Transaktionskosten, an. Im einzelnen sind dies:[380]

---

[376] Vgl. Bössmann, Eva: a.a.O., S. 667.
[377] Vgl. Williamson, Oliver E.: The economic institutions of capitalism, New York 1985, S. 68 ff.
[378] Kritisch zum Transaktionskostenansatz vgl. Schneider, Dieter: Die Unhaltbarkeit des Transaktionskostenansatzes für die „Markt oder Unternehmungs"-Diskussion, in: ZfB, 55. Jg., Heft 12, 1985, S. 1237 ff.
[379] Vgl. Dietl, Helmut: Institutionen und Zeit, Tübingen 1993, S. 108. Hierin zeigt sich auch die Verbindung zur Theorie der Verfügungsrechte. Vgl. auch Picot, Arnold: Ökonomische Theorien..., a.a.O., S. 147.
[380] Vgl. Williamson, Oliver E.: a.a.O., S. 20 ff.; Picot, Arnold: Ein neuer Ansatz..., a.a.O., S. 344; Dietl, Helmut: a.a.O., S. 108; Richter, Rudolf: Institutionen..., a.a.O., S. 6 f.;

1. Kosten vor dem eigentlichen Transaktionsprozeß

   Eine erste Gruppe von Transaktionskosten sind diejenigen, die vor dem eigentlichen Transaktionsprozeß anfallen (Ex ante-Transaktionskosten). Es handelt sich dabei zum einen um *Anbahnungskosten*, welche als Kosten der Informationssuche, -beschaffung und -erarbeitung über potentielle Transaktionspartner angesehen werden können (z.B. Beratungskosten, Reisekosten etc.). Sie dienen damit zur Entscheidungsvorbereitung über das weitere Vorgehen im Transaktionsprozeß. Zum anderen fallen hierunter die *Vereinbarungskosten*, d.h. die Kosten der Verhandlung, der Vertragsformulierung und der Einigung.

2. Kosten während der Austauschbeziehung

   Die zweite Gruppe von Transaktionskosten fällt an, nachdem eine vertragliche Vereinbarung getroffen wurde (Ex post-Transaktionskosten). Hierzu zählen die *Kontrollkosten*, bei denen es sich um die Kosten der Sicherstellung der Einhaltung der Vertragsbedingungen handelt. Weiterhin können *Anpassungskosten* entstehen, wenn Verträge an geänderte Rahmenbedingungen angepaßt werden müssen, z.B. aufgrund von Termin- oder Qualitätsänderungen.

Transaktionskosten entstehen sowohl bei Marktbeziehungen als auch bei unternehmensinterner Erstellung (in diesen Fall kann von internen Organisationskosten gesprochen werden) und kommen zu den eigentlichen Produktionskosten hinzu. Ökonomische Aktivitäten sind unter Effizienzgesichtspunkten so zu organisieren, daß die Summe aus den Produktions- und Transaktionskosten minimiert wird.[381]

Ein Problem besteht in der Operationalisierung der Transaktionskosten; ihre Messung ist mit erheblichen Schwierigkeiten verbunden, da viele Transaktionskostenarten nicht monetär erfaßbar sind und insoweit nur eine subjektive Bewertung erfolgen kann.[382] Dem wird jedoch entgegengehalten, daß eine

---

Picot, Arnold: Transaktionskostenansatz, in: Wittmann, Waldemar u.a. (Hrsg.): Handwörterbuch der Betriebswirtschaft, Band 3, 5. Aufl., Stuttgart 1993, Sp. 4195 f.; Ebers, Mark/Gotsch, Wilfried: a.a.O., S. 209. Zu den Transaktionskosten bei unterschiedlicher Informationsverteilung zwischen den Transaktionspartnern vgl. Windsperger, Josef: a.a.O., S. 203 f.

[381] Vgl. Windsperger, Josef: a.a.O., S. 212; Ebers, Mark/Gotsch, Wilfried: a.a.O., S. 208 f.; Theuvsen, Ludwig: Interne Organisation und Transaktionskostenansatz, in: ZfB, 67. Jg., Heft 9, 1997, S. 972.

[382] Vgl. Baur, Cornelius: a.a.O., S. 46.

monetäre Bewertung auch gar nicht notwendig sei. Da bekannt ist, daß die Transaktionskosten von den Eigenschaften der zu erbringenden Leistungen abhängen, kann von diesen Eigenschaften direkt auf die Höhe der Transaktionskosten und damit auf die geeignete Organisationsform geschlossen werden.[383]

4.3.1.2 Bestimmungsfaktoren der Transaktionskosten

Die Entscheidung über Eigenerstellung und Fremdbezug erfolgt somit auf Basis der Transaktionskosten und unter Berücksichtigung der Produktionskosten der jeweiligen Organisationsdesigns. Es müssen Determinanten gefunden werden, die Einfluß auf die Höhe der Transaktionskosten haben. Anhand dieser Determinanten sind die gebäudewirtschaftlichen Leistungen zu analysieren, um ein mögliches Outsourcingpotential zu identifizieren. Im folgenden sind daher zunächst die Bestimmungsfaktoren der Transaktionskosten darzustellen.

Zunächst geht Williamson von zwei Verhaltensannahmen aus. Zum einen greift er die These der beschränkten Rationalität auf.[384] Als Folge der beschränkten Rationalität bleiben Verträge, insbesondere langfristige, aufgrund begrenzter Informationsaufnahme- und -verarbeitungsmöglichkeiten stets unvollständig, da nicht alle Zukunftsereignisse im voraus berücksichtigt werden können. Zum anderen wird den Wirtschaftssubjekten ein opportunistisches Verhalten unterstellt. Hierbei handelt es sich um eine Form des strategischen Verhaltens, jedoch wird durch die Unterstellung von Opportunismus die Annahme des nutzenmaximierenden Verhaltens verstärkt. Hierin eingeschlossen ist nämlich, daß Eigeninteressen auch ganz bewußt zum Nachteil anderer und unter Verstoß gegen Verhaltensregeln (z.B. durch Täuschung und List) verfolgt werden.[385] Insbesondere durch unvollständige Verträge eröffnen sich Spielräume für opportunistisches Verhalten. Als Folge dieser Verhaltensannahmen sehen sich Transaktionspartner speziellen Problemen gegenüber, die den Nutzen der Transaktion mindern können. Daher müssen institutionelle Regelungen getroffen werden, um diesen Problemen zu begegnen.[386]

Neben diesen Verhaltensannahmen spielen drei Eigenschaften von Transaktionskosten eine Rolle: die Faktorspezifität (1), daß Ausmaß der mit einer

---

[383] Vgl. Picot, Arnold/Wolff, Birgitta: a.a.O., S. 60.
[384] Vgl. Williamson, Oliver E.: a.a.O., S. 50. Zur beschränkten Rationalität vgl. auch S. dieser Arbeit.
[385] Vgl. Williamson, Oliver E.: a.a.O., S. 54.
[386] Vgl. Ebers, Mark/Gotsch, Wilfried: a.a.O., S. 210.

Transaktion verbundenen Unsicherheit (2) sowie die Häufigkeit (3) der Transaktionsabwicklung.[387] Ihre Ausprägung bestimmen die Höhe der Transaktionskosten.

(1) Wichtigste Eigenschaft ist die *Spezifität*. Sie ist dann gegeben, wenn für eine bestimmte Transaktion spezielle Investitionen, z.B. in Produktionsanlagen, getätigt werden. Die Faktorspezifität bemißt sich an den Möglichkeiten einer alternativen Verwendung der betroffenen Investitionen bzw. des Produktionsfaktors; sind sie/ist er ohne Wertverlust in eine andere Verwendung überführbar, so gelten sie/er als unspezifisch. Spezifische Investitionen sind daher mit einer hohen „Quasi-Rente"[388] verbunden, welche die Differenz zwischen dem Wert des spezifischen Produktionsfaktors in der ursprünglichen Verwendung und der nächstbesten Verwendung darstellt.[389] Werden transaktionsspezifische Investitionen getätigt, so entsteht zwischen den Transaktionspartnern ein Abhängigkeitsverhältnis, welches darin begründet ist, daß ein Wechsel des Transaktionspartners aufgrund der geringen oder im Extrem fehlenden alternativen Verwendungsmöglichkeiten nur unter der Hinnahme von Verlusten möglich ist.[390] Mit steigender Spezifität erhöhen sich die Kosten der Auflösung der Austauschbeziehung.

Die Vornahme spezifischer Investitionen kann zur sogenannten „Fundamentalen Transformation" führen. Hiermit bezeichnet Williamson die Situation, in der aus einer ursprünglichen Wettbewerbssituation ein bilaterales Monopol entstehen kann.[391] Dies ist dann gegeben, wenn vor dem Abschluß eines Vertrages eine Wettbewerbssituation gegeben ist, der Nachfrager also einer Vielzahl von Anbietern gegenübersteht. Ob dieser Wettbewerb ex-post weiterhin bestehen bleibt, ist davon abhängig, ob die Leistungsbeziehung durch transaktionsspezifische Human- und Sachkapitalinvestitionen begleitet wird. Ist dies der Fall, so kann der Transaktionspartner durch transaktionsspezifisches Wis-

---

[387] Vgl. Williamson, Oliver E.: a.a.O., S. 52 ff.
[388] Zum Begriff der Quasi-Rente vgl. Klein, Benjamin/Crawford, Robert G./Alchian, Armen A.: Vertical integration, approbriable rents, and the comparative contracting process, in: Journal of Law and Economics, Vol. 21, 1978, S. 298 f.
[389] Vgl. Dietl, Helmut: a.a.O., S. 110.
[390] Vgl. Ebers, Mark/Gotsch, Wilfried: a.a.O., S. 212.
[391] Vgl. Williamson, Oliver E.: Transaction-Cost Economics: The governance of contractual relations, in: Journal of Law and Economics, Vol. 22, 1979, S. 239 ff.; Williamson, Oliver E.: The Economic Institutions..., S. 61 ff.

sen und idiosynkratische Fähigkeiten Vorteile gegenüber den ursprünglichen Mitbewerbern erlangen, so daß eine monopolähnliche Situation entsteht.[392]

Bedeutung erhält die Faktorspezifität in Verbindung mit den Verhaltensannahmen des Opportunismus und der begrenzten Rationalität. Für die Transaktionspartner besteht bei unvollständig formulierten Verträgen ein Interesse, die Quasi-Rente abzuschöpfen.[393] So kann bspw. ein Transaktionspartner versuchen, Preisspielräume zu seinen Gunsten auszunutzen, um sich auf diese Weise die Quasi-Rente anzueignen. Je nach Verhandlungsstärke kann es ihm gelingen, den Preis soweit zu senken, bis der Wert der nächstbesten Verwendung der betroffenen Investition bzw. des Produktionsfaktors erreicht ist. Genauso kann der andere Transaktionspartner versuchen, die Preise zu erhöhen, so daß sich eine Verteuerung der Leistung einstellt.[394] Die Möglichkeiten des Ausnutzens opportunistischer Handlungsspielräume sind abhängig von der jeweiligen Verhandlungsstärke der Transaktionspartner. Diese ist wiederum davon abhängig, in welchen Ausmaß die einzelnen Transaktionspartner spezifische Investitionen vorgenommen haben. Eine hohe Kooperationsbereitschaft kann bestehen, wenn beide Transaktionspartner solche Investitionen vorgenommen haben. Ebenso dürfte die Kooperationsbereitschaft hoch sein, wenn für beide Partner ein Wechsel kaum möglich ist. Die Neigung zu opportunistischem Verhalten steigt jedoch, wenn ein asymmetrisches Abhängigkeitsverhältnis besteht.

Als Formen der Spezifität lassen sich Standortspezifität, Sachkapitalspezifität, Humankapitalspezifität, Abnehmerspezifität, Aufbau von Reputation und Terminspezifität unterscheiden.[395]

Die mit zunehmender Spezifität steigenden Abhängigkeiten und Sicherungsbedürfnisse verursachen zunächst hohe Ex ante-Transaktionskosten. Da opportunistisches Verhalten durch unvollständige Verträge nicht vollständig ausgeschlossen werden kann und folglich eine Tendenz zu „Nachverhandlungen"

---

[392] Vgl. Dietl, Helmut: a.a.O., S. 110; Bogaschewsky, Ronald: Vertikale Kooperationen – Erklärungsansätze der Transaktionskostentheorie und des Beziehungsmarketing, in: Kaas, Klaus Peter (Hrsg.): Kontrakte, Geschäftsbeziehungen, Netzwerke: Marketing und neue Institutionenökonomik, ZfbF, Sonderheft 35, Düsseldorf/Frankfurt 1995, S. 167.

[393] Vgl. Dietl, Helmut: a.a.O., S. 111.

[394] Vgl. Baur, Cornelius: a.a.O., S. 61 ff.; Ebers, Mark/Gotsch, Wilfried: a.a.O., S. 212.

[395] Vgl. Williamson, Oliver E.: Comparative economic organization: The analysis of discrete structural alternatives, in: American Science Quarterly, Vol. 36, 1991, S. 281; Ebers, Mark/Gotsch, Wilfried: a.a.O., S. 211 f.

besteht, fallen auch hohe Ex post-Transaktionskosten an.[396] Ein stabiler und integrativer Rahmen ist erforderlich. Hierbei kann der Leistungsaustausch über langfristige Verträge oder aber durch die interne Leistungsorganisation erfolgen. Das bedeutet, daß ein steigender Spezifitätsgrad einen steigenden vertikalen Integrationsgrad bedingt. Je unspezifischer die eingesetzten Investitionen jedoch sind, desto geringer sollte vice versa der vertikale Integrationsgrad sein.[397]

(2) Ein weiteres wichtiges Charakteristikum ist die *Unsicherheit*. Diese kann unterteilt werden in Umweltunsicherheit und Verhaltensunsicherheit.[398] Umweltunsicherheit bezieht sich auf die situativen Bedingungen, unter denen die Transaktion stattfindet und auf deren zukünftige Entwicklung. Mit Verhaltensunsicherheit ist der Sachverhalt gemeint, daß den Transaktionspartnern die Möglichkeit opportunistischen Verhaltens durch die Ausnutzung von Informationsasymmetrien offensteht. Es läßt sich nicht prognostizieren, wie sich der Transaktionspartner verhalten wird. Diese Unsicherheit besteht sowohl vor, bei und nach einem Vertragsabschluß. Es ergibt sich hieraus die Gefahr der „adverse selection", des „moral hazard" sowie des „hold up", welche an späterer Stelle aufgegriffen wird.[399]

Beide Arten der Unsicherheit führen dazu, daß sowohl die Ex ante- als auch die Ex post-Transaktionskosten um so höher ausfallen, je höher die Unsicherheit ist. Steigende Unsicherheit beding steigende Informtionsaufwendungen und Aufwendungen für Kontroll- und Sicherungsaktivitäten.

(3) Als dritte Determinante der Transaktionskosten wird die *Transaktionshäufigkeit* angesehen. Eine steigende Häufigkeit einer Transaktion bewirkt, daß sich über Lerneffekte Spezialisierungsvorteile einstellen und über Skalen- und Synergieeffekte eine Kostendegression erreicht wird; sowohl die Produktions- als auch die Transaktionskosten sinken relativ mit steigender Häufigkeit.[400] Je häufiger eine spezifische und unsichere Transaktion durchgeführt wird, desto stärker ist die Tendenz zu einer internen Erstellung dieser Leistung.[401] Im Ge-

---

[396] Vgl. ähnlich Scholl, Rainer: a.a.O., S. 75.
[397] Vgl. Picot, Arnold: Ein neuer Ansatz..., S. 345 f.
[398] Vgl. Williamson, Oliver E.: The Economic Institutions..., S. 57 ff.
[399] Vgl. zu den Begriffen Spremann, Klaus: Asymmetrische Information, in: ZfB, 60. Jg., Heft 5/6, 1990, S. 567 ff.; Picot, Arnold/Wolff, Birgitta: a.a.O., S. 72 ff.
[400] Vgl. Picot, Arnold: Transaktionskostenansatz in der Organisationstheorie: Stand der Diskussion und Aussagewert, in: Die Betriebswirtschaft, 42. Jg., Heft 2, 1982, S. 272.
[401] Vgl. Picot, Arnold: Ein neuer Ansatz..., a.a.O., S. 347.

gensatz zur Spezifität und zur Unsicherheit kommt der Transaktionshäufigkeit allerdings nur eine untergeordnete, ergänzende Funktion zu.[402]

4.3.1.3 Alternative Koordinationsformen aus vertragstheoretischer Sicht

Es wird nun bei gegebenen Einflußgrößen die Koordinationsform gewählt, welche die vergleichsweise geringsten Transaktionskosten nach sich zieht. Es handelt sich um einen komparativen Ansatz, da die jeweils effiziente Koordinationsform aus einen Bündel an möglichen Koordinationsdesigns gesucht wird.[403] Auf Basis der Transaktionsmerkmale und unter Berücksichtigung der Verhaltensannahmen sowie der Transaktionsatmosphäre[404] leitet Williamson effiziente Koordinationssysteme ab. In Anlehnung an die vertragstheoretischen Ausführungen von Macneil[405] unterscheidet er drei Formen von Beherrschungs- und Überwachungssystemen (governance): klassische Verträge, neoklassische Verträge und relationale Verträge. Hierbei geht er von den Transaktionsmerkmalen Spezifität und Häufigkeit aus; ein bestimmtes Ausmaß an Unsicherheit sieht er als gegeben an.[406]

Der klassische Vertrag beschreibt die Abwicklung von Transaktionen über den Markt. Leistung und Gegenleistung sind ex ante eindeutig spezifizierbar. Gegenstand und Konditionen der Transaktion sind in den Verträgen präzise bestimmt; Streitigkeiten können und werden über den normalen Rechtsweg gelöst.[407]

Bei gemischter bis hoher Spezifität und geringer Häufigkeit kommen neoklassische Verträge zur Anwendung. Diese zeichnen sich durch ein zunehmendes Ausmaß an Unvollständigkeit aus. Es handelt sich um langfristige Verträge, in denen ein institutioneller Rahmen festgelegt wird, wie in Streitfällen zu verfah-

---

[402] Vgl. Picot, Arnold: Ein neuer Ansatz..., a.a.O., S. 347; Dietl, Helmut: a.a.O., s. 112.

[403] Vgl. Picot, Arnold: Ökonomische Theorien..., a.a.O., S. 149.

[404] Diese umfaßt die sozio-kulturellen, technologischen und rechtlichen Rahmenbedingungen einer Leistungsbeziehung. Vgl. Baur, Cornelius: a.a.O., S. 84 ff.; Dietl, Helmut: a.a.O., S. 112.

[405] Vgl. Macneil, Ian R.: The many futures of contracts, in: Southern California Law Review, Vol. 47, 1974, S. 691 ff.; Macneil, Ian R.: Contract: adjustment of long-term economic relation under classical, neoclassical, and relational contract law, in: Northwestern University Law Review, Vol. 72, 1978, S. 854 ff.

[406] Vgl. Williamson, Oliver E.: Transaction-Cost..., S. 235 ff.; Williamson, Oliver E.: The Economic Institutions...; S. 68 ff.

[407] Vgl. Ebers, Mark/Gotsch, Wilfried: a.a.O., S. 214; Wolff, Birgitta: Organisation durch Verträge, Wiesbaden 1995, S. 34.

ren ist. Neben Anpassungs- und Sicherungsklauseln ist eine außergerichtliche Schlichtung durch Einschaltung einer Schiedspartei vorgesehen.[408] Williamson nennt als Beispiele langfristige Lieferverträge, Franchising und Joint Ventures.[409]

Relationale Verträge treten in Form der bilateralen Kontrolle sowie der vertikalen Integration auf. Während bei der bilateralen Kontrolle die Selbständigkeit der Transaktionspartner bestehen bleibt, bewirkt die vertikale Integration, daß eine unternehmensinterne Leistungserstellung innerhalb hierarchischer Strukturen erfolgt. Die vertikale Integration präferiert Williamson bei hochspezifischen, sich wiederholenden Transaktionen. Bei relationalen Verträgen treten die Transaktionspartner in eine langfristige Verbindung ein, die durch gemeinsame Normen geregelt wird. Der Langfristigkeit der Leistungsbeziehung wird dadurch Rechnung getragen, daß nicht allein formale und explizit dokumentierte Abmachungen getroffen, sondern daß im zunehmenden Maße implizite Vereinbarungen einbezogen werden. Konflikte werden nicht mehr durch Einschaltung einer Drittpartei, sondern intern gelöst.[410]

4.3.2 Die Transaktionskostentheorie als Grundlage der Bestimmung der Leistungstiefe

4.3.2.1 Die Bestimmung des optimalen Grads der vertikalen Integration

Mittels der Transaktionskostentheorie können generelle Aussagen über den optimalen Grad der vertikalen Integration getroffen werden. Die Frage der optimalen Leistungstiefe wird von Picot aufgegriffen.[411] Ausgangspunkt der Überlegungen ist die Analyse der betroffenen Leistungen. Als relevante Eigenschaften betrachtet er die Spezifität und die Unsicherheit. Ergänzend führt er nun die strategische Relevanz der Leistung ein.[412] Der Begriff der strategischen Relevanz ist in zwei Richtungen zu interpretieren. Zunächst handelt es sich um unternehmensspezifische Leistungen, mit denen sich das

---

[408] Vgl. Dietl, Helmut: a.a.O., S. 113 f.; Ebers, Mark/Gotsch, Wilfried: a.a.O., S. 215.
[409] Vgl. Williamson, Oliver E.: The Economic Institutions..., S. 74 f.
[410] Vgl. Williamson, Oliver E.: The Economic Institutions..., a.a.O., S. ; Picot, Arnold/Dietl, Helmut: Transaktionskostentheorie, in: WiSt, 19. Jg., Heft 4, 1990, S. 181 f.; Ebers, Mark/Gotsch, Wilfried: a.a.O., S. 215; Wolff, Birgitta: Organisation..., S. 36 f.
[411] Vgl. Picot, Arnold: Ein neuer Ansatz..., S. 344 ff.
[412] Vgl. Picot, Arnold: Ein neuer Ansatz..., S. 345 ff. Dabei betrachtet er die Unsicherheit allerdings lediglich als unterstützendes Merkmal, welches die Wirkung der Hauptmerkmale Spezifität und strategische Relevanz verstärkt.

Unternehmen von den Mitbewerbern differenzieren will.[413] In diesem Begriffsverständnis können diese Leistungen den Kernkompetenzen eines Unternehmens zugerechnet werden.[414] Hieraus folgt der zweite Aspekt der strategischen Relevanz, der sich darauf bezieht, daß es Leistungen sind, die aufgrund ihrer Bedeutung für das Unternehmen einer besonderen Geheimhaltung und Schutz unterliegen.[415] Von hoher strategischer Relevanz für ein Unternehmen ist bspw. die Produktentwicklung, da von dem Erfolg der Produkte letztlich die Wettbewerbsposition abhängig ist.

Die Eigenschaften der Spezifität und der strategischen Relevanz sind eng miteinander verbunden. In der Regel ist jede strategisch relevante Leistung auch spezifisch; dies gilt umgekehrt aber nicht unbedingt in jedem Fall.[416]

Als Entscheidungsregel für den Grad der vertikalen Integration läßt sich festhalten, daß dieser Grad desto niedriger sein sollte, je niedriger die Transaktionseigenschaften Spezifität, strategische Relevanz und Unsicherheit ausgeprägt sind und vice versa. Idealtypisch sollte eine Eigenerstellung in den Fällen erfolgen, in denen jeweils hohe Spezifität, strategische Relevanz und Unsicherheit vorliegt.

Hierbei handelt es sich um ein rein ökonomisches Kalkül. Nicht berücksichtigt wird das Vorliegen möglicher Auslagerungsbarrieren. Diese können die Veränderung des vertikalen Integrationsgrades erschweren und im Extremfall unmöglich machen.[417]

Solche Auslagerungsbarrieren können zum einen externer Natur sein. Diese sind z.B. dann gegeben, wenn am Markt das erforderliche technologische Know-how nicht gegeben ist. Daneben können Barrieren rechtlicher Natur bestehen. Dies kann insbesondere bei kommunalen Leistungen von Relevanz sein (vgl. Kapitel 2.2.2 und 5.1.1). Auslagerungen interner Natur resultieren aus Widerständen innerhalb einer Organisation, z.B. von seiten der Belegschaft. Diese Widerstände können aus möglichen Änderungen der Beschäfti-

---

[413] Vgl. Picot, Arnold: Ein neuer Ansatz..., S. 346.
[414] Zum Begriff der Kernkompetenzen vgl. Prahalad, C.K./Hamel, Gary: The core competence of the corporation, in: Harvard Business Review, Vol. 68, May-June 1990, S. 79 ff; Handlbauer, Gernot/Hinterhuber, Hans H./Matzler, Kurt: Kernkompetenzen, in: WISU, Nr. 8-9, 1998, S. 911 ff.
[415] Vgl. Picot, Arnold: Ein neuer Ansatz..., S. 346.
[416] Vgl. Picot, Arnold: Ein neuer Ansatz..., S. 347.
[417] Vgl. Picot, Arnold: Ein neuer Ansatz,,,. S. 351; Gerhardt, Tilman/Nippa, Michael/Picot, Arnold: Die Optimierung der Leistungstiefe, in: Harvard Manager, 14. Jg., Heft 3, 1992, S. 138.

gungsbedingungen und aus dem Wegfall von Aufgaben- und Einflußbereichen resultieren. Besonders hoch können diese Widerstände sein, wenn die betroffenen Mitarbeiter in ihrer individuellen Nutzenfunktion den Aspekt des beruflichen Status und der Macht hoch bewerten. Wie sich im weiteren Verlauf der Arbeit zeigen wird, sind solche Auslagerungsbarrieren auf kommunaler Ebene besonders stark ausgeprägt.

Mögliche Normvorschläge bei bestehenden Auslagerungswiderständen werden in Abb. 28 dargestellt.

Sollten bei niedriger bis mittlerer Ausprägung der relevanten Transaktionseigenschaften mittlere bis hohe Auslagerungsbarrieren bestehen (Feld 3 in Abb. 28), so sind Maßnahmen zu überprüfen, die geeignet sind diese Widerstände abzubauen. Sollte dies mittelfristig nicht gelingen, so ist zunächst die Eigenerstellung beizubehalten.

Die Maßnahmen, Auslagerungsbarrieren zu überprüfen und abzubauen, können zum einen von der Unternehmensleitung (bzw. Verwaltungsspitze) ausgehen. Dies ist dann der Fall, wenn sie die Auslagerung der betreffenden Leistungen für notwendig hält, Widerstände aber weitgehend aus den Reihen der Belegschaft ausgehen. Bestehen im Unternehmen generelle Bedenken gegen eine Auslagerung, so können Maßnahmen zu ihren Abbau auch von Outsourcing-Anbietern erfolgen. Hierzu ist es notwendig, zu erkennen, worin diese Widerstände genau liegen, um die absatzpolitischen Maßnahmen so auszurichten, Transaktionsdesigns anzubieten, die den Anforderungen des potentiellen Partners entsprechen.

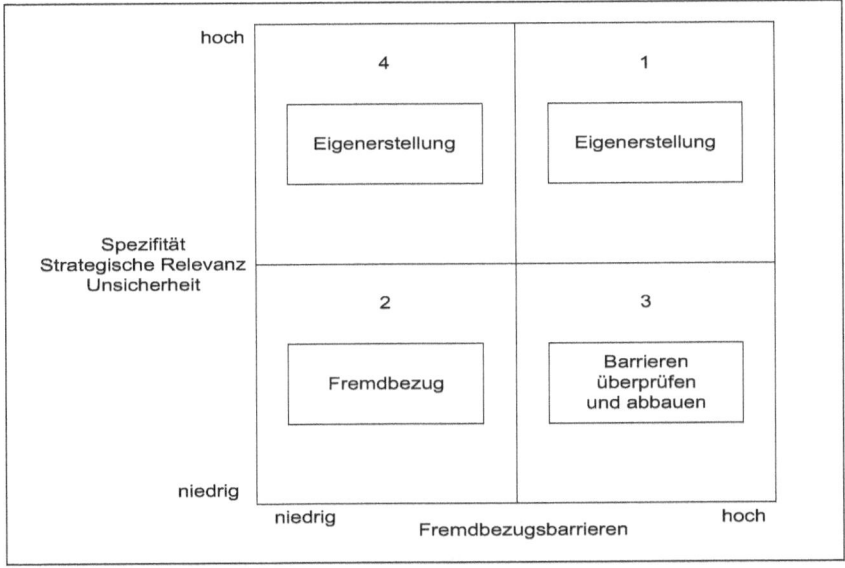

Abb. 28: Normstrategien für die Auslagerung interner Leistungen bei der Existenz von Auslagerungsbarrieren

Quelle: In Anlehnung an Gerhardt, Tilman/Nippa, Michael/Picot, Arnold: Die Optimierung der Leistungstiefe, in: Harvard Manager, 14. Jg., Heft 3, 1992, S. 139.

4.3.2.2 Eigenerstellung oder Fremdbezug kommunaler gebäudewirtschaftlicher Leistungen

4.3.2.2.1 Grundlagen eines Kostenvergleichs zwischen kommunaler und privater Leistungserstellung

Die Transaktionskostenökonomik kann auch auf die Outsourcing-Problematik im Bereich der kommunalen Gebäudewirtschaft angewendet werden. Berücksichtigt man bei der Entscheidung Eigenerstellung oder Fremdbezug zunächst die Produktionskosten, so muß auf kommunaler Seite für diesen Wirtschaftlichkeitsvergleich eine Regiekostenrechnung aufgestellt werden. Als Entscheidungsregel kann daher festgehalten werden, daß der Fremdbezug vorzuziehen ist, solange die Transaktionskosten der Kommune bei Marktbezug den (möglichen) Effizienzvorteil des privaten Unternehmens nicht überkompensieren.[418] Zu berücksichtigen sind darüber hinaus auch die Transakti-

---

[418] Vgl. auch Scholl, Rainer: a.a.O., S. 80

onskosten, die der Gemeinde entstehen, wenn sie die Leistung intern erstellt.[419]

$$K_P + TK_M < K_R + TK_V$$

K_P Produktionskosten des Privaten

TK_M Transaktionskosten bei Marktbezug

K_R Regiekosten der Kommune

TK_V Verwaltungsinterne Transaktionskosten

Fremdbezug ist damit vorzuziehen, solange die Summe der Regiekosten (Kosten der Eigenerstellung) und der verwaltungsinternen Transaktionskosten die Summe aus den Produktionskosten des Privaten und der Transaktionskosten bei Marktbezug übersteigt (Bezüglich der Transaktionskosten, die auf seiten des privaten Unternehmens anfallen, sei angenommen, daß sie in den Produktionskosten enthalten seien). Da die tatsächlichen Produktionskosten des privaten Unternehmens der Kommune nicht bekannt sind, kann die Entgeltforderung des Privaten als Orientierungsgröße gewählt werden.

Aufgrund der Schwierigkeit der Messung der Regiekosten, soll im weiteren der Schwerpunkt auf den Transaktionskosten liegen. Eine näherungsweise Aussage über die Höhe der Kosten der Raum- und Gebäudenutzung läßt sich über die Ausgaben für die Unterhaltung und Bewirtschaftung der Grundstücke und Gebäude treffen. Hier ist aber wiederum darauf hinzuweisen, daß die kamerale Haushaltsrechnung eine Einnahmen- und Ausgabenrechnung darstellt und daher z.B. kalkulatorische Kosten nicht enthalten sind, eine vollständige Kostenerfassung demnach nicht vorliegt.

Um die Höhe der Transaktionskosten für gebäudewirtschaftliche (Dienst-) Leistungen zu bestimmen, müssen auch hier die transaktionskostenrelevanten Charakteristika der betroffenen Leistungen untersucht werden.[420] Über die festgestellte Ausprägung der Eigenschaften können dann Anhaltspunkte darüber gewonnen werden, ob diese Leistungen für eine externe Vergabe in Frage kommen. Zunächst ist daher zu fragen, welchen Transaktionsmerkmalen Bedeutung beizumessen ist und wie sie zu interpretieren sind.

---

[419] Zum Begriff der internen Transaktionskosten vgl. Theuvsen, Ludwig: a.a.O., S. 976 ff.

[420] Hier gilt es, geeignete Verfahren zu finden, anhand derer die Transaktionseigenschaften erfaßt werden können. Für die Ermittlung Eigenschaften Spezifität und Unsicherheit (bezogen auf Distributionsleistungen) stellt Fischer ein Scoring-Verfahren vor. Vgl. Fischer, Marc: Make-or-Buy der Distributionsleistung, in: BFuP, 46. Jg., Heft 4, 1994, S. 298 ff.

4.3.2.2.2 Spezifität gebäudewirtschaftlicher Leistungen

Bezüglich der Spezifität ist zunächst zu klären, wie überhaupt Spezifität gemessen werden kann. Aussagen über den Spezifitätsgrad lassen sich ex ante über den betrachteten Markt ableiten. Die Zahl der Anbieter und der Nachfrager sowie der Standardisierungsgrad der betrachteten Leistung läßt eine erste Aussage über die Höhe der Spezifität zu. Daneben spielt der Verwendungszweck der Leistung eine Rolle. Eine höhere Spezifität ergibt sich z.b., wenn diese auf spezielle Bedürfnisse der Kommune zugeschnitten werden müssen, die Drittverwendungsfähigkeit dadurch also sinkt.

Bei der Frage nach der Spezifität der gebäudewirtschaftlichen Leistungen ergibt sich ein differenziertes Bild. Zerlegt man die Gesamtaufgabe der Gebäudewirtschaft in Teilaufgaben, so zeigt sich, daß Leistungen existieren, die unspezifischen Charakter haben. Unzweifelhaft gilt dies für die Gebäudereinigung. Hierbei handelt es sich um eine Leistung, die zum einen keine spezifischen Investitionen erfordert, zum anderen als weitgehend standardisiert angesehen werden kann. Im Bereich der technischen Systeme und des Energiemanagements ist eine höhere Spezifität gegeben. Dies gilt besonders dann, wenn von seiten des Anbieters in Anlagen investiert werden muß, die speziell auf die Bedürfnisse der Kommune zugeschnitten sind und somit einer Drittverwendung nicht zur Verfügung stehen. Insofern verringert sich die Möglichkeit, Größenvorteile zu nutzen. Auch kann hier eine Standortspezifität vorliegen, wenn eine Verlagerung der Anlagen nur unter erheblichen Kosten möglich ist.

Auch die Entwicklung von EDV-Verfahren kann eine hohe Spezifität aufweisen, wenn z.B. ein Gebäudeinformationssystem entwickelt wird, das nur auf die Gegebenheiten einer Kommune abgestimmt ist. Auch (hochentwickelte) Software, die nur mit einer bestimmten Hardwarekonfiguration kompatibel ist, weist eine hohe Spezifität auf. Keine Spezifität ist natürlich bei Standardsoftware gegeben. Ebenso wie individuelle Software kann die Verkabelung der EDV und deren Vernetzung eine mittlere bis hohe Spezifität ausweisen.

Im Bereich der Kantinendienste und des Catering kann eine mittlere Spezifität gegeben sein. Dies ist vor allem dann der Fall, wenn der externe Dienstleister in die Küchenausstattung investiert. Einerseits sind hier Geräte vorhanden, die genormt und damit anderweitig wieder einsetzbar sind, andererseits sind auch Spezialinvestitionen vorzunehmen. Dies ist dann der Fall, wenn bestimmte Geräte und Arbeitsflächen auf die räumlichen Gegebenheiten zugeschnitten werden müssen und somit die Drittverwendungsfähigkeit verringert wird.

Aus Sicht der Kommune kann insbesondere im Bereich des kaufmännischen Gebäudemanagement Humankapitalspezifität gegeben sein. Gefordert ist in diesem Bereich eine betriebswirtschaftliche Ausrichtung und die Kenntnis betriebswirtschaftlicher Instrumente (Controlling, Rechnungswesen). Diese ist in vielen Kommunen nur unzureichend vorhanden, da nach den Regeln der Kameralistik gearbeitet wird. Notwendiges Know-how müßte erst aufgebaut werden. Generell kann davon ausgegangen werden, daß von seiten der Anbieter von einer geringeren Humankapitalspezifität ausgegangen werden kann, da sie über das notwendige Fachwissen verfügen. Lediglich in bezug auf bestimmte verwaltungsrechtliche Vorschriften kann eine mittlere Spezifität vermutet werden.

Diese Auswahl einiger Leistungen der Gebäudewirtschaft hat gezeigt, daß sich ein durchaus differenziertes Bild bezüglich der Spezifität ergibt.

Weiterhin liegt für die gebäudewirtschaftlichen Leistungen eine ausreichend hohe Anzahl potentieller Anbieter vor[421], so daß eine monopolähnliche Marktsituation vor Vertragsschluß nicht gegeben ist. Auch nach Vertragsabschluß ist bei einem Großteil der Leistungen zu erwarten, daß die Wettbewerbssituation aufrecht erhalten werden kann. Hohe Abhängigkeiten oder sogar die Fundamentale Transformation sind nicht wahrscheinlich.[422] Lediglich in einigen Bereichen ist es dem potentiellen Vertragspartner möglich, transaktionsspezifische Kenntnisse und damit Vorteile gegenüber Mitbewerbern zu erlangen. Dies ist insbesondere dann der Fall, wenn er spezielle Investitionen in die Transaktionsbeziehung getätigt hat. Auch hier können als Beispiel wieder das Energiemanagement oder der EDV-Bereich genannt werden. Daneben machen die Transaktionspartner natürlich im Laufe der Vertragsbeziehung Erfahrungen miteinander und lernen ihre gegenseitigen Ziele, ihre Kompetenz und ihre Restriktionen kennen.[423] Der externe Dienstleister erhält einen Einblick in die Arbeitsorganisation und -abläufe, er lernt die Entscheidungsträger kennen und er erwirbt genaue Kenntnisse über Art, Zustand und Lage des Gebäudebestandes. Er erhält somit spezifisches Wissen über die nachfragende Kom-

---

[421] Vgl. Staudt, Erich/Kriegesmann, Bernd/Thomzik, Markus: a.a.O., S. 94 ff. Es wird einschränkend aber darauf verwiesen, daß viele Unternehmen lediglich Teilleistungen des Facility Managements anbieten.

[422] Hohe gegenseitige Abhängigkeiten und geringer Wettbewerb sind hingegen bei Betreibermodellen im Bereich der Wasserentsorgung gegeben.

[423] Vgl. hierzu auch Kaas, Klaus Peter: Marketing zwischen Markt und Hierarchie, in: Kaas Klaus Peter (Hrsg.): Kontrakte, Geschäftsbeziehungen, Netzwerke: Marketing und neue Institutionenökonomik, ZfbF, Sonderheft 35, Düsseldorf/Frankfurt 1995, S. 36

mune; andere Anbieter müßten sich dieses Wissen erst erarbeiten, so daß sich durchaus Wettbewerbsvorteile für den etablierten Vertragspartner ergeben. Er befindet sich in einer besseren Verhandlungsposition, so daß durch sein nachfragerspezifisches Wissen ein gewisser Grad an Abhängigkeit der Kommune entstehen kann. Hierdurch kann es für die Kommune nachteilig werden, einen neuen Kontraktpartner zu suchen, da dieser die notwendigen Kenntnisse erst erwerben muß und dafür eine gewisse Einarbeitungszeit benötigt. Zudem erfordern Verhandlungen mit weiteren Anbietern zusätzliche Ex ante-Transaktionskosten.

4.3.2.2.3 Unsicherheit bei gebäudewirtschaftlichen Leistungen

Die Höhe der Unsicherheit wird im wesentlichen beeinflußt von der Transparenz des jeweiligen Marktes, da hiervon die Aufwendungen der Informationsbeschaffung abhängen. Je leichter die notwendigen Informationen erhältlich sind, desto geringer sind die Informationskosten für die Kommune. Allerdings müssen diese Informationen verständlich sein und verarbeitet werden können. Daneben wird die Unsicherheit von der Art der betrachteten Leistung bestimmt. Hierbei kann es sich um Leistungen handeln, die den Charakter von Such-, Erfahrungs- oder Vertrauensgüter haben. Während bei Suchgütern die Qualität des Angebots schon vor dem Kauf durch einfache Begutachtung eingeschätzt werden kann, ist dies bei Erfahrungsgütern erst nach dem Kauf möglich. Bei Vertrauensgütern ist die Qualitätsbeurteilung selbst nach dem Kauf nur sehr schwer möglich (als typische Vertrauensgüter gelten z.B. Versicherungen).[424] Hiervon kann also abhängen, wie sich im Laufe der Vertragserfüllung die Beobachtbarkeit der Leistung und der Leistungsqualität darstellt.

Eine geringe Unsicherheit ist daher bei der Gebäudereinigung gegeben, da hier eine Kontrolle mit bloßem Augenschein erfolgen kann. Schwieriger dürfte dies wiederum bei den Leistungen sein, die ein spezielles Fachwissen erfordern. Auch hier kann als Beispiel das Energie-Contracting angeführt werden.

4.3.2.2.4 Strategische Relevanz gebäudewirtschaftlicher Leistungen

Nach Picot/Wolff sind diejenigen Leistungen strategisch relevant, ohne die der Staat in seinem Bestehen oder in seiner Position in einen vom Bürger nicht gewollten Ausmaß gefährdet ist. Die betroffenen Leistungen werden als unverzichtbares Mittel zur Erreichung vorgelagerter politischer Ziele angesehen. Als Beispiele werden die innere und äußere Sicherheit, Aufgaben des Rechts-

---

[424] Vgl. Schade, Christian/Schott, Eberhard: Kontraktgüter im Marketing, in: Marketing ZFP, 15. Jg., Heft 1, 1993, S. 17.

schutzstaates sowie der Rechtsprechung genannt.[425] Als weitere Aufgaben mit strategischer Relevanz werden Bereiche aufgeführt, die mit einer besonderen Geheimhaltungspflicht verbunden sind, deren Auslagerung erhebliche Überwachungs- und Kontrollkosten verursachen würde oder Aufgaben, die innerhalb einer Organisation nur unter Zugriff auf Daten und Informationen aus vielen oder allen Organisationsteilen zu lösen sind.[426] Problematisch ist, daß mit diesen Punkten die strategische Relevanz kommunaler Aufgaben nicht hinreichend definiert und schwer zu operationalisieren ist.[427] So stellt insbesondere die Formulierung „in einem vom Bürger nicht gewollten Ausmaß" ein interpretations- und auslegungsbedürftiges Kriterium dar. Teilweise können die Kriterien auch so ausgelegt werden, daß nahezu keine Aufgabe ausgelagert werden kann. So trifft z.B. für gebäudewirtschaftliche Leistungen zu, daß es sich um Aufgaben handelt, bei deren Erfüllung man auf Informationen der Gebäudenutzer angewiesen ist und somit Informationen aus vielen Organisationsteilen benötigt werden.

Als Zwischenergebnis kann man bis hierher festhalten, daß diejenigen Aufgaben als strategisch relevant angesehen werden, die den staatlichen Kernaufgaben zuzurechnen sind. Da die gebäudewirtschaftlichen Leistungen den Annexaufgaben zuzuordnen sind, müßte eine strategische Relevanz dieser Aufgaben nach den obigen Ausführungen daher zunächst verneint werden. Es ist aber zu fragen, ob strategische Relevanz nicht auch noch unter einem anderen Gesichtspunkt gegeben sein kann. Nach Jann liegt strategische Relevanz in den Fällen vor, in denen die Auslagerung von Leistungen dazu führt, daß politisch definierte strategische Ziele nicht mehr im gewünschten Maß erreicht werden können. Er sieht insbesondere die Gefahr, daß die Steuerbarkeit öffentlicher Leistungen im Hinblick auf diese strategischen Ziele nicht mehr gegeben ist.[428] Zwei Aspekte sind demnach von Bedeutung: die politischen Ziele und die Steuerbarkeit. Bezüglich der politischen Ziele ist indes anzumerken, daß diese aus dem politischen Willensbildungsprozeß hervorgehen und einem ständigen Wandel unterliegen können. Insofern kann ein Ziel heute noch als

---

[425] Vgl. Picot, Arnold/Wolff, Birgitta: a.a.O., S. 77; Wolff, Birgitta: Public-Private Partnerships, a.a.O., S. 249 f. Diese Aufzählung zeigt, daß es sich hier um Leistungen handelt, die in den Bereich der öffentlichen Güter anzusiedeln sind.

[426] Vgl. mit kritischen Anmerkungen Jann, Werner: Strategische Relevanz, in: Naschold, Frieder u.a. (Hrsg.): Leistungstiefe im öffentlichen Sektor: Erfahrungen, Konzepte, Methoden, Berlin 1996, S. 46.

[427] Vgl. Jann, Werner: a.a.O., S. 48.

[428] Vgl. Jann, Werner: a.a.O., S. 58. Strategisch relevante Ziele sind die Ziele, die von den politischen Entscheidungsträgern dazu erklärt wurden. Vgl. Jann, Werner: a.a.O., S. 52.

strategisch relevant angesehen, morgen aber schon als weniger bedeutend eingestuft werden. Insofern erscheint es angebracht, nicht an den Zielen anzusetzen, sondern eine Stufe höher an den Funktionen des politisch-administrativen Systems.[429] Die Funktionsfähigkeit des Systems, d.h. die Fähigkeit zur Aufgabenerfüllung, ist nur möglich, wenn die erforderlichen Ressourcen – und dies sind in erster Linie Finanzmittel – zur Verfügung stehen. Wichtigste Einnahmequelle der Kommunen sind die Steuern und hierunter die Gewerbesteuer sowie der Gemeindeanteil an der Einkommensteuer. Diese Steuern lassen sich langfristig und nachhaltig aber nur erzielen, wenn Unternehmen vor Ort angesiedelt und gehalten werden können. Gleiches gilt für die Einwohner der Kommune.[430] Hier steht man in einem starken Standortwettbewerb mit anderen Kommunen. Dieser zeigt sich besonders ausgeprägt, wenn es gilt, große Unternehmen am Ort zu halten. Zudem kann der Wandel im Rollenverständnis der Kommunalverwaltungen, in dem der Bürger zunehmend als Kunde gesehen wird und Kundenbindung sowie Kundenbindungsmanagement als Anforderungen an die Verwaltung gesehen werden, als Indiz für einen interkommunalen Wettbewerb gesehen werden.[431] Als strategisch relevant können nun jene Leistungen angesehen werden, die geeignet sind, die Wettbewerbsposition der einzelnen Kommune zu stärken und damit ihre Fähigkeit zur Aufgabenwahrnehmung zu festigen.

Über das Kriterium der Funktionsfähigkeit kommt dann ebenfalls der Aspekt der Steuerbarkeit zum Tragen. Funktionsfähigkeit ist dann gegeben, wenn den politischen und administrativen Entscheidungsträger ein ausreichendes Maß an Kontrolle und Einflußnahme möglich ist. Zu fragen ist daher, ob das System durch die Auslagerung bestimmter Leistungen in seiner Funktionsfähigkeit gestört wird.

Problem bleibt allerdings hier weiterhin, daß unter der obigen Begriffsbestimmung eine Vielzahl von Leistungen gefaßt werden kann. Unbestritten ist aber, daß eine intakte Infrastruktur ein Wettbewerbsfaktor ist, mit dem man sich von anderen Kommunen differenzieren kann. Eingangs wurde bereits erwähnt, daß die kommunalen Immobilien Bestandteil der Infrastruktur sind und ihr Zu-

---

[429] Zu diesen Funktionen vgl. Budäus, Dietrich: Betriebswirtschaftliche Instrumente..., a.a.O., S. 37 ff.

[430] Vgl. ähnlich Balleis, Siegfried: Eine Stadt muß wie ein Dienstleistungsunternehmen handeln, in: FAZ, Nr. 188 vom 15.8.1997, S. 38.

[431] Vgl. zur zunehmenden Kundenorientierung am konkreten Beispiel der Stadt Arnsberg Vogel, Hans-Josef: Der Bürger ist Kunde und Produzent, in: Stadt und Gemeinde, Nr. 5, 2000, S. 168 ff.

stand Einfluß auf das Leistungsangebot hat. So mag z.B. die Baufälligkeit des Musikschulgebäudes bedeuten, daß der Musikunterricht eingeschränkt oder ganz eingestellt werden muß. Daher kann man durchaus auch die gebäudewirtschaftlichen Leistungen als strategisch relevant betrachten, da sie für die Aufrechterhaltung der kommunalen Infrastruktur zwingend vonnöten sind.

Sollte eine strategische Relevanz gebäudewirtschaftlicher Leistungen festgestellt werden, so bedeutet dies jedoch nicht, daß die entsprechende Leistung zwingend intern erstellt werden muß. Vielmehr kann ein ausreichendes Maß an Einfluß- und Kontrollmöglichkeiten bei vollständiger oder teilweiser Fremdvergabe auch durch institutionelle Arrangements gewährleistet werden. Dies wird im weiteren Verlauf der Arbeit aufzuzeigen sein.

4.3.2.2.5 Niedrige bis mittlere Ausprägung der Transaktionsmerkmale gebäudewirtschaftlicher Leistungen

Abb. 29 gibt eine Übersicht an Hypothesen über die Ausprägung der (klassischen) Transaktionsmerkmale Spezifität, Unsicherheit und Häufigkeit und damit über die Höhe der Transaktionskosten bei ausgewählten gebäudewirtschaftlichen Leistungen. Die strategische Relevanz ist maximal mittel ausgeprägt und stellt kein Hindernis für die Einschaltung privater Unternehmen dar.

	Spezifität	Unsicherheit	Häufigkeit	Transaktionskosten
Gebäudereinigung	gering	gering	häufig	niedrig
Hausmeisterdienste	gering	gering	häufig	niedrig
Kantine	mittel	gering	selten	mittel
Umzugsmanagement	gering	gering	selten	niedrig
Instandhaltung	gering	mittel	häufig	gering/mittel
Energiemanagement	mittel/hoch	mittel/hoch	selten	mittel/hoch
Datenverarbeitung	mittel	mittel	mittel	mittel
Kostenabrechnung	gering	hoch	häufig	mittel

Abb. 29: **Hypothesen über die Transaktionskosten ausgewählter gebäudewirtschaftlicher Leistungen**

Dies waren nur einige Teilbereiche der immobilienwirtschaftlichen Leistungen. Zieht man die Spezifität – wie von den Vertretern des Transaktionskostenansatzes unterstellt – als ausschlaggebendes Kriterium für die Höhe der Transaktionskosten heran, zeigt sich aber, daß einige dieser Leistungen einen sehr unspezifischen Charakter haben, andere hingegen durchaus eine hohe Spezifität aufweisen können. Daher eignen sich einige grundsätzlich für eine Fremdvergabe, wie es bei der Gebäudereinigung ja schon vielfach geschieht. Andere bieten sich dagegen eher für Kooperationen an.

Neben den bisher angeführten Charakteristika der Leistungen hat die Art der Einbeziehung privater Unternehmen in die kommunale Gebäudewirtschaft einen zusätzlichen Einfluß auf die Höhe der Transaktionskosten. Wie die weiteren Ausführungen zeigen werden, weisen die verschiedenen vorgestellten Organisationsmodelle einen unterschiedlichen Komplexitätsgrad auf, durch den insbesondere die Ex ante-Transaktionskosten (Informationskosten, Verhandlungskosten) in ihrer Höhe bestimmt werden.[432] Andererseits können im gewissen Umfang auch schon im Rahmen der Vertragsverhandlungen die Ex post-Transaktionskosten determiniert werden, die dann ihrerseits niedriger ausfallen können.

---

[432] So zeigt bspw. die Gründung der Wirtschaftsbetriebe Oberhausen GmbH, daß der Weg bis zu einem endgültigen Vertragsabschluß mit langen Verhandlungen verbunden sein kann. Zunächst wurde zur Entscheidungsvorbereitung eine Unternehmensberatung eingeschaltet. Dann erfolgten die Partnersuche und erste Vertragsverhandlungen. Nach deren Scheitern fand eine europaweite Ausschreibung statt, die in neue Vertragsverhandlungen mündete, bevor schließlich die Zusammenarbeit beschlossen wurde. Vgl. Drescher, Burkhard Ulrich/Dellwig, Magnus: a.a.O., S. 128 ff.; o.V.: Babcock kündigt Oberhausen-Modell, in: WAZ, Nr. 294 vom 16.12.1995, o.S.

4.4 Die Principal-Agent-Theorie

4.4.1 Principal-Agent-Beziehungen und Probleme des Auftraghandelns

Zielsetzung der Principal-Agent-Theorie ist die Analyse der Beziehung zwischen Auftraggeber (Principal) und Auftragnehmer (Agent) sowie der Mechanismen, die Probleme, die durch Informationsasymmetrie und Unsicherheit entstehen, beseitigen bzw. mindern können. Die Entscheidungen, die der Auftragnehmer trifft, beeinflussen nicht allein sein Nutzenniveau, sondern immer auch das Nutzenniveau des Auftraggebers.[433] Ein solches Principal-Agent-Verhältnis liegt in einer engen Begriffsfassung dann vor, wenn eine vertragliche Bindung zwischen den Akteuren besteht und damit eine Auftragsbeziehung gegeben ist. In einer weiten Begriffsfassung liegt ein solches Verhältnis allerdings schon dann vor, wenn ein Individuum von den Aktionen eines anderen Individuums abhängt bzw. Handlungen eines Individuums Auswirkungen auf den Nutzen von anderen Individuen haben.[434]

Grundannahme der Principal-Agent-Theorie ist zum einen, daß zwischen Principal und Agent eine ungleiche Informationsverteilung vorliegt. Es wird davon ausgegangen, daß der Agent besser informiert ist als der Principal.[435] Diese Informationsasymmetrie ist zunächst einmal Voraussetzung dafür, daß der Principal den Agenten überhaupt damit betraut, als Vertreter Entscheidungen zu treffen. Der Principal geht davon aus, daß der Agent in dem bestimmten Tätigkeitsfeld über besondere Kenntnisse verfügt, die es ihm ermöglichen, die übertragenen Aufgaben besser zu erledigen als er selbst. Darüber hinaus erhält der Agent aber durch seine Wissensvorsprünge Handlungsspielräume, die er im eigenen Interesse ausnutzen kann.[436]

Als weitere Grundannahme wird zum anderen auch hier individuelle Nutzenmaximierung sowohl für den Auftraggeber als auch für den Auftragnehmer

---

[433] Vgl. Picot, Arnold: Ökonomische Theorien..., a.a.O., S. 150.

[434] Vgl. Arrow, Kenneth J.: The economics of agency, in: Pratt, John W./Zeckhauser, Richard J. (ed.): Principals and agents: The structure of business, Boston 1985, S. 37; Pratt, John W./Zeckhauser, Richard J.: Principals and agents: An overview, in: Pratt, John W./Zeckhauser, Richard J. (ed.): Principals and agents: The structure of business, Boston 1985, S. 2. Vgl. mit kritischen Anmerkungen Schneider, Dieter: Betriebswirtschaftslehre..., a.a.O., S. 44.

[435] Vgl. Kiener, Stefan: Die Principal-Agent-Theorie aus informationsökonomischer Sicht, Heidelberg 1990, S. 22.

[436] Vgl. Ebers, Mark/Gotsch, Wilfried: a.a.O., S. 197.

unterstellt.[437] In Verbindung mit der Annahme von Informationsvorsprüngen auf seiten des Auftragnehmers ergibt sich hieraus für den Principal die Gefahr, daß der Agent seine Handlungsspielräume auch opportunistisch, d.h. durchaus unter Anwendung von List und Täuschung ausnutzen kann. Er kann sowohl seine Wissensvorsprünge über den von ihm zu leistenden Beitrag als auch Wissensvorspünge über ihm besser bekannte Umweltzustände ausnutzen. Aufgrund seines Informationsdefizits ist es für den Principal schwer, daß Verhalten des Agent und das Ergebnis seiner Tätigkeit einzuschätzen.

Darüber hinaus werden in der Principal-Agent-Theorie die Risikoneigungen der Beteiligten berücksichtigt. Hierbei wird dem Principal Risikoneutralität, dem Agenten Risikoaversion unterstellt.[438]

Probleme aus einer Principal-Agent-Beziehung entstehen dann, wenn die Interessen der Beteiligten divergieren und der Agent Handlungen unternimmt, die den Interesse des Principal entgegengerichtet sind. Um die Handlungen des Agenten zu steuern, müssen daher in den Vertragsbedingungen geeignete Anreiz-, Kontroll- und Informationsmechanismen aufgenommen werden. Principal-Agent-Probleme können vor und nach Vertragsabschluß auftreten. Es lassen sich grundsätzlich drei Arten dieser Probleme unterscheiden:

Vor Vertragsabschluß kann das Problem der „hidden information" auftreten (streng genommen liegt hier jedoch noch kein Auftragsverhältnis vor, jedoch wird schon im Vorfeld der Vertragsbeziehung der Grundstein für die weitergehenden Problemfelder gelegt). In diesem Fall kennt der Principal bestimmte Eigenschaften des Agent (z.B. seine Qualifikation und seinen Leistungswillen) oder der von ihm angebotenen Leistung nicht, sei es, daß sie ihm verborgen bleiben oder daß der Agent sie bewußt durch unvollständige Informationsbereitstellung oder durch Täuschung verschleiert. Als Folge hiervon besteht die Gefahr der „adverse selection", nämlich die Auswahl ungeeigneter Transaktionspartner.[439] Der Prozeß der „adverse selection" beschreibt eine Negati-

---

[437] Vgl. Dietl, Helmut: a.a.O., S. 134.

[438] Vgl. Dietl, Helmut: a.a.O., S. 135; Picot, Arnold: Ökonomische Theorien..., a.a.O., S. 151.

[439] Vgl. Kiener, Stefan: a.a.O., S. 24 f.; Dietl, Helmut: a.a.O., S. 137 f. In der Literatur findet sich für diesen Sachverhalt oftmals auch der Ausdruck „hidden characteristics", da „hidden information" durchaus auch nach Vertragsabschluß auftreten können, wenn der Principal die Handlungen zwar beobachten, nicht aber beurteilen kann. Vgl. Spremann, Klaus: a.a.O., S. 566; Picot, Arnold: Ökonomische Theorien..., a.a.O., S. 152; Ebers, Mark/Gotsch, Wilfried: a.a.O., S. 198 f. Dietl ordnet diese Fälle allerdings dem Problem-

vauslese. Aufgrund der Schwierigkeit der Qualitätsbeurteilung des Marktangebots gehen die Nachfrager von einer Durchschnittsqualität aus und sind auch nur bereit, den dafür entsprechenden Preis zu zahlen. Folge davon ist, daß sich die guten Anbieter vom Markt zurückziehen und sich letztlich die schlechten Qualitäten durchsetzen.[440]

Im Verlauf der Leistungsbeziehung kann das Problem der „hidden action" auftreten. In diesem Fall kennt der Principal zwar das Ergebnis der Handlungen des Agent, hat aber keine genaue Kenntnis über die Handlungsalternativen des Agent und sein Leistungsverhalten.[441] Entweder kann er sie gar nicht oder aber zumindest nicht kostenlos beobachten.[442] Er kann damit zum einen nicht beurteilen, welche Handlungsalternativen dem Agent zur Verfügung standen und ob die gewählte Handlungsalternative auch die beste in seinem Sinne war. Zum anderen kann er nicht einschätzen, ob das Ergebnis allein auf die Leistung des Agent zurückzuführen ist oder ob mögliche exogene, zufällige Umwelteinflüsse Auswirkungen auf das Ergebnis gehabt haben.[443] Der Agent hat hier also einen Informationsvorsprung bezüglich der Handlungsalternativen und seines Leistungsniveaus. Für den Principal ergeben sich hieraus zwei Probleme. Der Agent kann durch die beschränkte Beobachtbarkeit seiner Leistung zu einer Reduzierung seiner Leistungsanstrengung verleitet werden. In diesem Fall spricht man von „shirking". Daneben besteht die Gefahr des „moral hazard", d.h. der Agent kann verleitet sein, die Ressourcen für eigennützige Zwecke zu verwenden.[444] Abhängig ist die Gefahr des „moral hazard" von der Ressourcenplastizität. Eine Ressource ist um so plastischer, je zahlreicher ihre Verwendungsmöglichkeiten sind.[445] Mit steigender Plastizität steigen auch

---

bereich der „hidden action" zu, da sie die gleiche Problemstruktur aufweisen. Vgl. Dietl, Helmut: a.a.O., S. 138, Fn. 57.

[440] Dies wir von Akerlof als „market for lemons" bezeichnet. Vgl. Akerlof, George A.: The market for „lemons": Quality uncertainty and the market mechanism, in: The Quarterly Journal of Economics, Vol. 84, 1970, S. 488 ff. Einen Überblick gibt Milde, Hellmuth: Die Theorie der adversen Selektion, in: WiSt, 17. Jg., Heft 1, 1988, S. 1 ff.

[441] Vgl. Ebers, Mark/Gotsch, Wilfried: a.a.O., S. 199.

[442] Vgl. Picot, Arnold: Ökonomische Theorien..., a.a.O., S. 151.

[443] Vgl. Richter, Rudolf: Institutionen..., a.a.O., S. 16 f.

[444] Vgl. Elschen, Rainer: Gegenstand und Anwendungsmöglichkeiten der Agency-Theorie, in: ZfbF, 43. Jg., Heft 11, 1991, S. 1005.

[445] Vgl. Spremann, Klaus: a.a.O., S. 572; Dietl, Helmut: a.a.O., S. 139: Zum Begriff der Plastizität vgl. Alchian, Armen A./Woodward, Susan: The firm is dead; Long live the firm. A Review of Oliver E. Williamson's The economic institutions of capitalism, in: Journal of Economic Literature, Vol. 26, 1988, S. 68 f.

die Einsatz- und Verwendungsmöglichkeiten und für den Agent die Möglichkeit, sie für eigene Zwecke zu nutzen.

Als drittes Problem einer Principal-Agent-Beziehung kann „hidden intention" auftreten. Damit wird der Fall bezeichnet, daß der Principal ex ante nicht weiß, wie sich der Agent im Laufe der Vertragsbeziehung verhalten wird. Im Gegensatz zu hidden action sind die Handlungen des Agenten während der Vertragsbeziehung jedoch für den Principal beobachtbar. Solange der Agent sich vertrags- und interessenkonform verhält, ergeben sich keine Schwierigkeiten. Zum Problem wird dies allerdings erst, wenn sich der Principal in ein (weitgehend einseitiges) Abhängigkeitsverhältnis begeben hat, welches nur schwer wieder auflösbar ist und der Agent diese Situation in opportunistischer Weise ausnutzt. Ein solches Abhängigkeitsverhältnis ist dann gegeben, wenn der Principal Entscheidungen getroffen hat, die für ihn irreversibel sind. Dies kann z.B. bei einer hohen Leistungsspezifität der Fall sein. Der Principal hat bestimmte Vorleistungen in die Partnerschaft eingebracht, die bei einem Wechsel des Vertragspartners oder einer Auflösung der Geschäftsbeziehung sunk costs darstellen. Die Handlungsspielräume, die sich für den Agent ergeben, kann dieser offen zu seinen Vorteil zu nutzen versuchen, ohne daran vom Principal gehindert werden zu können. Diese Gefahr wird als „hold up" bezeichnet.[446]

Aus den dargestellten Problemen entstehen dem Principal Kosten, die sogenannten agency costs. Hierzu zählen die „monitoring costs" (Kontrollkosten), die „bonding costs" (Garantiekosten) und der „residual loss".[447] Bei den „monitoring costs" handelt es sich um Kosten des Principal, die durch Maßnahmen verursacht werden, die eine auftragsgemäße Leistungserstellung sicherstellen sollen. Hierunter zählt z.B. die Installation von anreiztauglichen Entlohnungssystemen. „Bonding costs" sind Kosten des Agenten, die aus den Sicherungs- und Kontrollwünschen des Principal resultieren, z.B. aus Stellung von Garantien (wie z.B. Avale) oder der Rechnungslegung. Aus Sicht des Principal können diese Kosten als Opportunitätskosten interpretiert werden, da der Agent die hierfür aufgewendeten Mittel nicht für investive Maßnahmen einsetzen kann. Als „residual loss" schließlich bezeichnet man den Wohlfahrts-

---

[446] Vgl. Dietl, Helmut: a.a.O., S. 141 ff.; Picot, Arnold/Wolff, Birgitta: a.a.O., S. 74. Mit einigen Beispielen vgl. Spremann, Klaus: a.a.O., S. 568 ff.

[447] Vgl. Jensen, Michael C./Meckling, William H.: Theory of the firm: Managerial behavior, agency costs and ownership structure, in: Journal of Law and Economics, Vol. 3, 1976, S. 308.

verlust des Principal durch Verfehlung seines Nutzenmaximums.[448] Gerade beim „residual loss" ergeben sich erhebliche Operationalisierungsprobleme.

Bei der Übertragung von Leistungsbereichen auf private Unternehmen sind insofern jene Organisationsformen zu wählen, welche die agency costs minimieren.

4.4.2 Anreiz-, Kontroll- und Informationsmechanismen zur Reduzierung von Principal-Agent-Problemen

Die potentiell ungleiche Informationsverteilung und die bestehende Unsicherheit in einer Auftraggeber/Auftragnehmer-Beziehung machen es insoweit notwendig, Mechanismen zu installieren, die mögliche Principal-Agent-Konflikte beseitigen bzw. mindern und die eine Angleichung der Interessen der beteiligten Akteure herbeiführen können. Im Fall der Übertragung von bisher kommunal erstellten Leistungen auf Private ist zunächst davon auszugehen, daß ein solcher Interessenkonflikt zwischen dem Gewinnziel eines privaten Unternehmens und den Qualitäts- und Preisvorstellungen der Kommune gegeben ist.

Gegen die Gefahr der adverse selection, des moral hazard und des hold up stellt die Principal-Agent-Theorie eine Reihe von Informations-, Anreiz- und Kontrollmechanismen zur Verfügung, welche das Verhalten des Agent vor Vertragsabschluß und während der Transaktionsbeziehung steuern sollen.

Eine Reihe der Lösungsvorschläge der Principal-Agent-Theorie zielt auf die Beseitigung des Informationsgefälles vor Vertragsabschluß ab, um die Gefahr der adverse selection zu vermeiden. Sogenannte *„Signaling"-Aktionen* gehen vom Agenten aus und sind darauf ausgerichtet, daß dieser von sich aus Informationen über seine Qualifikation sowie seine Leistungen zur Verfügung stellt. Die Kosten der Informationsbereitstellung liegen damit auf seiner Seite. Dadurch, daß er bereit ist, diese Kosten zu tragen, möchte er ein positives Signal in Richtung des potentiellen Principal senden. Für ihn besteht die Möglichkeit, seine Leistungsfähigkeit durch Gütesiegel, Zertifizierungen oder durch den Verweis auf Referenzprojekte zu signalisieren. Ergänzend können positive Signale durch die Vorlage von Bilanzen und Zeugnissen vermittelt werden.[449]

---

[448] Vgl. Ebers, Mark/Gotsch, Wilfried: a.a.O., S. 198; Schneider, Dieter: Betriebswirtschaftslehre..., a.a.O., S. 264.

[449] Vgl. Dietl, Helmut: a.a.O., S. 145 f; Schneider, Dieter: Betriebswirtschaftslehre. Band 1:..., a.a.O., S. 41.

Insgesamt handelt es sich bei den „Signaling"-Aktivitäten um vertrauensbildende Maßnahmen des Agent. Allerdings generieren sie auf seiten der potentiellen Auftraggeber zunächst einmal nur eine Vermutung über die zu erwartende Qualität der einzukaufenden Leistung. Wie diese sich im Laufe der Vertragsbeziehung tatsächlich darstellt, kann hieraus noch nicht entnommen werden. Hervorgehoben sei nochmals die Bedeutung von Referenzobjekten, da diese einen unmittelbaren Einblick in eine (im Idealfall noch bestehende) Vertragsbeziehung erlauben.

Gehen die Aktivitäten zur Informationsbeschaffung direkt vom Principal aus, so spricht man von *„screening"*.[450] Diese sollten auf jeden Fall ergänzend zur Informationsbereitstellung des Agent erfolgen, um die Entscheidungssituation nachhaltig zu verbessern. Mögliche Maßnahmen sind die Einschaltung von Auskunfteien oder das Nachfragen bei anderen Kunden des Transaktionspartners. Im Falle des „screening" fallen die Kosten der Informationsbeschaffung beim Principal an. Für diesen stellt sich damit ein Optimierungsproblem. Er hat abzuwägen, ob die für die Informationsbeschaffung aufzubringenden Aufwendungen durch den damit erzielten Nutzen zu rechtfertigen sind.

Als dritte Alternative zum Abbau von Informationsasymmetrien vor Vertragsabschluß stehen *Selbstwahlschemata* (self selection) zur Verfügung.[451] Hierbei gibt der Principal dem Agent eine Entscheidungssituation derart vor, daß er von der Entscheidung des Agent auf dessen Qualifikations- und Qualitätseigenschaften schließen kann. Ein geeignetes Instrument hierfür sind Ausschreibungen. In diesen Ausschreibungen können Qualitätsstandards, Entlohnungsformen, Vertragslaufzeiten und Probezeiten, Garantieleistungen, der Umfang der Leistungsbereitschaft u.ä. festgelegt werden. Es wird dann davon ausgegangen, daß sich die Anbieter, die die gestellten Anforderungen nicht erfüllen, an der Ausschreibung auch nicht beteiligen werden.

Zur Einschränkung von moral hazard-Problemen können *Kontroll- und Anreizmechanismen* eingesetzt werden. Kontrollanstrengungen sind dann geeignet, wenn sie für den Principal mit geringen Kosten (monitoring costs) verbunden sind. Allerdings steigen Kontrollumfang und -kosten mit der Komplexität und Spezifität der erbrachten Leistung sowie mit dem Grad der Unvollständigkeit der zugrundeliegenden Verträge. Eine Alternative besteht daher darin, den Agent an den Folgen seiner Handlungen für den Principal zu beteiligen.[452] Da-

---

[450] Vgl. Schneider, Dieter: Betriebswirtschaftslehre. Band 1:..., a.a.O., S. 41.
[451] Vgl. Spremann, Klaus: a.a.O., S. 578.
[452] Vgl. Dietl, Helmut: a.a.O., S. 148.

her sind Vertragsbedingungen zu installieren, die geeignet sind, dem Auftragnehmer Anreize zu setzen, seine Handlungsmöglichkeiten nicht zum Nachteil des Principal zu nutzen. Diese Funktion können z.b. Entlohnungssysteme erfüllen, in denen die Entlohnung an das Verhalten des Agent geknüpft wird. Eine zweite Möglichkeit besteht darin, die Entlohnung an die Ergebnisse der Tätigkeit des Agent zu koppeln.[453] In beiden Fällen müssen geeignete Bemessungsgrundlagen gefunden werden, anhand derer das Verhalten und die Ergebnisse des Handelns des Agenten bewertet werden können. Diese Bemessungsgrundlagen müssen einfach ermittelt werden können und intersubjektiv überprüfbar sein. Zudem muß die Entlohnung von solchen Bemessungsgrundlagen abhängig gemacht werden, die der Agent auch tatsächlich beeinflussen kann.[454] Das bedeutet auch, daß eindeutig bestimmt werden kann, welchen Einfluß exogene, nicht vom Agenten zu vertretende Umweltfaktoren auf das Leistungsergebnis haben.

Ein ergebnisorientiertes Entlohnungssystem sollte dann gewählt werden, wenn Zielkonflikte zwischen den beteiligten Akteuren zu erwarten sind. Die Abhängigkeit der Entlohnung (oder eines Teils davon) vom Arbeitsergebnis wird den Agent dazu veranlassen, die Ziele des Auftraggebers um so stärker in seine eigene Nutzenfunktion eingehen zu lassen, je enger die Kopplung der Entlohnung an das Leistungsergebnis ist. Zudem verringern sich durch ergebnisorientierte Entlohnungssysteme der Kontrollbedarf und die Kontrollkosten.[455] Dies ist dann der Fall, wenn die Ergebnisse der Tätigkeit leicht, die Handlungen des Agenten aufgrund von Komplexität aber nur schwer zu beobachten sind.[456]

4.4.3 Die Einschaltung privater Unternehmen in die kommunale Gebäudewirtschaft als Principal-Agent-Beziehung

Auf kommunaler Ebene ergibt sich eine Principal-Agent-Beziehung zunächst zwischen den Politikern und der Verwaltung. Hierbei können die von den Bürgern gewählten Politiker als Auftraggeber und die Verwaltung als (besser informierter) Auftragnehmer angesehen werden.[457] Es ist davon auszugehen,

---

[453] Vgl. Elschen, Rainer: a.a.O., S. 1005.
[454] Vgl. Spremann, Klaus: a.a.O., S. 582; Elschen, Rainer: a.a.O., S. 1009.
[455] Vgl. Elschen, Rainer: a.a.O., S. 1009.
[456] Vgl. ähnlich Dietl, Helmut: a.a.O., S. 148.
[457] Gleichzeitig besteht auch eine Principal-Agent-Beziehung zwischen den Bürgern (Auftraggeber) und den Politikern (Auftragnehmer).

daß die Verwaltung die Produktionsfunktion für die Leistungserstellung besser kennt und sich somit Handlungsspielräume ergeben, die zur individuellen Nutzenmaximierung genutzt werden können.

Bezogen auf die Einschaltung privater Unternehmen in die kommunale Gebäudewirtschaft ergibt sich ebenfalls eine Principal-Agent-Beziehung. Die auslagernde Kommune übernimmt die Rolle des Principal, der externe Dienstleister die Rolle des Agenten. Es kann die Hypothese aufgestellt werden, daß in aller Regel ein Informationsvorsprung auf seiten des externen Dienstleisters gegeben ist. Einschränkend ist festzuhalten, daß mögliche Principal-Agent-Probleme ebenfalls abhängig sind von der Art der ausgelagerten Leistung. So ist z.B. bei der Gebäudereinigung eine leichte Beobachtbarkeit der Leistungsqualität gegeben, so daß von geringen Kontrollaufwendungen ausgegangen werden kann. Mit steigender Komplexität der Leistung, nimmt jedoch die Gefahr zu, daß sich Principal-Agent-Probleme einstellen. Daneben spielt natürlich auch eine Rolle, welcher Freiheitsgrad dem externen Dienstleister bei der Leistungserbringung eingeräumt wird. Zudem ist zu berücksichtigen, daß in der Regel eine Leistungsbeziehung auf Zeit eingegangen wird und ein Teil der Leistungen den Charakter von Kontraktgütern aufweisen (z.B. der Umbau eines Gebäudes oder Leistungen im EDV-Bereich). Hierbei handelt es sich um Güter, die komplex und hochwertig sind und die ohne Mitwirkung des Kunden nicht hergestellt werden können. Daneben handelt es sich um Leistungsversprechen, das Gut ist im Zeitpunkt des Vertragsabschlusses noch nicht existent.[458] Eine Beurteilung durch die Kommune in Form einer Inspektion des Gutes ist im voraus nicht möglich. Die Mitwirkung des Kunden ist bei der Leistungserstellung notwendig, d.h., er muß ebenfalls einen Input leisten. Solche sogenannten externe Faktoren können Personen, Objekte und/oder Informationen sein.[459] Im Falle gebäudewirtschaftlicher Leistungen muß der Principal zumindest Informationen über den Gebäudebestand, die Gebäudenutzung etc. bereitstellen. Eine ordnungsgemäße Aufgabenerfüllung ist nur möglich, wenn diese Informationen zur Verfügung stehen.

---

[458] Zum Begriff des Kontraktgutes vgl. Kaas, Klaus Peter: Kontraktgütermarketing als Kooperation zwischen Prinzipalen und Agenten, in: ZfbF, 44. Jg., Heft 10, 1992, S. 884 f.; Schade, Christian/Schott, Eberhard: Instrumente im Kontraktgütermarketing, in: DBW, 53. Jg., Heft 4, 1993, S. 491 f.

[459] Vgl. zur Integration des externen Faktors als Definitionsmerkmal des Dienstleistungsbegriffs Engelhardt, Werner H./Kleinaltenkamp, Michael/Reckenfelderbäumer, Martin: a.a.O., S. 15.

Die Kennzeichen eines Kontraktgutes treffen nur auf einen Teilbereich der gebäudewirtschaftlichen Leistungen zu. Insbesondere sind nicht alle Leistungen hochwertig und komplex, sondern weisen teilweise die Möglichkeit zur Standardisierung auf und können daher als standardisierte Leistungsversprechen betrachtet werden. Jedoch weist nahezu jedes angebotene Gut einen gewissen Grad an Kontraktguteigenschaften auf, da zumindest die Mitwirkung des Kunden (in Form der Einbringung externer Faktoren) bei der Erstellung notwendig ist.[460]

Das Problem der „hidden information" kann bei der Auslagerung kommunaler gebäudewirtschaftlicher Leistungen zum Tragen kommen. Vor Vertragsabschluß besteht für die Kommune das Problem der „Bonitätsbeurteilung" der verschiedenen Facility Management-Anbieter. Aufgrund der heterogenen Marktstruktur mit eine Vielzahl von Unternehmen und Handwerksbetrieben, die immobilienbezogene Leistungen anbieten, kann es für die Kommune schwierig sein, die Leistungsfähigkeit und -bereitschaft sowie die Leistungsqualität zu beurteilen. Diese Eigenschaften der potentiellen Vertragspartner stellen für die Kommune ein Erfahrungs- und gegebenenfalls sogar Vertrauensgut dar. Die relativ hohe Zahl an Facility Management-Anbietern kann dazu führen, daß die Markttransparenz eingeschränkt ist. Zudem ermöglichen es geringe Markteintrittsbarrieren, auch Anbietern mit unzureichender Qualifikation und Leistungsfähigkeit den Markt zu betreten. Auch die erwähnte Unklarheit über den Begriff des Facility Management kann zu einer eingeschränkten Transparenz beitragen. Eine Reihe von Anbietern tritt zudem am Markt auf, die ihren eigenen Kernbereich, z.B. Reinigungsleistungen, additiv mit Teilleistungen des Facility Management erweitern, insgesamt aber keine umfassende und gegebenenfalls auch keine insgesamt professionelle Problemlösung anbieten.[461] Negative Auswirkungen auf eine Geschäftsbeziehung können auch wirtschaftliche Schwierigkeiten eines Anbieters bewirken. Im Falle eines Konkurses muß ein neuer Partner gesucht werden; im Falle der Fusion mit einem anderen Unternehmen muß die Kommune zusätzliche Informationsanstrengungen unternehmen, um sich ein Bild über dieses Unternehmen machen zu können.

Im Extremfall kann so eine Situation zu einer Negativauslese führen. Da die Kommunen aber über Personal verfügen, das bisher mit immobilienbezogenen Leistungen betraut ist, verfügen sie bereits über ein gewisses Ausmaß an In-

---

[460] Vgl. Kleinaltenkamp, Michael: Investitionsgüter-Marketing aus informationsökonomischer Sicht, in: ZfbF, 44. Jg., Heft 9, 1992, S. 816.
[461] Vgl. Staudt, Erich/Kriegesmann, Bernd/Thomzik, Markus: a.a.O., S. 97 ff.

formationen, so daß dieser Extremfall nicht zu erwarten ist. Dennoch bleibt das Problem der Bonitätsbeurteilung bestehen.

Im Fall der „hidden action" war das Ergebnis zwar für die Kommune zu beobachten, nicht aber ob es allein auf die Anstrengungen des Agent zurückzuführen ist. Dies kann bspw. bei Instandhaltungsarbeiten der Fall sein. So kann das Ergebnis durch Inspektion begutachtet werden. Sollte es aber zu Überschreitungen eines vorgegebenen Kostenrahmens gekommen sein, so ist für die Kommune nicht bekannt, ob dies auf Umwelteinflüsse rückführbar ist oder ob der private Unternehmer mehr investiert hat als notwendig gewesen wäre. Zudem ist (zunächst) nicht nachzuvollziehen, ob er seine eigene Gewinnsituation durch eine Reduzierung der Leistungsqualität verbessert hat.[462]

Ursächlich für die Gefahr des „hold up" sind einseitige spezifische Investitionen. Der Principal gerät in ein Abhängigkeitsverhältnis, da der Agent über spezifische Ressourcen oder Know-how verfügt, auf welches der Principal angewiesen ist. Damit eröffnen sich Handlungsspielräume, die bspw. in Nachverhandlungen zu Lasten des Auftraggebers ausgenutzt werden können. Im Bereich der Gebäudewirtschaft ist dies nur in wenigen Bereichen zu erwarten. Eine solche Abhängigkeit ergibt sich im wesentlichen dort, wo der private Dienstleister in Anlagen investiert, die sich in seinem Eigentum befinden und die eine für die Kommune wichtige Leistung erbringen. Erwähnt sei hier der Bereich der Wärmeversorgung oder aber die Ausstattung mit EDV-Anlagen. Allerdings kann sich ein zweiseitiges Abhängigkeitsverhältnis dann ergeben, wenn die betreffenden Anlagen für den externen Anbieter nur im geringen Ausmaß drittverwendungsfähig sind.

---

[462] Vgl. ähnlich Corte, Christiane: a.a.O., S. 20.

4.5 Zusammenfassung

Wie die vorausgegangenen Ausführungen gezeigt haben, sind die Ansätze der Neuen Institutionenökonomik geeignet, Institutionen im oben verstandenen Sinn ökonomisch zu analysieren. Da Kommunen ebenfalls Institutionen in Form von Handlungssystemen bilden, sind die Ansätze auch bei der Analyse von Kommunen anwendbar.

(1) Aus der Property Rights-Theorie lassen sich zunächst die Effizienzwirkungen aus unterschiedlichen Zuordnungen der Verfügungsrechte ableiten. Die Verteilung der Verfügungsrechte bestimmt die Effizienzwirkung verschiedener Organisationsdesigns. Hierbei hatte sich gezeigt, daß Effizienzvorteile privater Unternehmen zu vermuten sind, da die Verfügungsrechte hier eindeutiger zugeordnet sind.

In Bezug auf die Immobilien wäre es optimal, eine eindeutige Zuordnung der Verfügungsrechte an den Immobilien vorzunehmen. Im Rahmen des Neuen Steuerungsmodells wird versucht, eine solche Zuordnung durch eine dezentrale Ressourcenverantwortung – damit auch Ressourcenverantwortung über die genutzten Immobilien – substituierend zu schaffen. Auf kommunaler Ebene ist es allerdings nur möglich, das Nutzungs- bzw. Koordinationsrecht zuzuordnen. Aufgrund der spezifischen Struktur der öffentlichen Verwaltung ist es nicht möglich, das Recht auf Aneignung des Gewinns und das Veräußerungsrecht zuzuordnen. Eine Alternative zu der internen Leistungserstellung stellt die Einschaltung privater Unternehmen, gegebenenfalls mit Übertragung von Verfügungsrechten, in die kommunale Gebäudewirtschaft dar. Aufgrund der aufgezeigten Strukturdefizite der öffentlichen Verwaltung ist es möglich, hierdurch eine Effizienzerhöhung in der Gebäudebewirtschaftung zu erzielen.

(2) Die Transaktionskostentheorie kann direkt auf die Frage der Eigenerstellung oder des Fremdbezugs kommunaler gebäudewirtschaftlicher Leistungen angewendet werden. Anhand der Transaktionseigenschaften der betrachteten Leistungen und ihrer Ausprägung gibt die Transaktionskostentheorie Gestaltungsempfehlungen, wie diese Leistungen effizient zu organisieren sind. Es lassen sich Aussagen über den notwendigen Grad der vertikalen Integration gewinnen. Für die gebäudewirtschaftlichen Leistungen hat sich gezeigt, daß sie aufgrund ihrer Eigenschaften grundsätzlich für eine Fremdvergabe in Betracht kommen bzw. nicht zwingend von der Kommune eigenerstellt werden müssen. Die rein transaktionskostenbezogene Betrachtung und die daraus abgeleitete Empfehlung kann durch das Bestehen von externen und internen Auslagerungswiderständen zunächst jedoch andere Organisationsdesigns na-

helegen. Hier sind die später zu behandelnden „hybriden" Organisationsformen im Rahmen von PPP-Modellen zu nennen.

Für die Anbieter gebäudewirtschaftlicher Leistungen bedeutet dies, daß interne Organisationsalternativen vorherrschend bleiben werden, solange es nicht gelingt, die Bedenken der Kommunen zu zerstreuen. Es ergibt sich daraus die Anforderung an die Anbieter, geeignete Mechanismen einzusetzen, die die bestehenden Widerstände überwinden können. Insbesondere im Vorfeld der Geschäftsbeziehungsaufnahme muß der Anbieter den Nachfrager von seiner Leistungsfähigkeit und der Qualität seiner Leistungen überzeugen können. Er muß sich in die Situation des potentiellen Kunden hineinversetzen und in der Lage sein, ein auf den Kunden zugeschnittenes Kooperationsdesign anzubieten, welches dessen Bedenken Rechnung trägt.[463] Zur Überwindung der Widerstände bieten sich die Gestaltungsempfehlungen der Principal-Agent-Theorie an.

(3) Zur Vermeidung von Problemen, die aus einer asymmetrischen Informationsverteilung zwischen den beteiligten Transaktionspartnern resultieren, gibt die Principal-Agent-Theorie Empfehlungen, wie Auswahlmechanismen zur Suche geeigneter Vertragspartner gestaltet sein sollten und wie durch vertragliche Arrangements der Agent zu einer Handlungsweise angeregt werden soll, die die Interessen des Principal berücksichtigt. Eine Kooperation zwischen einer Kommune und privatwirtschaftlichen Unternehmen stellt im allgemeinen und auch im Bereich der Gebäudewirtschaft eine Principal-Agent-Beziehung dar, da in der Regel eine Informationsasymmetrie zugunsten des privaten Unternehmens besteht. Diese besteht vor Vertragsabschluß in Hinblick auf die Leistungsfähigkeit und -bereitschaft des Privaten, nach Vertragsabschluß in Hinsicht auf sein vertragskonformes Verhalten.

---

[463] Vgl. Kaas, Klaus Peter: Kontraktgütermarketing..., a.a.O., S. 891.

5. Auslagerungswiderstände gegen eine Einschaltung privater Unternehmen in die kommunale Gebäudewirtschaft

Die Analyse der transaktionskostenrelevanten Eigenschaften der gebäudewirtschaftlichen Leistungen allein reicht noch nicht aus, um die Frage des Eigenerstellung oder des Fremdbezugs hinreichend zu beantworten. Ergänzend ist zu analysieren ob interne oder externe Auslagerungsbarrieren bestehen. Es hatte sich gezeigt, daß solche Barrieren eine notwendige Umstrukturierung behindern oder sogar verhindern können.

In einem ersten Schritt soll daher nun aufgezeigt werden, worin solche externen und internen Auslagerungsbarrieren bestehen können. Daran anschließend wird in einem zweiten Schritt auf Basis der empirischen Erhebung herausgearbeitet, wie die Einschaltung privater Unternehmen in die Gebäudewirtschaft von kommunalen Praktikern beurteilt wird und ob sich die im folgenden dargestellten potentiellen Auslagerungswiderstände in der Empirie bestätigen.

5.1 Externe und interne Auslagerungswiderstände

Als externe Auslagerungsbarrieren gegen eine „Privatisierung" generell können rechtliche Restriktionen angesehen werden. Die Entscheidung darüber, ob private Unternehmen an der Leistungserstellung beteiligt werden können, kann nur unter Berücksichtigung der rechtlichen Rahmenbedingungen getroffen werden. Eine Rolle spielt der Charakter der jeweiligen kommunalen Aufgabe. In Abhängigkeit vom Grad der Pflichtigkeit der betreffenden Aufgabe ergeben sich unterschiedliche Aussagen zu den Möglichkeiten der Einschaltung privater Unternehmen in die Aufgabenerfüllung.[464] Hierdurch bedingt gilt für einen Teil der Aufgaben, daß die Eigenproduktion nahezu unumgänglich ist oder aber weitgehende Kontroll- und Einflußmöglichkeiten auf kommunaler Seite bestehen bleiben sollten, um damit ihrer Aufgabenverantwortung gerecht zu werden. Daneben existieren aber – wie bereits aufgeführt – eine Vielzahl von Bereichen, speziell aus dem Feld der freiwilligen Selbstverwaltungsaufgaben und besonders der Annexaufgaben, bei denen die Eigenproduktion nicht notwendig ist.[465]

---

[464] Vgl. ähnlich Pappermann, Ernst: a.a.O., S. 250.
[465] Vgl. Deubel, Ingolf: Mehr Wettbewerb in der öffentlichen Verwaltung – zur Notwendigkeit des Ersatzes kameraler durch betriebliche Strukturen, in: Kommunalwirtschaft, Heft 11, 1998, S. 585.

Die internen Auslagerungshemmnisse resultieren aus dem Verhalten der beteiligten Akteure. Bezugnehmend auf die Annahme des methologischen Individualismus wird das Verhalten von Institutionen durch die in ihnen agierenden Menschen bestimmt. Insofern ist es nicht verwunderlich, daß auch Privatisierungsentscheidungen durch die unterschiedlichen Interessenlagen und die daraus resultierenden Verhaltensweisen der Handelnden beeinflußt werden. Auf seiten der Kommune sind drei Interessengruppen zu identifizieren: die Politiker, die leitenden Verwaltungsbediensteten und die Belegschaft.

5.1.1 Rechtliche Rahmenbedingungen als mögliche externe Privatisierungsschranken

Als mögliches Hemmnis gegen eine Privatisierung öffentlicher Leistungen bzw. die Einbeziehung privater Unternehmen werden die rechtlichen Rahmenbedingungen ins Feld geführt. Da in der Literatur bereits eine breite Darstellung dieser Privatisierungsgrenzen (oder auch -gebote) erfolgt ist[466], sollen an dieser Stelle nur einige Punkte herausgegriffen werden.

Einwände gegen eine Einschaltung privater Unternehmen könnten aus dem in den Art. 20 Abs. 1 und 28 Abs. 1 GG niedergelegten Sozialstaatsprinzip resultieren. Die dort enthaltene Sozialstaatsklausel bleibt zwar begrifflich eher unbestimmt, ist aber als Rechtsnorm anzusehen, wobei die Interpretationen über den Inhalt des Begriffes auseinandergehen.[467] Weitgehende Einigkeit herrscht darüber, daß der Staat verpflichtet ist, wirtschaftlich Schwächere zu schützen, soziale Ungerechtigkeiten abzubauen sowie alle Maßnahmen zu ergreifen, um auf einen sozialen Staat hinzuwirken und ein menschenwürdiges Dasein zu sichern. Ein Verstoß gegen das Sozialstaatsprinzip bei Einschaltung privater Unternehmen wäre dann gegeben, wenn dadurch die Versorgung der Bürger mit den betroffenen Leistungen verschlechtert würde und/oder eine Unterversorgung der Bürger eintritt. Die gebäudewirtschaftlichen Leistungen sind jedoch dem Bereich der Annexaufgaben zuzuordnen und das Verhältnis Verwaltung/Bürger ist nicht unmittelbar betroffen. Jedoch wird auch bei der Privatisierung von Annexaufgaben eingewandt, daß der Bürger betroffen sein kann, indem sich durch eine Verschlechterung der Qualität interner Leistungen Rückwirkungen auf die Qualität von Leistungen der Daseinsvorsorge ergeben

---

[466] Vgl. u.a. Metzger, Michaela: a.a.O.; Arnim, Hans Herbert von: Rechtsfragen der Privatisierung, Wiesbaden 1995; Völmicke, Christine: a.a.O.

[467] Vgl. Bull, Hans Peter: Die Staatsaufgaben nach dem Grundgesetz, Frankfurt am Main 1973, S. 169 ff.; Arndt, Hans-Wolfgang/Rudolf, Walter: a.a.O., S. 61 f.

können.[468] Hiergegen ist einzuwenden, daß vertraglich Qualitätsstandards vereinbart werden können und bei Nichterfüllung dieser Standards Vertragsstrafen einsetzen. Zudem müssen solche Qualitätseinbußen nicht unmittelbar mit einer Privatisierungsmaßnahme zusammenhängen, sondern können auch in kommunaler Eigenregie auftreten, z.b. wenn Reinigungsintervalle geändert werden oder Gebäude nicht mehr regelmäßig inspiziert werden. Mögliche Qualitätsunterschiede sind insofern zunächst unabhängig davon, wer die entsprechende Leistung erbringt. Notwendig ist, daß eine Kontrolle stattfindet und stattfinden kann, um zu prüfen, ob die definierten Leistungsstandards eingehalten werden.

Aus dem Sozialstaatsprinzip kann in diesem Fall daher kein Einwand gegen eine Einschaltung privater Unternehmen in die kommunale Gebäudewirtschaft abgeleitet werden.

Wie die Ausführungen in Kapitel 2.1.2 gezeigt haben, garantiert das Grundgesetz das kommunale Selbstverwaltungsrecht und damit die Allzuständigkeit der Kommunen auf ihren Gebiet. Es steht damit im eigenen Ermessen der Gemeinden (abgesehen von den Aufgaben, die ihnen kraft Gesetz zugewiesen sind), wann und wie sie Aufgaben der „örtlichen Gemeinschaft" wahrnehmen. Implizit enthalten ist in der kommunalen Selbstverwaltung auch die Organisationshoheit, d.h. das Recht, die innere Organisation eigenständig auszugestalten.[469] Damit einher geht u.a. auch die Freiheit zu entscheiden, ob Leistungen in einer privatrechtlichen Organisationsform erbracht oder an Private übertragen werden.[470] Somit steht es im Eigenermessen der Kommune, Privatisierungsentscheidungen zu treffen. Das Institut der Selbstverwaltung wird dabei nur berührt, wenn die Gemeinde „wesensmäßige". und „typusbestimmende" Angelegenheiten vollständig aus ihrem Zuständigkeits- und Verantwortungsbereich entläßt.[471] Dies wäre bei einer materiellen Privatisierung der Fall. Unklarheit herrscht allerdings darüber, was genau diesen Wesensgehalt darstellt. Allerdings dürfte er im wesentlichen die Kernaufgaben der Kommune und der Verwaltungstätigkeit umfassen.

Befürchtungen gehen dahin, daß die Kommunen durch zunehmende Privatisierungen die Freiräume zu einer gestalterischen Selbstverwaltung verlie-

---

[468] Vgl. nochmals Gromoll, Bernhard: a.a.O., S. 291 ff.
[469] Vgl. Stern, Klaus: a.a.O., S. 488.
[470] Vgl. Grabbe, Jürgen: Verfassungsrechtliche Grenzen der Privatisierung kommunaler Aufgaben, Berlin 1979, S. 87 f.
[471] Vgl. Grabbe, Jürgen: a.a.O., S. 88; Metzger, Michaela: a.a.O., S. 62.

ren.[472] Der Verlust von Einwirkungsmöglichkeiten wird dabei nicht allein bei materiellen Privatisierungen, sondern auch bei formalen Privatisierungen gesehen, da mit ihr eine tendenzielle Schwächung der politisch-demokratischen Funktion der Gemeinden erfolgt.[473] Die Autonomie einer Eigengesellschaft[474] oder eines Privaten führe zu einem Kompetenzverlust der Gemeindevertretung, die ihren Steuerungs- und Kontrollaufgaben nur noch eingeschränkt folgen könne. Gerade in dieser Autonomie und damit einer unternehmerischen Flexibilität liege zwar die Intention der Wahl einer privatrechtlichen Organisationsform, jedoch entwickelten diese Gesellschaften ein Eigenleben, welches sich der Kontrolle der gewählten Gemeindevertreter weitgehend entziehe.[475] Zunehmende Privatisierungen führen nach Ansicht der Kritiker zu einer Aushöhlung des bürgerschaftlichen Elements, welches in der kommunalen Selbstverwaltung seinen Ausdruck findet.[476]

Bei den immobilienbezogenen Leistungen handelt es sich um Vorleistungen für die Verwaltungstätigkeit. Die eigentliche Verwaltungstätigkeit bleibt im Verantwortungsbereich der Kommune. Insofern kann von einer Aushöhlung der kommunalen Selbstverwaltung durch die Übertragung von gebäudewirtschaftlichen Aufgaben auf private Unternehmen nicht die Rede sein. Vielmehr ist durch das Outsourcing von Leistungen der inneren Verwaltung zu erwarten, daß eine Rückführung auf den Kern der kommunalen Selbstverwaltung erfolgt, da die Kommune in die Lage versetzt wird, sich auf ihre eigentlichen Aufgaben (ihre Kernaufgaben) zu konzentrieren.

Insgesamt kann festgehalten werden, daß im Bereich der gebäudewirtschaftlichen Leistungen rechtliche Bedenken der hier dargestellten Art gegen eine Einschaltung privater Unternehmen nicht bestehen. Allgemein gilt, daß die rechtlichen Grenzen einer Privatisierung um so weniger zu beachten sind, de-

---

[472] Vgl. Witte, Gertrud: Der Deutsche Städtetag warnt vor Privatisierungseuphorie, in: FAZ, Nr. 279 vom 29.11.1996, S. 47.
[473] Vgl. Henneke, Hans-Günter: Möglichkeiten zur Stärkung der kommunalen Selbstverantwortung, in: DÖV, 47. Jg., Heft 17, 1994, S. 713 f.
[474] Vgl. Kapitel 6.1.2.3.
[475] Vgl. Runge, Martin: Wasserversorgung und Abwasserentsorgung in den neuen Bundesländern, in: ZögU, Band 17, Heft 4, 1994, S. 454.
[476] Vgl. Schoch, Friedrich: Der Beitrag des kommunalen Wirtschaftsrecht zur Privatisierung öffentlicher Aufgaben, in: DÖV, 46. Jg., Heft 9, 1993, S. 381; Sterzel, Dieter: Verfassungs-, europa- und kommunalrechtliche Rahmenbedingungen für eine Privatisierung kommunaler Aufgaben, in: Blanke, Thomas/Trümmer, Ralf (Hrsg.): Handbuch Privatisierung, Baden-Baden 1999, S. 170 ff.

sto weiter die betroffenen Aufgaben bzw. Leistungen von dem Kernbereich der kommunalen Verantwortung entfernt sind.[477]

5.1.2 Die Rolle der Akteure des politisch-administrativen Systems als interne Privatisierungsschranke

Gelangt man aus ökonomischer Sicht zu dem Ergebnis, daß eine Einschaltung privater Unternehmen in die kommunale Gebäudewirtschaft vorteilhaft ist, stellt sich die Frage, wie eine solche „Privatisierung" durch die kommunalen Entscheidungsträger aufgegriffen wird. Entscheidungsträger auf kommunaler Ebene sind die in den Stadt- und Gemeindeparlamenten vertretenden Politiker; ausführendes Organ ist die Kommunalverwaltung. Ihr kommt jedoch aufgrund ihrer Stellung (als Informationslieferant für die Politiker) eine entscheidungsbeeinflußende, unter Umständen sogar entscheidungsprägende Rolle zu. Beide Gruppierungen bilden zusammen das politisch-administrative System.

Privatisierungen bzw. das Outsourcing der kommunalen Gebäudewirtschaft ist abhängig von dem Verhalten und Vorstellungen der Mitglieder des politisch-administrativen Systems. Um die Chancen für die Durchsetzbarkeit von Privatisierungsvorhaben abzuleiten, sind die Beweggründe der Akteure zu untersuchen. Hierbei kann auf die ökonomische Theorie der Politik bzw. Neue Politische Ökonomie (NPÖ) zurückgegriffen werden. Sie liefert eine positive Erklärung politischen und bürokratischen Verhaltens.[478] Dabei bildet sie kein vollständiges Erklärungsmodell, sondern versucht (wertfrei) das Zustandekommen politischer Entscheidungen zu erklären. Die Prämisse, daß es sich bei Politikern und Beamten um gemeinwohlorientiert ausgerichtete Instanzen handelt, wird aufgegeben. Vielmehr handelt es sich analog zu anderen Wirtschaftssubjekten um Individuen, die sich an der persönlichen Nutzenmaximierung orientieren.[479] Die Motive für das Verhalten der Verwaltungsangehörigen wurde bereits im Kapitel 4.2.2 erläutert. Hier hatte sich gezeigt, daß Bürokraten budgetmaximierend agieren, um auf diese Art ihre individuellen Zielvorstellungen zu erreichen. Im folgenden wird ergänzend die Rolle des Politikers und seine Interessenlage beleuchtet. Auch der Politiker verfolgt Eigeninteres-

---

[477] Vgl. Tettinger, Peter J.: Die rechtliche Ausgestaltung von Public Private Partnership, in: DÖV, 49. Jg., Heft 18, 1996, S. 768.

[478] Vgl. mit ergänzenden Literatuthinweisen Claassen, Emil-Maria: a.a.O., S. 145 ff.

[479] Grundlage der NPÖ bildet – ebenso wie bei der Neuen Institutionenökonomie – der methologische Individualismus. Vgl. Kirsch, Guy: Neue Politische Ökonomie, 3. Aufl., Düsseldorf 1993, S. 17 ff.

sen mit der Zielsetzung, seinen persönlichen Nutzen zu maximieren. Elemente der Nutzenfunktion der Politiker sind Macht, Prestige und Einkommen, die mit dem politischen Amt verbunden sind.[480] Die Nutzenmaximierung gelingt ihm jedoch nur, wenn er durch Wählerstimmen in seinem Amt legitimiert ist bzw. wird. Um sich seine Position zu sichern, ist es für ihn wichtig, den Einfluß und sein Ansehen bei seiner Wählerschaft zu erhalten. Dies gelingt ihm durch die Initiierung von Maßnahmen, deren Erfolg sich ihm persönlich zuordnen läßt und die die Interessenlage seiner Wählerschaft treffen. Der Machterhalt ist nur solange möglich, wie es dem Politiker gelingt, den Nutzen seiner Wähler besser zu steigern, als es anderen möglich ist oder (aus Wählersicht) möglich erscheint.[481] Hierbei muß er zudem Interessenvertretungen beachten, die Einflußmöglichkeiten auf sein Wählerpotential haben. Je größer dieser Einfluß ist, desto stärker ist die Abhängigkeit des Politikers von diesen Interessenvertretungen (Lobbys).[482] Insofern werden Politiker versuchen, auch den Präferenzen und Wünschen der für sie relevanten Interessenvertretungen zu entsprechen. Bezogen auf die Auslagerung der Gebäudewirtschaft sind mögliche Interessenvertretungen auf kommunaler Seite der Personalrat, der Beamtenbund und Gewerkschaften, auf privater Seite u.a. Unternehmen, Unternehmerverbände und Handwerkskammern.

Vor dem Hintergrund dieser theoretischen Erwägungen kommen beim Outsourcing gebäudewirtschaftlicher Leistungen zwei Aspekte zum Tragen. Zum einen ergeben sich speziell für Verwaltungsangehörige und Politiker Macht- und Kompetenzeinbußen. Angestammte Aufgaben- und Betätigungsfelder gehen verloren bzw. werden reduziert. Zudem können sich erhebliche Schwierigkeiten mit den betroffenen Mitarbeitern und den zuständigen Interessenvertretungen (Personalrat, Gewerkschaften, Beamtenbund) ergeben, die einer drohenden Auslagerung zunächst negativ gegenüberstehen werden. Hieraus kann ein erhebliches Konfliktpotential resultieren, insbesondere wenn die Initiatoren der Privatisierung sich der öffentlichen Diskussion oder gar öffentlichen Angriffen (z.B. aus den Medien) stellen müssen. So ist z.B. damit zu rechnen, daß der Verkauf von Kindergärten und Schulen an einen privaten Investor ein erhebliches Echo in den lokalen Medien (ggfs. sogar überregional) haben wird und sich hieraus eine lebhafte Diskussion entwickelt, in der die In-

---

[480] Vgl. Downs, Anthony: Ökonomische Theorie der Demokratie, Tübingen 1968, S. 27 ff.; Kirsch, Guy: a.a.O., S. 221 ff.

[481] Vgl. Lehner, Franz: Einführung in die Neue Politische Ökonomie, Königstein 1981, S. 22 ff.

[482] Zum Einfluß von Interessengruppen vgl. Frey, Bruno S.: Theorie..., a.a.O., S. 185 ff.

itiatoren der Idee gegebenenfalls negativ im Mittelpunkt stehen. Zudem lassen sich Erfolge der Privatisierungsmaßnahme nicht mehr dauerhaft den Politikern zurechnen, sondern beispielsweise im Fall einer materiellen Privatisierung der Geschäftsführung des privaten Unternehmens. Eine Konfliktvermeidungsstrategie besteht nun darin, geplante Privatisierungsentscheidungen nicht zu forcieren oder ganz abzulehnen. Weiterhin gehen „Pfründe" verloren, indem Politiker und Bürokraten den Zugriff auf Ressourcen verlieren und die Möglichkeiten sinken, Verwaltungsmitarbeiter oder Parteifreunde auf bestimmte Posten zu placieren (z.B. Verwaltungsrat). Es bestehen damit negative Anreizeffekte eine Privatisierungsmaßnahme voranzutreiben.

Der Politiker gerät somit in ein Spannungsfeld zwischen ökonomischen Erfordernissen und seiner eigenen Interessenlage. Für ihn ist es wichtig, die gegensätzlichen Strömungen zu analysieren und festzustellen, welche Stömung auf seine Wählerschaft den größten Einfluß hat.

Ausgehend von der These der geringen Anreizeffekte von Privatisierungsmaßnahmen kann von einem Beharrungsvermögen in Politik und Verwaltung ausgegangen werden, durch welches derartige Reformtendenzen gehemmt werden können. Auf das Verhalten der kommunalen Entscheidungsträger können damit strukturerhaltende Widerstände zurückgeführt werden.

5.1.3 Personelle und politische Restriktionen als weitere interne Privatisierungsschranken

Neben dem Verhalten der politischen Entscheidungsträger spielt auch das Verhalten der betroffenen Belegschaftsangehörigen und gegebenenfalls politische Vorgaben eine Rolle im Umstrukturierungsprozeß. Beides wiederum hat Rückwirkungen auf das Verhalten der Entscheidungsträger.

(1) Von Seiten der betroffenen Mitarbeiter und des Personalrates sind sowohl bei einer internen als auch externen Umstrukturierung Widerstände zu erwarten, die im Falle der Kooperation mit einen externen Dienstleister oder der weitgehenden Fremdvergabe entsprechend höher ausfallen als bei einer internen Umstrukturierung. Der Wegfall von Aufgabenbereichen bedeutet, daß es zu Personalüberhängen kommen kann. Die Gefahr des Arbeitsplatzverlustes ist gegeben.

Für die weitere Verwendung dieser Personalkapazitäten kommen verschiedene Lösungsmöglichkeiten in Betracht. Zunächst wäre ein Stellenabbau in Erwägung zu ziehen. Hiergegen spricht jedoch, daß betriebsbedingte Kündigungen in der Regel politisch nicht gewollt oder daß sie aufgrund des öffentlichen

Tarifrechts schwer möglich sind. Ein Personalabbau durch Fluktuation und/ oder Altersruhestand könnte lediglich mittelfristig möglich sein. Als weitere Möglichkeiten sind daher die Versetzung innerhalb der Verwaltung oder die Personalübernahme durch den externen Partner in Erwägung zu ziehen.[483] Beide Maßnahmen sind jedoch nicht immer durchsetzbar.

Voraussetzungen für eine Versetzung ist, daß innerhalb der Verwaltung freie Stellen existieren, deren Anforderungsprofil sich mit dem Qualifikationsniveau des zu versetzenden Mitarbeiter zumindest teilweise deckt. Dieser wiederum muß auch bereit sein, andere Aufgaben zu übernehmen. Gleiches gilt auch, wenn eine Personalübernahme durch den externen Dienstleister erfolgen soll: die entsprechende Qualifikation und die Bereitschaft der Mitarbeiter müssen gegeben sein. Als problematisch bei einer solchen Personalübernahme kann sich deren Umfang herausstellen. Wichtig in diesem Zusammenhang ist die Frage, ob § 613 a BGB zur Anwendung kommt.[484] § 613 a BGB beinhaltet die zwangsweise Personalübernahme bei dem Übergang eines Betriebes oder eines Betriebsteils auf einen anderen Inhaber. Den betroffenen Mitarbeitern wird insofern Besitzstandsschutz eingeräumt, als ihre bisherigen Beschäftigungsbedingungen Bestandteil ihres Arbeitsverhältnis mit dem neuen Inhaber werden und nicht vor Ablauf eines Jahres zu ihren Nachteil geändert werden dürfen. Ihrem Wortlaut nach ist diese Rechtsvorschrift zwar auf die Verhältnisse in der Privatwirtschaft zugeschnitten, jedoch auch auf die Privatisierung öffentlicher Einrichtungen durch Rechtsgeschäft sowie durch Ausgliederung anwendbar.[485] Im Vorfeld ist daher zu klären, ob der Tatbestand eines Betriebs- oder Betriebsteilüberganges vorliegt. Sollte dies der Fall sein, so würde die Übernahme von Leistungen für einen externen Dienstleister erheblich an Attraktivität verlieren (insbesondere bei einwohnerstarken Kommunen, da hier ein sehr hoher Personalbestand besteht). Nach dem Bundesarbeitsgericht liegt ein solcher Betriebsübergang in den Fällen vor, in denen nicht allein eine bloße Funktionsnachfolge, sondern gleichzeitig ein Übergang der wesentlichen sachlichen und immateriellen Betriebsmittel erfolgt. Eine andere Auffassung vertrat der Europäische Gerichtshof, der in einem 1994 gefällten Urteil

---

[483] Vgl. ähnlich Metzger, Michaela: a.a.O., S. 81.
[484] Vgl. Däubler, Wolfgang: Privatisierung als Rechtsproblem, Neuwied/Darmstadt 1980, S. 148 ff.
[485] Vgl. Blanke, Thomas: Personalrechtliche Aspekte, in: Blanke, Thomas/Trümmer, Ralf (Hrsg.): Handbuch Privatisierung, Baden-Baden 1999, S. 578 ff.

bereits die Funktionsnachfolge und die Wahrung der Identität der wirtschaftlichen Einheit als Betriebsübergang wertete.[486]

Für den externen Dienstleister ist es daher wichtig, bereits im Vorfeld zu prüfen, ob diese Rechtsnorm zum Tragen kommt. Ist dies der Fall, so sollte er sich ein klares Bild über die Anzahl der betroffenen Mitarbeiter, ihren beruflichen Status, ihr Qualifikationsniveau sowie ihre Bereitschaft zur Zusammenarbeit machen. Insbesondere das Qualifikationsniveau ist entscheidend dafür, ob und wo diese Mitarbeiter überhaupt im Unternehmen einsetzbar sind. Auch ist im Vorfeld die Stimmung der Mitarbeiter wichtig, denn hieraus läßt sich ihre grundsätzliche Bereitschaft zu einer Zusammenarbeit ablesen. Zu vermuten ist jedoch, daß bei den betroffenen Mitarbeitern die Befürchtung des Verlustes des Arbeitsplatzes entsteht und daraus Widerstände resultieren können.

Die Vorteilhaftigkeit einer Umstrukturierung (insbesondere einer Auslagerung) kann aus kommunaler Sicht dann verloren gehen, wenn nicht abbaubare Personalkapazitäten entstehen und hiermit ein erheblicher Kostenfaktor bestehen bleibt. Solche Personalkapazitäten können sich zumindest als mittelfristiges Hemmnis einer Auslagerung erweisen.

(2) Als weiteres Hemmnis, welches speziell gegen die Übertragung von Leistungsbereichen auf private Unternehmen ins Feld geführt wird, sind politische Überlegungen anzusehen. Diese sind darin zu sehen, daß ein Instrumentalisierung der betrieblichen Prozesse für verschiedenen sozial- und wirtschaftspolitische Zwecke erfolgt. Zu nennen sind hier die Beschäftigungspolitik sowie die Wirtschaftsförderungspolitik. Im Rahmen der Beschäftigungspolitik wird als besonderes Problem angeführt, daß mit einer Verlagerung von Aufgabenbereichen in den privaten Sektor eine geringere Beschäftigung von Problemgruppen einhergeht. Dies sind z.B. Schwerbehinderte, die im öffentlichen Sektor aus sozialen Motiven heraus eher eine Beschäftigung erhalten. Auch der Aspekt der Ausbildungspolitik spielt eine Rolle. Es wird befürchtet, daß eine Verringerung der Anzahl der Ausbildungsplätze eintritt.[487] Als weiterer Aspekt wird angeführt, daß speziell im Bereich der Gebäudereinigung ein hoher Anteil an Frauen beschäftigt ist. Dies ist zwar auch im privaten Sektor der Fall, allerdings findet hier vielfach eine Beschäftigung in sozialversicherungsfreien geringfügigen Arbeitsverhältnissen statt. Hierdurch können Folgekosten entstehen, wenn bei diesen Arbeitskräften ein Versicherungsfall eintritt

---

[486] Vgl. Blanke, Thomas: a.a.O., S. 581 f.; Schneider, Hermann: a.a.O., S. 17 ff.
[487] Vgl. Metzger, Michaela: a.a.O., S. 84.

(Arbeitslosigkeit, Krankheit etc.), ein entsprechender Versicherungsschutz aber nicht besteht.[488]

Aus wirtschaftspolitischer Richtung steht die Mittelstandsförderung im Blickpunkt. Bei einer verwaltungsinternen Organisation der Leistungserstellung ist eine hohe Steuerungsmöglichkeit gegeben und damit auch die Möglichkeit, Aufträge gezielt an lokale Handwerker zu vergeben (sofern keine öffentliche, gegebenenfalls sogar europaweite Ausschreibung vorgeschrieben ist). Darüber hinaus sind die Verfügungsmöglichkeiten über Liegenschaften und Gebäude weiterhin in kommunaler Hand. Dies erleichtert es, bestimmte Grundstücke einfacher zur Gewerbeansiedlung einzusetzen.

Es wird somit deutlich, daß eine Organisationsentscheidung nicht allein basierend auf den Erkenntnissen der hier angewandten Transaktionskostentheorie getroffen werden kann, sondern daß als zusätzliche Rahmenbedingung die möglichen Auslagerungswiderstände zu beachten sind. Dabei hat sich gezeigt, daß die rechtlichen Bedingungen bezüglich der gebäudewirtschaftlichen Leistungen eine untergeordnete Rolle spielen. Vielmehr ist den internen Auslagerungsbarrieren Bedeutung beizumessen. Daher werden im folgendem die Ergebnisse von Interviews mit kommunalen Vertretern präsentiert, um festzustellen, welche Probleme aus Sicht der kommunalen Praxis gegen eine Einschaltung privater Unternehmen in die Gebäudewirtschaft sprechen und ob sich die bisher genanten Restriktionen bestätigen.

---

[488] Vgl. Budäus, Dietrich: Betriebswirtschaftliche..., a.a.O., S. 108 f.

5.2 Problembereiche der Einschaltung privater Unternehmen aus Sicht der Kommunen – Empirische Ergebnisse

5.2.1 Allgemeine Probleme betrieblicher Umstrukturierungsprozesse

Zunächst lassen sich aus den Interviews Problemfelder allgemeiner Art identifizieren, wobei es sich dabei um solche handelt, die nicht privatisierungsspezifisch sind, sondern die jedem Umstrukturierungsprozeß, d.h. auch in der Privatwirtschaft, innewohnen.

Sowohl bei der internen Zentralisation gebäudewirtschaftlicher Leistungen als auch bei einer Verlagerung auf Externe kommt es zu einem Abbau von Stellen in den betroffenen Ämtern/Fachbereichen bis hin zur Freisetzung von Personal. Damit verbunden ist auch ein Wegfall von Kompetenzen und Einflußmöglichkeiten der betroffenen Ämter/Fachbereiche. Aus diesen Gründen seien Widerstände der Belegschaft, des Personalrates und der leitenden Personen zu erwarten. In diesem Zusammenhang wurde betont, daß auch Bereichsegoismen und Zuständigkeitsstreitigkeiten eine Rolle spielen. Daneben würde man sich quasi selbst „wegrationalisieren", wenn man verstärkt private Unternehmen in die Leistungserstellung einbezieht.

Ein kommunaler Vertreter merkt auch an, daß mit Widerständen seitens der Politik zu rechnen sei, da durch eine Umstrukturierung gegebenenfalls Bereiche entfallen (z.B. Ausschüsse), in denen die Politiker sich profilieren können. Insbesondere in Hinblick auf eine Privatisierung spiele die Interessenlage der verschiedenen Parteien und ihre Einstellung zu Privatisierungsvorhaben eine Rolle. Von anderen Gesprächspartnern wurde allerdings eingewandt, daß die Parteien aufgrund der schlechten Haushaltssituation weitgehend einheitlich auftreten würden.

Neben diesen allgemeinen Konfliktbereichen wurden spezielle Problemfelder bei der Einschaltung privater Unternehmen in die kommunale Gebäudewirtschaft gesehen. Man kann unterscheiden in ökonomische Probleme vor und nach Vertragsabschluß sowie in wirtschafts- und sozialpolitische Problemfelder. Die sozialpolitischen Gesichtspunkte können dabei sowohl vor Geschäftsbeziehungsaufnahme als auch im Laufe der Leistungsabnahme zum Tragen kommen. Da es sich jedoch weitgehend um Probleme handelt, die aus einer Principal-Agent-Beziehung entstehen, sind sie im Grunde auch nicht privatisierungsspezifisch, sondern begleiten jeden Outsourcing-Prozeß. Eine Ausnahme bilden die wirtschafts- und sozialpolitischen Aspekte.

5.2.2 Problemfelder im Vorfeld einer möglichen Geschäftsbeziehung

Bei der Befragung kamen Aspekte zur Sprache, die im Vorfeld einer möglichen Geschäftsbeziehungsaufnahme gesehen werden und die ein erstes Hemmnis gegen Privatisierungsvorhaben darstellen. Voraussetzung einer fundierten Privatisierungsentscheidung ist ein aussagefähiger Wirtschaftlichkeitsvergleich. Dieser muß auf einer möglichst genauen Erfassung der relevanten Kosten basieren. Es muß ermittelt werden können, was die Eigenerstellung der Leistung kostet. Nur auf dieser Basis läßt sich entscheiden, ob ein Privater die Leistung tatsächlich günstiger erstellt und eine Privatisierung somit in Frage kommt. Eine Kostenrechnung, welche diese Informationen liefert, existiert – wie bereits dargelegt wurde – auf kommunaler Ebene allerdings nur eingeschränkt, so daß Wirtschaftlichkeitsvergleiche sehr erschwert werden.

Zwei weitere Argumente beschäftigten sich mit dem Anfall von Transaktionskosten. Hier spielen die bereits erwähnten Informations- und Anbahnungskosten eine Rolle. Ihre vermutete Höhe läßt für die kommunalen Vertreter die Eigenerstellung gerechtfertigt erscheinen. Zum einen wurde angeführt, daß das Angebot an immobilienwirtschaftlichen Leistungen sehr breit sei. Der Auswahl des richtigen Vertragspartners käme eine sehr hohe Bedeutung zu, mit der Folge, daß hohe Informationskosten dadurch entstehen, daß man sich einen entsprechenden Marktüberblick verschaffen und eine genaue Analyse der Unternehmen und ihrer Angebote vornehmen muß. In der Argumentation kam zum Ausdruck, daß man die Gefahr sieht, ungeeignete Vertragspartner auszusuchen. Hierin kommt das im Rahmen der Principal-Agent-Theorie dargestellte Problem der hidden information (characteristics) und der adversen Selektion zum Ausdruck.

Zum anderen ergäben sich – auch abhängig von dem Grad und von der Ausgestaltung der Kooperation – eine Vielzahl von Schnittstellen zwischen kommunaler und privater Leistungserstellung. Die eindeutige Festlegung der Zuständigkeiten und Aufgabenbereiche erfordere sehr präzise Vertragsverhandlungen und führe damit zu hohen Verhandlungskosten. Wie diese Informations- und Verhandlungskosten zu operationalisieren sind, wurde nicht näher erläutert.

Bezüglich der kostenmäßigen Vorteilhaftigkeit der privaten Leistungserstellung wurde von zwei Gesprächspartnern vorgebracht, daß ein Privater aufgrund seiner Gewinnerzielungsabsicht und durch die Steuerpflicht gar nicht günstiger als die kommunale Leistungserstellung anbieten könne. Nicht berücksichtigt wurde bei diesem Argument, daß Kostenvorsprünge der privaten Leistungserstellung insbesondere durch Größen- und Verbundvorteile, durch Spezialisierungseffekte und durch genaue Marktkenntnis bestehen können. Dieser Kostenvorsprung kann so groß sein, daß selbst unter Berücksichtigung eines Gewinnaufschlages sich ein Preis ergibt, der unter den relevanten Selbstkosten der Gemeinde liegt.

Ein weiterer Punkt waren die unterschiedlichen Zielsetzungen der beiden Akteure. Die Gemeinwohlorientierung der Kommune und die Gewinnorientierung eines privaten Unternehmen ließen sich nicht ohne weiteres vereinbaren, so daß Konflikte aus einer Zusammenarbeit zu erwarten seien.

5.2.3 Probleme im Laufe der Geschäftsbeziehung

Weitere Schwierigkeiten werden nach einem möglichen Vertragsabschluß gesehen. Mit dem Wegfall von Aufgabenbereichen innerhalb der Verwaltung wird ein Verlust an Fachwissen befürchtet, insbesondere wenn durch die Auslagerung bedingt eigene Kapazitäten abgebaut werden. Dieses Fachwissen sei deshalb notwendig, um eine qualifizierte Kontrolle der Einhaltung vereinbarter Leistungsstandards bzw. der ordnungsgemäßen Leistungserbringung zu gewährleisten. In der Folge können Informationsasymmetrien entstehen, wodurch der Private die Möglichkeit erhalten kann, Handlungsspielräume zu seinen Gunsten zu nutzen. Dies könne sich darin niederschlagen, daß es zu einer Verringerung der Leistungsanstrengungen und damit zu Qualitätseinbußen kommt.

Diese Argumentation deckt sich mit den Überlegungen der Principal-Agent-Theorie. Hier besteht ein Hidden action Problem. Der Private als Agent kann einen Anreiz haben, die Qualität der Leistung zu Gunsten seines Gewinns zu reduzieren.

Ergänzend wurde vorgebracht, daß einmal ausgelagerte Bereiche nur sehr schwer wieder zu reintegrieren sind. Sollte man mit der Leistungserstellung nicht zufrieden sein, so müßten die benötigten Kapazitäten sehr kostenintensiv wieder aufgebaut werden.

Daneben wird erwartet, daß es längerfristig zu einer Abhängigkeit von dem privaten Partner kommen wird. Auch hier spielt das Argument des Kapazitätsabbaus auf kommunaler Seite eine Rolle. Zwei Gesprächspartner sahen das Risiko, daß es zu einer Kartellisierung bzw. Konzentration auf dem Markt für immobilienwirtschaftliche Leistungen kommen kann. Folge sei, daß ein entstehender olgiopolistischer oder gar monopolistischer Handlungsspielraum zu Lasten der Nachfrager ausgenutzt wird und damit eine Verteuerung der Leistung eintritt. Ein Wechsel des Vertragspartners sei in dieser Situation besonders schwierig.

Als weiterer, sehr wichtiger Aspekt wurde der Verlust von Einfluß- und Steuerungsmöglichkeiten der Verwaltung genannt. Beispielhaft wurde u.a. der Verlust des Mitspracherechtes bei der Belegung von Mietwohnungen angegeben. Zudem stellen die kommunalen Immobilien bedeutende Vermögenswerte dar, weshalb es gewährleistet werden muß, daß die kommunalen Vertreter (aus Verwaltung und aus Politik) jederzeit Einfluß- und Steuerungsmöglichkeiten bezüglich dieses Vermögens behalten.

Gerade in der Anfangsphase der Geschäftsbeziehung wird das Problem gesehen, daß der Private keine Kenntnis über die Gebäude und die örtlichen Gegebenheiten besitze. Daher entstünden in der Einarbeitungszeit Reibungsverluste. In der Verwaltung hingegen seien die entsprechenden Kenntnisse vorhanden, was für eine interne Lösung spräche. Hierzu ist einschränkend zu sagen, daß die bisherigen Ausführungen gezeigt haben, daß gerade auch in der Verwaltung ein unzureichendes Wissen über Anzahl, Zustand und Nutzung der Gebäude vorliegt.

Auch das Problem einer hohen Personalfluktuation auf Seiten der Privaten wurde angesprochen. Die städtischen Mitarbeiter sähen sich regelmäßig wechselnden Ansprechpartnern gegenüber, so daß eine geringe Betreuungskontinuität gegeben sei. Zum einen ist es hierdurch erforderlich, laufend neue Vertrauensverhältnisse aufzubauen, zum anderen muß der neue Bearbeiter sich vielfach erst einarbeiten und Wissen aufbauen.

5.2.4 Wirtschafts- und sozialpolitische Problemfelder

Als weiterere Probleme lassen sich wirtschafts- und sozialpolitische Kriterien aufzeigen, die aus Sicht der Kommunen gegen die Einschaltung privater Unternehmen sprechen. Einerseits spielen hier Überlegungen der Wirtschaftsförderung eine Rolle. Durch die Übertragung von Leistungen der kommunalen Gebäudewirtschaft auf private Unternehmen könne es dazu kommen, daß lokale Handwerker keine oder nur eine geringe Berücksichtigung bei der Auftragsvergabe durch den Privaten erhalten. Gerade unter dem Gesichtspunkt der lokalen Wirtschaftsförderung sei dies nicht akzeptabel, da besonders Baumaßnahmen der Stadt als wichtige Wirtschaftsförderungsinitiativen zu betrachten sind. Als ein (Negativ-)Beispiel wurde auf die Erstellung eines Gebäudes durch eine Leasinggesellschaft verwiesen, die ihrerseits weitgehend überregionale Bauunternehmen beauftragt hatte.

Andererseits kam hier der Aspekt des Einsatzes nicht sozialversicherungspflichtiger Arbeitskräfte in einigen Bereichen (z.b. Gebäudereinigung) zur Sprache. Zwar werde die Leistung hierdurch günstiger, jedoch würden sich vielfach langfristig Kosten im Sozialbereich ergeben. Es entstehen gesamtwirtschaftliche Folgekosten bei Eintreten des Versicherungfalls (z.b. Sozialhilfe), wenn keine anderweitige Absicherung besteht (s.o.).

Als wichtiger Punkt wurde in nahezu allen Gesprächen ein Stellenabbau im öffentlichen Dienst und eine Veränderung von Beschäftigungsbedingungen bei Personalübernahmen angesprochen. In diesem Zusammenhang wurde auch auf die starke Stellung des Personalrates hingewiesen. Einschränkend wurde angemerkt, daß es unabhängig von Privatisierungsmaßnahmen aufgrund der finanziellen Situation und von politischen Vorgaben zu einen Stellenabbau im öffentlichen Dienst kommen muß. So sind auch alle in die Untersuchung einbezogenen Städte dabei, ihr Personal zu reduzieren. Dies geschieht jedoch im wesentlichen im Wege der natürlichen Fluktuation und dadurch, daß freigewordene Stellen nicht neu besetzt werden. Der Weg der Entlassung kommt für die Städte nicht in Frage. Bei einem Teil der Bediensteten ist dieser Weg auch wegen des öffentlichen Dienstrechtes nicht gangbar. Ist ein Stellenabbau durch Privatisierungsmaßnahmen bedingt, so sind Vorkehrungen zu treffen, daß ein solcher Abbau sozialverträglich vonstatten gehen kann. Gerade diesbezüglich sind Widerstände des Personalrates gegen eine Privatisierung zu erwarten. Zudem können daraus weitere Kostenbelastungen für die Städte resultieren.

Der Aspekt, daß eine Einschränkung bzw. Qualitätseinbuße des Leistungsangebotes gegenüber den Bürgern eintreten kann, wurde in den Gesprächen in Bezug auf gebäudewirtschaftliche Leistungen nur einmal thematisiert. Bei den anderen Gesprächen wurde ihm keine Bedeutung beigemessen, da man diese Gefahr nicht sah. Bei den betrachteten gebäudebezogenen Leistungen handelt es sich um solche, die nicht gegenüber dem Bürger, sondern gegenüber der Verwaltung erbracht werden. Insofern ist kein direkter Bezug zur kommunalen Leistung gegenüber dem Bürger erkennbar. Jedoch wirke sich bspw. eine schlechte Reinigung von Schulen und Kindergärten direkt auf das Leistungsverhältnis zwischen Kommune und Bürger aus, da in diesem Fall hygienische Standards nicht eingehalten würden. Daher wurde hier dem Argument gefolgt, daß auch im Bereich der Annexaufgaben durchaus Privatisierungsschranken bestehen. Das private Unternehmen habe durch seine Gewinnerzielungsabsicht ein Interesse daran, die Leistungsstandards einzuschränken.

Insgesamt zeigt sich, daß die in Kap. 5.1.3 genannten Problemfelder durchaus in den Interviews bestätigt wurden.

5.3 Realisierungschancen einer Übernahme der kommunalen Gebäudewirtschaft durch private Unternehmen

Die Ausführungen haben gezeigt, daß eine Reihe von Auslagerungswiderständen unterschiedlicher Art auf kommunaler Ebene bestehen. Als Ergebnis des Transaktionskostenansatzes war festgehalten worden, daß Leistungen von geringer (bis mittlerer) Spezifität, Unsicherheit und strategischer Relevanz prinzipiell für ein Outsourcing geeignet sind. Eine solche Auslagerung kann jedoch durch bestehende Widerstände behindert oder sogar verhindert werden.[489]

Als Ergebnis der Interviews läßt sich festhalten, daß vier Aspekte von besonderer Bedeutung sind. Hierbei handelt es sich um Punkte, die durchgehend in nahezu allen Gesprächen thematisiert wurden.

(1) Vor Vertragsabschluß werden Informationsnachteile von den kommunalen Vertretern gesehen. Hierdurch ergeben sich bei einer Suche nach potentiellen Vertragspartnern hohe Transaktionskosten und es besteht (aus Sicht der Principal-Agent-Theorie) die Gefahr der adverse selection.

(2) Während der Vertragslaufzeit wird der Verlust von Einfluß- und Steuerungsmöglichkeiten der Kommune befürchtet. Dies ist auch damit verbunden, daß eine teilweise Instrumentalisierung kommunaler Leistungen stattfindet. So können bspw. mit einer Auftragsvergabe von Reparaturmaßnahmen an lokale Handwerker wirtschaftspolitische Zielsetzungen verbunden sein.

(3) Durch den Abbau eigener Kapazitäten komme es zu einem Verlust von Know-how und damit letztlich zu einer unzureichenden fachlichen Kompetenz zur Wahrnehmung von Kontrollaufgaben. Hierdurch steigen für den Privaten die Möglichkeiten opportunistischen Verhaltens.

(4) Mit diesem Abbau an Kapazitäten geht die Gefahr einer Abhängigkeit von dem privaten Unternehmen einher. Ein Wechsel des Vertragspartners wird erschwert, eine Verteuerung der Leistung befürchtet.

Die Punkte (2) bis (4) laufen darauf hinaus, daß sich für den Privaten Handlungsspielräume ergeben, die er durch opportunistische Verhaltensweisen ausnutzen kann.

---

[489] Vgl. nochmals Gerhardt, Tilman/Nippa, Michael/Picot, Arnold: a.a.O., S. 138.

Die einzelnen Punkte sind interdependent und verstärken einander. Dieser Sachverhalt wird in Abb. 30 verdeutlicht. Die Abbildung ist so zu verstehen, daß sie (zeitlich gesehen) in drei Phasen und daneben in zwei Ebenen eingeteilt ist. Die Ebenen sind in der rechten Hälfte die „Prozeßebene", in der linken Hälfte die „Problemebene". Die drei Phasen sind die Vertragsanbahnungs- und -abschlußphase, die Vertragslaufzeit und die Phase der Neuverhandlung. Vorgelagert ist diesen Phasen die Entscheidung, die gebäudewirtschaftlichen Leistungen auf einen Privaten zu übertragen. Nachgelagert ist der Abschluß eines neuen Vertrages bzw. die Reintegration der Leistungen.

Damit es überhaupt zu einem Vertragsabschluß kommt, müssen im Vorfeld die Informationsdefizite auf seiten der Kommune abgebaut werden. Eine Qualitätsbeurteilung des Angebotes muß ermöglicht werden. Gelingt dies, so kann ein Vertragsabschluß zustande kommen. Während der Vertragslaufzeit werden die drei anderen Problembereiche relevant und verstärken einander. Selbst wenn es gelingt, das Informationsdefizit bezüglich der Leistungsfähigkeit im Vorfeld abzubauen, können diese Befürchtungen einen Vertragsabschluß behindern. Sie beruhen im Grunde auf einer Unsicherheit über das zukünftige Verhalten des privaten Partners. Daher ist im Vorfeld nicht allein die Qualitätsunsicherheit, sondern auch diese Verhaltensunsicherheit abzubauen. Dennoch wird sie im gewissen Maße auch während der Vertragslaufzeit bestehen bleiben, da sich ihr Abbau zunächst auf Erwartungen begründet. Gelingt es dem Privaten, die in ihn gesetzten Erwartungen zu bestätigen und diese Unsicherheiten abzubauen, so erhöht er die Wahrscheinlichkeit, in Phase 3 eine Vertragsverlängerung zu erreichen.

Es müssen daher Organisationsdesigns gefunden werden, die zum einen geeignet sind, relevante Informationen zu übermitteln, zum anderen die Kommune derart zu integrieren, daß ein opportunistisches Verhalten des privaten Partners ausgeschlossen wird.

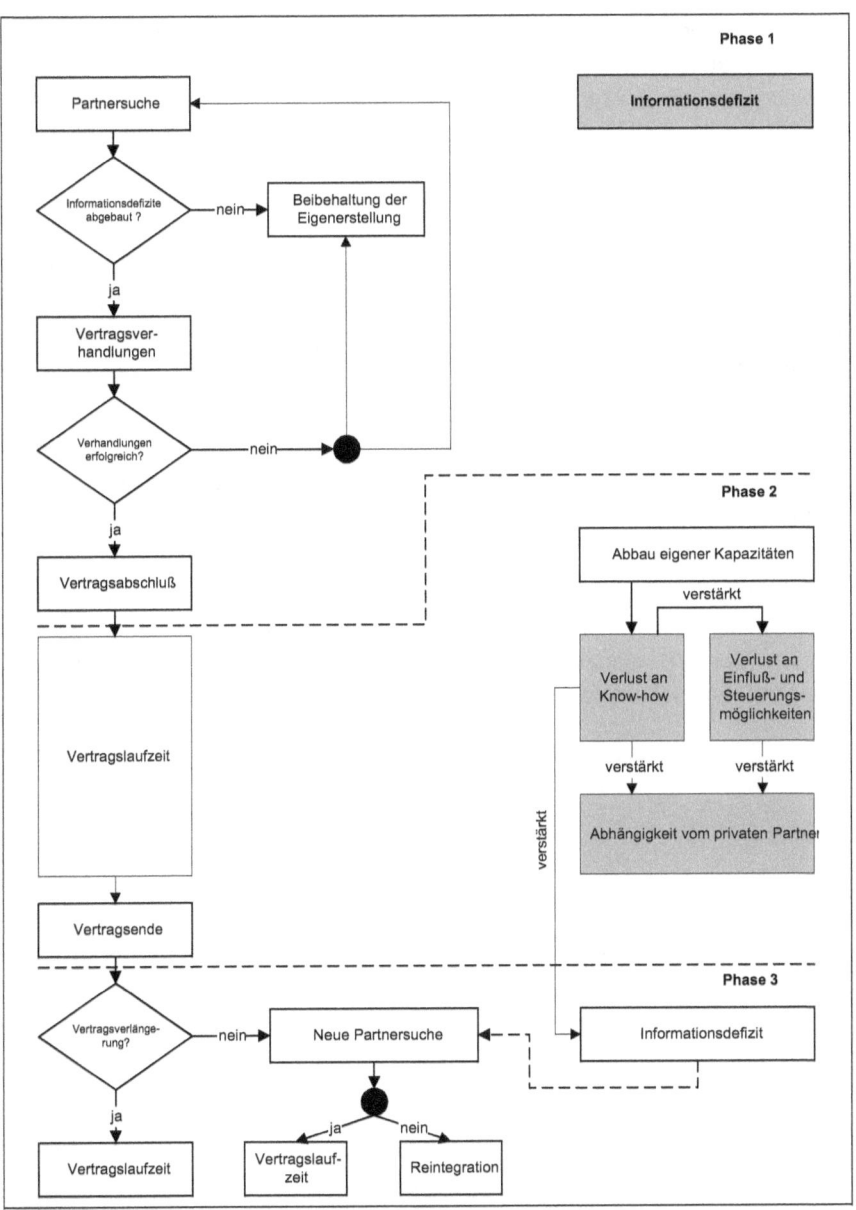

Abb. 30: Hauptprobleme der Einschaltung privater Unternehmen in die Gebäudewirtschaft

Gegen die Übertragung gebäudewirtschaftlicher Leistungen – und hier insbesondere kaufmännischer Leistungen – auf private Unternehmen bestehen demnach eine Reihe von Widerständen, die ohne weiteres nicht abbaubar erscheinen. Die Ausführungen zur Transaktionskostentheorie haben gezeigt, daß es aufgrund der Eigenschaften dieser Leistungen grundsätzlich zur Fremdvergabe kommen sollte. Dies stellt aus transaktionskostentheoretischer Sicht quasi die „first best-Lösung" dar. Da sie angesichts der Widerstände zur Zeit nur geringe Aussichten auf eine Realisierung hat, ist nach „second best-Lösungen" zu suchen. Vergegenwärtigt man sich nochmals Abb. 28 (S. 146), so befindet man sich im Feld 3. Es besteht eine lediglich mittlere Spezifität sowie strategische Relevanz bei relativ hohen Auslagerungsbarrieren.

Es geht also darum, Organisationsmodelle zu finden, die einerseits geeignet sind, betriebswirtschaftliches Handeln zuzulassen, andererseits den kommunalen Vertretern ein ausreichendes Maß an Einfluß- und Kontrollmöglichkeiten zu gewährleisten. Dabei gilt es, eine vorteilhafte Kombination öffentlicher und privater Elemente zu finden.

Im folgenden sollen daher alternative Organisationsmodelle unter Einbeziehung privater Unternehmen für die kommunale Gebäudewirtschaft vorgestellt werden. Dem vorangestellt wird die Darstellung und Bewertung verwaltungsinterner Organisationsmodelle.

6 GESTALTUNGSMÖGLICHKEITEN FÜR DIE KOMMUNALE GEBÄUDEWIRTSCHAFT

6.1 Organisationsmöglichkeiten bei Eigenerstellung und Fremdbezug gebäudewirtschaftlicher Leistungen

6.1.1 Übersicht

Für die Kommunen ergibt sich ein breites Spektrum an möglichen Organisationsformen für die Gebäudewirtschaft. Die beiden Pole bilden die vollständige Eigenerstellung auf der einen und die vollständige Fremdvergabe der Leistungen auf der anderen Seite. Dazwischen liegen weitere Optionen, die von der (Auftrags-)Vergabe von Teilleistungen an private Unternehmen bis zu den verschiedenen Formen der PPP reichen.

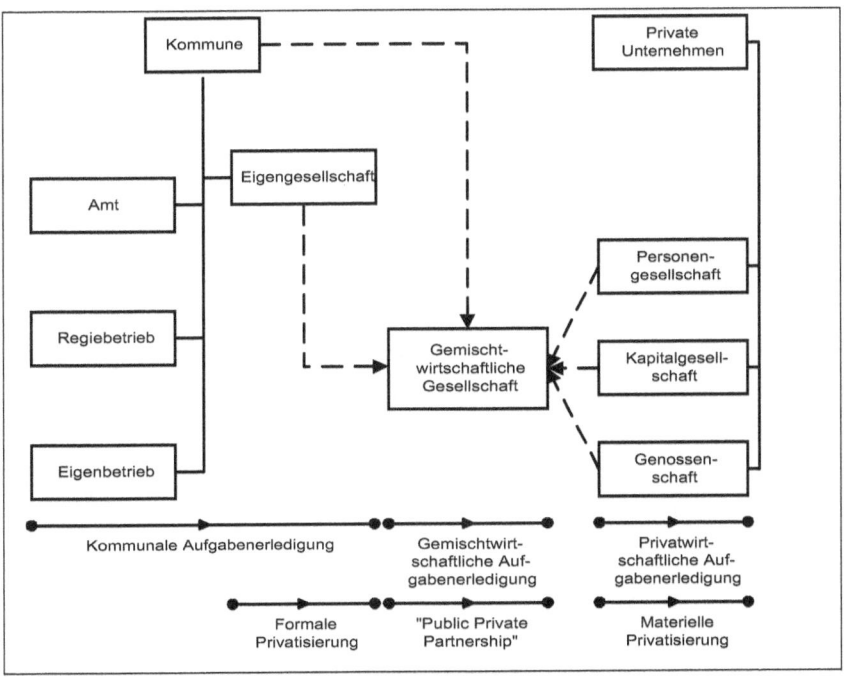

Abb. 31: Organisationsformen für die kommunale Gebäudewirtschaft

In Abb. 31 erfolgt eine Zuordnung der einzelnen Organisationsformen zu den behandelten Privatisierungsformen. Einschränkend muß erwähnt werden, daß die Übersicht auf einer hohen Aggregationsstufe angesiedelt ist, da die Möglichkeiten der gemischtwirtschaftlichen Aufgabenerledigung breiter angelegt sind als allein in einer gemischtwirtschaftlichen Gesellschaft. Die Auswahl der gemischtwirtschaftlichen Gesellschaft soll lediglich die Möglichkeit verdeutlichen, daß die öffentliche Hand und private Unternehmen in einer gemeinsamen Gesellschaft zusammenarbeiten können.

Im folgenden sollen zunächst interne Organisationsmodelle für die Gebäudewirtschaft vorgestellt und bewertet werden. Hierbei findet eine vergleichende Gegenüberstellung von Regiebetrieb, Eigenbetrieb und Eigengesellschaft statt. Daran anschließend werden externe Organisationsmodelle vorgestellt, wobei das Hauptaugenmerk auf zwei alternativen Organisationsformen, nämlich dem Betreibermodell und dem Kooperationsmodell liegt. Hierbei handelt es sich um Modelle, die bereits in anderen Bereichen, insbesondere der Abwasserbeseitigung, erfolgreich eingesetzt werden. Die Vorstellung dieser Modelle ist verbunden mit der Prüfung, ob sie geeignet sind, im Bereich der Gebäudewirtschaft verwendet zu werden. Abschließend ist auf Modelle einzugehen, die über die reine Betriebsführung für kommunale Immobilien hinausgehen und Finanzierungsaspekte beinhalten, aber mit den zuvor behandelten Organisationsmodellen kombiniert werden können.

6.1.2 Interne Organisationsmodelle

Im Rahmen des bisher vorgestellten Verwaltungsaufbaus – sei es in seiner nach wie vor bestehenden traditionellen Form oder sei es in bereits (zumindest partiell) reformierter Form – werden die kommunalen Aufgaben erfüllt.[490] Dies gilt sowohl für die Leistungen dem Bürger gegenüber als auch für Aufgaben der inneren Verwaltung. Abb. 32 zeigt die Rechtsformen auf, derer die Kommunen sich dabei bedienen können. Es handelt sich um solche des öffentlichen Rechts und solche des Privatrechts.

---

[490] Wobei natürlich anzufügen ist, daß bereits ein Teil von Aufgaben an Private übertragen wurde.

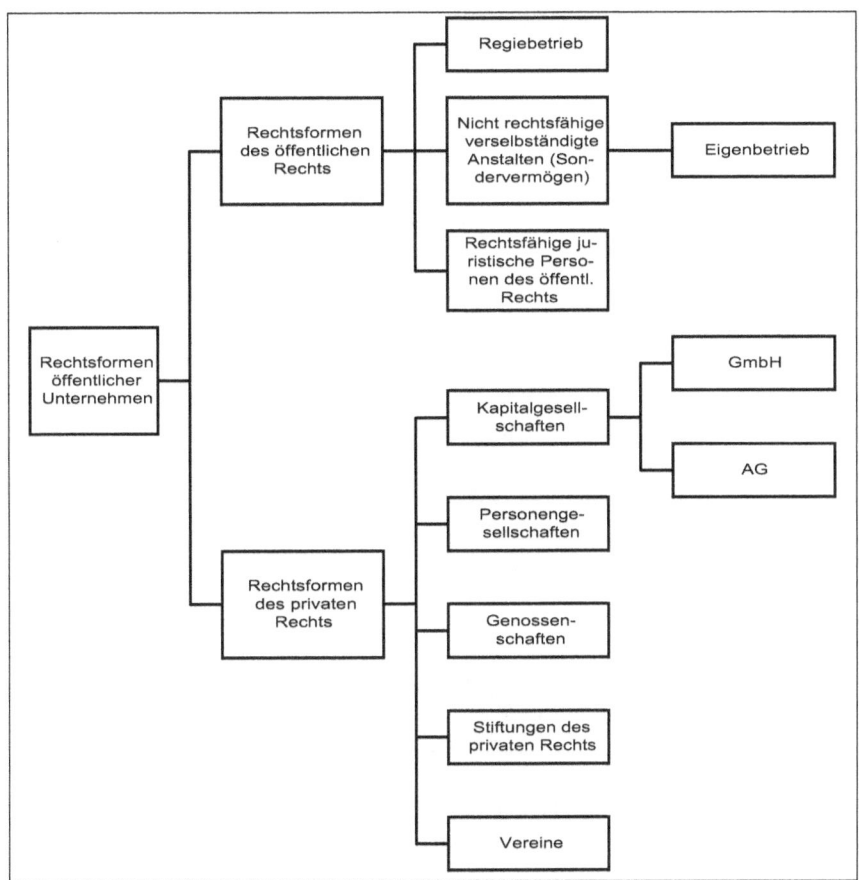

Abb. 32: **Rechtsformen öffentlicher Unternehmen**

Quelle: Leicht modifiziert entnommen aus Mühlenkamp, Holger: Öffentliche Unternehmen, München/Wien 1994, S. 20.

Für die Gebäudewirtschaft sind drei Organisationsformen von besonderem Interesse: der Regiebetrieb, der Eigenbetrieb sowie die Eigengesellschaft in verschiedenen Rechtsformen des privaten Rechts. Im folgenden sollen diese Rechtsformen daher zunächst beschrieben werden, um sodann ihre Vor- und Nachteile abzuwägen und zu diskutieren. Diese Diskussion ist aus zwei Blickwinkeln zu führen. Zunächst ist zu fragen, in welcher dieser Organisationsformen die Gebäudewirtschaft aus ökonomischer Perspektive organisiert werden sollte; hierbei stehen reine Effizienzüberlegungen im Vordergrund. Dem gegenübergestellt wird eine Betrachtung weiterer Vor- und Nachteile aus kommunaler Sicht, weil diese Sichtweise bei der Entscheidung über die tatsächliche Organisation der Gebäudewirtschaft von hoher Relevanz ist.

6.1.2.1 Der Regiebetrieb

Die Rechtsform des Regiebetriebs kann auf eine lange Tradition verweisen. Insbesondere zu Beginn dieses Jahrhunderts wurde ein Großteil der wirtschaftlichen Unternehmen der Kommunen, insbesondere die Versorgungs- und die Verkehrsunternehmen, als Regiebetriebe geführt.[491] Bei den Regiebetrieben handelt es sich um Unternehmen der Kommune, die keine eigene Rechtspersönlichkeit aufweisen.[492] Sie sind weder rechtlich noch organisatorisch oder rechnungstechnisch eigenständig; vielmehr werden sie wie eine Abteilung der Verwaltung geführt. Damit gelten für die Regiebetriebe z.B. auch die Grundsätze der kameralistischen Haushaltsführung, und die Personalwirtschaft ist in den allgemeinen Stellenplan eingebunden.[493] Durch die enge Einbindung in die allgemeine Verwaltung unterscheidet sich der Regiebetrieb formal nicht von anderen Ämtern. Im wesentlichen liegt die Unterscheidung in der Aufgabenstellung begründet. Regiebetriebe finden sich insbesondere in der dienstleistenden Leistungsverwaltung, der Bedarfsverwaltung und den nichtwirtschaftlichen Betrieben.[494]

Die Leitung des Regiebetriebes erfolgt durch einen Beamten oder öffentlichen Angestellten, der wiederum den Weisungen seines Dienstvorgesetzten bzw. des Hauptverwaltungsbeamten unterworfen ist. Handlungen im Außenverhältnis können nur von der Verwaltungsspitze wahrgenommen werden.[495] Da Regiebetriebe als Bruttobetriebe gelten, werden alle Einnahmen und Ausgaben direkt ohne Saldierung im Gesamthaushalt veranschlagt.[496] Daneben gilt das Gesamtdeckungsprinzip, d.h. erzielte Erlöse stehen nicht der konkreten Verwaltungsaufgabe zur Verfügung, sondern können für jedweden Zweck im

---

[491] Vgl. Schraffer, Heinrich: Der kommunale Eigenbetrieb, Baden-Baden 1993, S. 53; Adamaschek, Bernd/Adams, Karl-Heinz: Regiebetriebe, in: Chmielewicz, Klaus/Eichhorn, Peter (Hrsg.): Handwörterbuch der Öffentlichen Betriebswirtschaft, Stuttgart 1989, Sp. 139 f.

[492] Vgl. Adamaschek, Bernd/Adams, Karl-Heinz: a.a.O., Sp. 1391.

[493] Vgl. Cronauge, Ulrich: Kommunale Unternehmen, 3. Aufl., Berlin 1997, S. 36, Rd.-Nr. 52.

[494] Vgl. Mühlenkamp, Holger: Öffentliche Unternehmen, München/Wien 1994, S. 19.

[495] Vgl. Adamaschek, Bernd/Adams, Karl-Heinz: a.a.O., Sp. 1392.

[496] Vgl. Adamaschek, Bernd/Adams, Karl-Heinz: a.a.O., Sp. 1392.

Rahmen des Haushaltes eingesetzt werden.[497] Die Einbindung des Regiebetriebes in das kommunale Haushaltswesen bedingt auch, daß die Finanzierung des Regiebetriebes ausschließlich über den Gemeindehaushalt erfolgt.

Sollte im Einzelfall der Regiebetrieb als Betrieb gewerblicher Art bewertet werden, so unterliegt er der Steuerpflicht. Bei Betrieben gewerblicher Art handelt es sich nicht um eigenständige Einrichtungen, sondern um eine steuerrechtliche Konstruktion. Nach § 4 Abs. 1 KStG umfaßt der Begriff „alle Einrichtungen, die einer nachhaltigen wirtschaftlichen Tätigkeit zur Erzielung von Einnahmen außerhalb der Land- und Forstwirtschaft dienen und die sich innerhalb der Gesamtbetätigung der juristischen Person wirtschaftlich herausheben. Die Absicht, Gewinn zu erzielen, und die Beteiligung am allgemeinen wirtschaftlichen Verkehr sind nicht erforderlich." Betriebe gewerblicher Art unterliegen der Körperschaftsteuer, der Umsatzsteuer und unter bestimmten Voraussetzungen (u.a. Gewinnerzielungsabsicht) auch der Gewerbesteuer. Nicht steuerpflichtig sind demgegenüber Hoheitsbetriebe, die eine Tätigkeit durchführen, die der Kommune eigentümlich und – in der Verantwortung für die Leistungserbringung – vorbehalten ist (z.B. Abfall- und Abwasserbeseitigung, Straßenreinigung etc.).[498]

Zu finden ist die Organisationsform des Regiebetriebes vielfach bei kommunalen Hilfsbetrieben, die den Eigenbedarf der Verwaltung abdecken.[499]

6.1.2.2 Der Eigenbetrieb

Die Organisationsform des Eigenbetriebs geht auf ein Unternehmensmodell zurück, welches mit der Eigenbetriebsverordnung von 1938 einheitlich für das gesamte Deutsche Reich geschaffen wurde.[500] Zielsetzung war es, eine Rechtsform für die wirtschaftlichen Unternehmen einer Kommune zu schaffen, die es ermöglichte, diese Unternehmen auch als Wirtschaftsbetrieb zu führen.[501] Die Rechtsgrundlagen für die heutigen Eigenbetriebe finden sich in den Gemeindeordnungen sowie den Eigenbetriebsverordnungen der Länder. Diese Bestimmungen weichen zwar in ihrer Ausgestaltung voneinander ab, stimmen aber in den Grundzügen überein. Konkrete Ausgestaltungsusancen wer-

---

[497] Vgl. Cronauge, Ulrich: a.a.O., S. 37, Rd.-Nr. 57.
[498] Vgl. Friedl, Uwe: Besteuerung öffentlicher Unternehmungen in unterschiedlicher Rechts- und Organisationsform, in: Verwaltungsrundschau, 45. Jg., Heft 5, 1999, S. 150.
[499] Vgl. Cronauge, Ulrich: a.a.O., S. 36, Rd.-Nr. 53.
[500] Vgl. Schraffer, Heinrich: a.a.O., S. 35 ff.
[501] Vgl. Cronauge, Ulrich: a.a.O., S. 81, Rd.-Nr. 230 ff.

den im folgenden an der Gemeindeordnung des Landes Nordrhein-Westfalen dargestellt.

Kennzeichen des Eigenbetriebes ist es, daß er die Organisationsform für die wirtschaftlichen Unternehmen einer Kommune darstellt. Er besitzt keine eigene Rechtspersönlichkeit, verfügt allerdings über eigene Organe und ein eigenes Rechnungswesen, womit er organisatorisch und finanzwirtschaftlich verselbständigt ist. Wirtschaftliche Unternehmen sollen grundsätzlich einen Gewinn für den Kommunalhaushalt erzielen, sofern dies mit ihrem öffentlichen Zweck in Einklang zu bringen ist; die betroffenen Leistungen könnten dabei ebenso von einem Privaten mit der Absicht der unmittelbaren Gewinnerzielung erbracht werden.[502] Gemäß § 107 Abs. 1 der Gemeindeordnung Nordrhein-Westfalen (GO NW) ist als wirtschaftliche Betätigung „der Betrieb von Unternehmen zu verstehen, die als Hersteller, Anbieter oder Verteiler von Gütern oder Dienstleistungen am Markt tätig werden, sofern die Leistungen ihrer Art nach auch von einem Privaten mit der Absicht der Gewinnerzielung erbracht werden könnten". Explizit davon ausgenommen sind nach § 107 Abs. 2 Nr. 4 GO NRW Hilfsbetriebe, die ausschließlich der Deckung des Eigenbedarfs der Gemeinde dienen. Allerdings eröffnet § 107 Abs. 2 GO NRW auch für diese Einrichtungen die Möglichkeit, sie nach den Vorschriften für den Eigenbetrieb zu führen. In diesem Fall spricht man von „eigenbetriebsähnlichen Einrichtungen".[503] Die Anwendung des Eigenbetriebsrechts im nichtwirtschaftlichen Bereich ist mit Ausnahmen Bayerns in allen Bundesländern zulässig.[504] Insofern ist es auch möglich, einen Hilfsbetrieb „Gebäudewirtschaft" nach den Vorschriften des Eigenbetriebs zu führen.

Der Eigenbetrieb stellt ein Sondervermögen der Kommune dar. Als Organe des Eigenbetriebs fungieren die Werkleitung sowie der Werkausschuß; daneben kommen spezielle Befugnisse dem Hauptverwaltungsbeamten sowie in einzelnen Ländern dem mit dem Finanzwesen betrauten Beamten zu.[505] Der Werkleitung, welche aus einen oder mehreren Werkleitern, die von der Gemeindevertretung bestellt werden, besteht, obliegt allein die laufende Führung des Eigenbetriebs. Hierbei handelt es sich um solche Maßnahmen und Entscheidungen, die zur Aufrechterhaltung des einwandfreien Betriebs regelmä-

---

[502] Vgl. Cronauge, Ulrich: a.a.O., S. 136, Rd.-Nr. 444; Zeiß, Friedrich: Eigenbetriebe, in: Chmielewicz, Klaus/Eichhorn, Peter (Hrsg.): Handwörterbuch der Öffentlichen Betriebswirtschaft, Stuttgart 1989, Sp. 283.
[503] Vgl. Cronauge, Ulrich: a.a.O., S. 64, Rd.-Nr. 153.
[504] Vgl. Cronauge, Ulrich: a.a.O., S. 96 f., Rd.-Nr. 302 f
[505] Vgl bspw. §§ 6-7 EigVO NW.

ßig getroffen werden müssen.[506] Bei ihrer Tätigkeit ist die Werkleitung für die wirtschaftliche Führung des Eigenbetriebs verantwortlich.[507] Der Werkausschuß setzt sich aus Mitgliedern des Rates und gegebenenfalls sachkundigen Bürgern zusammen[508] und hat sich ausschließlich mit den Angelegenheiten des Eigenbetriebs zu befassen. Dabei kommen dem Werkausschuß sowohl leitende als auch überwachende Funktionen zu. Er berät über die Angelegenheiten des Eigenbetriebs, über die die Gemeindevertretung zu entscheiden hat, vor bzw. trifft die Entscheidung, sofern die betreffende Angelegenheit keinen Aufschub duldet.[509]

Durch sein eigenständiges Haushalts- und Rechnungswesen ist der Eigenbetrieb rechnungstechnisch aus dem allgemeinen Haushalt herausgelöst. Für die Eigenbetriebe ist die doppelte kaufmännische Buchführung oder eine entsprechende Verwaltungsbuchführung vorgeschrieben; ein Jahresabschluß ist nach den üblichen handelsrechtlichen Vorschriften aufzustellen.[510] Damit handelt es sich bei den Eigenbetrieben im Gegensatz zum Regiebetrieb um „Nettobetriebe", da das erzielte Jahresergebnis lediglich als Gewinn oder Verlust im kommunalen Haushalt ausgewiesen wird. Die Herauslösung aus dem kommunalen Haushalt bewirkt auch eine Eigenständigkeit bei der Kreditaufnahme; die Möglichkeiten der Kreditaufnahme richten sich nach der wirtschaftlichen Situation des Eigenbetriebes und sind insofern unabhängig vom kommunalen Haushalt.[511] Daneben findet eine Anrechnung der aufgenommenen Kredite auf die Verschuldungskapazität der Trägerkommune nicht statt.

Sofern der Eigenbetrieb als Betrieb gewerblicher Art eingestuft wird, unterliegt dieser den für diese Betriebsart geltenden steuerrechtlichen Vorschriften.

Zusammenfassend ist festzuhalten, daß es sich bei Eigenbetrieben um von der Verwaltung deutlich abgegrenzte Organisationsformen handelt, die trotz-

---

[506] Vgl. Zeiß, Friedrich: Eigenbetriebe, in: Püttner, Günter (Hrsg.): Handbuch der kommunalen Wissenschaft und Praxis, Band 5: Kommunale Wirtschaft, 2. Aufl., Berlin u.a. 1984, S. 162; eine Aufzählung der Tätigkeiten vgl. bei Cronauge, Ulrich: a.a.O., S. 85, Rd.-Nr. 246.

[507] Vgl. Zeiß, Friedrich: Eigenbetriebe, in: Chmielewicz, Klaus/Eichhorn, Peter (Hrsg.): a.a.O., Sp. 286.

[508] In einigen Bundesländern sind in Abhängigkeit von der Größe des Eigenbetriebes auch Beschäftigte des Betriebes Mitglieder des Werkausschuß. Vgl. bspw. § 114 GO NRW.

[509] Vgl. Cronauge, Ulrich: a.a.O., S. 88 f., Rd.-Nr. 261 ff.

[510] Vgl. Zeiß, Friedrich: Eigenbetriebe, in: Chmielewicz, Klaus/Eichhorn, Peter (Hrsg.): a.a.O., Sp. 289 f.

[511] Vgl. Schwarting, Gunnar: Kommunales Kreditwesen, Berlin 1994, S. 80 f., Rd.-Nr. 180 ff.

dem aber Teil der Kommunalverwaltung sind. Verbreitet sind Eigenbetriebe bei Versorgungs- und Verkehrsbetrieben, aber auch in anderen Bereichen wie bspw. Messehallen oder Kurbetrieben.[512]

6.1.2.3 Die Eigengesellschaft

Neben den bisher vorgestellten öffentlich-rechtlichen Rechtsformen (beide ohne eigene Rechtspersönlichkeit) kann sich die Kommune zur Erbringung ihrer Leistungen auch privatrechtlicher Unternehmensformen bedienen. Aus dem zur Verfügung stehenden Spektrum kommen allerdings nur die AG und die GmbH in Betracht, da die Gemeindeordnungen eine Rechtsform vorschreiben, welche die Haftung der Kommune beschränkt.[513] Wählt die Kommune eine dieser Rechtsformen und hält eine 100% tige Beteiligung, so spricht man von einer Eigengesellschaft. Diese ist dem Bereich der formalen Privatisierung zuzuordnen. Ebenso wie der Eigenbetrieb ist die Eigengesellschaft eine Organisationsform für die wirtschaftlichen Unternehmen einer Kommune. Jedoch ermöglichen es die Gemeindeordnungen der einzelnen Bundesländer, privatrechtliche Organisationsformen auch im nicht-wirtschaftlichen Bereich zu wählen.[514] Da als Rechtsformen lediglich die AG und die GmbH relevant sind, sind rechtliche Grundlagen das Aktiengesetz (AktG), das GmbH-Gesetz (GmbHG) sowie das Handelsgesetz (HGB).

Durch die Wahl der Rechtsform der Kapitalgesellschaft erfolgt die haushalts- und vermögensmäßige Trennung von Gemeinde- und Gesellschaftsvermögen. Zudem finden die öffentlich-rechtlichen Besoldungsregeln keine Anwendung, und an Stelle des Personalvertretungsrechts treten das Betriebsverfassungs- bzw. das Mitbestimmungsrecht.[515] Weiterhin unterliegt die Eigengesellschaft durch ihre rechtliche Selbständigkeit nicht mehr den haushaltsrechtlichen Restriktionen und Genehmigungspflichten, so daß sich erleichterte Möglichkeiten zur Fremdfinanzierung ergeben. Durch die öffentliche Trägerschaft sind sie

---

[512] Vgl. Zeiß, Friedrich: Eigenbetriebe, in: Chmielewicz, Klaus/Eichhorn, Peter (Hrsg.): a.a.O., Sp. 284.

[513] Vgl. bspw. § 108, Abs. 1, Nr. 3 GO NRW.

[514] Vgl. Matschke, Manfred J./Wegmann, Jürgen: Eigengesellschaften in: Chmielewicz, Klaus/Eichhorn, Peter (Hrsg.): Handwörterbuch der Öffentlichen Betriebswirtschaft, Stuttgart 1989, Sp. 300; Cronauge, Ulrich: a.a.O., S. 96 f.; § 108, Abs. 1, Nr. 2 GO NRW.

[515] Vgl. Kraft, Thomas: Eigengesellschaften, in: Püttner, Günter (Hrsg.): Handbuch der kommunalen Wissenschaft und Praxis, Band 5: Kommunale Wirtschaft, 2. Aufl., Berlin u.a. 1984, S. 169 f.

weitgehend vom Insolvenzrisiko befreit.[516] Aus steuerrechtlicher Sicht ist festzuhalten, daß sowohl die AG als auch die GmbH als selbständiges Rechtssubjekt besteuert werden. Von Relevanz sind hierbei die Körperschaftsteuer, die Gewerbesteuer und die Umsatzsteuer (und damit verbunden die Möglichkeit des Vorsteuerabzugs, sofern diese in Zusammenhang mit steuerpflichtigen Umsätzen steht).[517]

Die Organstrukturen der Eigengesellschaften werden durch die Bestimmungen des AktG und des GmbHG geregelt. Organe der AG sind der Vorstand, der Aufsichtsrat und die Hauptversammlung, Organe der GmbH sind der oder die Geschäftsführer, die Gesellschafterversammlung und gegebenenfalls der Aufsichtsrat. Allerdings sind die Einflußmöglichkeiten der Kommune aufgrund der gesetzlichen Bestimmungen bei der GmbH größer als bei der Aktiengesellschaft. Hervorzuheben sind hier die Möglichkeiten der Beschränkung der Vertretungsbefugnis der Geschäftsführung durch die Gesellschafterversammlung und den Gesellschaftsvertrag (§ 37 GmbHG, §§ 45, 46 GmbHG). Demgegenüber sind die Möglichkeiten der Einflußnahme auf den Vorstand einer AG insofern geringer, als die Aktionäre über Fragen der Geschäftsführung nur mitbestimmen, wenn die entsprechenden Angelegenheiten der Hauptversammlung zur Beschlußfassung vorgelegt werden.[518]

6.1.2.4 Bewertung der internen Organisationsmodelle

Wesentlicher Vorteil des Regiebetriebes aus kommunaler Sicht ist es, daß die Möglichkeit der Steuerung und der Einflußnahme durch die kommunalen Entscheidungsträger jederzeit gewährleistet ist.[519] Eigenständige Organe sind für den Regiebetrieb nicht vorgesehen. Die Verfügungsrechte sind weitgehend dem Kommunalparlament und den leitenden Verwaltungsbeamten zugeordnet. Damit ist am ehesten gewährleistet, daß die kommunalen Interessen gewahrt bleiben und Principal-Agent-Konflikte auf ein Minimum reduziert werden. Es besteht eine enge Bindung zwischen Principal und Agent, da beide aus dem Verwaltungsbereich kommen und daher zu erwarten ist, daß die Interes-

---

[516] Vgl. Matschke, Manfred J./Wegmann, Jürgen: a.a.O., Sp. 302 f.
[517] Vgl. Cronauge, Ulrich: a.a.O., S. 107 ff., Rd.-Nr. 342 ff. und S. 121, Rd.-Nr. 388; Friedl, Uwe: a.a.O., S. 151.
[518] Vgl. zu den Einflußmöglichkeiten auf den Vorstand einer AG Engellandt, Frank: Die Einflußnahme der Kommunen auf ihre Kapitalgesellschaften über das Anteilsorgan, Heidelberg 1995, S. 138 ff.
[519] Vgl. auch Bach, Stefan: a.a.O., S. 226.

senasymmetrien gering sind.[520] Es findet keine Herauslösung aus dem Verwaltungsapparat statt. Hierin ist aber auch unmittelbar der Nachteil des Regiebetriebes zu sehen. Es greifen die gleichen Anreiz- und Motivationsmechanismen wie in der sonstigen Verwaltung, da die Einbindung in das öffentliche Dienst- und Besoldungsrecht bestehen bleibt. Somit ist die Flexibilität im Hinblick auf die Installation anreizverträglicher, leistungsabhängiger Entlohnungssysteme stark eingeschränkt. Hierdurch wird es zum einen erschwert, die Leistungsbereitschaft der Mitarbeiter zu fördern, zum anderen aber auch qualifizierte Fachleute am Arbeitsmarkt zu rekrutieren. Durch die Einbettung des Regiebetriebs in die Kommunalverwaltung ist weiterhin eine Abhängigkeit von deren Entscheidungsträgern gegeben. Dies kann dazu führen, daß die Entscheidungswege verlängert und Entscheidungen verzögert werden. Insgesamt wird eine unternehmerische Flexibilität hierdurch nicht erreicht, und das Streben nach wirtschaftlicher Effizienz ist nicht besonders stark ausgeprägt. Insofern erscheint diese Organisationsform nicht geeignet für solche Aufgabengebiete, die einen permanenten Wandel an sich ändernde Umweltbedingungen erfordern.[521] Schwierigkeiten sind insbesondere dann zu erwarten, wenn eine solche Einrichtung sich mit privaten Mitbewerbern messen soll, und eine rasche Anpassung an diese Konkurrenz durch eine bürokratische Starrheit verhindert wird.

Da es sich beim Eigenbetrieb ebenfalls um eine öffentlich-rechtliche Rechtsform handelt, die eng an die Kommunalverwaltung gebunden ist, gelten in weiten Teilen die gleichen Einwände wie beim Regiebetrieb. Bezüglich der leistungsabhängigen Vergütung wird jedoch vorgebracht, daß zumindest die Werkleitung im Eigenbetrieb in erfolgsbezogener Weise beschäftigt werden kann.[522] Im Gegensatz zum Regiebetrieb weist der Eigenbetrieb eine höhere wirtschaftliche Eigenständigkeit auf. Die Werkleitung im Eigenbetrieb stellt ein eigenständiges Leitungsorgan dar, welchem die laufende Geschäftsführung unterliegt. Aufgrund der weitgehenden Befugnisse der Gemeindevertretung[523] ist sie in ihren Handlungen dabei allerdings an die gesetzten Vorgaben gebunden. Durch die Bedeutung des Werkausschusses ist zudem ein weitreichender politischer Einfluß gegeben. Diese Befugnisse des Werkausschusses und der Gemeindevertretung bedeuten, daß die wirtschaftliche Führung des

---

[520] Vgl. Stößel, Frank Volker: a.a.O., S. 183.
[521] Vgl. auch Stößel, Frank Volker: a.a.O., S. 160.
[522] Vgl. Ehlers, Dirk: Die Entscheidung der Kommunen für eine öffentlich-rechtliche oder privat-rechtliche Organisation ihrer Einrichtungen, in: DÖV, 1986, S. 900.
[523] Vgl. Mühlenkamp, Holger: a.a.O., S. 55.

Eigenbetriebs im wesentlichen bei der Gemeindevertretung liegt und der Werkleitung eigene Leitungsfunktionen somit nur bei einfachen Geschäften der laufenden Betriebsführung verbleiben.[524] Insofern sind auch beim Eigenbetrieb die Möglichkeiten der Steuerung und der Einflußnahme durch die kommunalen Entscheidungsträger relativ hoch; Principal-Agent-Konflikte dürften ebenfalls nur in vergleichsweise geringem Ausmaß auftreten. Die relativ hohe Anzahl von Organen (Werkleitung, Werkausschuß, Verwaltungsspitze, Rat) bedingen jedoch, daß Entscheidungen verzögert werden und Reibungsverluste entstehen können.[525] Insgesamt kann auch die Gefahr bestehen, daß Tendenzen zu politischer Einflußnahme entstehen und dadurch sachgerechte Entscheidungen erschwert werden.[526] Letztlich resultieren diese Probleme in einer mangelnden unternehmerischen Flexibilität.

Vorteilhaft wirkt sich beim Eigenbetrieb aus, daß er über ein eigenes Rechnungswesen verfügt. Hierdurch kann die Transparenz der wirtschaftlichen Ergebnisse erhöht werden.

Die Wahl einer privaten Rechtsform ist den öffentlich-rechtlichen Rechtsformen unter betriebswirtschaftlichen Gesichtspunkten überlegen. Dies ist im wesentlichen zurückzuführen auf die Herauslösung der Eigengesellschaften aus dem allgemeinen Verwaltungsaufbau und der damit verbundenen Abkopplung von den haushaltsrechtlichen, personalpolitischen und sonstigen Restriktionen. Im Gegensatz zum Regiebetrieb und zum Eigenbetrieb erfolgt durch die rechtlichen Vorschriften eine Trennung von Unternehmensleitung und Unternehmenskontrolle. Diese Trennung ist bei den öffentlich-rechtlichen Unternehmensformen nicht gegeben, vielmehr kommt es zu Überschneidungen zwischen den einzelnen Organen. So kommen z.B. dem Werkausschuß sowohl leitende als auch kontrollierende Funktionen zu. Hierdurch ist es letztlich kaum möglich, eine eindeutige Ergebnisverantwortung zu schaffen, da keine eindeutige Zuordnung des Erfolges (oder des Mißerfolges) auf die einzelnen Entscheidungsträger möglich ist. Durch die klare Abgrenzung der Organe und ihrer Aufgaben bei den privatrechtlichen Unternehmensformen ist eine solche Schaffung von Ergebnisverantwortung möglich.[527] Daneben besteht durch die Loslösung vom öffentlichen Dienst- und Besoldungsrecht die Möglichkeit, leistungsorientierte Entlohnungssysteme zu installieren, und die Chancen,

---

[524] Vgl. Brüning, Christoph: a.a.O., S. 72.
[525] Vgl. Schraffer, Heinrich: a.a.O., S. 49 ff.
[526] Vgl. Bach, Stefan: a.a.O., S. 228.
[527] Vgl. Engellandt, Frank: a.a.O., S. 13 f.

Fachleute am Arbeitsmarkt zu gewinnen, steigen. Eine Verpflichtung, die für den öffentlich-rechtlichen Sektor geltenden tariflichen Regelungen zu übernehmen, besteht nicht.[528] Personalpolitisch ist die Eigengesellschaft an die Tarifverträge der zuständigen Tarifparteien gebunden, jedoch ergeben sich größere Freiräume (z.B. durch Zahlung außertariflicher Zulagen) als bei Regie- und Eigenbetrieb.[529] Auch kann es durch weniger restriktive Kündigungsvorschriften einfacher sein, flexibler auf Beschäftigungsschwankungen zu reagieren oder Mitarbeiter wegen mangelnder Leistung oder auch betriebsbedingt zu kündigen.[530] Grundsätzlich gilt ferner, daß Beamte nicht in privatrechtlichen Organisationen angestellt werden können. Als weiterer Vorteil ist anzusehen, daß nur die Rechtsform der AG und der GmbH die Zusammenarbeit mit privaten Unternehmen in Form der Kapitalbeteiligung ermöglicht.[531] Besteht damit die Absicht, eine gemischtwirtschaftliche Unternehmung durch Beteiligung privater Unternehmen zu gründen, so ist dies nur bei der Eigengesellschaft möglich.

Aus Sicht der Kommune verringern sich durch die Selbständigkeit der Unternehmensleitung – bei der AG im höheren Ausmaß als bei der GmbH –, die Möglichkeiten der Steuerung und Einflußnahme. Für die Kommunalvertretung ergibt sich nur noch eine mittelbare Einflußmöglichkeit über die Kontrollorgane. Damit einher geht auch ein steigendes Potential an Principal-Agent-Konflikten. Durch die geringeren Einflußmöglichkeiten von Verwaltungsspitze und Politik ergeben sich für das Management der Eigengesellschaften zusätzliche Handlungsfreiräume.[532] Inwieweit Vorstand bzw. Geschäftsführung jedoch tatsächlich unabhängig von den kommunalen Entscheidungsträgern sind, muß kritisch gesehen werden. Die leitenden Organe werden von der Haupt- bzw. Gesellschafterversammlung gewählt. Allein durch die Auswahl der jeweiligen Personen ist es bereits möglich, eine gewisse Einflußnahme zu gewährleisten.

Im Vergleich zu den beiden öffentlich-rechtlichen Unternehmensformen dürften die Organisationskosten der Errichtung einer Eigengesellschaft tendenziell

---

[528] Vgl. Mühlenkamp, Holger: a.a.O., S. 98.
[529] Vgl. Cronauge, Ulrich: a.a.O., S. 109, Rd.-Nr. 352. Zu den Entlohnungssystemen im öffentlichen Dienst vgl. Mühlenkamp, Holger: a.a.O., S. 91 ff.
[530] Vgl. Kraus, Hans S.: a.a.O., S. 63 f.
[531] Vgl. Engellandt, Frank: a.a.O., S. 12.
[532] Vgl. Vest, Peter: Die formelle Privatisierung öffentlicher Unternehmen – Eine Effizienzanalyse anhand betriebswirtschaftlicher Kriterien der Rechtsformwahl, in: ZögU, Band 21, Heft 2, 1998, S. 198 f.

höher sein. Dies könnte sich nachteilig auf die Entscheidung der kommunalen Entscheidungsträger für eine Eigengesellschaft auswirken, auch wenn zu erwarten ist, daß diese Kosten durch die organisatorischen Vorteile und die daraus resultierenden effizienzsteigernden Effekte rasch überkompensiert werden.

Als Ergebnis ist damit festzuhalten, daß die Eigengesellschaft die größte unternehmerische Flexibilität erlaubt und durchaus auf die Gebäudewirtschaft angewendet werden kann, da diese Rechtsform auch auf nichtwirtschaftliche Betriebe zugelassen ist.[533]

6.1.3 Externe Organisations- und Finanzierungsmodelle

6.1.3.1 Fremdvergabe gebäudewirtschaftlicher Leistungen

Neben der Möglichkeit der vollständigen Eigenerstellung der gebäudewirtschaftlichen Leistungen in einer kommunalen Einrichtung besteht als entgegengesetzter Extremfall die Option, sämtliche Leistungen einzukaufen, gegebenenfalls allein bei einem Anbieter. Dieser ist dann dafür verantwortlich, sämtliche Leistungen zu erbringen. Hierfür hat er das notwendige Personal und die notwendige Ausrüstung selber vorzuhalten, oder er kann Aufträge an Subunternehmer vergeben. Für die Dauer der Vertragslaufzeit sind die Kommune und der private Dienstleister aneinander gebunden, es besteht damit ein Auftraggeber/Auftragnehmer-Verhältnis. Die Kommune als Principal kann sich gegen opportunistisches Verhalten ihres Vertragspartners insoweit schützen, als die Vertragslaufzeit begrenzt wird und am Ende eine erneute Ausschreibung stattfindet. Allerdings muß gewährleistet sein, daß dann auch eine Wettbewerbssituation gegeben ist und ein neuer Geschäftspartner mit vertretbaren Aufwand gefunden werden kann. Es darf somit keine Fundamentale Transformation stattgefunden haben.

Als Alternative zur vollständigen Fremdvergabe der gebäudewirtschaftlichen Leistungen können Teilleistungen der Gebäudewirtschaft an private Unternehmen vergeben werden. Diesen Weg ist z.B. die Stadt Wetter gegangen. Bei der Stadt Wetter handelt es sich um eine kreisangehörige Stadt mit rund 30.000 Einwohnern am südlichen Rand des Ruhrgebietes in unmittelbarer Nähe zu den Städten Dortmund, Bochum und Hagen. Mit Vertragsbeginn 1. Januar 1996 wurde die Gebäudeinstandhaltung und -bewirtschaftung von der

---

[533] Es hatte sich gezeigt, daß die Gebäudewirtschaft als ein solcher Hilfsbetrieb angesehen werden kann, da sie den Eigenbedarf der Kommune deckt.

Kommune an ein privatwirtschaftliches Wohnungsbauunternehmen übertragen.[534] Gegenstand des Instandhaltungsvertrages ist die Sicherstellung der ordnungsgemäßen Instandhaltung der stadteigenen sowie von der Stadt genutzten Gebäude durch den Auftragnehmer.[535] Durch den Bewirtschaftungsvertrag überläßt die Stadt dem Auftragnehmer genau spezifizierte Grundstücke und Gebäude „mit dem Recht, diese auf eigene Rechnung und im eigenen Namen, insbesondere durch Vermietung und Verpachtung zu nutzen."[536] Damit sind dem privaten Unternehmen Handlungsfreiräume zugestanden worden, jedoch ist auch vertraglich festgelegt, daß die Interessen der Stadt bestmöglich zu wahren sind. Insbesondere zwei Zielsetzungen werden mit diesem Modell verfolgt. Zum einen soll das private Unternehmen höhere Bauleistungen erzielen als dies der Stadt selber möglich ist. Dies sei möglich, da der Private nicht an die VOB/VOL gebunden sei, seine Preise somit frei verhandeln kann und Rahmenverträge mit Handwerksbetrieben im unteren Preisniveau abgeschlossen werden können. Begrenzt wird der Umfang der Arbeiten jedoch durch das von der Stadt zur Verfügung gestellte Budget. Daneben verfüge der private Partner über die erforderliche EDV-Infrastruktur, mittels der die erforderlichen Arbeitsschritte wesentlich kostensparender durchgeführt werden können als in der gegebenen Verwaltungsstruktur.[537] Zum anderen werden Personalkosten eingespart, indem eine Mitarbeiterin zum Vertragspartner wechselt und zwei weitere Mitarbeiter freie Positionen in der Verwaltung übernehmen, wodurch die Notwendigkeit von Neueinstellungen in diesen Bereichen entfällt.[538]

Das Beispiel der Stadt Wetter kann als einer der ersten Modellfälle angesehen werden, in denen ein privates Unternehmen im größeren Umfang in die Erfüllung gebäudewirtschaftlicher Leistungen einbezogen worden ist. Eine materielle Privatisierung liegt nicht vor, da der Vertrag zum einen zeitlich begrenzt ist, zum anderen die Liegenschaften nicht an das private Unternehmen über-

---

[534] Vgl. o.V.: Veba bewirtschaftet städtische Gebäude, in: SZ, Nr. 295 vom 22.12.1995, S. 21; Nowak, Axel: Städtische Immobilien privat, in: Behörden-Spiegel, 12. Jg., Nr. III, 11. Woche, 1996, S. 1. Mit Auszügen aus dem Vertragsinhalt vgl. Dieckmann, Cord: a.a.O., S. 36 ff.;

[535] Vgl. § 11 des Instandhaltungsvertrages. Abgedruckt in Dieckmann, Cord: a.a.O., S. 36.

[536] § 19, Abs. 1 des Bewirtschaftungsvertrages. Abgedruckt in Dieckmann, Cord: a.a.O., S. 37.

[537] Vgl. Dieckmann, Cord: a.a.O., S. 38.

[538] Vgl. Dieckmann, Cord: a.a.O., S. 38.

tragen werden, sondern lediglich deren Bewirtschaftung und Instandhaltung.[539] Die Stadt gibt die Erledigung der Aufgaben nicht vollständig auf, sondern übertragt sie zeitlich befristet auf Private. Da der Stadt weitergehende Kontroll- und Mitspracherechte verbleiben, handelt es sich um eine Kooperationsform, die in den Bereich der PPP einzuordnen ist.

Ein weiteres Beispiel – jetzt im Rahmen des Energiemanagements – ist die Stadt Waltrop in Nordrhein-Westfalen. Hier wurden die städtischen Heizungsanlagen an ein privates Energieversorgungsunternehmen verpachtet, welches die Wartung, Instandhaltung und Erneuerung der Anlagen übernimmt. Neben einen Liquiditätseffekt aus der Verpachtung tritt eine (garantierte) Reduzierung des Wärmepreises.[540]

Die Fremdvergabe der gebäudewirtschaftlichen Leistungen als Gesamtpaket kann zum einen in Form der reinen Auftragsvergabe erfolgen. Dies scheint aufgrund der gegebenen Widerstände nicht realisierbar zu sein. Zum anderen ist es jedoch möglich, ausdifferenziertere Organisationsmodelle anzuwenden, die je nach ihrer Ausgestaltung eine stärkere Einbindung der Kommune ermöglichen. Dabei umfassen die Modelltypen für die Einschaltung privater Unternehmen reine Organisationsmodelle, bei denen lediglich die Betriebsführung und die Bewirtschaftung kommunaler Immobilien in den Verantwortungsbereich des privaten Unternehmens fällt. Hierunter fallen das Betreibermodell und das Kooperationsmodell. Daneben sind aber auch kombinierte Organisations- und Finanzierungsmodelle denkbar, bei denen der Private auch die Finanzierungsfunktion übernimmt. Zu denken ist hier an das Kommunalleasing und an kommunale Immobilienfonds.

Nimmt man eine Einordnung der Organisations- und Finanzierungsmodelle in das Spektrum der Organisationsformen die der Transaktionskostenansatz liefert vor, so lassen sich sowohl Elemente der Marktorganisation als auch der Hierarchie feststellen.[541] Zwar findet im Rahmen dieser Modelle die Nutzung des Marktmechanismus statt, jedoch nicht mehr in Form des isolierten Tausches einzelner Leistungsbestandteile. Vielmehr wird ein privates Unternehmen eingeschaltet, welches wiederum eine Intermediationsfunktion zwischen der Kommune und weiteren Anbietern gebäudewirtschaftlicher Leistungen

---

[539] Vgl. auch Brüning, Christoph: Public-private-partnership in der Gebäudeverwaltung, in: Stadt und Gemeinde, 52. Jg., Heft 2/3, 1997, S. 55

[540] Vgl. Schäfer, Heinz-Dieter: Stadt Waltrop verpachtet ihre Heizungen, in: WAZ, Nr. 138 vom 17.6.1999, o.S.

[541] Vgl. nochmals Williamson, Oliver E.: The Economic Institutions..., S. 68 ff.

(z.B. Handwerker, Gebäudereinigungsunternehmen, EDV-Anbietern etc.) übernehmen kann. Die Vielzahl der sonst notwendigen Verträge mit diesen Anbieter wird durch ein Vertragswerk ersetzt. Anstatt mit einer größeren Anzahl von Vertragspartnern über einzelne gebäudewirtschaftliche Leistungen zu verhandeln, steht der Kommune ein Ansprechpartner zur Verfügung. Hierdurch ist es möglich, insbesondere die Transaktionskosten vor dem eigentlichen Transaktionsprozeß, d.h. Anbahnungs- und Vereinbarungskosten, zu senken. Andererseits ergibt sich – wie im weiteren Verlauf aufgezeigt wird – durch die Komplexität der Modelle wiederum ein transaktionskostenerhöhender Effekt.

Es besteht eine Vielfalt von Spielformen der Organisations- und Finanzierungsmodelle, die marktbezogenen und hierarchischen Elemente können je nach Ausgestaltung unterschiedlich stark ausgeprägt sein. Es erscheint damit angebracht, von hybriden Organisationsstrukturen zu sprechen.[542]

Das Betreibermodell und das Kooperationsmodell sollen hier als „ganzheitliche" Form der Einbeziehung privater Unternehmen in die kommunale Gebäudewirtschaft angesehen werden, da nicht allein Teilleistungen übertragen werden, sondern die Gebäudewirtschaft als Ganzes betrachtet und auf einen privaten Partner übertragen wird. Beide Modelle sind aufgrund ihres Charakters in den Bereich der PPP einzuordnen. Es findet eine Zusammenarbeit in institutionalisierter Form statt, wobei der Kommune Einfluß- und Steuerungsmöglichkeiten vertraglich bzw. gesellschaftsrechtlich zugestanden sind.

6.1.3.2 Reine Organisationsmodelle

6.1.3.2.1 Das Betreibermodell

6.1.3.2.1.1 Allgemeine Modellbeschreibung

Bei dem Betreibermodell handelt es sich um eine Organisationsform, die bisher weitgehend auf dem Feld der Wasserver- und -entsorgung angewandt wird. Die Ursprünge des Betreibermodells liegen in Niedersachsen, wo es seit Mitte der achtziger Jahre in einigen Städten und Gemeinden implementiert ist.[543] Daher findet sich vielfach auch die Bezeichnung „Niedersächsisches Betreibermodell". Es handelt sich bei der Wasserver- und -entsorgung – im

---

[542] Zu hybriden Organisationsformen vgl. Picot, Arnold: Organisation, in: Bitz, Michael u.a. (Hrsg.): Vahlens Kompendium der Betriebswirtschaftslehre, Band 2, 4. Aufl., München 1999, S. 161 ff.

[543] Vgl. Niedersächsisches Ministerium für Wirtschaft, Technologie und Verkehr: Privatisierung kommunaler Kläranlagen, Hannover 1987, S. 24 ff.

Unterschied zu den immobilienwirtschaftlichen Leistungen – insofern um ein besonderes Aufgabenfeld, als es sich um pflichtige Selbstverwaltungsaufgaben handelt, die Kommune also zu Aufgabenerfüllung verpflichtet ist. Die Organisationsform mußte daher so gestaltet werden, daß einerseits privatwirtschaftliche Effizienzvorteile genutzt werden können, andererseits aber auch ein (mehr oder weniger) bedeutender kommunaler Einfluß im Hinblick auf die Sicherheit der Leistungserfüllung erhalten bleibt.

Im Rahmen der Neufassung des Niedersächsischen Wassergesetzes 1982 wurde es den Städten und Gemeinden ermöglicht, Private bei der Abwasserbeseitigung hinzuzuziehen. Bei den Anlagen sind ein hoher Kapitaleinsatz in der Erstellungsphase und spezielle technische und betriebswirtschaftliche Kenntnisse in der Operatingphase notwendig. Kerngedanke des Modells ist, daß ein privates Unternehmen die Planung, den Bau, die Finanzierung und den Betrieb der zur Reinigung des Abwassers notwendigen Einrichtungen übernimmt. Das Privatunternehmen ist damit sowohl Bauherr als auch Betreiber der Anlage. Betreiber und Investor können allerdings auch auseinanderfallen.[544]

Je nachdem, welche Funktionen der private Betreiber übernimmt, lassen sich verschiedene Ausgestaltungen des Betreibermodells unterscheiden.[545] Beim *„Eigentumsmodell"* ist der Betreiber Eigentümer der betroffenen Anlagen oder Einrichtungen. Dies trifft z.B. beim niedersächsischen Betreibermodell zu, bei dem der Investor Eigentümer der Abwasserbeseitigungsanlagen ist. In der Regel wird in diesem Fall zwischen der Kommune und dem Betreiber ein Heimfallrecht vereinbart, d.h. im Falle des Konkurses des Betreibers oder bei Verstößen gegen den Betreibervertrag geht die Anlage in das Eigentum der Kommune über.[546] Im *„Pachtmodell"* ist die öffentliche Hand der Eigentümer der Anlagen oder Einrichtungen. Der Betreiber pachtet diese Anlagen von der Kommune und tritt nach außen im eigenen Namen und auf eigene Rechnung

---

[544] Vgl. Kamphausen, Peter/Veelken, Manfred/Schmeken, Werner: Abfallentsorgung und Abwasserbeseitigung, in: Städte- und Gemeinderat, 42. Jg., Heft 7, 1988, S. 215 f.; Schweisfurth, Tilmann: Privatwirtschaftliche Formen kommunaler Investitionsfinanzierung, Köln 1991, S. 30 f.; Kirchhoff, Ulrich/Müller-Godeffroy, Heinrich: a.a.O., S. 95.

[545] Vgl. zu den folgenden Ausführungen Seifert, Klaus/Metschkoll, Michael: Privatisierung öffentlicher Aufgaben – Betriebs- und kommunalwirtschaftliche Aspekte, in: DB, 44. Jg., Heft 48, 1991, S. 2452.

[546] Vgl. Rehm, Hannes: Neue Wege zur Finanzierung öffentlicher Investitionen, Baden-Baden 1994, S. 60.

auf. Als dritte Form gilt das „*Dienstleistungsmodell*"[547]. Auch hier bleibt die Kommune Eigentümer der Anlagen oder Einrichtungen. Der Betreiber ist lediglich für den ordnungsgemäßen Betrieb der Anlagen zuständig und erhält dafür ein Betreiberentgelt.

Charakteristisch für das Betreibermodell ist, daß eine weitgehende Aufgabendelegation an ein privates Unternehmen stattfindet, indem die Erbringung der betroffenen Leistungen ausgelagert und fremdbezogen wird. Der Kommune stehen vertraglich zugesicherte Kontrollrechte zu und im Fall von (definierten) Leistungsstörungen leben kommunale Einflußmöglichkeiten wieder auf. Vorteil dieser Vorgehensweise ist, daß die ausgelagerte Aufgabe durch den Betreiber nach betriebswirtschaftlichen Grundsätzen ausgeführt werden kann.[548]

Geregelt wird ein Betreibermodell durch ein umfangreiches Vertragswerk. Im Dienstleistungs- bzw. Betreibervertrag werden die Aufgaben des Betreibers sowie das Betreiberentgelt festgelegt. Insbesondere sind in diesem Vertrag eine Spezifizierung des Leistungsumfangs vorzunehmen, die Kontroll- und Mitspracherechte der Kommune festzulegen sowie Regelungen über die Vergütung und nachträglicher Vertragsanpassungen aufzunehmen. Gegebenenfalls kann ein Beirat vereinbart werden, der spezielle Kontrollaufgaben wahrnimmt. Parallel zu dem Betreibervertrag können ergänzende Verträge abgeschlossen werden. Regelungen über die Beilegung von Streitigkeiten sowie über die Anwendung und Auslegung des Betreibervertrags können über einen Schiedsvertrag getroffen werden. Sollten die kommunalen Immobilien auf den Betreiber übertragen werden, so kann dies im Rahmen eines Erbbaurechtsvertrags geschehen. Bestandteil diese Vertrages ist gleichzeitig das o.a. Heimfallrecht. Für den Fall, daß der Betreiber auf vorhandenes Personal der Kommune zurückgreift, ist ein Personalgestellungsvertrag abzuschließen.[549]

Der Betreiber wird im Rahmen eines Ausschreibungsverfahrens ermittelt. In dieser Ausschreibung werden die Leistungen als Gesamtpaket ausgeschrieben und (im Bereich der Wasserver- und -entsorgung) zu einem Festpreis vergeben. Zielsetzung dieser Ausschreibung ist, durch den Wettbewerb um den Zuschlag das wirtschaftlichste Angebot zu finden. Als „Benchmark" dient

---

[547] Hierfür findet sich auch die Bezeichnung Betriebsführungsmodell und wird als gesondertes Modell aufgeführt. Vgl. Heinz, Werner: Public Private Partnership, a.a.O., S. 223.
[548] Vgl. Hering, Thomas/Matschke, Manfred Jürgen: Kommunale Organisations- und Finanzierungsmodelle, in: BFuP, 49. Jg., Heft 4, 1997, S. 351.
[549] Vgl. Bach, Stefan: a.a.O., S. 231 f.; Rehm, Hannes: a.a.O., S. 60 f.

eine auf seiten der Kommune aufgestellte Regiekostenrechnung.[550] Da es sich bei der Wasserver- und -entsorgung um einen kostenrechnenden Bereich handelt, kann eine solche Regiekostenrechnung einfacher aufgestellt werden als in anderen Bereichen. Insbesondere bei der Gebäudewirtschaft können sich Probleme bei der Abgabe eines Festpreises ergeben. Da es u.a. auch um Sanierungsarbeiten an Gebäuden geht, ist es ex ante sehr schwierig, die genauen Kosten dafür zu beziffern. Insofern sind hier Vergütungsregeln zu treffen, die diesem Umstand Rechnung tragen. Zu denken ist z.b. an eine Erstattung der entstandenen Kosten zuzüglich eines Unternehmerlohns. Allerdings sind dadurch keine Anreize zu kostensparendem Verhalten gegeben. Deshalb sollte die Vergütungsregelung einen anreizstiftenden Aspekt beinhalten. Zu denken ist hier daran, den Betreiber anteilig an erzielten Einsparungen zu beteiligen.

6.1.3.2.1.2 Die Übertragung des Betreibermodells auf die Gebäudewirtschaft

Für die kommunale Gebäudewirtschaft bietet sich das Betreibermodell in Form des Dienstleistungsmodells als Alternative zur kommunalen Eigenerstellung an. Die Kommune bleibt Eigentümer der Immobilien, hält somit weiterhin die Verfügungsrechte. Der Private ist im Rahmen des Betreibervertrages für die ordnungsgemäße Bewirtschaftung und den Betrieb der Gebäude verantwortlich. Durch diese Konstellation ist es der Kommune als Eigentümer möglich, den Betreiber einfacher zu wechseln als in anderen Modellausprägungen; die Gefahr einer möglichen Monopolstellung des Betreibers wird verringert. Durch die Einbindung eines privaten Unternehmens ist eine wirtschaftliche Erfüllung der gebäudewirtschaftlichen Leistungen möglich und gleichzeitig kann durch die Einbindung der Kommune im Rahmen der vertraglichen Regelungen ein ausreichendes Maß an kommunalen Einfluß- und Kontrollmöglichkeiten gewährleistet werden. Damit erfolgt eine klare Trennung der Leistungserbringung von deren Kontrolle. Der Betreiber ist eigenverantwortlich für die Durchführung der gebäudewirtschaftlichen Leistungen zuständig, während der Kommune im wesentlichen Kontrollrechte zukommen. Dadurch werden die Überschneidungen zwischen Leitungs- und Kontrollfunktion, wie sie z.B. beim Regiebetrieb und beim Eigenbetrieb vorzufinden sind, vermieden.

Denkbar ist es auch, die kommunalen Immobilien auf den Betreiber zu übertragen.[551] Dies hätte für die Kommune einen zusätzlichen Finanzierungseffekt.

---

[550] Vgl. Rehm, Hannes: a.a.O., S. 59 f.
[551] Das Land Schleswig-Holstein plant z.B. seine Immobilien auf die (allerdings landeseigene) Investitionsbank zu übertragen und von dieser verwalten zu lassen. Vgl. o.V.: Priva-

Jedoch entsteht langfristig auch eine Liquiditätsbelastung, da die Nutzung der benötigten Räume im Rahmen eines Mietvertrages garantiert werden muß. Auch ist zu berücksichtigen, daß bei einer solchen Übertragung der Immobilien durch den Betreiber Grunderwerbssteuer zu zahlen ist, denn die Grunderwerbsteuerpflicht entsteht durch ein Verpflichtungsgeschäft, welches die Übereignung eines Grundstückes zum Inhalt hat.[552] Durch ein vereinbartes Heimfallrecht wird die Rückübertragung der Immobilien bei mangelhafter Aufgabenerfüllung auf die Kommune gewährleistet. Der Wechsel des Betreibers ist hier jedoch schwieriger als in der oben dargestellten Variante, da er über weitergehende Verfügungsrechte verfügt.

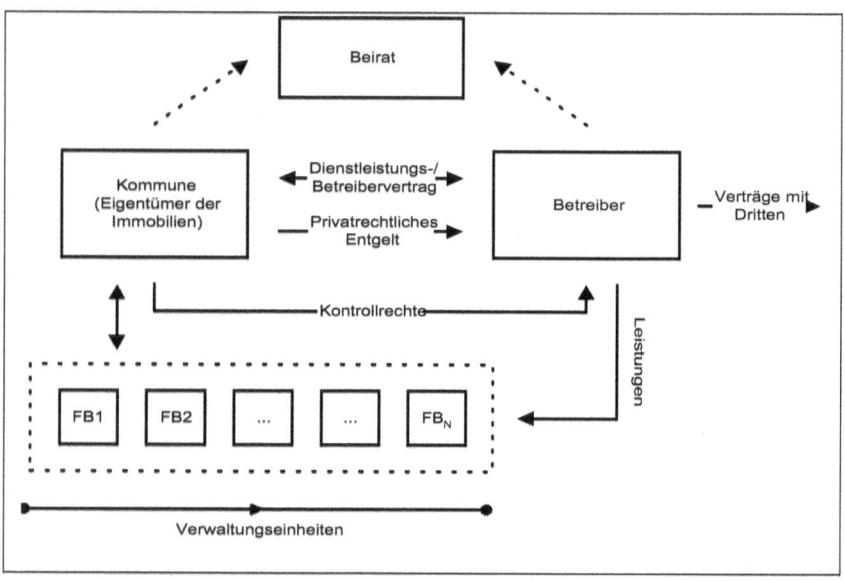

Abb. 33: Das Betreibermodell für die Gebäudewirtschaft

---

tisierung ist für Simonis kein Dogma, in: HB, Nr. 87 vom 7.5.1998, S. 4. Vgl. auch Kirchhof, Ferdinand: Haushaltssanierung durch „sale and lease back" von Verwaltungsgebäuden?, in: DÖV, 52. Jg., Heft 6, 1999, S. 243.

[552] Vgl. Seifert, Klaus/Metschkoll, Michael: Steuerliche Aspekte der Privatisierung öffentlicher Aufgaben, in: DB, 45. Jg., Heft 34, 1992, S. 1696; Haarmann, Wilhelm/Busch, Barbara: Steuerliche Aspekte im Corporate Real Estate Management, in: Schulte, Karl-Werner/Schäfers, Wolfgang (Hrsg.): Handbuch Corporate Real Estate Management, Köln 1998, S. 386 f.

Das Dienstleistungsmodell ist geeignet, im Rahmen des Management-Modells der KGSt in der kommunalen Gebäudewirtschaft implementiert zu werden. Abb. 33 zeigt eine mögliche Ausgestaltung auf. Die Kommune fungiert als Eigentümer der Immobilien, und die einzelnen Fachbereiche treten als Mieter auf (Denkbar ist auch, daß die Kommune eine Besitzgesellschaft gründet, die die Funktion des Vermieters übernimmt). Zwischen der Kommune und einem privaten Unternehmen wird ein Betreibervertrag abgeschlossen. Der Betreiber ist zuständig für die Bewirtschaftung der im Vertrag spezifizierten Gebäude und schließt im Außenverhältnis Verträge mit Dritten ab, d.h. er kann Leistungen an weitere externe Parteien delegieren. Im Innenverhältnis ist er gegenüber der Kommune für die Leistungserstellung allein verantwortlich. Zudem kann ein Beirat aus Vertretern der Kommune und des Privaten gebildet werden, der als Schiedsstelle im Falle von Auseinandersetzungen oder auch dem Informations- und Erfahrungsaustausch dient.

Zwei Ausgestaltungsmöglichkeiten sind für dieses Dienstleistungsmodell vorstellbar. Zum einen kann der Betreiber lediglich die Managementfunktion übernehmen. In diesem Fall hat er eine leitende Funktion, während der eigentliche Betrieb mit öffentlichen Bediensteten durchgeführt wird. Dem privaten Betreiber kommt damit die Aufgabe zu, einen optimalen Einsatz des vorhandenen Personals zu planen und sein Fachwissen für eine effiziente Organisation der gebäudewirtschaftlichen Leistungen einzubringen. Zum anderen kann er sowohl die Managementfunktion als auch den Betrieb und die Bewirtschaftung der Immobilien übernehmen. In diesem Fall wird er die Bewirtschaftung auch mit eigenem Personal vornehmen.

6.1.3.2.1.3 Probleme eines Betreibermodells in der Gebäudewirtschaft

Gegen Betreibermodelle werden eine Reihe von Bedenken ins Feld geführt. Diese richten sich gegen die bereits implementierten Modelle in anderen Aufgabengebieten, können aber auch auf die Gebäudewirtschaft übertragen werden. Zunächst besteht die Gefahr, daß der Betreiber nach Vertragsabschluß eine Monopolstellung erhält und die Kommune damit in eine Abhängigkeitsposition gerät. Dies ist auch eine der Befürchtungen, die in den Interviews von kommunalen Vertretern geäußert wurde. Eine solche Abhängigkeitsposition wird speziell bei Betreibermodellen in der Wasserver- und -entsorgung auf die dort üblichen langen Laufzeiten zurückgeführt.[553] Durch die lange Vertragsdauer ergeben sich für den Betreiber Opportunismusspielräume nach Ver-

---

[553] Vgl. Bellefontaine, Klemens: a.a.O., S. 265 f.; Rehm, Hannes: a.a.O., S. 68; Kraus, Hans S.: a.a.O., S. 144.

tragsabschluß. Die Gefahr der Bildung einer Monopolstellung ist im Bereich der Gebäudewirtschaft nur sehr eingeschränkt gegeben. Potentiellen Wettbewerbsbeschränkungen kann durch kürzere Vertragslaufzeiten begegnet werden. Es besteht keine Notwendigkeit Verträge mit einer Laufzeit von zwanzig bis dreißig Jahren abzuschließen. Da in weiten Bereichen keine langfristigen Investitionen erforderliche sind (Ausnahme: Energiemanagement), erscheinen hier Laufzeiten von maximal fünf Jahren geeignet, nach denen das Gesamtpaket erneut ausgeschrieben wird und der bisherige private Betreiber sich ebenfalls bewerben muß. Wie die Ausführungen zum Facility Management-Markt gezeigt haben, ist ein ausreichendes Marktangebot vorhanden, so daß ein funktionsfähiger Wettbewerb einsetzt und disziplinierende Wirkung entfaltet. Nicht von der Hand zu weisen ist allerdings der Sachverhalt, daß der bisherige Betreiber durch seine Tätigkeit Informationen erhält und erarbeitet hat, die einen Wettbewerbsvorteil gegenüber möglichen Mitbewerbern bedeuten (Aufbau idiosynkratischen Wissens).[554] Damit könne er eine Bevorzugung vor den Mitbewerbern verlangen, weil sonst speziell gegen Ende der Vertragslaufzeit für ihn kein Anreiz mehr bestehe, den Vertrag ordnungsgemäß zu erfüllen.[555] Hiergegen ist jedoch einzuwenden, daß er dadurch seine Chancen auf eine neuerliche Auftragsvergabe vergibt und sich zudem Auswirkungen auf seine Reputation ergeben können, die sich negativ auf mögliche andere Geschäfte auswirken können. Gerade die Bedeutung einer vertrauensvollen Kooperation als Referenzmodell für potentielle weitere Nachfrager auf kommunaler Seite kann hier eine disziplinierende Wirkung entfalten. Aufgrund der bestehenden Bedenken von Seiten der Kommunen gegen die Einschaltung privater Unternehmen in die Gebäudewirtschaft kann die Bedeutung von erfolgreichen Projekten und die Möglichkeit, diese als „Qualitätsnachweis" zu nutzen, nicht als gering angesehen werden.

Andersherum kann argumentiert werden, daß der Betreiber erst gegen Ende der Vertragslaufzeit einen Anreiz hat, die Qualitätsstandards einzuhalten, um hierdurch seine Chancen einer erneuten Berücksichtigung bei der Auftragsvergabe aufrecht zu erhalten. Während der Vertragslaufzeit hingegen würde er seine Anstrengungen auf einen geringen (aber gerade ausreichenden) Niveau halten.[556] Dies setzt voraus, daß der Betreiber über Handlungsfreiräume verfügt und es der Kommune nicht möglich ist, sein Anstrengungsniveau zu be-

---

[554] Vgl. ähnlich Corte, Christiane: a.a.O., S. 23 f.
[555] Vgl. Kraus, Hans S.: a.a.O., S. 146.
[556] Vgl. ähnlich Blankart, Charles B.: Limits to privatisation, in: European Economic Review, Vol. 31, 1987, S. 349.

obachten. Allerdings ist in einem großen Teil der gebäudewirtschaftlichen Leistungen das Arbeitsergebnis zu beobachten (z.b. Gebäudereinigung, Instandhaltungsarbeiten), so daß hierüber eine Qualitätskontrolle möglich ist. Zudem handelt es sich bei dem Betreibermodell um eine Leistungsbeziehung auf Zeit, so daß es für den Betreiber kurzsichtig wäre, während der Vertragslaufzeit größere Qualitätseinschränkungen zuzulassen. Gegen die Gefahr solcher Qualitätseinschränkungen kann sich die Kommune zudem vertragliche Sanktionsmöglichkeiten, z.b. in Form von Kündigungsrechten oder Gewährleistungspflichten, einräumen lassen. Gekoppelt werden können solche Sanktionsmöglichkeiten mit anreizbezogenen Entgeltregelungen. Diese können so ausgestaltet werden, daß der Betreiber anteilig an Einsparungen beteiligt wird, gleichzeitig aber auch Mehrkosten, die durch unzureichende Qualitätsausführung der erbrachten Leistungen, mittragen muß.

Des weiteren wird angeführt, daß durch die fehlende Anbindung an die kommunalen Organe, wie sie bei den öffentlich-rechtlichen Organisationsformen gegeben ist, eine Steuerung des Betreibers im Sinne der städtischen Ziele erschwert wird.[557] Ein solcher Verlust der kommunalen Einflußmöglichkeiten ist nur begrenzt zu erkennen. Kontroll- und Einflußmöglichkeiten lassen sich durch vertragliche Regelungen und gegebenenfalls die Einrichtung eines Beirates sicherstellen.[558] In vertraglichen Regelungen ist es möglich, bspw. Qualitätsstandards zu vereinbaren und dem Betreiber einen festen Handlungsrahmen vorzugeben. Allerdings entsteht hierbei eine Konfliktsituation: je fester der vorgegebene Handlungsrahmen und je höher damit die kommunalen Einflußmöglichkeiten sind, desto mehr wird die unternehmerische Flexibilität eingeschränkt. Ziel der Einschaltung privater Unternehmen ist es jedoch gerade, unternehmerische Aspekte stärker zu betonen, um darüber Kostensenkungen zu realisieren. Je „rigoroser" zudem die kommunalen Eingriffsmöglichkeiten sind, desto schwieriger wird es überhaupt werden, einen privaten Partner zu gewinnen.

Der Beirat kann daneben die Funktion haben, nachträgliche Vertragsanpassungen einvernehmlich zu verhandeln. Damit ein solcher Beirat aus Sicht der Kommune als Sanktionsinstrument gegenüber dem privaten Betreiber fungieren kann, ist zu überlegen, ob auf eine paritätische Besetzung verzichtet wird. Vielmehr sollte er sich aus einer ungeraden Zahl von Mitgliedern zusammen-

---

[557] Runge sieht dieses Problem beim „Niedersächsischen Betreibermodell" in Hinblick auf die Einhaltung von gesetzlichen Umweltstandards. Vgl. Runge, Martin: a.a.O., S. 452.

[558] Vgl. so auch Riener, Heinz: Betreibermodelle – ein lohnendes Konzept für Kommunen, in: Zeitschrift für das gesamte Kreditwesen, 49. Jg., Heft 14, 1996, S. 664.

setzen, wobei die Kommune die Mehrheit besitzen sollte. Denkbar ist auch, daß bei einer paritätischen Besetzung die Stimme des Vorsitzenden des Beirats, der von der Kommune zu stellen ist, bei Stimmengleichheit den Ausschlag gibt.

Ergänzend zum Beirat kann ein Gremium eingesetzt werden, welches einen eher informellen Charakter aufweist und die Funktion eines „Qualitätszirkels" übernimmt. In diesem Gremium können Vertreter der Verwaltungsspitze, der raumnutzenden Fachbereiche, der Politik und des Betreibers in regelmäßigen Abständen zusammentreffen, um Probleme aus der Partnerschaft zu erörtern und Verbesserungsvorschläge zu erarbeiten. Auch sollte ein Informationsaustausch über Maßnahmen, die für beide Vertragsparteien von Interesse sind, erfolgen. So kann z.B. der Betreiber Informationen über technische Entwicklungen im energiewirtschaftlichen Bereich vorstellen, die Kommune über geplante Investitionsvorhaben, wie z.B. den Neubau eines Kindergartens, oder über geplante Organisationsänderungen im Rahmen des Neuen Steuerungsmodells berichten. Durch ein solches Gremium soll letztlich erreicht werden, daß Probleme und Unstimmigkeiten frühzeitig aufgedeckt werden, so daß beide Transaktionspartner rechtzeitig Verbesserungsmaßnahmen ergreifen können.

Ein weiteres Argument, das gegen Betreibermodelle angeführt wird, sind steuerliche Nachteile, die die zu beziehenden Leistungen für die Kommune verteuern. Zunächst unterliegt die Tätigkeit des Betreibers der Umsatzsteuerpflicht. Andererseits hat er die Möglichkeit, die Umsatzsteuer, die ihm in Rechnungen für Lieferungen oder Leistungen gesondert in Rechnung gestellt worden ist, von seiner eigenen Umsatzsteuerschuld abzusetzen. Er hat damit einen Rechtsanspruch auf Vorsteuerabzug, woraus sich ein (teil-)kompensierender Effekt einstellen kann.[559] Ein weiterer Aspekt ist die zu zahlende Gewerbesteuer. Auch diese wirkt sich zunächst nachteilig aus. Jedoch geht sie nicht nur in die Entgeltkalkulation des Betreibers ein, sondern stellt gleichzeitig eine Einnahme für die Kommune dar. Die zu zahlende Gewerbesteuer fließt damit, abzüglich der Gewerbesteuerumlage, der Gemeinde zu, in deren Gebiet die Betriebsstätte des Betreibers liegt.[560] Hat der Betreiber seinen Firmensitz nicht im Gebiet der auftragsvergebenden Kommune, kann es für diese ein

---

[559] Bellefontaine führt für Betreibermodelle der Wasserver- und -entsorgung an, daß der Vorteil des Vorsteuerabzugs durch die Umsatzsteuer auf das Betreiberentgelt, welches auch nicht vorsteuerabzugsberechtigte Elemente enthält, überkompensiert wird. Vgl. Bellefontaine, Klemens: a.a.O., S. 265 f.

[560] Vgl. Seifert, Klaus/Metschkoll, Michael: Steuerliche..., a.a.O., S. 1694.

interessanter Aspekt sein, den Betreiber vertraglich dazu zu verpflichten, bei Auftragsvergaben seinerseits lokale Betriebe in einem ausreichenden Ausmaß zu berücksichtigen. Hierdurch profitiert zum einen die Kommune von der Gewerbesteuerzahlung der örtlichen Wirtschaft, zum anderen wird der Aspekt der Wirtschaftsförderung berücksichtigt.

Insgesamt ist das Argument steuerlicher Nachteile nicht von der Hand zu weisen. Zu berücksichtigen ist aber, daß diese steuerlichen Nachteile ihrerseits durch Kosteneinsparungen überkompensiert werden können. Solche Kosteneinsparungen sind insbesondere auch dann zu erwarten, wenn es möglich wird, Synergieeffekte aus der Zusammenarbeit zu nutzen. Diese sollen ja gerade dadurch entstehen, daß beide Beteiligten ihre speziellen Kenntnisse einbringen.[561] Der Betreiber verfügt über das fachliche Wissen in der Gebäudewirtschaft. Von seiten der Kommune sind exakte Informationen über die örtlichen Gegebenheiten zur Verfügung zu stellen, so daß das Fachwissen des Betreibers zielgerichtet eingesetzt werden kann, ohne daß es zu Reibungsverlusten kommt, z.B. weil er sich selber erst entsprechende Informationen erarbeiten muß.

6.1.3.2.1.4 Transaktionskosten der Implementierung eines Betreibermodells

Bei der Implementierung eines Betreibermodells ist zu berücksichtigen, daß bereits im Vorfeld Transaktionskosten für die Kommune anfallen. Hierbei handelt es sich um die in Kapitel 4.3.1.1 dargestellten ex ante-Transaktionskosten in Form von Anbahnungs- und Vereinbarungskosten. Die Höhe dieser Kosten ist einerseits davon abhängig, wie leicht Informationen über potentielle Vertragspartner zugänglich sind, andererseits von der Komplexität der abzuschließenden Verträge. Eine Messung dieser Kosten stößt allerdings auf die bereits erwähnten Schwierigkeiten. Zu ihrer näherungsweisen Bestimmung wählt Scholl eine Vorgehensweise, bei der er im wesentlichen Transaktionskosten in der Verwaltung, gemessen an den Personalkosten der Mitarbeiter (hierzu ist eine genaue Erfassung der Zeit notwendig, die die Mitarbeiter für die Erledigung einzelner Tätigkeiten benötigen), sowie die Kosten externer Berater, wie z.B. Unternehmensberater, Wirtschaftsprüfer, Rechtsanwälte und Notare, heranzieht.[562] Eine solche Vorgehensweise zur Bestimmung der Transaktionskosten ist auch im Fall der Auslagerung gebäudewirtschaftlicher Leistungen denkbar.

---

[561] Vgl. Seifert, Klaus/Metschkoll, Michael: Privatisierung..., a.a.O., S. 2453.
[562] Vgl. Scholl, Rainer: a.a.O., S. 100 f. und S. 102 f.

Zunächst sind die Kosten der Informationssuche zu berücksichtigen. In Anbetracht der großen Zahl der Marktanbieter und der gleichzeitig unklaren Verwendung des Begriffs Facility Management läßt sich eine Intransparenz des Marktes vermuten, mit der Folge tendenziell höherer Transaktionskosten, da eine genaue Prüfung des Marktangebotes erfolgen muß. Diese Kosten können aber durch eine geeignete Ausgestaltung eines Ausschreibungsverfahrens gemindert werden, indem diese Ausschreibung derart gestaltet wird, daß sich von vornherein nur Unternehmen mit einer entsprechenden Leistungsfähigkeit und -qualität beteiligen. Die Kommune als Principal kann somit Screening-Aktivitäten in Form der öffentlichen Ausschreibung starten. Daneben können Signaling-Aktivitäten des Anbieters helfen, die Kosten der Informationssuche zu verringern. Solche Aktivitäten werden eingehend im Kapitel 6.3 vorgestellt.

Demgegenüber sind die Vereinbarungskosten höher zu veranschlagen. Im Gegensatz zu den öffentlich-rechtlichen Unternehmensformen (und auch zur Eigengesellschaft) findet keine Delegation von Aufgaben an verwaltungsinterne bzw. verwaltungsnahe Einheiten statt, sondern es sind genaue vertragliche Regelungen über Art, Umfang und Qualität der ausgelagerten Leistungen zu treffen. Neben Verhandlungen und Vereinbarung von Kontroll- und Einflußrechten sind gegebenenfalls Sicherungsmaßnahmen (z.B. Garantien und Gewährleistungen) zu vereinbaren, die die Komplexität der Verträge erhöhen. Einen weiteren kostenerhöhenden Faktor können Verhandlungen über Personalübernahmen oder die Weiterbeschäftigung kommunaler Bediensteter darstellen.[563]

Kontrollkosten fallen im Betreibermodell ebenfalls an. Zwar müssen auch verwaltungsinterne Einheiten einer Leistungskontrolle unterzogen werden, doch bestehen durch die enge Einbindung in den Verwaltungsaufbau und die unmittelbaren und mittelbaren Weisungsbefugnisse direkte Eingriffsmöglichkeiten. Damit verbunden sind tendenziell geringere Kontrollaufwendungen, als im Fall einer externen Vergabe. So bestehen z.B. keine bzw. nur geringe Einsichtsmöglichkeiten in die Kalkulations- und Rechnungsunterlagen des privaten Partners, so daß eine Preiskontrolle erschwert wird. Insofern müssen weitergehende Mechanismen installiert werden, die eine Kontrolle ermöglichen (im Rahmen der Vertragsgestaltung oder auch durch die Installation eines Beirates).

---

[563] Auch an dieser Stelle kann wieder auf die Erfahrungen der Stadt Oberhausen bezüglich ihrer Wirtschaftsbetriebe verwiesen werden.

Insgesamt kann festgehalten werden, daß die Implementierung eines Betreibermodells in der Gebäudewirtschaft trotz der geringen bis mittleren Spezifität der Leistungen mit höheren Transaktionskosten verbunden ist. Zurückzuführen ist ein kostenerhöhender Effekt auf die besonderen Sicherungsbedürfnisse der Kommunen, die sich ausreichende Einfluß- und Mitspracherechte einräumen lassen wollen sowie u.U. personalpolitische Aspekte. Transaktionskostennachteile können jedoch so lange als angemessen betrachtet werden, wie ihnen mindestens gleich hohe Kosteneinsparungen durch die Auslagerung der Leistungen gegenüberstehen.

6.1.3.2.2 Das Kooperationsmodell

6.1.3.2.2.1 Allgemeine Modellbeschreibung

Eine Alternative zum Betreibermodell stellt das Kooperationsmodell dar. Während im Betreibermodell der private Unternehmer weitgehend eigenständig handeln kann, kommt es im Kooperationsmodell zu einer engeren Zusammenarbeit der Kommune und dem privaten Unternehmen. Zielsetzung ist es, einen hinreichenden Einfluß der öffentlichen Hand auf die Aufgabenerfüllung gesellschaftsrechtlich abzusichern. Zu diesem Zweck gründen die Kommune und ein (oder mehrere) privates Unternehmen eine gemeinsame privatrechtliche Gesellschaft, welche die gleiche Funktion übernimmt wie die Betreibergesellschaft im Betreibermodell.[564] Durch die Kapitalbeteiligung der öffentlichen Hand und privater Unternehmen handelt es sich um ein gemischtwirtschaftliches Unternehmen.[565] Aus Gründen der Haftungsbegrenzung wird in der Regel eine kapitalgesellschaftliche Rechtsform gewählt. Durch die Beteiligung der Kommune an der Gesellschaft hat sie größere Einfluß- und Kontrollmöglichkeiten als dies im Betreibermodell der Fall ist, ist aber über die Rechtsform auch in die Haftung eingebunden.

Für die Ausgestaltung eines Kooperationsmodells stehen eine Reihe von organisatorischen Möglichkeiten zur Verfügung. Eine in der Praxis anzutreffende

---

[564] Vgl. zur Modellbeschreibung Rehm, Hannes: a.a.O., S. 76 ff.; Bundesministerium für Wirtschaft (Hrsg.): TRINKWASSERversorgung & ABWASSERentsorgung. Leitfaden zur Einbeziehung Privater in die kommunale Trinkwasserversorgung und Abwasserentsorgung, Bonn 1995, S. 14; Hering, Thomas/Matschke, Manfred Jürgen: a.a.O., S. 347 ff.

[565] Zu gemischtwirtschaftlichen Unternehmen vgl. Haeseler, Herbert R.: Gemischtwirtschaftliche Unternehmen, in: Chmielewicz, Klaus/Eichhorn, Peter (Hrsg.): Handwörterbuch der Öffentlichen Betriebswirtschaft, Stuttgart 1989, Sp. 479 ff.; Becker, Ralph: Die Erfüllung öffentlicher Aufgaben durch gemischtwirtschaftliche Unternehmen, Baden-Baden 1997, S. 23 f.

Form ist z.B. die Gründung zweier Unternehmen. Die „Besitzgesellschaft" (richtiger: „Eigentumsgesellschaft") hält das Eigentum an den betroffenen Anlagen und Einrichtungen, die Betreibergesellschaft ist für die Betriebsführung und Bewirtschaftung zuständig. Dabei verfügt die Kommune über die Mehrheit der Anteile an der Besitzgesellschaft; daneben ist auch eine Beteiligung an der Betriebsgesellschaft möglich, aber nicht zwingend erforderlich.[566]

Das Management der Kooperationsunternehmung sollte idealerweise beim privaten Partner liegen, während die Kommune sich weitgehend auf ihre Kontrollrechte beschränkt. Hierdurch ist gewährleistet, daß ein erfahrenes Management die erforderlichen Entscheidungen trifft und die Betriebsführung nach unternehmerischen Regeln erfolgt.

Als Beispiel für ein solches Modell kann das Schwerter Kooperationsmodell „Stadtentwässerung" herangezogen werden.[567] Hier kam es allerdings nicht zur Gründung einer Besitzgesellschaft. Das Eigentum an den Entwässerungsanlagen verblieb bei der Stadt. Die entsprechenden Anlagen wurden aber aus dem Haushalt ausgegliedert und in ein Sondervermögen überführt. Alle Aufgaben der Stadtentwässerung gingen auf die zu gründende Stadtentwässerung Schwerte GmbH über (deren Gründung erfolgte am 1.7.1993). Diese ist zuständig für die Planung, Finanzierung, Sanierung und auch den Betrieb des Entwässerungsnetzes. Hierbei arbeitet die Gesellschaft im Namen und für Rechnung des Sondervermögens. An der Entwässerungs-GmbH ist die Stadt Schwerte zu 52%, private Unternehmen zu 48% beteiligt. Als zentrale Vorteile sah die Stadt Schwerte, daß keine Bindung an das Haushaltsrecht besteht und es zu einer flexiblen Unternehmensführung kommt, so daß die Vorteile privatwirtschaftlicher Tätigkeit ausgenutzt werden können.

Weite Verbreitung haben Kooperationsmodelle in Frankreich. Hier findet eine Zusammenarbeit in gemischtwirtschaftlichen Gesellschaften in den unterschiedlichsten Feldern statt, so z.B. in der Stadt- und Grundstücksentwicklung, dem Betrieb kommunaler Verkehrsbetriebe und der Verwaltung öffentlicher Einrichtungen.[568]

---

[566] Vgl. Hering, Thomas/Matschke, Manfred Jürgen: a.a.O., S. 348.
[567] Vgl. Kirchhoff, Ulrich/Müller-Godeffroy, Heinrich: a.a.O., S. 106 ff.
[568] Vgl. Heinz, Werner: Wesentliche..., a.a.O., S. 512.

6.1.3.2.2.2 Die Übertragung des Kooperationsmodells auf die Gebäudewirtschaft

Das Kooperationsmodell kann auch auf die Gebäudewirtschaft übertragen werden. So kann der private Partner ein oder mehrere Immobilienunternehmen repräsentieren, welche über die entsprechenden Erfahrungen im Facility Management verfügen. Inwiefern in diesem Fall eine Besitzgesellschaft gegründet werden sollte oder ob die Errichtung eines Sondervermögens vorteilhafter ist, sei zunächst dahingestellt. Eine Herauslösung aus dem kommunalen Haushaltsrecht sollte aber auf jeden Fall erfolgen. Dies ist zum einen aus Transparenzgründen geboten. Zum anderen kann diese Organisationseinheit als Ansprechpartner für die Betriebsgesellschaft fungieren.

Daneben handelt es sich bei der Gebäudewirtschaft nicht um pflichtige Selbstverwaltungsaufgaben, die einen kommunalen Beteiligungsanteil von mehr als 50% begründen würde. Daher ist zu prüfen, ob eine ausreichende Kontrolle nicht auch bei einer geringeren kommunalen Beteiligung zu erreichen ist. Sollte die Betriebsgesellschaft in der Rechtsform der AG geführt werden, so hätte die Kommune bei einem Anteil von mehr als 25% (z.B. 25,01%) eine Sperrminorität. Damit hat sie die Möglichkeit, Beschlüsse der Hauptversammlung, die eine ¾-Mehrheit benötigen (z.B. Satzungsänderungen), zu blockieren. Weiterhin hat sie Kontrollrechte über den Aufsichtsrat. Handelt es sich bei der Betriebsgesellschaft um eine GmbH, so hat die Kommune Einfluß- und Kontrollmöglichkeiten über die Gesellschafterversammlung und, sofern vorgesehen, über den Aufsichtsrat.

Die gemischtwirtschaftliche Betriebsgesellschaft erbringt gegenüber den einzelnen Verwaltungseinheiten die Leistungen (Abb. 34) und stellt diese der Kommune in Rechnung.

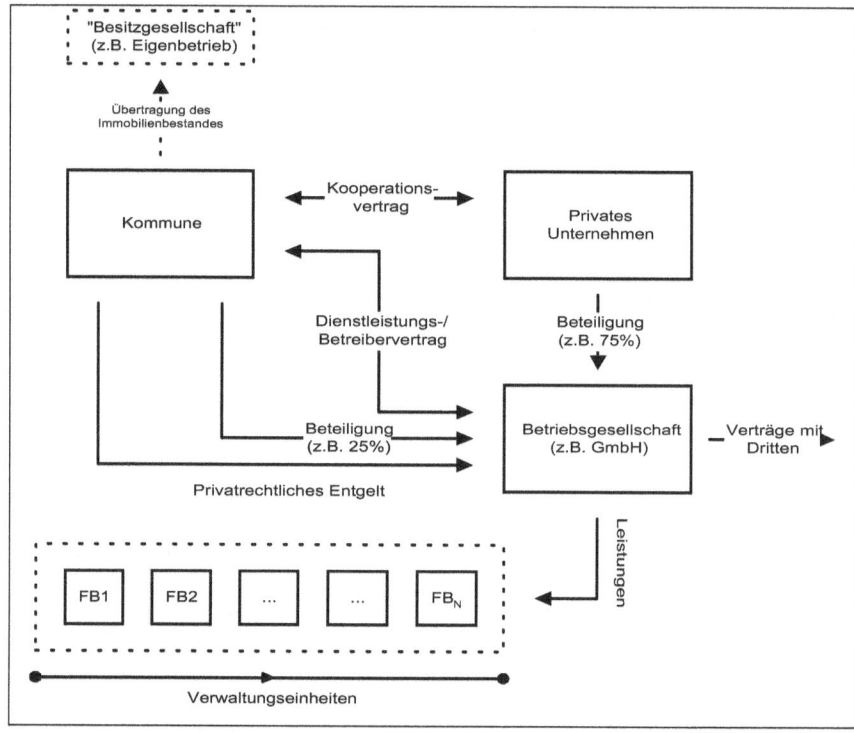

Abb. 34: Das Kooperationsmodell für die Gebäudewirtschaft

Als Vorstufe für ein Kooperationsmodell kann in einem ersten Schritt die Gründung einer kommunalen Eigengesellschaft angesehen werden, welche für die Gebäudewirtschaft zuständig ist. In einem zweiten Schritt besteht die Möglichkeit, daß sich private Unternehmen an dieser Eigengesellschaft beteiligen und auf diese Weise eine gemischtwirtschaftliche Unternehmung entsteht.

6.1.3.2.2.3 Probleme des Kooperationsmodells in der Gebäudewirtschaft

Im Gegensatz zum Betreibermodell ist die Kommune im Kooperationsmodell direkt an einer privatrechtlichen Gesellschaft beteiligt und hat über die gesellschaftsrechtlichen Bestimmungen unmittelbare Einfluß- und Kontrollmöglichkeiten (z.b. durch Mitglieder in der Geschäftsführung und in Aufsichtsgremien) bei gleichzeitiger Einbeziehung privater Unternehmen; es kommt zu iner engeren Zusammenarbeit der Partner als allein über vertragliche Beziehungen. Unter diesem Gesichtspunkt kann das Kooperationsmodell dem Betreibermodell aus Sicht der Kommune überlegen zu sein.[569] Die Wahl der Rechtsform hat Auswirkungen auf die Einfluß- und Kontrollmöglichkeiten, da die gesetzlichen Bestimmungen die jeweiligen Steuerungs- und Kontrollinstrumente vorgeben.[570]

Dies bedeutet aber auch, daß die Bindung an den privaten Partner im Kooperationsmodell wesentlich enger ist und ein Wechsel des Geschäftspartners durch die Institutionalisierung sehr schwierig ist. Deshalb kommt der Auswahl des oder der Partner ein sehr hoher Stellenwert zu. Andererseits ist auch der private Partner stärker in die Kooperation eingebunden und dadurch auch in seiner unternehmerischen Freiheit eingeschränkt. Diese bewußte Inkaufnahme der Einschränkung der eigenen Dispositionsfreiheit kann auch als positives Signal an die Kommune gesehen werden.

Zu bedenken ist bei der Initiierung von Kooperationsmodellen, daß in der Kooperationsgesellschaft zwei sehr unterschiedliche „Unternehmenskulturen" aufeinander treffen. Dies kann insbesondere in der Anfangsphase zu Reibungsverlusten führen.

6.1.3.2.2.4 Transaktionskosten der Umsetzung des Kooperationsmodells für die Gebäudewirtschaft

Aufgrund des hohen Stellenwertes der Auswahl der Vertragspartner sind die Anbahnungskosten im Kooperationsmodell höher als im Betreibermodell. Dies betrifft zunächst die Informationskosten. In der Regel wurde bei bisher durchgeführten Kooperationsmodellen auf eine Ausschreibung verzichtet; vielmehr entsteht die Partnerschaft durch direkten Kontakt zwischen der Kommune und dem privaten Anbieter.[571] Der Verzicht auf ein Ausschreibungsverfahren kann einen informationskostenerhöhenden Effekt haben, da in einem solchen Verfahren bestimmte Standards gesetzt werden können und von der Vermutung ausgegangen wird, daß sich nur Unternehmen an der Ausschreibung beteiligen, die diese Standards auch einhalten können. Ein Teil der Informationskosten wird damit auf den Anbieter verlagert. Der Verzicht auf eine Ausschreibung bedeutet, daß der Nachfrager sich die Informationen jeweils in individuellen Verhandlungen mit den Anbietern beschaffen muß. Insofern ist zu überlegen, ob auch im Kooperationsmodell eine Ausschreibung erfolgen sollte.

---

[569] Vgl. ähnlich Bach, Stefan: a.a.O., S. 233.
[570] Vgl. Becker, Ralph: a.a.O., S. 100.
[571] Vgl. Bundesministerium für Wirtschaft (Hrsg.): a.a.O., S. 15. Anders ging die Stadt Oberhausen vor, die die Geschäftsanteile der WBO GmbH europaweit ausschrieben. Vgl. Drescher, Burkhard Ulrich/Dellwig, Magnus: a.a.O., S. 136 f.

Andererseits kann gerade die direkte Kontaktaufnahme zu einem besonderem Vertrauensverhältnis zwischen der Kommune und dem privaten Unternehmen führen, wenn es sich um einen Partner handelt, mit dem man bereits einzelne Geschäfte getätigt hat oder in einer dauerhaften Geschäftsbeziehung steht, sich beide Seiten also bereits kennen, da sie Erfahrungen miteinander gesammelt haben.

Höher als beim Betreibermodell erweisen sich die Verhandlungskosten. Es ist nicht allein ein Betreiber- bzw. Dienstleistungsvertrag abzuschließen, sondern parallel dazu ein Gesellschaftsvertrag.[572] Hierdurch ergibt sich ein höherer Komplexitätsgrad der Vertragsverhandlungen.

Einen tendenziell kompensierenden Effekt können hierauf geringere Ex post-Transaktionskosten haben. Insbesondere die Überwachungs- und Kontrollkosten dürften durch die engere Zusammenarbeit geringer sein als im Betreibermodell. Dennoch ist zu berücksichtigen, daß es auch im Interesse des privaten Gesellschafter liegt, eigene Leistungen in die Kooperation einzubringen und er durch seine Stellung bei der Auftragsvergabe Wettbewerbsvorsprünge vor Mitkonkurrenten hat.[573] Der private Gesellschafter kann damit Informationsvorsprünge im eigenen Interesse und gegebenenfalls zu Lasten der Kooperationsgesellschaft oder der Kommune ausüben. Allerdings hat die Kommune aufgrund der gesellschaftsrechtlichen Verbindung der Kooperationspartner höhere Einflußmöglichkeiten als im Betreibermodell, die zur Verringerung opportunistischen Verhaltens beitragen können. Insbesondere die Mitgliedschaft eines kommunalen Vertreters in der Geschäftsführung oder die Schaffung eines Aufsichtsrates auch bei einer GmbH können hierzu beitragen.

6.1.3.2.3 Der Lösungsbeitrag der Organisationsmodelle für eine Reorganisation der kommunalen Gebäudewirtschaft

Zusammenfassend läßt sich festhalten, daß sowohl das Betreibermodell als auch das Kooperationsmodell als alternative Modelle für die kommunale Gebäudewirtschaft geeignet erscheinen; wesentlicher Vorteil ist, daß privates Know-how in die Leistungserstellung einbezogen wird. Im beiden Fällen wird durch die vertraglichen Vereinbarungen ein organisatorischer Überbau für die Zusammenarbeit geschaffen. Es findet eine wesentlich stärkere institutionalisierte Zusammenarbeit als im Rahmen einer reinen Auftragsvergabe statt. Hierdurch ist es möglich, den besonderen Sicherungsbedürfnissen der Kom-

---

[572] Vgl. Bach, Stefan: a.a.O., S. 234.
[573] Vgl. so auch Dautel, Ralph: Kommunale Sonderfinanzierung, Wiesbaden 1997, S. 197 f.

mune entgegen zu kommen, Einfluß- und Steuerungsmöglichkeiten lassen sich in beiden Modellen im hinreichenden Ausmaß installieren. Im Fall des Kooperationsmodell ist es der Kommune sogar möglich, tiefere Einblicke in das private Know-how zu erlangen, so daß einem Verlust von Fachwissen vorgebeugt werden kann. Voraussetzung dafür ist allerdings, daß in den Organen der Gesellschaft kommunale Vertreter vertreten sind, die bereits über ein entsprechendes Fachwissen verfügen, auf dem aufbauend sich Lerneffekte einstellen können.[574]

Abhängigkeiten lassen sich im Betreibermodell weitgehend durch die Ausgestaltung der Vertragslaufzeit ausschließen. Demgegenüber kann sich im Kooperationsmodell eine höhere Abhängigkeit vom privaten Partner ergeben, da durch die gesellschaftsrechtliche Ausgestaltung ein Wechsel des Partners erschwert wird. Jedoch ergibt sich auch für den privaten Gesellschafter ein solches Abhängigkeitsverhältnis. Die Beteiligung seinerseits an einer gemischtwirtschaftlichen Gesellschaft kann durchaus als spezifische Investition angesehen werden, die eine bedingte Immobilität verursacht. Diese „Immobilität" ist so zu verstehen, daß erhöhte Austrittsschwellen bestehen, da die Auflöung der Gesellschaft mit Verlusten verbunden sein kann (z.B. weil eine Veräußerung der Kapitalanteile nur bedingt möglich ist).

Gleichzeitig bedeutet diese Institutionalisierung den Anfall höherer ex ante-Transaktionskosten. Diese sind um so höher, je weniger den Kommunen Informationen über potentielle Vertragspartner und deren Leistungsfähigkeit zugänglich sind und je komplexer der Vertragsinhalt geregelt wird. Eine Verringerung des Komplexitätsgrads kann erreicht werden, je mehr gegenseitiges Vertrauen an die Stelle von Opportunismus und Mißtrauen tritt. Insofern sei erneut die Bedeutung der Reputation des privaten Partners hervorgehoben.[575] Dieser Reputation kann eine nicht zu unterschätzende Bedeutung beim Abbau der Bedenken der Kommunen eingeräumt werden, da sie disziplinierende Wirkungen auf das Verhalten des privaten Unternehmens haben kann.

Insgesamt bleibt festzuhalten, daß mit der Installation beider Modelle erhöhte Transaktionskosten im Vergleich zur rein internen Organisation verbunden sind. Dennoch erscheinen sie für die Organisation der Gebäudewirtschaft geeignet. Ein wichtiger Vorteil der beiden Modelle ist, daß eine politische Ak-

---

[574] Die Besetzung einer solchen Position darf insofern nicht von dem Aspekt geleitet sein, welche Personen aus parteipolitischen oder anderen Gründen heraus mit bestimmten Posten „versorgt" werden müssen.

[575] Vgl. ähnlich Kraus, Hans S.: a.a.O., S. 160.

zeptanz eher erreichbar scheint als bei der vollständigen Fremdvergabe der gebäudewirtschaftlichen Leistungen.[576] Die Umsetzung dieser – eingangs als second-best-Lösungen bezeichneteten – Konzepte bringt ein geringeres Ausmaß an Veränderungen für die betroffenen kommunalen Akteure mit sich. Die Machtposition der Politiker und Bürokraten wird sich durch die Einbeziehung eines privaten Partners zwar ändern, jedoch bleibt ein gewisser Grad an Einfluß- und Steuerungsmöglichkeiten und damit die Option, politische Interessen durchzusetzen, erhalten. Die Präsenz von Politikern in Bei- bzw. Aufsichtsräten kann es zudem ermöglichen, daß sich Erfolge durchaus diesen Politikern zurechnen lassen und somit ihren individuellen Interesse Rechnung getragen wird. Erforderlich ist dafür, daß ein privater Partner gefunden wird, der entsprechende Erfolgsaussichten verspricht. Die Umsetzungsfreundlichkeit dieser Modelle erscheint damit höher als bei einer vollen Privatisierung. Damit einhergehend ist die Gefahr, daß die unternehmerische Flexibilität und Effizienz gemindert wird, insbesondere dann, wenn die kommunalen Vertreter über das notwendige Fachwissen nicht verfügen.

Bei den internen Organisationsmodellen hat sich gezeigt, daß Strukturprobleme der öffentlichen Verwaltung weiterhin bestehen bleiben. Als Vorteil ist hingegen zu werten, daß sie im Vergleich zu externen Dienstleistern geringere Transaktionskosten verursachen. Bleiben Effizienznachteile der öffentlichen Leistungserstellung bestehen, so können diese den Transaktionskostenvorteil jedoch übersteigen. Daneben ist gewährleistet, daß bei einer Ausgliederung der gebäudewirtschaftlichen Leistungen in eine öffentlich-rechtliche Unternehmensform (Regiebetrieb, Eigenbetrieb) die Möglichkeiten der kommunalen Steuerung und Einflußnahme erhalten bleiben. Bei einer privatrechtlichen Organisationsform bleiben sie über die gesellschaftsrechtlichen Bestimmungen bewahrt, wobei jedoch indirekte Einflußmöglichkeiten durch die Auswahl der Unternehmensführung bestehen. Damit bleibt ein enger Bezug zu den politisch-administrativen Instanzen bestehen und damit die Gefahr, daß eine Instrumentalisierung der internen Organisationsmodelle für politische Interessen stattfindet (z.B. Versorgung von Parteifreunden oder „verdienten" Verwaltungsangestellten mit Geschäftsführerpositionen), die betriebswirtschaftlichen Aspekte damit politischen Gruppeninteressen untergeordnet werden.

---

[576] Dies wurde einvernehmlich von den Teilnehmern eines Arbeitskreises zum Thema der kommunalen Gebäudewirtschaft betont. Vgl. Kruse, Olaf: Alternative Wege der Zusammenarbeit zwischen Kommunen und Unternehmen im Bereich immobilienwirtschaftlicher Leistungen, in: SB Nr. 48, SS 1998, S. 55.

6.1.3.2.4 Motive privater Unternehmen für die Beteiligung an PPP

Für die Zusammenarbeit mit Kommunen im Rahmen von PPP sprechen für private Unternehmen eine Reihe von Gründen.

Zunächst kann eine Zusammenarbeit aus Gründen der Diversifikation der Kundenstruktur und Stabilisierung der Ertragslage erfolgen. Die öffentliche Hand kann als Kunde angesehen werden, der relativ unempfindlich gegenüber Konjunkturschwankungen ist, so daß eine dauerhafte Leistungsbeziehung zu den gewünschten Effekten führt. Durch eine stabile Auftragsbeziehung mit der öffentlichen Hand lassen sich die Risiken, die aus anderen Leistungsbeziehungen mit Kunden, die wesentlich konjunkturreagibler sind resultieren, (teil-)kompensieren.

Darüber hinaus können sich Liefervorteile für den privaten Partner ergeben. Insbesondere wenn es im möglich ist, Leistungen aus einem Konzernverbund anzubieten, kann er sich durch die Zusammenarbeit ein zusätzliches Absatzpotential erschließen.[577] Es bieten sich aus einer Kooperation heraus Ansatzpunkte für ein Cross Selling, d.h. er kann weitere Leistungen des Unternehmens verkaufen.

Als dritter Grund kann die bessere Auslastung eigener Kapazitäten durch Zusatzgeschäfte angeführt werden.

Nicht zuletzt kann der private Partner den Vorteil sehen, tiefere Einblicke in die Arbeitsweise der öffentlichen Hand zu erlangen und durch diese Kenntnisse einen erleichterten Umgang mit der öffentlichen Hand zu haben. Hierdurch kann sich für den privaten Partner z.B. ein geringerer Arbeitsaufwand bei notwendigen Genehmigungsverfahren in anderen Geschäftsfeldern ergeben (Baugenehmigungen etc.). Die „Kommunikationsmöglichkeiten" mit der Verwaltung und Politik lassen sich verbessern und damit läßt sich das Umfeld der Unternehmenstätigkeit im Gemeindegebiet stabilisieren. Zudem kann sich hierdurch ein verbesserter Zugang zu Informationen aus Verwaltung und Politik ergeben.[578]

---

[577] Vgl. ähnlich Eichhorn, Peter: Entstehungsgründe für gemischtwirtschaftliche Unternehmen, in: BFuP, 21. Jg., 1969, S. 353.

[578] Vgl. Birnstiel, Detlev: a.a.O., S. 233.

6.1.3.3 Kombination der Organisationsmodelle mit Finanzierungsleistungen

Bevor auf die Akzeptanz der vorgestellten Modelle seitens der Kommunen eingegangen wird und mögliche Maßnahmen der Anbieter gebäudewirtschaftlicher Leistungen zum Abbau von Informationsasymmetrien dargestellt werden, soll im folgenden ergänzend auf Finanzierungsaspekte eingegangen werden.

Neben den bisher vorgestellten Modellen, bei denen es sich in dieser Form um reine Organisationsmodelle handelt, existiert eine Reihe von Modellen, bei denen der Finanzierungsaspekt im Vordergrund steht.[579] Gekoppelt werden können diese Finanzierungsmodelle jedoch mit weiteren Dienstleistungsaspekten, die auch den Betrieb und die Bewirtschaftung von Immobilien umfassen. Insofern ist eine Kombination dieser Finanzierungsmodelle mit den oben beschriebenen Organisationsmodellen möglich. Gerade vor dem Hintergrund der kommunalen Haushaltskrise gewinnen solche Modelle zunehmend an Attraktivität. Im folgenden soll daher zum einen das kommunale Immobilien-Leasing, zum anderen ein kommunaler Immobilienfonds vorgestellt und aufgezeigt werden, wie die im Vordergrund stehende Finanzierungsleistung um Betrieb und Bewirtschaftung der Immobilien erweitert werden kann.

---

[579] Vgl. für eine Übersicht kommunaler Sonderfinanzierungsformen Jünger, Heiko/Walter, Jochen: Finanzierungsformen bei kommunalen Investitionen: Möglichkeiten und Grenzen des Einsatzes kreditwirtschaftlicher Instrumente im kommunalen Vermögenshaushalt, Köln 1987, S. 87 ff., Rehm, Hannes: a.a.O., S. 23 ff.; Kirchhoff, Ulrich/Müller-Godeffroy, Heinrich: a.a.O., S. 41 ff.; Dautel, Ralph: a.a.O., S. 76 ff.; Matschke, Manfred Jürgen/Hering, Thomas: Kommunale Finanzierung, München/Wien 1998, S. 164 ff.

6.1.3.3.1 Kommunales Immobilien-Leasing

6.1.3.3.1.1 Grundmodell

Auch im kommunalen Bereich hat die Bedeutung des Leasing seit Beginn der neunziger Jahre ständig zugenommen. 1996 betrug der Anteil des Kommunalleasing am gesamten Abschlußvolumen im Bereich der Immobilien und Großanlagen 31%.[580]

Das Leasing stellt eine Finanzierungsform dar, mittels der ein Investitionsobjekt einem Wirtschaftssubjekt (Leasingnehmer) von einem außerhalb stehenden Finanzier und Eigentümer des Objektes (Leasinggeber) durch besondere Vertragsformen der Vermietung zur zeitweisen Nutzung überlassen wird.[581] Nach Art des Leasingobjektes kann eine Unterscheidung im Mobilien-Leasing und Immobilien-Leasing vorgenommen werden.[582] Letzteres steht bei den folgenden Ausführungen im Mittelpunkt.

Beim kommunalen Immobilien-Leasing werden städtische Anlagen und Gebäude von privaten Unternehmen finanziert, erstellt und anschließend an die Kommune vermietet. Zu diesem Zweck wird durch eine Leasinggesellschaft für jedes Objekt eine eigene Objektgesellschaft gegründet, welche als Leasinggeber fungiert.[583] Das zur Erstellung der Gebäude benötigte Grundstück wird dem Leasinggeber durch die Kommune entweder im Rahmen eines Erbbaurechtsvertrags zur Verfügung gestellt oder an den Leasinggeber verkauft.[584] Auf diesem Grundstück errichtet die Leasinggesellschaft das entsprechende Gebäude gemäß den Vorstellungen und dem Bedarf der Kommune.

Der zugrundeliegende Leasingvertrag wird beim Immobilien-Leasing in der Regel als Teilamortisationsvertrag abgeschlossen.[585] Im Gegensatz zu Vollamortisationsverträgen, bei denen der Leasingnehmer durch die Leasingraten während der Grundmietzeit die Anschaffungs- und Herstellungskosten sowie die Finanzierungskosten deckt, erfolgt bei Teilamortisationsverträgen nur eine

---

[580] Vgl. Oelschlegel, Hans: Die Leasingfinanzierung hat kontinuierlich zugenommen, in: HB, Nr. 74 vom 17.4.1997, S. B 6.; Weidenbach, Felix: Selbst ihr Rathaus können Stadtväter leasen, in: HB, Nr. 219 vom 13.11.1997, S. 56.

[581] Vgl. Süchting, Joachim: Finanzmanagement, 6. Aufl., Wiesbaden 1995, S. 170.

[582] Zu weiteren Unterscheidungen vgl. Süchting, Joachim: a.a.O., S. 170 f.

[583] Vgl. Ergenzinger, Till: a.a.O., S. 153.

[584] Vgl. Feinen, Klaus: Kommunales Immobilien-Leasing: Eine innovative Finanzierungsvariante für öffentliche Investitionsvorhaben, in: FLF, Heft 3, 1994, S. 90.

[585] Vgl. Ergenzinger, Till: a.a.O., S. 24 f.

teilweise Amortisation dieser Kosten, nämlich in Höhe der linearen Abschreibung.[586] Die volle Amortisation erfolgt erst in Anschluß an die Grundmietzeit. Des weiteren enthält der Vertrag eine offene Endschaftsregelung, d.h. ein Eigentumsübertrag ist nach der Grundmietzeit möglich aber nicht verbindlich. Als Gestaltungsformen kommen entweder eine Kaufoption oder eine Mietverlängerungsoption in Frage.

Die steuerrechtliche Zuordnung des Leasingobjektes ist davon abhängig, wem das wirtschaftliche Eigentum an dem Leasingobjekt zugeordnet ist. Nach § 39 Abgabenordnung übt derjenige das wirtschaftliche Eigentum über ein Gut aus, der den tatsächlichen Eigentümer für die gewöhnliche Nutzungsdauer von der Einwirkung auf das Wirtschaftsgut ausschließen kann. Diese Zuordnung spielt keine Rolle, solange es sich bei dem Leasingnehmer um eine kommunale Organisationseinheit handelt, die nicht der Steuerpflicht unterliegt. Sollte eine solche Steuerpflicht jedoch bestehen (z.B. bei Eigengesellschaften), so könnte sich insbesondere aus gewerbesteuerlicher Sicht Vorteile einer Leasingfinanzierung gegenüber einer Kreditfinanzierung ergeben.[587] Auch die Verrechnung der Leasingraten als Betriebsausgaben während der Grundmietzeit kann für den Leasingnehmer steuerlich vorteilhafter sein. Diese Effekte treten dann ein, wenn das wirtschaftliche Eigentum am Leasingobjekt dem Leasinggeber zugeordnet ist und insofern beim Leasingnehmer nicht bilanzrelevant wird.[588] Die Zuordnung des Leasingobjektes auf Leasinggeber oder auf Leasingnehmer ist in einer Reihe von Erlassen des Bundesfinanzministeriums bezüglich Voll- und Teilamortisationsverträgen geregelt.[589] Für Teilamortisationsverträge ist der Immobilien-Teilamortisationserlaß vom 23. Dezember 1991 relevant, der in Abb. 35 dargestellt ist.

---

[586] Vgl. Dautel, Ralph: a.a.O., S. 90.
[587] Vgl. Rehm, Hannes: a.a.O., S. 26. Zum Gewerbesteuereffekt vgl. Süchting, Joachim: a.a.O., S. 175 f.
[588] Zu steuerlichen Aspekten vgl. Fohlmeister, Klaus J.: Immobilien-Leasing, in: Hagenmüller, K.F./Eckstein, Wolfram (Hrsg.): Leasing-Handbuch für die betriebliche Praxis, 6. Aufl., Frankfurt am Main 1992, S. 205 ff.; Perridon, Louis/Steiner, Manfred: Finanzwirtschaft der Unternehmung, 9. Aufl., München 1997, S. 444 f.
[589] Vgl. zu den einzelnen Erlassen Ergenzinger, Till: a.a.O., S. 21 ff.

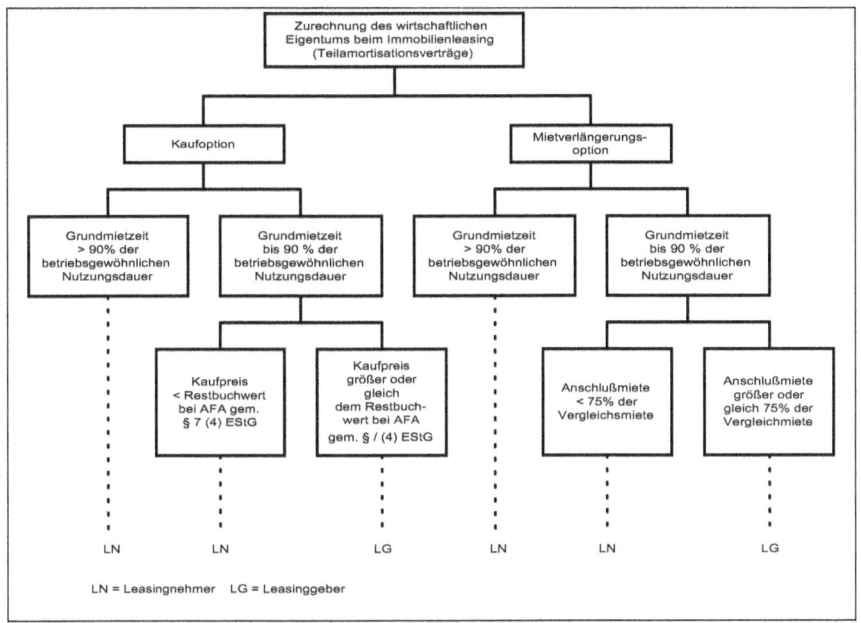

Abb. 35: Die Bilanzierung von Immobilien bei Teilamortisationsverträgen

Quelle: Bundesministerium der Finanzen: Teilamortisations-Erlaß zum Immobilien-Leasing vom 23.12.1991, in: Hagenmüller, K.F./Eckstein, Wolfram (Hrsg.): Leasing-Handbuch für die betriebliche Praxis, 6. Aufl., Frankfurt am Main 1992, S. 418-420. Eigene Darstellung.

Das Leasingobjekt ist nach diesem Erlaß auf jeden Fall beim Leasingnehmer zu bilanzieren, wenn Spezialleasing vorliegt. Dies ist dann der Fall, wenn das Objekt auf die individuellen Bedürfnisse des Leasingnehmers zugeschnitten ist und eine Drittverwendungsfähigkeit nicht gegeben ist.

Eine Zurechnung des wirtschaftlichen Eigentums am Leasingobjekt zum Leasinggeber muß auf jeden Fall erfolgen, wenn als Alternative zum reinen Immobilien-Leasing ein Leasingfondsmodell gewählt wird.[590] Solche Fondsmodelle zeichnen sich dadurch aus, daß private Kapitalgeber an der Finanzierung der kommunalen Investitionsprojekte beteiligt werden. Die Objektgesellschaft setzt damit neben Kreditmitteln auch Kapital privater Wirtschaftssubjekte ein.[591] Zu diesem Zweck wird eine Fondsgesellschaft in Form einer KG oder

---

[590] Zu kommunalen Immobilienfonds als Form des Financial Leasing vgl. Budäus, Dietrich: Betriebswirtschaftliche..., a.a.O., S. 194 ff.

[591] Vgl. Feinen, Klaus: a.a.O., S. 91.

einer GmbH & Co. KG gegründet.⁵⁹² Diese Fondsgesellschaft finanziert sich durch die Ausgabe von Fondszertifikaten. Die Investoren stellen ihr Kapital zu einem Nominalzinssatz zur Verfügung, der deutlich unter dem marktüblichen Zinsniveau liegt. Durch Verlustzuweisungen kann der Anleger allerdings eine Nachsteuerrendite erzielen, die über der geringen Nominalverzinsung liegt. Die geringe Nominalverzinsung des Eigenkapitals führt im Ergebnis dazu, daß die Gesamtfinanzierungskosten im Vergleich zu einer reinen Kreditfinanzierung niedriger sind und sich in niedrigeren Leasingraten niederschlagen können.⁵⁹³ Damit die Investoren von den steuerlichen Effekten profitieren können, muß das wirtschaftliche Eigentum an dem Leasingobjekt bei der Fondsgesellschaft angesiedelt sein.⁵⁹⁴

Aufgrund der mit der Entwicklung sowie der Etablierung der Fondsgesellschaft und dem Vertrieb der Fondszertifikate verbundenen hohen Kosten sind solche Fondsmodelle nur für Projekte geeignet, die ein entsprechend hohes Investitionsvolumen aufweisen, so daß sich diese Kosten damit relativieren.⁵⁹⁵

Aus haushaltsrechtlicher Sicht handelt es sich bei dem kommunalen Leasing um ein kreditähnliches Rechtsgeschäft, welches gegebenenfalls eine aufsichtsbehördliche Genehmigung erfordert.⁵⁹⁶ Hier existiert jedoch keine bundeseinheitliche Regelung; vielmehr sind zwischen den einzelnen Bundeslän-

---

⁵⁹² Die Wahl der Rechtsform ist davon abhängig, welche Einkunftsarten die Anleger aus ihrer Fondsbeteiligung erzielen. Handelt es sich um Einkünfte aus Vermietung und Verpachtung, so wird in der Regel die Rechtsform der KG gewählt, handelt es sich um gewerbliche Einkünfte so wird die GmbH & Co. KG gewählt. Vgl. Dautel, Ralph: a.a.O., S. 101.

⁵⁹³ Vgl. Dautel, Ralph: a.a.O., S. 100.

⁵⁹⁴ Vgl. Budäus, Dietrich: Erfahrungen und wirtschaftliche Perspektiven bei der Kommunalfinanzierung mit geschlossenen Immobilienfonds, in: Friedrich, Peter (Hrsg.): Finanzierung kommunaler Investitionen über geschlossene Immobilienfonds, Baden-Baden 1987, S. 32; Feinen, Klaus: a.a.O., S. 91.

⁵⁹⁵ Vgl. Fohlmeister, Klaus J.: Leasingfonds – eine Alternative mit Zukunft, in: DB, 47. Jg., Beilage 6 zu Heft 19, 1994, S. 8; Schulz, Horst-Günther: Finanzierung über Fondsmodelle nimmt an Bedeutung zu, in: HB, Nr. 78 vom 23.4.1998, S. 29.

⁵⁹⁶ Vgl. Schwarting, Gunnar: Der kommunale..., a.a.O., S. 113 f., Rd.-Nr. 311. So wurde der Stadt Duisburg 1996 der Verkauf ihrer Schulen im Rahmen eines Sale-and-lease-back-Verfahrens untersagt. Vgl. Johann, Klaus: Sparen allein kann Duisburg nicht mehr retten, in: WAZ, Nr. 296 vom 19.12.1995, o.S.; o.V.: Minister verbietet Duisburg Verkauf von Schulen, in: WAZ, Nr. 269 vom 14.11.1996, o.S.

dern unterschiedliche Genehmigungserfordernisse in den Gemeindeordnungen enthalten.[597]

Die bisher vorgestellten Modelle umfaßten den Neubau von Immobilien. Anstelle eines solchen Neubaus können auch bestehende Immobilien im Rahmen des Sale-and-lease-back auf eine Leasinggesellschaft übertragen und zurückgeleast werden. Hierdurch ergibt sich zunächst ein Liquiditätseffekt durch den Veräußerungserlös. In Höhe der Leasingraten ensteht jedoch eine dauerhafte Belastung des Verwaltungshaushalts für die Dauer der Mietzeit. Eine weitere finanzielle Belastung kann aus einem eventuell später erfogenden Rückkauf resultieren.

6.1.3.3.1.2 Erweiterung des Grundmodells um Betrieb und Bewirtschaftung von Immobilien

Bei den traditionellen Formen des Immobilien-Leasing (einschließlich der Fondsmodelle) steht der Finanzierungsaspekt im Vordergrund. Neben der Finanzierungsfunktion übernimmt die Leasinggesellschaft in der Regel zusätzlich noch die Bauplanungs-, Bauherren- und Baubetreuungsfunktion. Hierbei handelt es sich jeweils um Leistungen, die zeitlich dem Beginn der Grundmietzeit vorgelagert sind.

Zuständig für die Objektwartung und -instandhaltung während der Grundmietzeit ist in der Regel der Leasingnehmer.[598] Insofern liegt hier eine Principal-Agent-Beziehung in der Art vor, daß der Leasinggeber als Eigentümer der Immobilie die Rolle des Principal einnimmt, die Kommune hingegen die des Agenten.[599] Der Leasinggeber trägt das Risiko, daß der Leasingnehmer seinen Pflichten zur Objektwartung und -instandhaltung nicht ausreichend nachkommt und damit die Werthaltigkeit des Objektes beeinträchtigt. Durch entsprechende Gestaltung der Endschaftsregelung (es kann z.B. eine Optionsvariante gewählt werden, bei der ein Übergang des Leasingobjekts auf den Leasingnehmer nach Ablauf der Grundmietzeit wahrscheinlich ist), läßt sich dieses Risiko jedoch minimieren.[600] In der Praxis ist es in der Regel zwar so, daß der Leasinggeber eine regelmäßige Begutachtung des Objekts durchführt,

---

[597] Die Gemeindeordnung Nordrhein-Westfalen sieht z.B. eine Anzeigepflicht für kreditähnliche Rechtsgeschäfte vor. Vgl. § 85 Abs. 4 GO NW.
[598] Vgl. Ergenzinger, Till: a.a.O., S. 142; Budäus, Dietrich: Alternative Ansätze..., a.a.O., S. 114 f.
[599] Vgl. anders Ergenzinger, Till: a.a.O., S. 240.
[600] Vgl. ausführlich Dautel, Ralph: a.a.O., S. 170 f.

notwendige Reparatur- und Instandhaltungsmaßnahmen aber durch den Leasingnehmer abzuwickeln sind.[601]

Eine ganzheitliche Problemlösung rund um die Immobilie wird bisher in der Praxis nicht angeboten. Betrachtet man nochmals den Immobilienlebenszyklus, so setzen die Leistungen der Leasinggesellschaft weitgehend vor der Nutzungsphase der Immobilie an. Insofern ist zu überlegen, inwiefern Leasinggesellschaften neben dem Bau und der Finanzierung von Immobilien auch Aufgaben des Gebäudemanagement, d.h. der technischen, kaufmännischen und infrastrukturellen Bewirtschaftung, als leasingergänzende Dienstleistungen übernehmen können und damit ein integriertes Facility Management anbieten.[602] Dabei muß die Betreiberfunktion nicht unbedingt von der Leasinggesellschaft selber übernommen werden, sondern kann an Dritte (hierbei kann es sich durchaus um Tochterunternehmen handeln) übertragen werden. Rund um das „Produkt" Immobilien-Leasing können damit weitere gebäudebezogene Dienstleistungen angeboten werden. Auf diese Weise können neue Geschäftsfelder erschlossen und es kann die Ertragskraft gestärkt werden. Durch die weiterführende Betreuung während der Vertragslaufzeit ist es zudem möglich, die Kundenzufriedenheit zu stärken und die Chancen, weitere Aufträge von diesem Kunden zu erhalten, zu erhöhen.

---

[601] Vgl. Feinen, Klaus: Kommunales Immobilien-Leasing, in: SZ, Nr. 84 vom 11.4.1996, S. VI.

[602] Teilaspekte des Gebäudemanagement als „leasingergänzende" Leistungen werden z.B. von Esche und Stinner genannt. Vgl. Esche, Hans-Bernd vor dem: Immobilien-Leasing, in: DB, 45. Jg., Beilage 9 zu Heft 13, 1992, S. 17; Stinner, Jürgen: Mit umfassenden Service von der Baudurchführung bis zur Instandhaltung werden die Investoren entlastet, in: HB, Nr. 80 vom 27.4.1993, S. B8. Übernimmt die Leasinggesellschaft die technische Wartung des Objektes, so spricht man von Facility-Maintenanace.

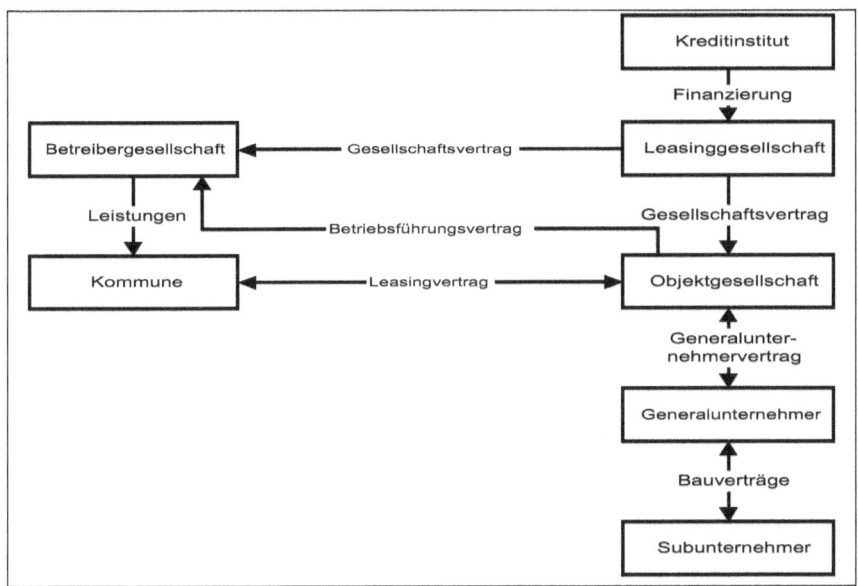

Abb. 36: Kombination des kommunalen Immobilien-Leasing mit weiterreichenden Dienstleistungen

Abb. 36 zeigt exemplarisch auf, wie ein solch' „erweitertes" Immobilien-Leasing aussehen kann. Neben den Leasingvertrag zwischen der Kommune und der Objektgesellschaft tritt ein Betreiber-/Betriebsführungsvertrag zwischen der Objektgesellschaft und einer Betreibergesellschaft. Hierbei existieren, ebenso wie bei den Leasingmodellen, eine Vielzahl von Ausgestaltungsmöglichkeiten. Neben der Finanzierungs- und Erstellungsfunktion übernimmt die Leasinggesellschaft im dargestellten Fall auch die Betreiberfunktion. Dies geschieht in diesem Fall durch eine Betreibergesellschaft, die eine (z.B. 100%tige) Tochtergesellschaft der Leasinggesellschaft ist. Denkbar ist auch, daß eine Leasingfinanzierung in ein Kooperationsmodell eingebunden wird und die Leasinggesellschaft mit der Kommune eine Betreibergesellschaft als gemischtwirtschaftliche Unternehmung gründet.

Auch bei kommunalen Leasingfonds kann die Einschaltung eines Betreibers von Interesse sein. Hierdurch können zudem positive Signale in Richtung des Anlegers (als „Shareholder") gesendet werden. Durch die Bewirtschaftung und den Betrieb der Immobilien durch ein professionelles Immobilienteam kann sichergestellt werden, daß dem Interesse des Investors nach Werthaltigkeit (und Attraktivität) des Objektes Rechnung getragen wird.

Auf eine ausgedehnte Prüfung der Vorteilhaftigkeit des kommunalen Immobilien-Leasing sei an dieser Stelle verzichtet. Hier sei auf die umfangreiche, zu diesem Thema existierende Literatur verwiesen.[603] Wichtig war es im Rahmen dieser Arbeit, die Grundkonstruktion der Leasingmodelle darzustellen und aufzuzeigen, wie sie neben der Finanzierungsfunktion um weitere gebäudewirtschaftliche Dienstleistungen ergänzt werden können.

6.1.3.3.2 Kommunale Immobilienfonds

Eine Alternative zu kommunalen Immobilien-Leasingfonds wird in der Gründung von kommunalen Immobilienfonds gesehen. Hierbei wird die Grundidee der Immobilien-Leasingfonds aufgegriffen, jedoch tritt an die Stelle der Nutzungsüberlassung in Form des Leasing die Nutzungüberlassung durch Mietverträge. In Anlehnung an das „Sale-and-lease-back"-Verfahren veräußert die Kommune ihre Liegenschaften an eine Fondsgesellschaft, die in Form eines geschlossenen Immobilienfonds gegründet wird, und sichert sich die Nutzungsrechte durch langfristige Mietverträge.[604] Ein Rückerwerb der Immobilien ist in diesem Modell nicht vorgesehen. Hierdurch soll vermieden werden, daß die Kommune am Ende der Mietzeit vor der Entscheidung steht, ein Gebäude erwerben zu müssen, welches sie eventuell nicht mehr benötigt.[605]

Die Fondsgesellschaft wird Eigentümer der Immobilien und ist für Betrieb und Bewirtschaftung zuständig, wobei die Objektbetreuung während der Nutzungsphase durch eine Betreibergesellschaft erfolgen kann. Gebäude, die von der Kommune nicht mehr benötigt werden, können von der Objektgesellschaft anderen Verwendungen zugeführt werden. Dies ist aber nur möglich, wenn es sich nicht um Spezialimmobilien handelt, bei denen eine geringe Marktgängig-

---

[603] Vgl. Schwarz, Sabine: Kommunales Immobilien-Leasing, Frankfurt am Main/Thun 1985, S. 121 ff.; Rehm, Hannes: a.a.O., S. 32 ff.; Ergenzinger, Till: a.a.O., S. 248 ff. Kritisch zu kommunalen Sonderfinanzierungen vgl. Krähmer, Rolf: Private Finanzierung kommunaler Infrastrukturinvestitionen – Königsweg oder Sackgasse?, in: Der Gemeindehaushalt, 93. Jg., Heft 11, 1992, S. 242 ff.; Rehkugler, Heinz: Neue Vorschläge zur Finanzierung der öffentlichen Infrastruktur in den neuen Bundesländern – ein Versuch ihrer Bewertung, in: Eichhorn, Peter (Hrsg.): Finanzierung und Organisation der Infrastruktur in den neuen Bundesländern, Baden-Baden 1993, S. 139 ff.; Junkernheinrich, Martin: Privatisierung der kommunalen Infrastrukturfinanzierung, in: Mäding, Heinrich (Hrsg.): Stadtperspektiven, Berlin 1994, S. 168 ff.

[604] Ein ähnliches Vorgehen wurde Anfang 1998 vom Berliner Senat geprüft. Vgl. o.V.: Berlin prüft Verkauf der öffentlichen Gebäude, in: HB, Nr. 12 vom 19.1.1998, S. 7.

[605] Vgl. Honert, Siegfried: Plädoyer für Immobilienfonds, in: Städte- und Gemeinderat, 51. Jg., Heft 7, 1997, S. 182.

keit gegeben ist (z.B. Kindergärten). Keine Probleme in diese Richtung ergeben sich bei Verwaltungsgebäuden, die den Charakter von Büroimmobilien aufweisen. Die Refinanzierung der Fondsgesellschaft erfolgt über die Ausgabe von Fondszertifikaten. Für den Anleger ergibt sich der Vorteil, daß mit der Kommune ein bonitätsmäßig einwandfreier Mieter gegeben ist und das Risiko des Mietausfalls kaum besteht.

Hinter diesen Überlegungen steht die Frage, ob die Kommunen überhaupt das Eigentum an den Gebäuden, die sie nutzen, halten müssen.[606] Sofern sich die Nutzungsrechte an den Immobilien (z.B. Schulen) tatsächlich dauerhaft durch andere Rechtskonstrukte als das Eigentum sichern lassen, kann eine solche Veräußerung in Erwägung gezogen werden. Bei dieser Vorgehensweise handelt es sich um eine Vermögensprivatisierung. Allerdings sind auch hier wieder Beschränkungen durch die Gemeindeordnungen der Länder gegeben. Vielfach ist die Veräußerung kommunalen Vermögens nur zulässig, wenn es sich um Vermögensgegenstände handelt, die für die Aufgabenerfüllung auf absehbare Zeit nicht benötigt werden.[607] Verbunden mit einer solchen Veräußerung kommunaler Immobilien sind daneben (richtigerweise) Diskussionen in den kommunalen Entscheidungsgremien, welche die Durchsetzbarkeit einer solchen Lösung verzögern können. Auch hier spielen die verschiedenen Interessenlagen der beteiligten Akteure eine bedeutende Rolle.

Zudem wird die Nutzungsüberlassung durch den Abschluß eines Mietvertrages geregelt. Damit die Kommune ein dauerhaftes Nutzungsrecht über die gesamte Mietzeit hat, muß gewährleistet sein, daß eine vorzeitige Kündigung seitens des Vermieters ausgeschlossen ist; ansonsten kann die Erledigung der Verwaltungsaufgaben gefährdet werden. Weiterhin erweist sich ein möglicher Konkurs der Fondsgesellschaft als überaus problematisch. Auch hierdurch wird das dauerhafte Nutzungsrecht gefährdet.[608] Für diesen Fall sind Vorkehrungen zu treffen, die eine Rückübertragung der Gebäude auf die Kommune ermöglichen (z.B. Heimfallrecht). Insgesamt ist ein solches Modell damit mit einer Reihe von Unwägbarkeiten verbunden, und eine genaue Prüfung der Vorteilhaftigkeit ist erforderlich. Eine Sicherungsmöglichkeit besteht darin, daß die Fondsgesellschaft eine kommunal- oder landeseigene Gesellschaft ist oder daß die Kommune sich an einer Fondsgesellschaft beteiligt.

---

[606] Vgl. Honert, Siegfried: Plädoyer zur Aktivierung kommunalen Immobilienvermögens, in: Das Rathaus, 50. Jg., Heft 12, 1997, S. 498.

[607] Vgl. z.B. § 90 Abs. 1 GO NW. Diese Problem stellt sich auch bei Sale-and-lease-back-Transaktionen.

[608] Vgl. Kirchhof, Ferdinand: a.a.O., S. 245.

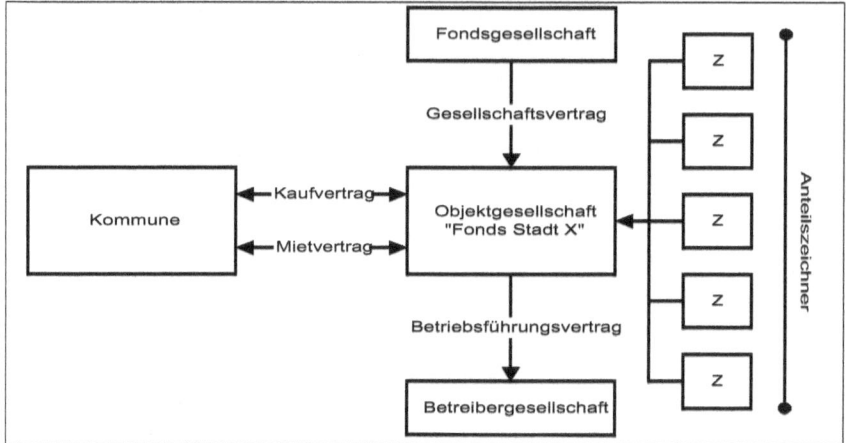

Abb. 37: Vermögensprivatisierung im Rahmen eines Immobilienfonds-Modell

Abb. 37 zeigt schematisch die Konstruktion eines solchen kommunalen Immobilienfonds. Bei den Anteilszeichnern kann es sich durchaus um Bürger der betreffenden Kommune handeln. Damit werden sie Miteigentümer an den vormals öffentlichen Immobilien. Es findet somit eine eindeutige Zuordnung von Verfügungsrechten statt und für den einzelnen steigen die Anreize, seinen Eigentümerinteressen nachzukommen, da Ineffizienzen direkte Auswirkungen auf seine Ertragschancen haben können. Dies kann z.B. durch eine sinkende Werthaltigkeit des Objektes aufgrund unzureichender Immobilienbewirtschaftung eintreten. Einschränkend ist festzustellen, daß (ähnlich wie bei Publikumsgesellschaften) eine weite Streuung der Verfügungsrechte vorliegt, so daß sich durchaus Trittbrettfahrer-Situationen einstellen können. Jedoch ist in diesem Modell eine Sanktionierung durch den Markt möglich. Sollte das Fondsmanagement (und auch das Gebäudemanagement der Betreibergesellschaft) nicht entsprechend den Vorstellungen der Anteilszeichner arbeiten, so werden diese ihre Anteile veräußern mit der Folge sinkender Anteilspreise. Da eine regelmäßige Bewertung der Investmentfonds durch Wertpapieranalysten und Wirtschaftspresse erfolgt[609], kann eine schlechte Performance letztlich die Wettbewerbsposition der Fondsgesellschaft gefährden und damit auch die Position des Fondsmanagement in Frage stellen.

Im Extremfall wäre es denkbar, daß der Erwerb der Fondszertifikate an das Wohnortprinzip gebunden ist, d.h. nur Bürger der jeweiligen Kommune die

---

[609] Vgl. Perridon, Louis/Steiner, Manfred: a.a.O., S. 293.

Anteile zeichnen können.[610] Hiergegen ist jedoch einzuwenden, daß es sich bei dem Kauf der Immobilien um erhebliche Beträge handelt und es deshalb fraglich ist, ob diese Beträge innerhalb einer Kommune zu erzielen sind. Zudem wird die Marktgängigkeit der Zertifikate eingeschränkt, da in Abhängigkeit von der Größe der jeweiligen Kommune ein sehr enger Markt mit der Gefahr entsteht, daß die jederzeitige Handelbarkeit nicht gegeben ist.

Aus Sicht der Kommune ergibt sich durch ein Fondmodell der Vorteil, daß das in den Immobilien gebundene Kapital freigesetzt wird. Es ergibt sich durch den Verkauf der Immobilien ein Liquiditätseffekt. Im Zeitablauf fließt durch Zahlung der Miete andererseits Liquidität ab, so daß sich eine langfristige Liquiditätsbelastung ergibt. Inwiefern aufgedeckte stille Reserven in die Mietzahlungen eingehen, hängt von der Vertragsgestaltung ab.[611] Ein weiterer Effekt kann in einer Verringerung der Zinslast liegen, wenn der Veräußerungserlös zur Schuldentilgung verwendet wird.

Ein Beispiel für die Veräußerung von Verwaltungsimmobilien (wenn auch nicht in Rahmen eines Fondsmodells) findet sich auf Landesebene. Mit Gründung der „Gebäudemanagement Schleswig-Holstein" (GMSH) hat das Land Schleswig-Holstein die Bewirtschaftung und bauliche Betreuung seiner Immobilien auf eine Anstalt des öffentlichen Rechts ausgegliedert.[612] Träger dieser Anstalt sind das Land Schleswig-Holstein und die (landeseigene) Investitionsbank Schleswig Holstein. Das Land hat im Rahmen dieses Modells seine bebauten Liegenschaften an die Investitionsbank veräußert, welche die erworbenen Immobilien wiederum an die GMSH verpachtet hat. Diese schließt ihrerseits Einzelmietverträge mit den nutzenden Dienststellen ab. Zielsetzung aus Sicht des Landes ist es u.a. eine Entlastung des Landeshaushaltes durch den Immobilienverkauf zu erreichen.

---

[610] Einen ähnlichen Vorschlag hat die CDU Nordrhein-Westfalen in Hinblick auf eine Teilprivatisierung der Sparkassen unterbreitet. Vgl. CDU Nordrhein-Westfalen: Zentrale Reformbeschlüsse der CDU NRW vom 14. Landesparteitag am 14./15. Juni 1996 in Münster (Auszüge), S. 2.

[611] Ergenzinger führt an, daß sich im Rahmen des Sale-and-lease-back dieser Effekt relativiert, da Basis der Bemessung der Leasingrate der Veräußerungspreis sei. Vgl. Ergenzinger, Till: a.a.O., S. 200 f.

[612] Vgl. Basten, Holger: Privatisierung der Bauverwaltung, in: BbauBl, Heft 3, 2000, S. 56 ff.

6.2 Organisation der Gebäudewirtschaft in den befragten Kommunen

6.2.1 Aktuelle Modernisierungstendenzen

Im folgenden soll aufgezeigt werden, wie die Gebäudewirtschaft in den befragten Kommunen organisiert ist. Wie an anderer Stelle schon dargestellt wurde, befassen sich – mit Ausnahme von drei Kommunen – alle befragten Kommunen mit der Reorganisation der Gebäudewirtschaft (vgl. Kapitel 3.2.3.3.1).

In den Gesprächen zeigte sich, daß bei den angestrebten Organisationsmöglichkeiten ausnahmslos interne Lösungen im Vordergrund stehen. Ziel ist bei der überwiegenden Mehrheit der Kommunen die Zentralisierung der gebäudewirtschaftlichen Leistungen in einem Bereich. Auf diese Weise soll eine Bündelung von Fachwissen erfolgen und ein Angebot der betroffenen Leistungen aus einer Hand ermöglicht werden. Weitgehend findet eine Anlehnung an das Mieter/Vermieter-Modell der KGSt statt.

Bei vier Kommunen werden konkrete Überlegungen in Richtung des Eigentümermodells angestellt. Die Ausgestaltung sieht dann (jeweils mit Abwandlungen in Details) so aus, daß die objektverwaltenden Bereiche Entscheidungen über Maßnahmen hinsichtlich der Immobilie im Rahmen des Budgets treffen. Daneben entscheiden sie, ob Ausführungsfunktionen selbst übernommen werden oder ob interne Servicestellen beauftragt werden. Diese Entscheidungsbefugnisse werden flankiert von Rahmenbedingungen, die durch eine zentrale Steuerungseinheit festgelegt werden. Diese Steuerungsstelle hat im wesentlichen strategische Ausrichtung.

Bei einer Kommune wird eine Kombination von Mieter/Vermieter-Modell und Eigentümer-Modell angestrebt. Während die Fachgebäude (Schulen, Kindergärten, Jugendfreizeitheime, etc.) nach dem Eigentümer-Modell verwaltet werden sollen, werden die Bürogebäude nach dem Mieter/Vermieter-Modell organisiert. Die Bürogebäude werden durch zahlreiche interne Kunden genutzt, deren Anforderungen im Rahmen des Mieter/Vermieter-Modells differenzierter Rechnung getragen werden kann. Die Räumlichkeiten in den Bürogebäuden werden einschließlich Reinigung, Möblierung und technischer Ausstattung vermietet. Für die Fachgebäude wurde das Eigentümer-Modell gewählt, weil es sich bei den Fachgebäuden um Immobilien handelt, die durch einen Nutzer beansprucht werden. Somit sind keine Wechselwirkungen mit anderen Bereichen gegeben. Das Eigentümer-Modell soll gewährleisten, daß die Gebäudekosten durch eigenes Verhalten gesenkt werden können und durch die Wahl der Hausverwaltung Einfluß auf die Kosten und die Qualität der Leistung genommen werden kann. Den Fachbereichen bleibt es überlassen, die erforderliche Leistungen selbst zu erledigen oder bei einer Serviceeinheit in Auftrag zu geben. Die Serviceeinheiten sind aus ehemaligen Querschnittsbereichen entstanden; bedingt durch die Größe der Kommune wurden mehrere Serviceeinrichtungen, die gleiche Aufgaben erfüllen, geschaffen. Dadurch wird es ermöglicht, einen verwaltungsinternen Wettbewerb aufzubauen. Im Rahmen des Mieter/Vermieter-Modells kommt den Serviceeinheiten die Rolle des Vermieters zu.

Drei Kommunen befanden sich in einem sehr frühen Stadium der Reorganisation, so daß konkrete Konzepte noch nicht vorlagen.

Soweit die Überlegungen bezüglich der Zentralisation der Aufgaben in den jeweiligen Kommunen schon vorangeschritten waren, konzentrierten sie sich im wesentlichen auf zwei öffentlich-rechtliche Organisationsformen, nämlich den Regiebetrieb und auf den Eigenbetrieb. Deutlich bevorzugt wurde dabei der Eigenbetrieb, da er über ein eigenständiges Rechnungswesen verfügt, damit aus dem kommunalen Haushalt herausgelöst und von kameralistischen Zwängen befreit ist. Bei drei Kommunen wurde konkret diskutiert, inwiefern die Gebäudewirtschaft auf stadteigene Wohnungsbaugesellschaften übertragen werden kann. Die Einrichtung einer Eigengesellschaft wird weitgehend als prinzipiell möglich erachtet, sei jedoch aufgrund der steuerlichen Aspekte mit erheblichen Nachteilen verbunden. Neben der Körperschaft-, Gewerbe- und Umsatzsteuerpflicht sind bei einer Übertragung der Grundstücke und Gebäude Grunderwerbsteuern zu zahlen. Ebenfalls als nachteilig wird angesehen, daß aufgrund der organisatorischen Eigenständigkeit ein weitgehender Verlust der städtischen Einfluß- und Steuerungsmöglichkeiten erfolgt.

Bei vier Kommunen waren bereits Eigenbetriebe eingerichtet worden. Die kommunalen Gebäude wurden auf diese Betriebe übertragen. Dadurch ging auch die volle Kompetenz für gebäudewirtschaftliche Angelegenheiten auf diese Betriebe über. Wichtigste Funktionen dieser Betriebe sind die Steuerung, die kaufmännische Verwaltung (einschließlich Vermietungen) sowie die Erbringung von Serviceleistungen. Bei den Serviceleistungen besteht für die Eigenbetriebe in der Regel die Möglichkeit, Aufträge an externe Lieferanten zu vergeben.

Allerdings steht bei der Umstrukturierung der Gebäudewirtschaft auch die Einschaltung privater Unternehmen zur Diskussion. Dies jedoch vielfach eher mittel- bis langfristig, wenn die kommunalen Einheiten sich als nicht wettbewerbsfähig erweisen sollten. Erklärtes Ziel ist es demnach auch, daß die geschaffenen Einheiten dem (externen) Wettbewerb ausgesetzt werden sollen. Es wurde allerdings darauf hingewiesen, daß dies nicht in der kurzen Frist geschehen kann, sondern zuerst die Voraussetzungen dafür geschaffen werden müssen, daß die betreffenden Einheiten auch im Wettbewerb bestehen können.

Ein Zusammenhang zwischen der Größe der Kommune und der Art des eingeschlagenen bzw. geplanten Reformprozesses ließ sich in den Gesprächen nicht erkennen.

6.2.2 Akzeptanz alternativer Organisationsmodelle

Die zweite Interviewrunde hatte den Zweck, zusätzlich zur Verstärkung der bisherigen Ergebnisse die Akzeptanz alternativer Organisationsmodelle zu ermitteln. Als zentrales Ergebnis läßt sich festhalten, daß man das Betreiber- und das Kooperationsmodell für durchaus anwendbar hält, allerdings ist zur Zeit kein Interesse daran vorhanden. Dies hängt mit der Tatsache zusammen, daß der Schwerpunkt der Umstrukturierungsmaßnahmen auf der Umsetzung interner Organisationsmodelle liegt. In diesen Modellen sollen die Prozesse derart gestaltet werden, daß ebenso wirtschaftlich gearbeitet wird, wie es private Unternehmen „für sich postulieren". Daneben soll eine Einbettung der Umstrukturierung in den allgemeinen Reformprozeß der Kommunen stattfinden. Diese Reformprozesse sehen auch in den befragten Kommunen unterschiedlich aus und sollen hier nicht näher beschrieben werden. Allgemein gilt, daß die Einführung der dezentralen Ressourcenverantwortung, der Budgetierung und einer Kosten- und Leistungsrechnung Anreize zu wirtschaftlichem Verhalten auch im Bereich der Gebäudenutzung und der Gebäudebewirtschaftung schaffen soll.

Es wurde jedoch betont, daß es sich um einen zweistufigen Entwicklungsprozeß handeln kann und die Einbeziehung privater Unternehmen in die Gebäudewirtschaft in Zukunft durchaus möglich ist. Zunächst ist in einem ersten Schritt eine Optimierung der Verwaltungsprozesse notwendig. Dazu ist die bisherige Zersplitterung der gebäudewirtschaftlichen Leistungen auf eine Vielzahl von Ämtern zu beseitigen und klare Zuständigkeiten und Kompetenzzuordnungen sind zu schaffen. Flankierend dazu sind (betriebswirtschaftliche) Instrumente zu installieren, mit deren Hilfe die Wirtschaftlichkeit der verwaltungsinternen Leistungserstellung beurteilt werden kann und damit auch die Basis geschaffen wird, Leistungsvergleiche mit der Privatwirtschaft zu ziehen.[613] Sollte dieser Vergleich Effizienzvorteile auf seiten der privaten Unternehmen ergeben, ist es angebracht, in einem zweiten Schritt die Verlagerung von Leistungen auf private Unternehmen in Betracht zu ziehen.

Eine mögliche Vorgehensweise wird in Abb. 38 dargestellt. So findet bspw. zunächst eine Zentralisierung der gebäudewirtschaftlichen Leistungen in einem zu gründenden Eigenbetrieb „Gebäudewirtschaft" statt. Dieser kann dann in einem nächsten Schritt in eine Eigengesellschaft überführt werden. Nun besteht die Möglichkeit, private Unternehmen an dieser Eigengesellschaft zu beteiligen, sie somit in eine gemischtwirtschaftliche Unternehmung zu überführen.

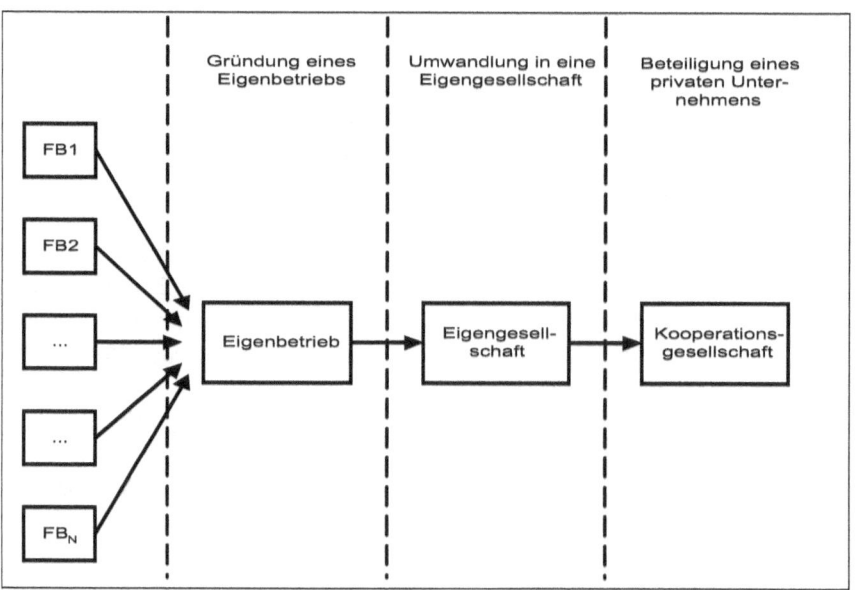

Abb. 38: **Stufenweise Überführung der Gebäudewirtschaft in eine gemischtwirtschaftliche Gesellschaft**

---

[613] Eine ähnliche Argumentation findet sich bei Forschungsinstitut der Friedrich-Ebert-Stiftung (Hrsg.): Wege zur Reform der Kommunalverwaltung, Reihe „Wirtschaftspolitische Diskurse" Nr. 74, Bonn 1995, S. 48. So will bspw. auch die Stadt Passau erst die Voraussetzungen für einen aussagefähigen Vergleich mit der Privatwirtschaft schaffen, um dann über Privatisierungsmaßnahmen entscheiden zu können. Vgl. Linkenheil, Rolf: Personal in Passau verlangt Reformen, in: HB, Nr. 135 vom 16.7.1996, S. 6.

6.2.3 Zusammenfassung

Als zentrale Ergebnisse der Befragung lassen sich folgende Punkte festhalten:

(1) Der Blick in die Praxis zeigt, daß in vielen Städten eine Reorganisation der Gebäudewirtschaft geplant bzw. in Teilschritten schon erfolgt ist.

(2) Da auf kommunaler Seite die notwendige betriebswirtschaftliche und technische Kompetenz bereits vorhanden sei[614], stehen ausnahmslos interne Organisationsmodelle im Vordergrund.

Dieses Ergebnis stützt die These, daß im politisch-administrativen System Beharrungstendenzen bestehen, die einer Auslagerung der gebäudewirtschaftlichen Leistungen als ganzheitliches Aufgabenbündel entgegenstehen. Es werden Modelle bevorzugt, die der Interessenlage der Entscheidungsträger entgegenkommen. Hierbei geht man in vielen Fällen nicht einmal den Schritt bis zur formellen Privatisierung sondern wählt die Rechtsform des Regie- oder Eigenbetriebs. Damit bleiben ausreichende Einflußmöglichkeiten erhalten, um die Macht- und Prestigeposition von Politiker und Bürokraten zu sichern. Der Zugriff auf „Ressourcen" bleibt erhalten und damit die Möglichkeit, Entscheidungen im eigenen Sinne zu beeinflussen. Auch ist zu erwarten, daß bei einer Umsetzung dieser Modelle die internen Widerstände (seitens Belegschaft und Personalrat) geringer ausfallen als bei einer externen Lösung, so daß eine höhere Umsetzungsfreundlichkeit gegeben ist.

Einige im Rahmen dieser Arbeit betrachteten Beispiele (Oberhausen, Offenbach, Schwerte, Waltrop, Wetter) zeigen, daß durchaus die Bereitschaft besteht, private Unternehmen in kommunale Aufgabenfelder und auch in die Gebäudewirtschaft einzubeziehen. Dies ist insbesondere dann der Fall, wenn der finanzielle Druck besonders hoch ist. Die Befragung hat gezeigt, daß in diesen Fällen jedoch Informationsdefizite gesehen werden, die einer potentiellen Auslagerung entgegenstehen können.

Daher sollen im folgenden einige abschließende Marketingüberlegungen aufzeigen, mit welchen Instrumenten die Anbieter solcher Leistungen den o.a. Bedenken der Kommunen begegnen können.

---

[614] Vgl. ähnlich auch Winnemöller, Bernhard: Kommunales Bau- und Gebäudemanagement – Ein Geschäftsfeld für Stadtwerke und –betriebe?, in: ZögU, Bd. 22, Heft 4, 1999, S. 469 f.

6.3 Marketingempfehlungen für Anbieter gebäudewirtschaftlicher Leistungen

6.3.1 Alternative Organisationsmodelle als Absatzobjekte

In Kapitel 5 wurde festgestellt, daß gegen ein Outsourcing der kommunalen Gebäudewirtschaft verwaltungsinterne Bedenken bzw. Widerstände bestehen. Darauf aufbauend wurden in Kapitel 6.1.3 alternative Organisationsmodelle vorgestellt, die in ihrer Ausgestaltung diese Bedenken berücksichtigen sollen. Allerdings hat sich in Gesprächen mit kommunalen Vertreten gezeigt, daß eine Auslagerung der gebäudewirtschaftlichen Leistungen auch im Rahmen dieser Modelle zumindest mittelfristig nicht in Frage kommt.

Aggregiert man die einzelnen Problemfelder, so sind im wesentlichen zwei Aspekte von Bedeutung. Zum einen sind dies Informationsdefizite auf seiten der Kommunen vor Vertragsabschluß. Es entstehen hohe Suchkosten, z.B. durch die Einschaltung einer Unternehmensberatung, und die Auswirkungen, die die Auswahl eines ungeeigneten Vertragspartners haben, entfalten ebenfalls hohe Kostenwirkungen. Zum anderen besteht die Befürchtung der opportunistischen Ausnutzung von Handlungsspielräumen nach Vertragsabschluß. Auch hiermit sind für die Kommune Transaktionskosten verbunden.

Daraus ergibt sich für das Marketing der Anbieter gebäudewirtschaftlicher Leistungen die Aufgabe, diese Widerstände mittels des Einsatzes absatzpolitischer Instrumente abzubauen und eine Verringerung der Transaktionskosten der Kommunen zu erreichen. Den Kommunen als potentiellen Kunden sind relevante Informationen über die eigene Leistungsfähigkeit und den Leistungswillen zugänglich zu machen, und es muß glaubhaft vermittelt werden, daß es nicht zu opportunistischen Verhalten kommen wird; gelingt es nicht, dafür geeignete Organisationsdesigns anzubieten, so werden sich die internen Lösungen durchsetzen. In erster Linie können hier Signaling-Aktivitäten der Anbieter eingesetzt werden.

Ausgehend von der Annahme, daß die Bedenken der Kommunen durch alternative Organisationsmodelle abgebaut werden können, sind nicht mehr die einzelnen Teilleistungen der Gebäudewirtschaft als Absatzobjekte zu betrachten, sondern ein ganzes Organisationsdesign als Leistungsbündel, bestehend aus dem organisatorischen Konzept und den operativen (und strategischen) Leistungen.[615] Die gebäudewirtschaftlichen Leistungen weisen an sich eine hohe Heterogenität auf. Einerseits handelt es sich um Leistungen von geringer Spezifität, die auch leicht beobachtbar sind (z.b. Gebäudereinigung), andererseits existieren Leistungen, die wesentlich komplexer sind (z.B. Betrieb, Instandhaltung und Ersatz der Heizanlagen). In Verbindung mit dem organisatorischen Konzept ergibt sich jedoch ein Leistungsbündel, welches eine insgesamt höhere Komplexität aufweist. Daneben erfordert diese Leistungsbündel einen gewissen Grad an Individualisierung, da es jeweils auf die besonderen Gegebenheiten der einzelnen Kommunen zugeschnitten werden muß.

Weiterhin handelt es sich bei den abgeschlossenen Verträgen um Leistungsversprechen. Dies bedeutet, daß ein Gut im Zeitpunkt des Vertragsabschlusses noch nicht existent ist, sondern erst nach Vertragsabschluß und gegebenenfalls unter weiterer Mitwirkung des Nachfragers erstellt wird. Hieraus folgt, daß die Leistungen, je nachdem mit welchen Schwierigkeiten ihre Qualität beurteilt werden kann, den Charakter von Erfahrungs- bzw. bei schwerer Beurteilbarkeit von Vertrauensgütern annehmen.[616] Gebäudewirtschaftliche Leistungen weisen vielfach den Charakter von Erfahrungsgütern auf. So ist z.B. das Ergebnis der Gebäudereinigung oder von Instandhaltungsmaßnahmen beobachtbar und in der Qualität zu beurteilen. Ob aber bspw. im Rahmen des Contracting die modernste Technologie eingesetzt werden wird, ist für den Nachfrager sehr schwer zu beurteilen. Durch diese Charaktereigenschaften ergeben sich für den Nachfrager ebenfalls Informationsprobleme vor Vertragsabschluß, die es für den Anbieter zu berücksichtigen gilt.

Insgesamt zeigt sich, daß die Anbieter gebäudewirtschaftlicher Leistungen dem Informationsbedürfnis der potentiellen Kunden nachkommen müssen. Es müssen Kooperations- bzw. Vertragsformen abgeboten werden, die den potentiellen Kunden die Sicherheit bezüglich Leistungsfähigkeit und -willen sowie bezüglich des Verzichts auf opportunistisches Verhalten geben. Eine solche Sicherheit ist für die Kommunen bei einer Verlagerung der Gebäudewirtschaft

---

[615] Vgl. zu Leistungsbündeln als Absatzobjekt nochmals Engelhardt, Werner H./Kleinaltenkamp, Michael/Reckenfelderbäumer, Martin: a.a.O., S. 23 ff. Auch die Teilleistungen an sich stellen ein Leistungsbündel dar.

[616] Vgl. Schade, Christian/Schott, Eberhard: Kontraktgüter..., a.a.O., S. 16 ff.; Kaas, Klaus Peter/Busch, Anina: Inspektions-, Erfahrungs- und Vertrauenseigenschaften von Produkten: Theoretische Konzeption und empirische Validierung, in: Marketing ZFP, 18. Jg., 1996, S. 243 f.

auf einen Eigenbetrieb oder eine Eigengesellschaft weitgehend gegeben, so daß diese als konkurrierende Modelle angesehen werden können.

In Anlehnung an die Institutionenökonomik sollen im folgenden daher als Instrument das Einbringen von Reputation, Selbstwahlschemata sowie Selbstbindungen, z.B. in Form von Garantien, behandelt werden.

6.3.2 Informationsübermittlung durch Reputation und Selbstwahl-Schemata

Im Vorfeld der Geschäftsbeziehungsaufnahme ist es für den Anbieter von Bedeutung, Instrumente zu finden, mit denen er seine Leistungsfähigkeit und seinen Leistungswillen glaubhaft vermitteln kann. Der Kommune als potentiellen Nachfrager muß die Möglichkeit einer Bonitätsbeurteilung der angebotenen Leistung gegeben werden. Hier bieten sich zum einen das Einbringen von Reputation in die Leistungsbeziehung, zum anderen Selbstwahl-Schemata an. Da es sich um Leistungsversprechen handelt, daß Austauschobjekt also nicht direkt inspiziert werden kann, muß der Nachfrager auf geeignete Signale zurückgreifen können, um eine Qualitätsbeurteilung vornehmen zu können.[617]

Eine solche Signalwirkung kann die Reputation eines Anbieters, verstanden als sein guter Ruf, entfalten. „Reputation wird aufgebaut, wenn sich die vom Agenten bei früheren Gelegenheiten gezeigte Sorgfalt und Berechenbarkeit des Ergebnisses bei potentiellen Prinzipalen herumspricht."[618] Durch ein entsprechendes Verhalten baut ein Anbieter in Geschäftsbeziehungen ein Reputationskapital auf, welches als Wert des Vertrauens, das ihm ein Transaktionspartner entgegenbringt, angesehen werden kann. Mittels der Reputation ist es möglich, Präferenzen auf seiten der Nachfrager zu schaffen.[619] Bei opportunistischen Verhalten in einer Transaktionsbeziehung besteht für den Anbieter nicht nur die Gefahr, diese Beziehung aufs Spiel zu setzen, sondern auch die Gefahr, dieses Reputationskapital zu verlieren. Verfügt ein Anbieter über eine entsprechende Reputation und kann er sie glaubhaft signalisieren, so

---

[617] Vgl. Weiber, Rolf/Adler, Jost: Der Einsatz von Unsicherheitsreduktionsstrategien im Kaufprozeß: Eine informationsökonomische Analyse, in: Kaas, Klaus Peter (Hrsg.): Kontrakte, Geschäftsbeziehungen, Netzwerke: Marketing und neue Institutionenökonomik, ZfbF, Sonderheft 35, Düsseldorf 1995, S. 64 ff.

[618] Spremann, Klaus: Reputation, Garantie, Information, in: ZfB, 58. Jg., Heft 5/6, 1988, S. 620.

[619] Insofern besteht Ähnlichkeit zum akquisitorischem Potential eines Unternehmens. Vgl. zum akquisitorischen Potential Gutenberg, Erich: Grundlagen der Betriebswirtschaftslehre. Band 2: Der Absatz, 16. Aufl., Berlin/Heidelberg/New York 1976, S. 243.

stellt sie gleichsam ein Pfand dar, welches er in die Geschäftsbeziehung einbringen kann und welches sanktionierend auf sein zukünftiges Verhalten wirkt. Die Reputation stellt damit für den Agent einen Wettbewerbsfaktor dar, der es ihm ermöglicht, leichter in neue Geschäftsbeziehungen einzutreten. Sie ist in der Regel nur allmählich aufzubauen, kann aber relativ schnell wieder zerstört werden. Daher ist zu erwarten, daß ein Anbieter mit guter Reputation in einer Geschäftsverbindung eine entsprechende Sorgfalt walten läßt, um seinen guten Ruf nicht der Gefahr der Zerstörung auszusetzen. Das Einbringen von Reputation hat somit eine vorbeugende Wirkung.[620]

Reputation kann Vertrauen auf seiten des potentiellen Transaktionspartners schaffen. Vertrauen kann in einer allgemeinen Definition als die subjektive Erwartung eines Akteurs bezüglich des positiven zukünftigen Verhaltens seines Transaktionspartners verstanden werden. Die Gefahr opportunistischen Verhaltens wird als gering erachtet.[621] Das Verhalten des Transaktionspartners in der Vergangenheit wird beobachtet, und es werden Rückschlüsse von vergangenen auf zukünftiges Verhalten gezogen. Genießt ein Transaktionspartner eine hohe Reputation, so ist in der Regel kooperatives Verhalten von ihm zu erwarten

In Zusammenhang mit der Reputation kommt insbesondere der Möglichkeit eines Anbieters, auf Referenzprojekte bei anderen Kommunen zu verweisen, eine hohe Bedeutung zu. Die Kommune erhält damit nämlich ihrerseits die Möglichkeit, Informationen bei der angegebenen Referenzkommune einzuholen (deren Kooperationsbereitschaft vorausgesetzt) und sich ein Bild über das private Unternehmen, seine Leistungen sowie möglicherweise aufgetretene Probleme zu machen. Ein Vergleich der eigenen Situation und der des Referenzobjekts wird ermöglicht und kann die Entscheidungsfindung wesentlich unterstützen. Vielfach betreten die Kommunen ein für sie neuartiges Feld, so daß Erfahrungen anderer Kommunen besonders wichtig sind.

Da in der Praxis solche Referenzmodelle im Bereich der Gebäudewirtschaft kaum existieren (eine Ausnahme stellen die Städte Wetter und Waltrop dar), können als Alternativen Referenzobjekte mit privaten Unternehmen herangezogen werden. Daneben kann Reputation aus bereits mit der Kommune oder mit anderen Kommunen getätigten Geschäften resultieren.

---

[620] Vgl. Spremann, Klaus: Reputation..., a.a.O., S. 619 f.; Kaas, Klaus Peter: Kontraktgütermarketing..., a.a.O., S. 896.

[621] Vgl. Bradach, J.L./Eccles, R.G.: Price, authority and trust, in: Annual Review of Sociology, Vol. 15, 1991, S. 104.

Als weiteres Instrument, welches dem Nachfrager eine Möglichkeit der Qualitätsbeurteilung schaffen soll, besteht in den erwähnten Selbstwahlschemata. Hierbei handelt es sich in der Regel um eine Maßnahme, die vom Nachfrager ausgeht. Der Anbieter soll seine Qualifikation ex ante offenbaren.[622] Eine Weg, solche Selbstwahlschemata auszugestalten, besteht darin, dem Anbieter verschiedene Entlohnungssysteme vorzugeben.[623] Wählt der Anbieter bspw. eine stärker erfolgsabhängige Vergütung, so kann dies als Zeichen für seine Risikoaversion und auch für sein Qualifikationsniveau ausgelegt werden. Natürlich ist es auch möglich, daß der Anbieter von sich aus solche Entlohnungssysteme anbietet, um so Signale in Richtung potentieller Transaktionspartner zu senden.[624]

Der Anbieter kann z.B. an erzielten Kosteneinsparungen beteiligt werden. Gleichzeitig muß dabei aber gewährleistet sein, daß die erzielten Kosteneinsparungen nicht durch Leistungs- oder Qualitätsreduzierungen erzielt wurden. Ein Beispiel für die Beteiligung des Agenten stellen die oben vorgestellten Contracting-Modelle dar. Hier wäre zu prüfen, ob solche Modelle auch auf andere Bereiche der Gebäudewirtschaft übertragbar erscheinen. Eine weitere Möglichkeit besteht darin, in den Verträgen ein Kostenziel zu vereinbaren. Dieses kann so gestaltet werden, daß der Private seine Kosten bei Überschreitung dieses Zieles nicht voll auf die Kommune abwälzen kann. Auf der anderen Seite muß dann die Möglichkeit gegeben sein, daß er von Kostensenkungen in Form eines Bonus partizipieren kann.[625] Problematisch ist hier zum einen die Bestimmung eines solchen Kostenziels, zum anderen die Kontrolle, daß Kosteneinsparungen nicht zu Lasten der Leistungsqualität gehen.

6.3.3 Selbstbindungen zur Begrenzung opportunistischen Verhaltens

Es hatte sich gezeigt, daß die Kommunen einen Verlust an Einfluß- und Steuerungsmöglichkeiten befürchten. Daneben baut die Kommune bei der Fremdvergabe gebäudewirtschaftlicher Leistungen an Private in der Regel eigene Kapazitäten ab. Hierdurch kann ein Abhängigkeitsverhältnis von dem Transaktionspartner entstehen; Kontrollaufgaben können gegebenenfalls nicht

---

[622] Vgl. Spremann, Klaus: Asymmetrische..., a.a.O., S. 578.
[623] Vgl. Laux, Helmut: Optimale Prämienfunktionen bei Informationsasymmetrie, in: ZfB, 58. Jg., Heft 5/6, 1988, S. 596 ff.
[624] Schade/Schott sprechen von „aktiver Selbstauswahl". Vgl. Schade Christian/Schott, Eberhard: Kontraktgüter...,a.a.O., S. 20.
[625] Vgl. ähnlich Wieser, Robert: Ansätze zur Lösung von Principal-Agent-Problemen bei der öffentlichen Auftragsvergabe, in: ZögU, Band 20, Heft 3, 1997, S. 350 und S. 353 f.

mehr im erwünschten Ausmaß vorgenommen werden. Somit eröffnen sich hier Spielräume für opportunistisches Verhalten.

Opportunistisches Verhalten kann dadurch verringert werden, daß der externe Dienstleister sich Selbstbindungen auferlegt, d.h. dem kommunalen Partner gegenüber durch vertraglich festgelegte Zusagen bestimmte Rechte eingeräumt werden. Selbstbindungen haben ebenfalls Signalwirkung, da sie die Absicht des Anbieters, auf opportunistisches Verhalten zu verzichten, offenlegen sollen.[626]

Eine Möglichkeit besteht darin, dem Nachfrager weitgehende Einfluß- und/ oder Kontrollrechte einzuräumen. Dies ist im Rahmen des hier vorgestellten Betreibermodells durch die Einrichtung eines Beirates und gemeinsamer Ausschüsse, im Rahmen des Kooperationsmodells durch die kapitalmäßige Verflechtung geschehen. Einhergehend damit ist eine gewisse Einschränkung der unternehmerischen Handlungsspielräume und Dispositionsfreiheiten. Die Akzeptanz dieser Einschränkungen kann wiederum als Signal an den Nachfrager gesehen werden, daß man auf opportunistisches Verhalten verzichten will.

Ein weiteres Mittel zur Vermeidung opportunistischen Verhaltens sind die Stellung von Garantien und Gewährleistungen. Garantien stellen für den Anbieter eine vertragliche Verpflichtung dar, im Fall geringer oder negativer Ergebnisse einen Verlust des Principal zu kompensieren.[627] Aus Sicht des Nachfragers haben Garantien den Charakter einer Versicherung. Voraussetzung für die Gestaltung von Garantien ist, daß genaue Standards vereinbart werden, bei deren Nichteinhaltung die Garantieleistung fällig wird; ein genau definierter Tatbestand muß gegeben sein, an dessen Eintreten das Fälligwerden der Garantieleistung geknüpft ist. Damit wird für den Nachfrager Unsicherheit insofern verringert, als er weiß, welche Leistungsqualität er zu erwarten hat.[628] Problematisch aus Sicht des Anbieters ist, daß Garantien ihrerseits den Nachfrager zu opportunistischen Verhalten verleiten können (insofern ergibt sich eine zweiseitige Agency-Beziehung).[629] Dies ist insbesondere dann

---

[626] Vgl. Hauser, Heinz: Institutionen zur Unterstützung wirtschaftlicher Kooperation, in: Wunderer, Rolf (Hrsg.): Kooperation: Gestaltungsprinzipien und Steuerung der Zusammenarbeit zwischen Organisationseinheiten, Stuttgart 1991, S. 115.

[627] Vgl. Spremann, Klaus: Reputation..., a.a.O., S. 620.

[628] Vgl. Wirtz, Jochen: Dienstleistungsgarantien als wirksames Mittel, um bessere Servicequalität zu erreichen, zu erhalten und zu vermarkten, in: Meyer, Anton (Hrsg.): Handbuch Dienstleistungs-Marketing, Band 1, Stuttgart 1998, S. 829 und S. 832 f.

[629] Als Paradebeispiel für eine solche Form des moral hazard gelten Versicherungsmärkte.

der Fall, wenn die Leistungsstandards nicht eindeutig festgelegt sind und sich somit Ermessensspielräume bei ihrer Auslegung ergeben.

Abhängig davon, ob sich Garantien auf das Leistungsergebnis oder auf die Verwendung bestimmter Produktionsfaktoren bzw. Materialien beziehen, kann zwischen output- und inputbezogenen Garantien unterschieden werden.[630] Outputbezogene Garantien beziehen sich auf das Leistungsergebnis; so kann der Kommune gegenüber die Garantie für eine bestimmte Leistungsqualität abgegeben werden. Inputbezogene Garantien sind geeignet, die wirtschafts- und sozialpolitischen Bedenken der Kommune zu mindern. So können Garantien abgegeben werden, daß ortsansässige Handwerker in einem bestimmten Umfang mit Aufträgen bedacht werden oder daß nur sozialversicherungspflichtige Arbeitskräfte eingesetzt werden. Bei einem Verstoß gegen diese Bestimmungen, werden Garantieleistungen fällig.

Neben der Gewährung besonderer Kontroll- und Einflußrechte und der Stellung von Garantien kann die kapitalmäßige Verflechtung, wie sie im Kooperationsmodell vorgesehen ist, als Form der Selbstbindung angesehen werden. Zum einen erfolgt wie erwähnt eine Einschränkung der unternehmerischen Dispositionsfreiheit. Zum anderen tätigt der Anbieter mit der Übernahme von Kapitalanteilen eine Investition, die nicht ohne weiteres rückgängig gemacht werden kann. Die Austrittsschwelle wird für ihn erhöht (dies gilt allerdings auch für die Kommune). Insofern kann auf ein Interesse seinerseits geschlossen werden, die Kooperation zu einem positiven Ergebnis zu führen.

Eine weitere Möglichkeit, Principal-Agent-Probleme zu vermeiden, ist der Aufbau einer „partnerschaftlichen" Beziehung und damit der Aufbau von Vertrauen. Dies soll bedeuten, daß spezielle vertrauensbildende Maßnahmen in die Geschäftsbeziehung eingebaut werden; insbesondere sollte ein verstärkter Informationsaustausch stattfinden. Mögliche Maßnahmen wären, daß der externe Dienstleister den Kunden Einblick in die Unterlagen des Rechnungswesens gewährt und damit seine Kalkulationsgrundlagen offenlegt. Somit hat die Kommune die Möglichkeit, die Richtigkeit der Abrechnungen zu überprüfen. Daneben ist daran zu denken, daß beide Vertragspartner frühzeitig in Planungsprozesse eingebunden werden, die den jeweiligen Aufgabenbereich betreffen. Geeignet erscheinen hierzu regelmäßige Treffen der Kontraktpartner (z.B. in Form eines Lenkungsausschusses), auf denen es zu einem Informati-

---

[630] Vgl. Kaas, Klaus Peter: Kontraktgütermarketing..., a.a.O., S. 893 f.; Kleinaltenkamp, Michael: a.a.O., S. 817.

onsaustausch kommen kann.[631] Auch die Gremien im Betreiber- und im Kooperationsmodell bieten hierfür eine Gelegenheit.

Sowohl im Vorfeld der Geschäftsbeziehungsaufnahme als auch bei späteren Zusammenkünften sollten die Parteien offen ihre Ziele und Erwartungen, die sie an die Zusammenarbeit stellen, darlegen. Basis einer solchen partnerschaftlichen Zusammenarbeit kann eine Übereinkunft sein, die ergänzend zum eigentlichen Vertrag bereits im Vorfeld der Zusammenarbeit beschlossen wird. Diese Übereinkunft hat die Funktion eines „Verhaltenskodex", welcher die Grundlage für die Zusammenarbeit bildet.[632] Insofern kann er als Absichtserklärung für das zukünftige Verhalten der Transaktionspartner angesehen werden.

Der vereinbarte offene Informationsaustausch zwischen den Transaktionspartnern soll zu einem Aufbau von Vertrauen führen und verfolgt damit auch die Zielsetzung, die Notwendigkeit von Kontrollmaßnahmen zu reduzieren und dadurch auch Transaktionskosten zu senken. Gelingt es, durch diese Form der Offenheit, gekoppelt mit einer entsprechenden Leistungsqualität, ein Vertrauensverhältnis aufzubauen, so kann dadurch auch Kundenbindung erzeugt werden. Gleichzeitig baut der Anbieter Reputation auf, die er für weitere Geschäftskontakte nutzen kann.

---

[631] Vgl. ähnlich Köllgen, Rainer: Kernkompetenzen..., a.a.O., S. 60.
[632] Vgl. Domberger, Simon/Farago, Stephen/Fernandez, Patrick: Public and private sector partnering: a Re-Appraisal, in: Public Administration, Vol. 75, No. 4, 1997, S. 780.

7 ZUSAMMENFASSUNG UND AUSBLICK

Für die Kommune stellt sich bei der Organisation ihrer Gebäudewirtschaft die Frage, ob sie betroffenen Leistungen in Eigenregie erstellen soll oder ob ein Marktbezug vorzuziehen ist. Sollte die Einschaltung privater Unternehmen aus wirtschaftlicher Sicht sinnvoll sein, sind geeignete Organisationsdesigns für eine Kooperation der beiden Akteure zu finden.

Ausgangspunkt der Untersuchung war im zweiten Kapitel die Darstellung des Ordnungsrahmens, in dem die Kommunen sich bewegen und der bestimmte Restriktionen bei einer Verlagerung von Leistungen in den privaten Bereich bewirken kann. Aus normativ-ökonomischer Sicht hatte sich gezeigt, daß der Staat Aufgaben übernehmen soll, auf die der Tatbestand des Marktversagens zutrifft. Wie sich in der weiteren Untersuchung gezeigt hat, treffen diese Tatbestände auf die gebäudewirtschaftlichen Leistungen, die den Charakter von unterstützenden, internen Leistungen haben, nicht zu. Insofern sprechen aus der ordnungspolitischen Perspektive keine Gründe gegen eine Einschaltung privater Unternehmen. Aus juristischer Sicht wurden die immobilienbezogenen Leistungen den Annextätigkeiten zugerechnet. Auch hieraus resultieren keine Gründe gegen eine Einschaltung privater Unternehmen.

Betrachtet man den Erstellungsprozeß kommunaler Leistungen, so zeigt sich, daß er weitgehend innerhalb der traditionellen Aufbauorganisation der Kommunen erfolgt und somit ein hoher vertikaler Integrationsgrad vorliegt. Durch die Rahmenbedingungen des Verwaltungshandelns sind jedoch Ineffizienzen in der Aufgabenerfüllung begründet. Diese Ineffizienzen treten offen durch die kommunale Finanzkrise zu Tage, die eine Reform der Kommunalverwaltung unumgänglich macht. Eine interne Verwaltungsreform wird von den Kommunen dabei als wichtigster Reformweg gesehen. Daneben besteht die Möglichkeit der Privatisierung kommunaler Leistungen (bzw. kommunal erbrachter Leistungen) einschließlich des Outsourcing. Dieser Weg ist allerdings in der Praxis weniger häufig zu beobachten. Interessant erscheinen in diesem Zusammenhang die sogenannten PPP-Modelle, in denen eine institutionalisierte Zusammenarbeit zwischen Akteuren der öffentlichen Hand und der Privatwirtschaft erfolgen kann. Durch die institutionalisierte Ausgestaltung lassen sich spezielle Sicherungsbedürfnisse der Kommunen in diese Modelle integrieren.

Bevor im vierten Kapitel die Einschaltung privater Unternehmen in die kommunale Gebäudewirtschaft vor dem Hintergrund institutionenökonomischer Ansätze diskutiert wurde, erfolgte im dritten Kapitel eine Begriffsbestimmung der gebäudewirtschaftlichen Leistungen. Dies geschah u.a. auch vor dem Hintergrund, sie im weiteren Verlauf hinsichtlich ihrer Transaktionseigenschaften beurteilen zu können.

Zunächst hat sich auf einer allgemeinen, nicht kommunalspezifischen Ebene gezeigt, daß bei der Betrachtung der Immobilien im Produktionsprozeß ein Wandel in der Behandlung der Gebäude im Rahmen einer wertorientierten Unternehmenssteuerung eintritt. Immobilien werden als Produktionsfaktor betrachtet, der zur Wertsteigerung des Unternehmens beitragen kann. Daher ist es notwendig, neue Methoden des Immobilienmanagements (CREM, Immobilien Facility Management, Gebäudemanagement) zu entwickeln und zu installieren. Diese Überlegungen lassen sich analog auf Kommunen anwenden. Ein professioneller Umgang mit den Immobilien kann zu einer Steigerung des „Kommunalwerts" beitragen.

Für die Kommunen von besonderen Interesse sind hierbei die Leistungen des Gebäudemanagements, welches speziell die Nutzungsphase der Immobilien betrifft. Hierbei handelt es sich weitgehend um operative Leistungen, die für eine Fremdvergabe in Frage kommen können.

Betrachtet man die Organisation dieser Leistungen bei den Kommunen, so zeigt sich, daß eine starke Zersplitterung der Zuständigkeiten vorliegt. Hieraus ergibt sich eine Reihe von Problemen, die letztlich in einer mangelhaften Nutzung und Bewirtschaftung der Ressource Gebäude münden und Rückwirkungen auf die Erfüllung der kommunalen Kernaufgaben haben können. Die Bereitstellung öffentlicher Gebäude in entsprechender Qualität kann als eine Voraussetzung für eine effiziente kommunale Leistungserstellung angesehen werden. Insofern ist es notwendig, daß auch auf kommunaler Ebene ein Paradigmenwechsel hinsichtlich der Behandlung der Immobilien eintritt. Diesen Weg beschreitet die KGSt, indem sie eine Reorganisation der Gebäudewirtschaft vorschlägt. Der Schwerpunkt ihrer Vorschläge liegt dabei auf internen Organisationslösungen, jedoch wird die Einschaltung privater Unternehmen nicht ausgeschlossen.

Es war daher in einem weiteren Schritt zu analysieren, ob diese Leistungen überhaupt für eine Auslagerung geeignet sind und der Marktbezug überhaupt von Vorteil ist. Hierzu wurde im vierten Kapitel auf die Ansätze der Neuen Institutionenökonomik zurückgegriffen.

Aus der Theorie der Verfügungsrechte lassen sich Aussagen über die Effizienzwirkungen unterschiedlicher Verteilungen von Verfügungsrechten treffen. In Verbindung mit der Theorie der Bürokratie konnten Effizienzvorteile zugunsten der privaten Leistungserstellung hergeleitet werden. Verstärkende Wirkung hatten hierbei die Implikationen, die sich aus dem öffentlichen Dienstrecht ergeben. Insofern ist auch zu vermuten, daß eine Einschaltung privater Unternehmen in die kommunale Gebäudewirtschaft Effizienzvorteile für die Kommune mit sich bringen kann. Durch die Zuordnung einer dezentralen Ressourcenverantwortung im Rahmen des Neuen Steuerungsmodell wird zwar versucht, eine eindeutigere Zuordnung der Verfügungsrechte auch an den Immobilien auf die nutzenden Einheiten zu erreichen, jedoch wird nicht versucht, daß Verhalten der Verwaltungsmitarbeiter durch individuelle Leistungsanreize zu steuern (dies ist wegen des öffentlichen Dienstrechts auch nur begrenzt möglich).

Die Transaktionskostentheorie wurde direkt auf die Frage der Eigenerstellung oder des Fremdbezugs angewandt. Auf Basis der Transaktionskosten kann eine Aussage über die geeignete Organisationsform getroffen werden. Rückschluß auf die Höhe der Transaktionskosten geben die Transaktionseigenschaften. Bei einer geringen Ausprägung der Eigenschaften Spezifität, strategische Relevanz und Unsicherheit und damit geringen Transaktionskosten ist der Marktbezug der verwaltungsinternen Erstellung vorzuziehen. Bestehen jedoch Auslagerungswiderstände, so kann die empfohlene Veränderung des Integrationsgrads gegebenenfalls nicht durchgesetzt werden. In diesem Fall sind Maßnahmen zu ergreifen, die geeignet sind, die bestehenden Widerstände abzubauen. Hierzu können Organisationsformen beitragen, die in den Bereich der PPP einzuordnen sind.

Findet eine Auslagerung der gebäudewirtschaftlichen Leistungen statt, so entsteht ein Auftragsverhältnis. Probleme des Auftraghandelns können als Principal-Agent-Probleme bezeichnet werden. Solche Probleme können vor oder nach einem möglichen Vertragsabschluß auftreten und resultieren aus einer asymmetrischen Informationsverteilung zwischen Auftraggeber und Auftragnehmer. Die Principal-Agent-Theorie gibt Empfehlungen, wie solche Probleme vermieden bzw. gemindert werden können. Sie stellen die Basis für Marketingempfehlungen an die Anbieter gebäudewirtschaftlicher Leistungen dar.

Im fünften Kapitel hat sich dann gezeigt, daß tatsächlich eine Reihe von Bedenken gegen die Einschaltung privater Unternehmen seitens der Kommunen besteht. Betrachtet man diese Probleme genauer, so stellt man fest, daß ein Großteil von ihnen nicht kommunalspezifisch ist, sondern jedem Auslagerungsprozeß innewohnt. Zum anderen zeigte sich, daß es sich bei vielen Bedenken um solche handelt, die als Principal-Agent-Probleme charakterisiert werden können. So sehen die kommunalen Vertreter einerseits die Gefahr der adverse selection, andererseits die Ausnutzung opportunistischer Handlungsspielräume des Privaten nach Vertragsabschluß. Hierdurch bedingt sind die Realisierungschancen der Privatisierung der Gebäudewirtschaft zunächst gering.

Der Schwerpunkt des sechsten Kapitels lag auf der vergleichenden Analyse alternativer Organisationsformen. Bei den internen Organisationsmodellen bleiben die Strukturmängel der öffentlichen Verwaltung weitgehend bestehen. Dennoch handelt es sich um Modelle, die von den Kommunen bei der Restrukturierung der Gebäudewirtschaft präferiert werden, insbesondere da hier ihre Einfluß- und Steuerungsmöglichkeiten gewahrt bleiben. Als hierzu konkurrierende Organisationsmodelle wurden das Betreiber- und das Kooperationsmodell auf die Gebäudewirtschaft übertragen. In beiden Modellen werden Private in die Leistungserstellung einbezogen. Während diese im Betreibermodell weitgehend autonom agieren können, kommt es im Kooperationsmodell zur Gründung einer gemischtwirtschaftlichen Gesellschaft. Beide Modelle ermöglichen es, den Kommunen durch vertragliche Regelungen (im Kooperationsmodell ergänzt um gesellschaftrechtliche Regelungen) weitgehende Einfluß- und Steuerungsmöglichkeiten einzuräumen. Gleichzeitig gelingt es, privates Knowhow einzubinden. Durch die institutionelle Einbindung ist es ebenfalls möglich, die Freiräume für opportunistisches Verhalten abzubauen, insbesondere wenn beide Akteure Interesse an einer vertrauensvollen Zusammenarbeit haben. Eine Ergänzung dieser Modelle um Finanzierungsaspekte kann ein Schritt in Richtung eines integrierten Immobilien Facility Management sein.

Eine Akzeptanz dieser Modelle ist auf kommunaler Ebene jedoch zur Zeit nicht gegeben. Prinzipiell werden sie für realisierbar angesehen, jedoch werden weiterhin interne Modelle präferiert.

Der Abbau der aufgezeigten Widerstände stellt eine Anforderung an das Marketing der Anbieter gebäudewirtschaftlicher Leistungen. Bedingt durch die Charakterisierung der angebotenen Leistungen als Erfahrungs- bzw. sogar Vertrauensgüter, bieten sich hier das Einbringen von Reputation, Selbstwahl-Schemata und Selbstbindungen an, um Marktwiderstände abzubauen. Durch diese Instrumente soll die Leistungsfähigkeit und der Leistungswille des Anbieters glaubhaft signalisiert und die Basis für eine Zusammenarbeit geschaffen werden.

Insgesamt bleibt festzuhalten, daß durch die anhaltende Finanznot der Kommunen die wirtschaftliche Nutzung der kommunalen Ressourcen mehr denn je geboten ist. Eine integrative Sichtweise der Gebäudewirtschaft ist notwendig. In einem großen Teil der Städte und Gemeinden sind strukturelle Veränderungen im Rahmen einer Verwaltungsmodernisierung festzustellen. Auch der Bereich der Gebäudewirtschaft ist hiervon nicht ausgeschlossen. Zur Zeit werden bei ihrer Reorganisation interne Lösungen favorisiert. Die Einschaltung privater Unternehmen in die Leistungserstellung darf hierbei grundsätzlich nicht ausgeschlossen werden. Es wurde betont, daß auch die internen Organisationseinheiten so auszurichten sind, daß sie wettbewerbsfähig sind. Sollte diese Wettbewerbsfähigkeit nicht erreicht werden, so ist über ein Outsourcing nachzudenken. Somit können sich in den nächsten drei bis fünf Jahren durchaus Öffnungsschübe ergeben, die aus negativen Erfahrungen mit umgesetzten internen Modellen resultieren. Zudem kann ein weitere Druck aus zwei Richtungen diesen Trend verstärken: Zum einen werden die Haushaltszwänge auch in den nächsten Jahren den Druck auf die Kommunen verstärken. Zum anderen kann es zur Adaption von Outsourcing-Modellen aus der Privatwirtschaft kommen, die sich dort als erfolgreich erwiesen haben.

LITERATURVERZEICHNIS

Adamaschek, Bernd/Adams, Karl-Heinz: Regiebetriebe, in: Chmielewicz, Klaus/Eichhorn, Peter (Hrsg.): Handwörterbuch der Öffentlichen Betriebswirtschaft, Stuttgart 1989, Sp. 1390-1395.

Akerlof, George A.: The market for „lemons": Quality uncertainty and the market mechanism, in: The Quarterly Journal of Economics, Vol. 84, 1970, S. 488-500.

Albers, Willi u.a. (Hrsg.): Handwörterbuch der Wirtschaftswissenschaft, Band 3, Stuttgart/New York 1981.

Alchian, Armen A./Demsetz, Harold: Production, information costs and economic organisation, in: American Economic Review, Vol. 62, 1972, S. 777-795.

Alchian, Armen A./Woodward, Susan: The firm is dead; long live the firm. A Review of Oliver E. Williamson's The economic institutions of capitalism, in: Journal of Economic Literature, Vol. 26, 1988, S. 65-79.

Apgar IV, Mahlon: Uncovering your hidden occupancy costs, in: Harvard Business Review, No. 3, 1993, S. 124-136.

Apgar IV, Mahlon: Managing real estate to build value, in: Harvard Business Review, November-December 1995, S. 162-179.

Arbeitskreis „Finanzierung" der Schmalenbach-Gesellschaft Deutsche Gesellschaft für Betriebswirtschaft e.V.: Wertorientierte Unternehmenssteuerung mit differenzierten Kapitalkosten, in: ZfbF, 48. Jg., Heft 6, 1996, S. 543-578.

Arnim, Hans Herbert von: Rechtsfragen der Privatisierung, Wiesbaden 1995.

Arndt, Hans-Wolfgang/Rudolf, Walter: Öffentliches Recht, 8. Aufl., München 1991.

Arrow. Kenneth J.: The organisation of economic activity: Issue pertinent to the choice of market versus nonmarket allocation, in: The analysis and evolution of public expenditure, the PPB System, Joint Economic Committee 1, Washington 1969, S. 47-64.

Arrow, Kenneth J.: The economics of agency, in: Pratt, John W./Zeckhauser, Richard J. (ed.): Principals and agents: The structure of business, Boston 1985, S. 37-51.

Atkinson, Scott E./Holvorsen, Robert: The relative efficiency of public and private firms in a regulated environment: The case of U.S. electric utilities, in: Journal of Public Economies, 1986, S. 281-294.

Bach, Stefan: Private Bereitstellung von Infrastruktur, in: Vierteljahreshefte zur Wirtschaftsforschung, Heft 3, 1994, S. 208-243.

Bächle, Arthur/Henzelmann, Torsten: Vor- und Nachteile des Eigenbetriebs, in: Zechel, Peter u.a. (Hrsg.): Facility Management in der Praxis: Herausforderungen in Gegenwart und Zukunft, 2. Aufl., Renningen-Malmsheim 1998, S. 127-138.

Balleis, Siegfried: Eine Stadt muß wie ein Dienstleistungsunternehmen handeln, in: FAZ, Nr. 188 vom 15.8.1997, S. 38.

Bandow, Gerhard: In or out? Outsourcing der Instandhaltung, in: Facility Management, Heft 5, 1998, S. 42-45.

Banner, Gerhard: Die internationale Entwicklung im kommunalen Management und ihre Rezeption in Deutschland, in: Banner, Gerhard/Reichard, Christoph (Hrsg.): Kommunale Managementkonzepte in Europa, Köln 1993, S. 185-196.

Banner, Gerhard: Neue Trends im kommunalen Management, in: VOP, 16. Jg., Heft 1, 1994, S. 5-12.

Banner, Gerhard: Die kommunale Modernisierungsbewegung, in: Wissenschaftsförderung der Sparkassenorganisation e.V. (Hrsg.): Kommunales Management im Wandel, Stuttgart 1997, S. 11-37.

Banner, Gerhard/Reichard, Christoph (Hrsg.): Kommunale Managementkonzepte in Europa, Köln 1993.

Bartling, Hartwig: Privatisierung kommunaler Tätigkeiten: Wettbewerbsaspekte und Prinzipal-Agenten-Beziehungen, Mainz 1994.

Basten, Holger: Privatisierung der Bauverwaltung, in: BbauBl, Heft 3, 2000, S. 56-60.

Batt, Helge-Lothar: Regionale und lokale Entwicklungsgesellschaften als Public-Private Partnerships: Kooperative Regime subnationaler Politiksteuerung, in: Bullmann, Udo/Heinze, Rolf G. (Hrsg.): Regionale Modernisierungspolitik, Opladen 1997, S. 165-192.

Baur, Cornelius: Make-or-Buy-Entscheidungen in einem Unternehmen der Automobilindustrie, München 1990.

Bea, Franz Xaver: Shareholder Value, in: WiSt, Heft 10, 26. Jg., 1997, S. 541-543.

Becker, Franklin: The Total Workplace – Facilities Management and the Elastic Organization, New York 1990.

Becker, Ralph: Die Erfüllung öffentlicher Aufgaben durch gemischtwirtschaftliche Unternehmen, Baden-Baden 1997.

Becker-Melching, Markus: Gebäudemanagement statt Kompetenzwirrwarr, in: Das Rathaus, 49. Jg., Heft 8, 1996, S. 309-311.

Bellefontaine Klemens: Abwasserbeseitigung nach dem Niedersächsischen Betreibermodell, in: Der Gemeindehaushalt, 89. Jg., Nr. 12, 1988, S. 265-272.

Bender, Dieter u.a. (Hrsg.): Vahlens Kompendium der Wirtschaftstheorie und Wirtschaftspolitik, Band 1, 6. Aufl., München 1995.

Bender, Dieter u.a. (Hrsg.): Vahlens Kompendium der Wirtschaftstheorie und Wirtschaftspolitik, Band 2, 4. Aufl., München 1990.

Bender, Dieter u.a. (Hrsg.), Vahlens Kompendium der Wirtschaftstheorie und Wirtschaftspolitik, Band 2, 5. Aufl. 1992.

Bertelsmann Stiftung (Hrsg.): Demokratie und Effizienz in der Kommunalverwaltung, Band 2, Gütersloh 1994.

Bertelsmann Stiftung/Saarländisches Ministerium des Inneren (Hrsg.): Kommunales Management in der Praxis. Band 4. Budgetierung und Dezentrale Ressourcenverantwortung, Gütersloh 1997.

Bertelsmann Stiftung/Saarländisches Ministerium des Inneren (Hrsg.): Kommunales Management in der Praxis. Band 3. Definition und Beschreibung von Produkten, Gütersloh 1999.

Birnstiel, Detlev: Public Private Partnership in der Wirtschaftsförderung, in: Ridinger, Rudolf/Steinröx, Manfred (Hrsg.): Regionale Wirtschaftsförderung in der Praxis, Köln 1995, S. 225-243.

Bitz, Michael u.a. (Hrsg.): Vahlens Kompendium der Betriebswirtschaftslehre, Band 2, 4. Aufl., München 1999.

Blankart, Charles B.: Limits to privatisation, in: European Economic Review, Vol. 31, 1987, S. 346-351.

Blankart, Charles B.: Öffentliche Finanzen in der Demokratie, 3. Aufl., München 1998.

Blanke, Thomas: Personalrechtliche Aspekte, in: Blanke, Thomas/Trümmer, Ralf (Hrsg.): Handbuch Privatisierung, Baden-Baden 1998, S. 559-713.

Blanke, Thomas/Trümmer, Ralf (Hrsg.): Handbuch Privatisierung, Baden-Baden 1998.

Bliesener, Max-Michael: Outsourcing als mögliche Strategie zur Kostensenkung, in: BFuP, 46. Jg., Heft 4, 1994, S. 277-290.

Blümel, Willi/Hill, Hermann (Hrsg.): Die Zukunft der kommunalen Selbstverwaltung, Berlin 1991.

Bögelein, Margareta: Ordnungspolitische Ausnahmebereiche: marktwirtschaftliche Legitimation und wirtschaftspolitische Konsequenzen, Wiesbaden 1991.

Bössmann, Eva: Weshalb gibt es Unternehmen? Der Erklärungsansatz von Ronald H. Coase, in: Zeitschrift für die gesamte Staatswissenschaft, 137. Band, 1981, S. 667-674.

Bogaschewsky, Ronald: Vertikale Kooperationen – Erklärungsansätze der Transaktionskostentheorie und des Beziehungsmarketing, in: Kaas, Klaus Peter (Hrsg.): Kontrakte, Geschäftsbeziehungen, Netzwerke: Marketing und neue Institutionenökonomik, ZfbF, Sonderheft 35, Düsseldorf/Frankfurt 1995, S. 159-177.

Borins, Sandford/Grüning, Gernod: New Public Management – Theoretische Grundlagen und problematische Aspekte der Kritik, in: Budäus, Dietrich/Conrad, Peter/Schreyögg, Georg (Hrsg.): New Public Management, Berlin/New York 1998, S. 11-53.

Bradach, J.L./Eccles, R.G.: Price, authority and trust, in: Annual Review of Sociology, Vol. 15, 1991, S. 97-118.

Braun, Günther E./Beckert, Joachim: Funktionalorganisation, in: Frese, Erich (Hrsg.): Handwörterbuch der Organisation, 3. Aufl., Stuttgart 1992, Sp. 640-655.

Braun, Hans-Peter: Facility Management. Was ist es? – Was bringt es? – Wer braucht es?, in: Verwaltung und Management, 1. Jg., Heft 2, 1995, S. 121-123.

Braun, Hans-Peter/Haller, Peter/Oesterle, Eberhard: Facility management: Erfolg in der Immobilienbewirtschaftung, Berlin u.a. 1996.

Braun, Silke/Moog, Manfred: Ermutigendes Pilotprojekt Telearbeit, in: Die Bank, Nr. 2, 1999, S. 112-115.

Brede, Helmut (Hrsg.): Privatisierung und die Zukunft der öffentlichen Wirtschaft, Baden-Baden 1988.

Brown, Robert/Arnold, Alvin: Managing Corporate Real Estate, New York 1993.

Brümmerhoff, Dieter: Finanzwissenschaft, 7. Aufl., München/Wien 1996.

Brüning, Christoph: Der Private bei der Erledigung kommunaler Aufgaben insbesondere der Abwasserbeseitigung und der Wasserversorgung, Berlin 1997.

Brüning, Christoph: Public-private-partnership in der Gebäudeverwaltung, in: Stadt und Gemeinde, 52. Jg., Heft 2/3, 1997, S. 54-58.

Budäus, Dietrich: Betriebswirtschaftliche Instrumente zur Entlastung kommunaler Haushalte, Baden-Baden 1982.

Budäus, Dietrich: Erfahrungen und wirtschaftliche Perspektiven bei der Kommunalfinanzierung mit geschlossenen Immobilienfonds, in: Friedrich, Peter (Hrsg.): Finanzierung kommunaler Investitionen über geschlossene Immobilienfonds, Baden-Baden 1987, S. 26-36.

Budäus, Dietrich: Einzelwirtschaftliche Effizienzanalyse privater und öffentlicher Leistungserstellung in der Privatisierungsdiskussion, in: Brede, Helmut (Hrsg.): Privatisierung und die Zukunft der öffentlichen Wirtschaft, Baden-Baden 1988, S. 203-222.

Budäus, Dietrich: Theorie der Verfügungsrechte als Grundlage der Effizienzanalyse öffentlicher Regulierung und öffentlicher Unternehmen, in: Budäus, Dietrich/Gerum, Elmar/Zimmermann, Gebhard (Hrsg.): Betriebswirtschaftslehre und Theorie der Verfügungsrechte, Wiesbaden 1988, S. 45-64.

Budäus, Dietrich: Alternative Ansätze zur Finanzierung der öffentlichen Infrastruktur in den neuen Bundesländern unter besonderer Berücksichtigung von Transaktionskosten, in: Eichhorn, Peter (Hrsg.): Finanzierung und Organisation der Infrastruktur in den neuen Bundesländern, Baden-Baden 1993, S. 109-128.

Budäus, Dietrich: Kommunale Verwaltungen in der Bundesrepublik Deutschland zwischen Leistungsdefizit und Modernisierungsdruck, in: Banner, Gerhard/Reichard, Christoph (Hrsg.): Kommunale Managementkonzepte in Europa, Köln 1993, S. 163-176.

Budäus, Dietrich: Großstädtische Aufgabenerfüllung im Wandel – Probleme und neue Formen der Verwaltung von Metropolen, in: Budäus, Dietrich/Engelhardt, Gunther (Hrsg.): Großstädtische Aufgabenerfüllung im Wandel, Baden-Baden 1996, S. 226-250.

Budäus, Dietrich: Von der bürokratischen Steuerung zum New Public Management – Eine Einführung, in: Budäus, Dietrich/Conrad, Peter/ Schreyögg, Georg (Hrsg.): New Public Management, Berlin/New York 1998, S. 1-9.

Budäus, Dietrich/Eichhorn, Peter (Hrsg.): Public Private Partnership, Baden-Baden 1997.

Budäus, Dietrich/Engelhardt, Gunther (Hrsg.): Großstädtische Aufgabenerfüllung im Wandel, Baden-Baden 1996.

Budäus, Dietrich/Grüning, Gernod: Public Private Partnership – Konzeption und Probleme eines Instruments zur Verwaltungsreform aus Sicht der Public Choice-Theorie, in: Budäus, Dietrich/Eichhorn, Peter (Hrsg.): Public Private Partnership, Baden-Baden 1997, S. 25-66.

Budäus, Dietrich/Conrad, Peter/Schreyögg, Georg (Hrsg.): New Public Management, Berlin/New York 1998.

Budäus, Dietrich/Gerum, Elmar/Zimmermann, Gebhard (Hrsg.): Betriebswirtschaftlehre und Theorie der Verfügungsrechte, Wiesbaden 1988.

Bühner, Rolf: Kapitalmarktorientierte Unternehmenssteuerung, in: WiSt, 25. Jg., Heft 8, 1996, S. 392-396.

Bull, Hans Peter: Die Staatsaufgaben nach dem Grundgesetz, Frankfurt am Main 1973.

Bullmann, Udo/Heinze, Rolf G. (Hrsg.): Regionale Modernisierungspolitik, Opladen 1997.

Bundesministerium der Finanzen: Teilamortisations-Erlaß zum Immobilien-Leasing vom 23.12.1991, in: Hagenmüller, K.F./Eckstein, Wolfram (Hrsg.): Leasing-Handbuch für die betriebliche Praxis, 6. Aufl., Frankfurt am Main 1992, S. 418-420.

Bundesministerium für Wirtschaft (Hrsg.): TRINKWASSERversorgung & ABWASSERentsorgung. Leitfaden zur Einbeziehung Privater in die kommunale Trinkwasserversorgung und Abwasserentsorgung, Bonn 1995.

Busch, Berthold/Klös, Hans-Peter: Ein Markt für die Infrastruktur, in: FAZ, Nr. 104 vom 4.5.1996, S. 15.

Busse von Colbe, Walther: Was ist und was bedeutet Shareholder Value aus betriebswirtschaftlicher Sicht?, in: Zeitschrift für Unternehmens- und Gesellschaftsrecht ZGR, 26. Jg., Heft 2, 1997, S. 271-290.

Busse von Colbe, Walther/Laßmann, Gert: Betriebswirtschaftstheorie. Band 1: Grundlagen, Produktions- und Kostentheorie, 4. Aufl., Berlin u.a. 1988.

Cassel, Dieter (Hrsg.): Wirtschaftspolitik im Systemvergleich, München 1984.

CDU Nordrhein-Westfalen: Zentrale Reformbeschlüsse der CDU NRW vom 14. Landesparteitag am 14./15. Juni 1996 in Münster (Auszüge).

Chmielewicz, Klaus/Eichhorn, Peter (Hrsg.): Handwörterbuch der Öffentlichen Betriebswirtschaft, Stuttgart 1989.

Claassen, Emil-Maria: Ökonomische Aspekte gesellschaftlicher Probleme, in: Bender, Dieter u.a. (Hrsg.): Vahlens Kompendium der Wirtschaftstheorie und Wirtschaftspolitik, Band 2, 4. Aufl., München 1990, S. 121-155.

Coase, Ronald H.: The nature of the firm, in: Economica, Vol. 4., 1937, S. 386-405.

Coenenberg, Adolf G.: Jahresabschluß und Jahresabschlußanalyse, 16. Aufl., Landsberg am Lech 1997.

Commons, John R.: Institutional Economics, New York 1934.

Corte, Christiane: Die Übernahme kommunaler Aufgaben durch private Unternehmen und freie Berufe, Stuttgart 1991.

Cronauge, Ulrich: Kommunale Unternehmen, 3. Aufl., Berlin 1997.

Däubler, Wolfgang: Privatisierung als Rechtsproblem, Neuwied/Darmstadt 1980.

Dautel, Ralph: Kommunale Sonderfinanzierung, Wiesbaden 1997.

Dawson, Patrick M.: Flächenmanagement, in: Lochmann, Hans-Dieter/ Köllgen, Rainer (Hrsg.): Facility Management: Strategisches Immobilienmanagement in der Praxis, Wiesbaden 1998, S. 109-118.

De Alessi, Louis: Property Rights, Transaction costs, and X-Efficiency: An essay in economic theory, in: American Economic Review, Vol. 73, 1983, S. 64-81.

Demsetz, Harold: Toward a theory of property rights, in: American Economic Review, Papers and Proceedings, Vol. 57, 1967, S. 347-359.

Demsetz, Harold: Information and efficiency: Another viewpoint, in: Journal of Law and Economics, Vol. 12, 1969, S. 1-22.

Deubel, Ingolf: Mehr Wettbewerb in der öffentlichen Verwaltung – zur Notwendigkeit des Ersatzes kameraler durch betriebliche Strukturen, in: Kommunalwirtschaft, Heft 11, 1998, S. 584-587.

Deutscher Städtetag: Möglichkeiten und Grenzen der Privatisierung öffentlicher Aufgaben, DST-Beiträge zur Kommunalpolitik, Heft 7, Köln 1986.

Deutscher Verband für Facility Management e.V.: Facility Management, GEFMA-Richtlinie 100.

Deutscher Verband für Facility Management e.V.: Energiemanagement, GEFMA-Richtlinie 124.

Dieckmann, Cord: Instandhaltung und Bewirtschaftung kommunaler Gebäude durch private Dienstleister, in: Stadt und Gemeinde, 51. Jg., 1996, S. 35-39.

Dietl, Helmut: Institutionen und Zeit, Tübingen 1993.

Domberger, Simon/Farago, Stephen/Fernandez, Patrick: Public and Private Sector Partnering: a Re-Appraisal, in: Public Administration, Vol. 75, No. 4, 1997, S. 777-787.

Donges, Juergen B. u.a.: Privatisierung auch im Westen, Bad Homburg 1993.

Donnerbauer, Robert: Run auf die Gebäudebewirtschaftung, in: HB, Nr. 72 vom 15.4.1998, S. 38.

Downs, Anthony; Ökonomische Theorie der Bürokratie, Tübingen 1968.

Drescher, Burkhard Ulrich/Dellwig, Magnus: Rathaus ohne Ämter, Frankfurt am Main 1996.

Duncombe, William/Miner, Jerry/Ruggiero, John: Empirical evaluation of bureaucratic models of inefficiency, in: Public Choice, Vol. 93, No. 1-2, 1997, S. 1-18.

Ebers, Mark/Gotsch, Wilfried: Institutionenökonomische Theorien der Organisation, in: Kieser, Alfred (Hrsg.): Organisationstheorien, 2. Aufl., Stuttgart/Berlin/Köln 1995, S. 185-235.

Edeling, Thomas/Jann, Werner/Wagner, Dieter (Hrsg.): Institutionenökonomie und Neuer Institutionalismus, Opladen 1999.

Ehlers, Dirk: Die Entscheidung der Kommunen für eine öffentlich-rechtliche oder privat-rechtliche Organisation ihrer Einrichtungen, in: DÖV, 1986, S. 897-905.

Eichhorn, Peter: Entstehungsgründe für gemischtwirtschaftliche Unternehmen, in: BFuP, 21. Jg., 1969, S. 346-353.

Eichhorn, Peter: Die öffentliche Verwaltung als Dienstleistungsbetrieb, in: Rehkopp, Alfons (Hrsg.): Dienstleistungsbetrieb Öffentliche Verwaltung, Stuttgart 1976, S. 11-29.

Eichhorn, Peter: Kosten, Kostenanalyse und Kostenrechnung in der Kommunalverwaltung, in: Kommunalpolitische Vereinigung der CDU in Nordrhein-Westfalen e.V. (Hrsg.): Kommunale Gebührenhaushalte, 67. Fachtagung der KPV/NW in Essen, Recklinghausen 1981, S. 10-26.

Eichhorn, Peter: Allgemeine und Öffentliche Betriebswirtschaftslehre, insbesondere Doppik und Kameralistik, in: Eichhorn, Peter (Hrsg.): Doppik und Kameralistik, Baden-Baden 1987, S. 48-62.

Eichhorn, Peter (Hrsg.): Doppik und Kameralistik, Baden-Baden 1987.

Eichhorn, Peter (Hrsg.): Finanzierung und Organisation der Infrastruktur in den neuen Bundesländern, Baden-Baden 1993.

Eichhorn, Peter: Public Private Partnership. Praxis, Probleme, Perspektiven, in: Neumann, Lothar F./Schulz-Nieswandt, Frank (Hrsg.): Sozialpolitik und öffentliche Wirtschaft, Berlin 1995, S. 171-184.

Eichhorn, Peter/Loesch, Achim von: Privatisierung, in: Chmielewicz, Klaus/Eichhorn, Peter (Hrsg.): Handwörterbuch der Öffentlichen Betriebswirtschaft, Stuttgart 1989, Sp. 1302-1314.

Eickhof, Norbert: Staatliche Regulierung zwischen Marktversagen und Gruppeninteressen, in: Jahrbuch für Neue Politische Ökonomie, Band 5, 1986, S. 122-139.

Eickhof, Norbert: Theorien des Markt- und Wettbewerbsversagens, in: Wirtschaftsdienst, 66. Jg. 1986, S. 468-476.

Eickhof, Norbert: Die Neuregelung des Energiewirtschaftsrechts, in: Wirtschaftsdienst, 78. Jg., Heft 1, 1998, S. 18-25.

Elsner, Wolfram: Institutionen und ökonomische Institutionentheorie, in: WiSt, 16. Jg., Heft 1, 1987, S. 5-14.

Elschen, Rainer: Gegenstand und Anwendungsmöglichkeiten der Agency-Theorie, in: ZfbF, 43. Jg., Heft 11, 1991, S. 1002-1012.

Engelhardt, Werner H.: Grundprobleme der Leistungslehre, dargestellt am Beispiel der Warenhandelslehre, in: ZfbF, 18. Jg., 1966, S. 158-178.

Engelhardt, Werner H./Schwab, Wilfried: Die Beschaffung von investiven Dienstleistungen, in: DBW, 42. Jg., Heft 4, 1982, S. 503-513.

Engelhardt, Werner H./Kleinaltenkamp, Michael/Reckenfelderbäumer, Martin: Dienstleistungen als Absatzobjekt, Arbeitsbericht Nr. 52 des Institut für Unternehmensführung und Unternehmensforschung, Bochum 1992.

Engellandt, Frank: Die Einflußnahme der Kommunen auf ihre Kapitalgesellschaften über das Anteilsorgan, Heidelberg 1995.

Ergenzinger, Till: Kommunalleasing, Wiesbaden 1996.

Erhardt, Manfred: Öffentliche Aufgaben, in: Chmielewicz, Klaus/Eichhorn, Peter (Hrsg.): Handwörterbuch der Öffentlichen Betriebswirtschaft, Stuttgart 1989, Sp. 1003-1011.

Esche, Hans-Bernd vor dem: Immobilien-Leasing, in: DB, 45. Jg., Beilage 9 zu Heft 13, 1992, S. 13-18.

Eynern, Gert von: Das öffentlich gebundene Unternehmen, in: Archiv für öffentliche und freigemeinwirtschaftliche Unternehmen, Band 4 1958, S. 1-11.

Fainstein, Norman I./Fainstein, Susan S.: Öffentlich-private Partnerschaften bei der Stadterneuerung und Stadtentwicklung in den USA, in: Heinz, Werner (Hrsg.): Public private partnership – ein neuer Weg zur Stadtentwicklung?, Stuttgart/Berlin/Köln 1993, S. 65-123.

Falk, Bernd (Hrsg.): Gewerbe-Immobilien, 6. Aufl., Landsberg am Lech 1994.

Falk, Bernd (Hrsg.): Das große Handbuch für Immobilien-Management, Landsberg am Lech 1997.

Falk, Bernd: Immobilien-Management – Grundlagen, Stand und Entwicklungsperspektiven, in: Falk, Bernd (Hrsg.): Das große Handbuch für Immobilien-Management, Landsberg am Lech, 1997, S. 11-36.

Feinen, Klaus: Kommunales Immobilien-Leasing: Eine innovative Finanzierungsvariante für öffentliche Investitionsvorhaben, in: FLF, Heft 3, 1994, S. 90-93.

Feinen, Klaus: Kommunales Immobilien-Leasing, in: SZ, Nr. 84 vom 11.4.1996, S. VI.

Fischer, Marc: Make-or-Buy der Distributionsleistung, in: BFuP, 46. Jg., Heft 4, 1994, S. 291-315.

Fischer, Marc: Der Property Rights-Ansatz, in: WiSt, 23. Jg., Heft 6, 1994, S. 316-318.

Floeting, Holger/Barthelme, Gerlinde: Facility Management, in: Deutsches Institut für Urbanistik (Hrsg.): Aktuelle Information, Berlin, Juli 1997.

Fohlmeister, Klaus J.: Immobilien-Leasing, in: Hagenmüller, K.F./Eckstein, Wolfram (Hrsg.): Leasing-Handbuch für die betriebliche Praxis, 6. Aufl., Frankfurt am Main 1992, S. 177-212.

Fohlmeister, Klaus J.: Leasingfonds – eine Alternative mit Zukunft, in: DB, 47. Jg., Beilage 6 zu Heft 19, 1994, S. 8-9.

Forschungsinstitut der Friedrich-Ebert-Stiftung (Hrsg.): Wege zur Reform der Kommunalverwaltung, Reihe „Wirtschaftspolitische Diskurse" Nr. 74, Bonn 1995.

Forschungsinstitut für Wirtschaftsverfassung und Wettbewerb (Hrsg.): Sicherung des Wettbewerbs im kommunalen Bereich, FIW-Schriftenreihe, H. 162, Köln u.a. 1995.

Franßen, Everhard u.a. (Hrsg.): Bürger – Richter – Staat: Festschrift für Horst Sendler zum Abschied aus seinem Amt, München 1991.

Frère, Eric: Vergleich der Kommunen in Deutschland und Frankreich, Wiesbaden 1998.

Frey, Bruno S.: Theorie demokratischer Wirtschaftspolitik, München 1981.

Frey, Bruno S.: Vergleichende Analyse von Institutionen: Die Sicht der politischen Ökonomie, in: Staatswissenschaften und Staatspraxis, 1. Jg., Heft 1, 1990, S. 158-175.

Friedl, Uwe: Besteuerung öffentlicher Unternehmungen in unterschiedlicher Rechts- und Organisationsform, in: Verwaltungsrundschau, 45. Jg., Heft 5, 1999, S. 149-152.

Friedrich, Peter (Hrsg.): Finanzierung kommunaler Investitionen über geschlossene Immobilienfonds, Baden-Baden 1987.

Fritsch, Michael/Wein, Thomas/Ewers, Hans-Jürgen: Marktversagen und Wirtschaftspolitik: mikroökonomische Grundlagen staatlichen Handelns, München 1993.

Frutig, Daniel/Reiblich, Dietrich: Facility Management: Objekte erfolgreich verwalten und bewirtschaften, Zürich 1995.

Gerhardt, Tilman/Nippa, Michael/Picot, Arnold: Die Optimierung der Leistungstiefe, in: Harvard Manager, 14. Jg., Heft 3, 1992, S. 136-142.

Grabbe, Jürgen: Verfassungsrechtliche Grenzen der Privatisierung kommunaler Aufgaben, Berlin 1979.

Grandke, Gerhard: Reformstrategie für die Stadt Offenbach: Effiziente Dienstleistungen – kommunal und privat, in: Mayrzedt, Hans (Hrsg.): Privatwirtschaftliche Tätigkeit im Dienst von Kommunen, Wiesbaden/Berlin 1996, S. 57-66.

Greiling, Dorothea: Neuere Formen von Public Private Partnership, in: Akademie, 39. Jg., Heft 3, 1994, S. 72-75.

Grömig, Erko/Gruner, Kersten: Reform in den Rathäusern, in. Der Städtetag, Jg. 51, Heft 8, 1998, S. 581-587.

Gromoll, Bernhard: Rechtliche Grenzen der Privatisierung öffentlicher Aufgaben, München 1982.

Grüner, Herbert/Osterloh, Jan: Outsourcing von Facility Management-Leistungen unter Motivationsaspekten, in: Der Facility Manager, November/Dezember 1998, S. 29-31.

Gutenberg, Erich: Grundlagen der Betriebswirtschaftslehre. Band 1: Die Produktion, 23. Aufl., Berlin/Heidelberg/New York 1979.

Gutenberg, Erich: Grundlagen der Betriebswirtschaftslehre. Band 2: Der Absatz, 16. Aufl., Berlin/Heidelberg/New York 1976.

Haarmann, Wilhelm/Busch, Barbara: Steuerliche Aspekte im Corporate Real Estate Management, in: Schulte, Karl-Werner/Schäfers, Wolfgang (Hrsg.): Handbuch Corporate Real Estate Management, Köln 1998, S. 379-432.

Habersack, Mathias: Private public partnership: Gemeinschaftsunternehmen zwischen Privaten und der öffentlichen Hand, in: ZGR, 25. Jg., Heft 3, 1996, S. 544-563.

Hack, Hans: Die institutionelle Organisation/Aufbauorganisation, in: Püttner, Günter (Hrsg.): Handbuch der kommunalen Wissenschaft und Praxis, 2. Aufl., Berlin/Heidelberg/New York 1983, S. 109-120.

Hack, Hans: Innere Verwaltungen, in: Chmielewicz, Klaus/Eichhorn, Peter (Hrsg.): Handwörterbuch der Öffentlichen Betriebswirtschaft, Stuttgart 1989, Sp. 654-665.

Haeseler, Herbert R.: Gemischtwirtschaftliche Unternehmen, in: Chmielewicz, Klaus/Eichhorn, Peter (Hrsg.): Handwörterbuch der Öffentlichen Betriebswirtschaft, Stuttgart 1989, Sp. 479-485.

Hagenmüller, K.F./Eckstein, Wolfram (Hrsg.): Leasing-Handbuch für die betriebliche Praxis, 6. Aufl., Frankfurt am Main 1992.

Hammann, Peter/Palupski, Rainer/Trautmann, Christoph: Facility Management, in: zfo, 66. Jg., Heft 5, 1997, S. 290-295.

Handlbauer, Gernot/Hinterhuber, Hans H./Matzler, Kurt: Kernkompetenzen, in: WISU, Nr. 8-9, 1998, S. 911-916.

Hanusch, Horst/Rauscher, Gerhard: Gemeinden II: Kommunale Wirtschafts- und Sozialpolitik, in: Albers, Willi u.a. (Hrsg.): Handwörterbuch der Wirtschaftswissenschaft, Band 3, Stuttgart/New York 1981, S. 495-507.

Harden, Heinrich/Kahlen, Hans (Hrsg.): Planen, Bauen, Nutzen und Instandhalten von Bauten, Köln 1993.

Hartwig, Karl-Hans: Bundesrepublik Deutschland: Wirtschaftspolitik in der Sozialen Marktwirtschaft, in: Cassel, Dieter (Hrsg.): Wirtschaftspolitik im Systemvergleich, München 1984, S. 179-195.

Hartwig, Karl-Hans: Umweltökonomie, in: Bender, Dieter u.a. (Hrsg.), Vahlens Kompendium der Wirtschaftstheorie und Wirtschaftspolitik, Band 2, 5. Aufl. 1992, S. 123-162.

Hauser, Heinz: Institutionen zur Unterstützung wirtschaftlicher Kooperation, in: Wunderer, Rolf (Hrsg.): Kooperation: Gestaltungsprinzipien und Steuerung der Zusammenarbeit zwischen Organisationseinheiten, Stuttgart 1991, S. 107-123.

Heilemann, Ulrich/Klemmer, Paul/Löbbe, Klaus (Hrsg.): Empirische Wirtschaftsforschung und wirtschaftspolitische Beratung, Essen 1993.

Heinz, Werner (Hrsg.): Public private partnership – ein neuer Weg zur Stadtentwicklung?, Stuttgart/Berlin/Köln 1993.

Heinz, Werner: Public private partnership – ein neuer Weg zur Stadtentwicklung, in: Heinz, Werner (Hrsg.): Public private partnership – ein neuer Weg zur Stadtentwicklung, Köln 1993, S. 29-61.

Heinz, Werner: Wesentliche Merkmale von Partnerschaftsansätzen bei der Stadtentwicklung und Stadterneuerung, in: Heinz, Werner (Hrsg.): Public private partnership – ein neuer Weg zur Stadtentwicklung, Köln 1993, S. 483-541.

Heinz, Werner: Public Private Partnership, in: AfK, 37. Jg., Band II, 1998, S. 210-239.

Heinz, Werner/Scholz, Carola: Public Private Partnership im Städtebau, Berlin 1996.

Hellerforth, Michaela: Innovation als Notwendigkeit? Facility Management in der öffentlichen Verwaltung, in: Facility Management, 4. Jg., Heft 4, 1998, S. 36-40.

Helmstedter, Ernst (Hrsg.): Neuere Entwicklungen in den Wirtschaftswissenschaften, Berlin 1978.

Henneke, Hans-Günter: Möglichkeiten zur Stärkung der kommunalen Selbstverantwortung, in: DÖV, 47. Jg., Heft 17, 1994, S. 705-715.

Hering, Thomas/Matschke, Manfred Jürgen: Kommunale Organisations- und Finanzierungsmodelle, in: BFuP, 49. Jg., Heft 4, 1997, S. 341-364.

Herzog, Rudolf/Scheins, Jürgen: Fallstudie IBM Deutschland, in: Schulte, Karl-Werner/Schäfers, Wolfgang (Hrsg.): Handbuch Corporate Real Estate Management, Köln 1998, S. 671-702.

Hesse, Joachim Jens: Kommunalorganisation, in: Frese, Erich (Hrsg.): Handwörterbuch der Organisation, 3. Aufl., Stuttgart 1992, Sp. 1098-1110.

Hesse, Joachim Jens: Regierungs- und Verwaltungsreform in Nordrhein-Westfalen, Düsseldorf 1999.

Heyd, Reinhard: Führungsorientierte Entscheidungskriterien beim Outsourcing, in: WISU, Heft 8-9, 1998, S. 904-910.

Hill, Hermann: Entwicklungstendenzen und Anforderungen an die kommunale Selbstverwaltung, in: Blümel, Willi/Hill, Hermann (Hrsg.): Die Zukunft der kommunalen Selbstverwaltung, Berlin 1991, S. 31-50.

Hill, Hermann: Einführung eines neuen Steuerungsmodells, in: Verwaltungsorganisation, Heft 1, 1995, S. 6-11.

Hill, Hermann: In welchen Grenzen ist kommunalwirtschaftliche Betätigung Daseinsvorsorge?, in: BB, 52. Jg., Heft 9, 1997, S. 425-431.

Hilke, Wolfgang (Hrsg.): Dienstleistungs-Marketing, Wiesbaden 1989.

Hilke, Wolfgang: Grundprobleme und Entwicklungstendenzen des Dienstleistungs-Marketing, in: Hilke, Wolfgang (Hrsg.): Dienstleistungs-Marketing, Wiesbaden 1989, S. 5-44.

Hofmann, Hans: Privatisierung, in: Sachverständigenrat „Schlanker Staat" (Hrsg.): Abschlußbericht Band 3: Leitfaden zur Modernisierung von Behörden, Bonn 1997, S. 121-136.

Holst, Mathias: Etablierung von Entwicklungsgesellschaften für die städtebauliche Projektentwicklung, in: Walcha, Henning/Herrmanns, Klaus (Hrsg.):

Partnerschaftliche Stadtentwicklung: Privatisierung kommunaler Aufgaben und Leistungen, Köln 1996, S. 59-76.

Holzkämper, Hilko: Wachstumschancen und Risiken im Bereich Immobilien Facility Management, in: Der Langfristige Kredit, 48. Jg., Nr. 7, 1997, S. 206-210.

Homann, Klaus: Immobiliencontrolling, in: Schulte, Karl-Werner (Hrsg.): Immobilienökonomie. Band 1: Betriebswirtschaftliche Grundlagen, München/Wien 1998, S. 707-738.

Honert, Siegfried: Plädoyer für Immobilienfonds, in: Städte- und Gemeinderat, 51. Jg., Heft 7, 1997, S. 181-183.

Honert, Siegfried: Plädoyer zur Aktivierung kommunalen Immobilienvermögens, in: Das Rathaus, 50. Jg., Heft 12, 1997, S. 497-498.

Horn, Ulrich: NRW-Städte dürfen bald als „Unternehmer" auftreten, in: WAZ, Nr. 47 vom 25.2.1999, o.S.

Horváth, Péter/Herter, Ronald N.: Benchmarking. Vergleich mit den Besten der Besten, in: Controlling, 4. Jg., Heft 1, 1992, S. 4-11.

Ipsen, Jörn (Hrsg.): Privatisierung öffentlicher Aufgaben: private Finanzierung kommunaler Investitionen, Köln 1994.

Ipsen, Jörn (Hrsg.): Kommunale Aufgabenerfüllung im Zeichen der Finanzkrise, Baden-Baden 1995.

Jann, Werner: Strategische Relevanz, in: Naschold, Frieder u.a. (Hrsg.): Leistungstiefe im öffentlichen Sektor: Erfahrungen, Konzepte, Methoden, Berlin 1996, S. 45-62.

Jensen, Michael C./Meckling, William H.: Theory of the firm: Managerial behavior, agency costs and ownership structure, in: Journal of Law and Economics, Vol. 3, 1976, S. 305-360.

Jeschke, Kurt: Contracting, in: WiSt, 27. Jg., Heft 7, 1998, S. 368-370.

Jochimsen, Raimut: Theorie der Infrastruktur: Grundlagen der marktwirtschaftlichen Entwicklung, Tübingen 1966.

Johann, Klaus: Sparen allein kann Duisburg nicht mehr retten, in: WAZ, Nr. 296 vom 19.12.1995, o.S.

Jünger, Heiko/Walter, Jochen: Finanzierungsformen bei kommunalen Investitionen: Möglichkeiten und Grenzen des Einsatzes kreditwirtschaftlicher Instrumente im kommunalen Vermögenshaushalt, Köln 1987.

Junkernheinrich, Martin: Gemeindefinanzen: theoretische und methodische Grundlagen ihrer Analyse, 1. Aufl., Berlin 1991.

Junkernheinrich, Martin: Reform des Gemeindesteuersystems, 1: Analyseergebnisse, 1. Aufl., Berlin 1991.

Junkernheinrich, Martin: Privatisierung der kommunalen Infrastrukturfinanzierung, in: Mäding, Heinrich (Hrsg.): Stadtperspektiven, Berlin 1994, S. 155-179.

Jürgensonn, Insa von/Schäfers, Wolfgang: Ansätze zur Shareholder Value-Analyse im Corporate Real Estate Management, in: Schulte, Karl-Werner/Schäfers, Wolfgang (Hrsg.): Handbuch Corporate Real Estate Management, Köln 1998, S. 819-856.

Kaas, Klaus Peter: Kontraktgütermarketing als Kooperation zwischen Prinzipalen und Agenten, in: ZfbF, 44. Jg., Heft 10, 1992, S. 884-901.

Kaas, Klaus Peter (Hrsg.): Kontrakte, Geschäftsbeziehungen, Netzwerke: Marketing und neue Institutionenökonomik, ZfbF, Sonderheft 35, Düsseldorf/Frankfurt 1995.

Kaas, Klaus Peter: Marketing zwischen Markt und Hierarchie, in: Kaas Klaus Peter (Hrsg.): Kontrakte, Geschäftsbeziehungen, Netzwerke: Marketing und neue Institutionenökonomik, ZfbF, Sonderheft 35, Düsseldorf/Frankfurt 1995, S. 19-42.

Kaas, Klaus Peter/Busch, Anina: Inspektions-, Erfahrungs- und Vertrauenseigenschaften von Produkten: Theoretische Konzeption und empirische Validierung, in: Marketing ZFP, 18. Jg., 1996, S. 243-252.

Kaiser, Harvey H.: The Facilities Manager's Reference, Kingston 1989.

Kamphausen, Peter/Veelken, Manfred/Schmeken, Werner: Abfallentsorgung und Abwasserbeseitigung, in: Städte- und Gemeinderat, 42. Jg., Heft 7, 1988, S. 215-219.

Karrenberg, Hanns: Finanzprobleme strukturschwacher Städte – Ursachen und Lösungen, in: Heilemann, Ulrich/Klemmer, Paul/Löbbe, Klaus (Hrsg.): Empirische Wirtschaftsforschung und wirtschaftspolitische Beratung, Essen 1993, S. 183-195.

Karrenberg, Hanns/Münstermann, Engelbert: Gemeindefinanzbericht 1997, in: Der Städtetag, 50. Jg., Heft 3, 1997, S. 129-209.

Karrenberg, Hanns/Münstermann, Engelbert: Gemeindefinanzbericht 1999, in: Der Städtetag, Jg. 52, Heft 4, 1999, S. 151-240.

Kestermann, Reiner: Public-Private Partnership – Anmerkungen zur Rezeption eines Modebegriffs, in: Raumplanung, Nr. 63, 1993, S. 205-214.

KGSt: Verwaltungsorganisation der Gemeinden, Köln 1979.

KGSt: Das neue Steuerungsmodell. Begründung – Konturen – Umsetzung, Bericht Nr. 5, Köln 1993.

KGSt: Das Neue Steuerungsmodell: Definition und Beschreibung von Produkten, Bericht Nr. 8, Köln 1994.

KGSt: Organisation der Gebäudewirtschaft, Bericht Nr. 4, Köln 1996.

Kiener, Stefan: Die Principal-Agent-Theorie aus informationsökonomischer Sicht, Heidelberg 1990.

Kieser, Alfred (Hrsg.): Organisationstheorien, 2. Aufl., Stuttgart/Berlin/Köln 1995.

Kirchhof, Ferdinand: Haushaltssanierung durch „sale and lease back" von Verwaltungsgebäuden?, in: DÖV, 52. Jg., Heft 6, 1999, S. 242-248.

Kirchhoff, Ulrich/Müller-Godeffroy, Heinrich: Finanzierungsmodelle für kommunale Investitionen, 6. Aufl., Stuttgart 1996.

Kirsch, Daniela: Public Private Partnership, Köln 1997.

Kirsch, Guy: Neue Politische Ökonomie, 3. Aufl., Düsseldorf 1993.

Kißler, Leo/Bogumil, Jörg: Der Bürgerladen Hagen – Kundenorientierung und Produktivitätssteigerung durch mehr Arbeitsqualität, in: Naschold, Frieder/Pröhl, Marga (Hrsg.): Produktivität öffentlicher Dienstleistungen, Band 2, Gütersloh 1995, S. 65-77.

Kistner, Peter: Prekäre Finanzlage der Kommunen und Landkreise, in: Magazin Wirtschaft, Nr. 10, 1996, S. 10-13.

Klein, Benjamin/Crawford, Robert G./Alchian, Armen A.: Vertical Integration, Approbriable Rents, and the Comparative Contracting Process, in: Journal of Law and Economics, Vol. 21, 1978, S. 297-326.

Kleinaltenkamp, Michael: Investitionsgüter-Marketing aus informationsökonomischer Sicht, in: ZfbF, 44. Jg., Heft 9, 1992, S. 809-829.

Knirsch, Hanspeter: Neue Wege kommunalen Gebäudemanagements, in: Städte- und Gemeinderat, 52. Jg., Heft 8, 1998, S. 236-238.

Knöll, Heinz-Dieter: Betriebswirtschaftliche Kostenrechnung als Grundlage des Controlling in öffentlichen Verwaltungen, in: Controller Magazin, Heft 6, 1996, S. 352-359.

Knorr, Friedhelm: Organisationstheoretische und ökonomische Grundlagen der kommunalen Verwaltungsreform in Nordrhein-Westfalens Großstädten, Frankfurt am Main u.a. 1996.

Köllgen, Rainer: Benchmarking, in: Lochmann, Hans-Dieter/Köllgen, Rainer (Hrsg.): Facility Management: Strategisches Immobilienmanagement in der Praxis, Wiesbaden 1998, S. 95-102.

Köllgen, Rainer: Kernkompetenzen, Outsourcing und Allianzenbildung, in: Lochmann, Hans-Dieter/Köllgen, Rainer (Hrsg.): Facility Management: Strategisches Immobilienmanagement in der Praxis, Wiesbaden 1998, S. 55-64.

Köstering, Heinz: Das Verhältnis zwischen Gemeinde- und Kreisaufgaben einschließlich der Funktionalreform, in: Püttner, Günter (Hrsg.): Handbuch der kommunalen Wissenschaft und Praxis, 2. Aufl., Berlin/Heidelberg/New York 1983, S. 39-68.

Kommunalpolitische Vereinigung der CDU in Nordrhein-Westfalen e.V. (Hrsg.): Kommunale Gebührenhaushalte, 67. Fachtagung der KPV/NW in Essen, Recklinghausen 1981.

Kooiman, Jan (Ed.): Modern Governance. New Government-Society Interactions, London 1993.

Korsten, Arno F.A.: 10 Jahre Tilburger Modell. Tilburg – Mekka der öffentlichen Verwaltung?, in: Mix, Ulrich/Herweijier, Michiel (Hrsg.): 10 Jahre Tilburger Modell, Bremen 1996, S. 21-37.

Kouwenhoven, Vincent: The rise of the public private partnership: A model for the management of public-private cooperation, in: Kooiman, Jan (Ed.): Modern Governance. New Government-Society Interactions, London 1993, S. 119-130.

Krähmer, Rolf: Private Finanzierung kommunaler Infrastrukturinvestitionen – Königsweg oder Sackgasse?, in: Der Gemeindehaushalt, 93. Jg., Heft 11, 1992, S. 241-245.

Krähmer, Rolf: Ansätze zur Bestimmung der finanziellen Leistungsfähigkeit von Gemeinden, in: Finanzwirtschaft, Heft 2, 1993, S. 25-30.

Kraft, Thomas: Eigengesellschaften, in: Püttner, Günter (Hrsg.): Handbuch der kommunalen Wissenschaft und Praxis, Band 5: Kommunale Wirtschaft, 2. Aufl., Berlin u.a. 1984, S. 168-183.

Kraus, Hans S.: Privatisierung öffentlicher Aufgaben, Wiesbaden 1997.

Kreikebaum, Hartmut: Zentralbereiche, in: Frese, Erich (Hrsg.): Handwörterbuch der Organisation, 3. Aufl., Stuttgart 1992, Sp. 2603-2610.

Krieger, Heinz-Jürgen: Schranken der Zulässigkeit der Privatisierung öffentlicher Einrichtungen der Daseinsvorsorge mit Anschluß- und Benutzungszwang, Siegburg 1981.

Krummacker, Jürgen: Facility Management – Realisierung einer Vision, in: Falk, Bernd (Hrsg.): Gewerbe-Immobilien, 6. Aufl., Landsberg am Lech 1994, S. 725-741.

Kruse, Olaf: Alternative Wege der Zusammenarbeit zwischen Kommunen und Unternehmen im Bereich immobilienwirtschaftlicher Leistungen, in: SB Nr. 48, SS 1998, S. 41-55.

Kühne-Büning, Lidwina: Grundlagen der Wohnungs- und Immobilienwirtschaft, 3. Aufl., Frankfurt a.M. 1994.

Külp, Bernhard u.a.: Sektorale Wirtschaftspolitik, Berlin u.a. 1984.

Küpper, Hans-Ulrich/Weber, Jürgen/Zünd, André: Zum Verständnis und Selbstverständnis des Controlling, in: ZfB, 60. Jg., Heft 3, 1990, S. 281-293.

Lampe, Peter/Lechtenböhmer, Artur: Fallstudie Thyssen, in: Schulte, Karl-Werner/Schäfers, Wolfgang (Hrsg.): Handbuch Corporate Real Estate Management, Köln 1998, S. 575-605.

Lang, Eva (Hrsg.): Kommunen vor neuen Herausforderungen, Berlin 1996.

Laux, Helmut: Optimale Prämienfunktionen bei Informationsasymmetrie, in: ZfB, 58. Jg., Heft 5/6, 1988, S. 588-611.

Lehner, Franz: Neue Politische Ökonomie, Königstein 1981.

Leibenstein, Harvey: Allocative Efficiency vs. „X-Efficiency", in: American Economic Review, Vol. 56, 1966, S. 392-415.

Lennep, Hans Gerd von: Umfrage zeigt vielfache Ansätze zur Verwaltungsmodernisierung, in: Städte- und Gemeinderat, 53. Jg., Heft 1, 1999, S. 6-8.

Linkenheil, Rolf: Personal in Passau verlangt Reformen, in: HB, Nr. 135 vom 16.7.1996, S. 6.

Lochmann, Hans-Dieter: Facility Management im Umfeld des modernen Managements, in: Lochmann, Hans-Dieter/Köllgen, Rainer (Hrsg.): Facility Management: Strategisches Immobilienmanagement in der Praxis, Wiesbaden 1998, S. 13-22.

Lochmann, Hans-Dieter/Köllgen, Rainer (Hrsg.): Facility Management: Strategisches Immobilienmanagement in der Praxis, Wiesbaden 1998.

Macneil, Ian R.: The many futures of contracts, in: Southern California Law Review, Vol. 47, 1974, S. 691-816.

Macneil, Ian R.: Contract: Adjustment of long-term economic relation under classical, neoclassical, and relational contract law, in: Northwestern University Law Review, Vol. 72, 1978, S. 854-905.

Matschke, Manfred Jürgen/Hering, Thomas: Kommunale Finanzierung, München/Wien 1998.

Matschke, Manfred Jürgen/Wegmann, Jürgen: Eigengesellschaften in: Chmielewicz, Klaus/Eichhorn, Peter (Hrsg.): Handwörterbuch der Öffentlichen Betriebswirtschaft, Stuttgart 1989, Sp. 294-304.

Maurer, Hartmut: Allgemeines Verwaltungsrecht, 10. Aufl., München 1995.

Maurer, Hartmut: Verfassungsrechtliche Grundlagen der kommunalen Selbstverwaltung, in: Deutsches Verwaltungsblatt, 110. Jg., 1995, S. 1037-1046.

Mayer, Elmar/Weber, Jürgen (Hrsg.): Handbuch Controlling, Stuttgart 1990.

Mayrzedt, Hans (Hrsg.): Privatwirtschaftliche Tätigkeit im Dienst von Kommunen, Wiesbaden/Berlin 1996.

Meffert, Heribert/Bruhn, Manfred: Dienstleistungsmarketing, 2. Aufl., Wiesbaden 1997.

Metzger, Michaela: Realisierungschancen einer Privatisierung öffentlicher Dienstleistungen, München 1990.

Meyer, Anton (Hrsg.): Handbuch Dienstleistungs-Marketing, Band 1, Stuttgart 1998.

Meyer, Anton (Hrsg.): Handbuch Dienstleistungs-Marketing, Band 2, Stuttgart 1998.

Meyer, Christine: Die Effizienz der Kommunalverwaltung, Baden-Baden 1998.

Milde, Hellmuth: Die Theorie der adversen Selektion, in: WiSt, 17. Jg., Heft 1, 1988, S. 1-6.

Ministerium für Inneres und Justiz des Landes Nordrhein-Westfalen: Der hauptamtliche Bürgermeister, Düsseldorf 1998.

Mittmann, Jan Dirk: Public-private-partnership als Verkaufsstrategie, in: Arbeitgeber, 49. Jg., Heft 10, 1997, S. 328-330.

Mix, Ulrich/Herweijier, Michiel (Hrsg.): 10 Jahre Tilburger Modell, Bremen 1996.

Möhl, Ulrich: Modelle des Contracting, in: BBauBl, Heft 11, 1998, S. 12-16.

Mühlenkamp, Holger: Öffentliche Unternehmen, München/Wien 1994.

Müller, Jürgen/Vogelsang, Ingo: Staatliche Regulierung – Regulated Industries in den USA und Gemeinwohlbindung in wettbewerblichen Ausnahmebereichen in der BRD, Baden-Baden 1979.

Münch, Paul: Das System der öffentlichen Bindung der Versorgungsunternehmen in der Bundesrepublik Deutschland, in: Thiemeyer, Theo (Hrsg.): Öffentliche Bindung von Unternehmen, Baden-Baden 1983, S. 239-270.

Musgrave, Richard A./Musgrave, Peggy B./Kullmer, Lore: Die öffentlichen Finanzen in Theorie und Praxis, 1. Band, 5. Aufl., Tübingen 1990.

Nävy, Jens: Facility Management: Grundlagen, Computerunterstützung, Einführungsstrategie, Praxisbeispiel, Berlin u.a. 1998.

Naschold, Frieder: Public Private Partnership in den internationalen Modernisierungsstrategien des Staates, in: Budäus, Dietrich/Eichhorn, Peter (Hrsg.): Public Private Partnership: Neue Formen öffentlicher Aufgabenerfüllung, Baden-Baden 1997, S. 67-86.

Naschold, Frieder/Pröhl, Marga (Hrsg.): Produktivität öffentlicher Dienstleistungen, Band 1, 3. Aufl., Gütersloh 1995.

Naschold, Frieder/Pröhl, Marga (Hrsg.): Produktivität öffentlicher Dienstleistungen, Band 2, Gütersloh 1995.

Naschold, Frieder u.a. (Hrsg.): Leistungstiefe im öffentlichen Sektor: Erfahrungen, Konzepte, Methoden, Berlin 1996.

Neumann, Lothar F./Schulz-Nieswandt, Frank (Hrsg.): Sozialpolitik und öffentliche Wirtschaft, Berlin 1995.

Niedersächsisches Ministerium für Wirtschaft, Technologie und Verkehr: Privatisierung kommunaler Kläranlagen, Hannover 1987.

Niskanen, William A.: Bureaucracy and Representative Government, Chicago 1971.

Noll, Werner/Ebert, Werner/Meyer, Steffen: Finanznot der Kommunen im Kontext von Bund und Ländern, in: Zimmermann, Gebhard (Hrsg.): Neue Finanzierungsinstrumente für öffentliche Aufgaben – eine Analyse im Spannungsfeld von Finanzkrise und öffentlichen Interesse, Baden-Baden 1997, S. 19-91.

Nourse, H.O.: Measuring Business Real Property Performance, in: The Journal of Real Estate Research, Vol. 9, No. 4, 1994, S. 433.

Nowak, Axel: Städtische Immobilien privat, in: Behörden-Spiegel, 12. Jg., Nr. III, 11. Woche, 1996, S. 1.

Oelschlegel, Hans: Die Leasingfinanzierung hat kontinuierlich zugenommen, in: HB, Nr. 74 vom 17.4.1997, S. B 6.

Olson, Mancur: Die Logik des kollektiven Handelns, Tübingen 1968.

Ordelheide, Dieter: Institutionelle Theorie und Unternehmung, in: Wittmann, Waldemar u.a. (Hrsg.): Handwörterbuch der Betriebswirtschaft, Band 2, 5. Aufl., Stuttgart 1993, Sp. 1838-1855.

Ordelheide, Dieter/Rudolph, Bernd/Büsselmann, Eva (Hrsg.): Betriebswirtschaftslehre und ökonomische Theorie, Stuttgart 1991.

Osner, Andreas: Theorie der Unternehmung und Praxis des Neuen Steuerungsmodells – Brauchbare Implikationen für die Reform der Kommunalverwaltung?, in: Lang, Eva (Hrsg.): Kommunen vor neuen Herausforderungen, Berlin 1996, S. 49-81.

o.V.: Länderchefs für neue Verhandlungen, in: SZ, Nr. 249 vom 28./29.10.1995, S. 2.

o.V.: Babcock kündigt Oberhausen-Modell, in: WAZ, Nr. 294 vom 16.12.1995, o.S.

o.V.: Veba bewirtschaftet städtische Gebäude, in: SZ, Nr. 295 vom 22.12.1995, S. 21.

o.V.: Magdeburg setzt auf Privatisierungen, in: HB, Nr. 196 vom 10.10.1996, S. 8.

o.V.: Minister verbietet Duisburg Verkauf von Schulen, in: WAZ, Nr. 269 vom 14.11.1996, o.S.

o.V.: Kommunale Aufgaben sind kaum noch wahrzunehmen, in: DtSparkZ, Nr. 90 vom 19.11.1996, S. 6.

o.V.: Clement für private Tunnelbauer, in: WAZ, Nr. 23 vom 28.1.1997, o.S.

o.V.: Ostdeutschen Großstädten geht die Luft aus, in: HB, Nr. 35 vom 19.2.1997, S. 8.

o.V.: Bundeszuschuß für Betreibermodelle, in: HB, Nr. 41 vom 27.2.1997, S. 6.

o.V.: Der Bund will seine Ölreserven verkaufen, in: HB, Nr. 108 vom 10.6.1997, S.

o.V.: 1997 rund 7 Mrd. aus Privatisierung, in: BZ, Nr. 109 vom 12.6.1997, S. 4.

o.V.: „Saubere Vorstellung". Gebäudereiniger im Gebäudemanagement, in: Facility Management, Nr. 5, 1998, S. 30-31.

o.V.: Berlin prüft Verkauf der öffentlichen Gebäude, in: HB, Nr. 12 vom 19.1.1998, S. 7.

o.V.: Finanzen der öffentlichen Haushalte in den ersten drei Quartalen 1997, in: „Mitteilungen" NWStGB, Jg. 51, Nr. 2 vom 20.1.1998, S. 20.

o.V.: Handwerker gründen eine AG, in: HB, Nr. 84 vom 4.5.1998, S. 29.

o.V.: Privatisierung ist für Simonis kein Dogma, in: HB, Nr. 87 vom 7.5.1998, S. 4.

o.V.: Immobilienmanagement-/Vergleichsring Gebäudewirtschaft, in: „Mitteilungen" NWStGB, 51. Jg., Nr. 15 vom 5.8.1998, S. 246.

o.V.: In der Hauptstadt hat die Kameralistik bald ausgedient, in: HB, Nr. 168 vom 2.9.1998, S. 5.

o.V.: 10 000 auf der Straße gegen Auflösungspläne, in: RP, Nr. 27 vom 2.2.1999, S. 1.

o.V.: Facility-Manager unter Druck, in: HB, Nr. 125 vom 3.7.2000, S. 20.

Pappermann, Ernst: Privatisierung kommunaler Aufgaben: Möglichkeiten und Grenzen, in: Der Städtetag, 37. Jg., Heft 4, 1984, S. 246-253.

Perridon, Louis/Steiner, Manfred: Finanzwirtschaft der Unternehmung, 8. Aufl., München 1995.

Picot, Arnold: Transaktionskostenansatz in der Organisationstheorie: Stand der Diskussion und Aussagewert, in: DBW, 42. Jg., Heft 2, 1982, S. 267-284.

Picot, Arnold: Ein neuer Ansatz zur Gestaltung der Leistungstiefe, in: ZfbF, 43. Jg., Heft 4, 1991, S. 336-357.

Picot, Arnold: Ökonomische Theorien der Organisation – Ein Überblick über neuere Ansätze und deren betriebswirtschaftliches Anwendungspotential, in: Ordelheide, Dieter/Rudolph, Bernd/Büsselmann, Eva (Hrsg.): Betriebswirtschaftslehre und ökonomische Theorie, Stuttgart 1991, S. 143-170.

Picot, Arnold: Transaktionskostenansatz, in: Wittmann, Waldemar u.a. (Hrsg.): Handwörterbuch der Betriebswirtschaft, Band 3, 5. Aufl., Stuttgart 1993, Sp. 4194-4204.

Picot, Arnold: Organisation, in: Bitz, Michael u.a. (Hrsg.): Vahlens Kompendium der Betriebswirtschaftslehre, Band 2, 4. Aufl., München 1999, S. 107-180.

Picot, Arnold/Dietl, Helmut: Transaktionskostentheorie, in: WiSt, 19. Jg., Heft 4, 1990, S. 178-184.

Picot, Arnold/Kaulmann, Thomas: Industrielle Großunternehmen in Staatseigentum aus verfügungsrechtlicher Sicht, in: ZfbF, 37. Jg., Heft 11, 1985, S. 956-980.

Picot, Arnold/Wolff, Birgitta: Zur ökonomischen Organisation öffentlicher Leistungen: „Lean Management" im öffentlichen Sektor?, in: Naschold, Frieder/Pröhl, Marga (Hrsg.): Produktivität öffentlicher Dienstleistungen, Band 1, 3. Aufl., Gütersloh 1995, S. 51-120.

Pierschke, Barbara: Facilities Management, in: Schulte, Karl-Werner (Hrsg.): Immobilienökonomie. Band 1: Betriebswirtschaftliche Grundlagen, München/Wien 1998, S. 271-308.

Plamper, Harald: Neue Steuerungsmodelle im kommunalen Bereich: Überblick und Erfahrungen, in: BFuP, Heft 6, 1997, S. 613-628.

Pommerehne, Werner W.: Private versus öffentliche Müllabfuhr: Ein theoretischer und empirischer Vergleich, in: Finanzarchiv, Band 35, 1976, S. 272-294.

Portz, Norbert: Unterlassene Instandhaltung kommt teuer zu stehen, in: Stadt und Gemeinde, Nr. 5, 1999, S. 220-221.

Portz, Norbert/Lübking, Uwe: Die Abwälzung von Soziallasten auf die Kommunen hat Tradition, in: Stadt und Gemeinde, 1995, S. 391-396.

Prahalad, C.K./Hamel, Gary: The core competence of the corporation, in: Harvard Business Review, Vol. 68, May-June 1990, S. 79-91.

Pratt, John W./Zeckhauser, Richard J. (ed.): Principals and agents: The structure of business, Boston 1985.

Pratt, John W./Zeckhauser, Richard J.: Principals and agents: An overview, in: Pratt, John W./Zeckhauser, Richard J. (ed.): Principals and agents: The structure of business, Boston 1985, S. 1-35.

Püttner, Günter (Hrsg.): Handbuch der kommunalen Wissenschaft und Praxis, 2. Aufl., Berlin/Heidelberg/New York 1983.

Püttner, Günter (Hrsg.): Handbuch der kommunalen Wissenschaft und Praxis, Band 5: Kommunale Wirtschaft, 2. Aufl., Berlin u.a. 1984.

Püttner, Günter: Verwaltungslehre, 2. Aufl., München 1989.

Rappaport, Alfred: Creating shareholder value: a guide for managers and investors, 2nd ed., New York 1998.

Rau, Thomas: Betriebswirtschaftslehre für Städte und Gemeinden, München 1994.

Rehkopp, Alfons (Hrsg.): Dienstleistungsbetrieb Öffentliche Verwaltung, Stuttgart 1976.

Rehkugler, Heinz: Neue Vorschläge zur Finanzierung der öffentlichen Infrastruktur in den neuen Bundesländern – ein Versuch ihrer Bewertung, in: Eichhorn, Peter (Hrsg.): Finanzierung und Organisation der Infrastruktur in den neuen Bundesländern, Baden-Baden 1993, S. 133-150.

Rehm, Hannes: Neue Wege zur Finanzierung öffentlicher Investitionen, Baden-Baden 1994.

Reichard, Christoph: Betriebswirtschaftslehre der öffentlichen Verwaltung, 2. Aufl., Berlin 1987.

Reichard, Christoph: Hauptströmungen der kommunalen Verwaltungsreform im Ausland, in: Bertelsmann Stiftung (Hrsg.): Demokratie und Effizienz in der Kommunalverwaltung, Band 2, Gütersloh 1994, S. 15-26.

Reidenbach, Michael u.a.: Der kommunale Investitionsbedarf in den neunziger Jahren: eine Schätzung für die alten Bundesländer, Berlin 1992.

Reiß, Michael/Schuster, Hermann: Kunden- und Kostenorientierung interner Service-Bereiche – Aus Zentralbereichen werden Dienstleister, in: Meyer, Anton (Hrsg.): Handbuch Dienstleistungs-Marketing, Band 2, Stuttgart 1998, S. 1300-1320.

Richter, Rudolf: Sichtweise und Fragestellungen der Neuen Institutionenökonomik, in: ZWS, 110. Jg., Heft 4, 1990, S. 571-591.

Richter, Rudolf: Institutionen ökonomisch analysiert, Tübingen 1994.

Ridinger, Rudolf/Steinröx, Manfred (Hrsg.): Regionale Wirtschaftsförderung in der Praxis, Köln 1995.

Riener, Heinz: Öffentliche Haushalte – Ist die Wende geschafft?, in: Der Langfristige Kredit, 1995, S. 753-759.

Riener, Heinz: Betreibermodelle – ein lohnendes Konzept für Kommunen, in: ZfgK, 49. Jg., Heft 14, 1996, S. 662-665.

Runge, Martin: Wasserversorgung und Abwasserentsorgung in den neuen Bundesländern, in: ZögU, Band 17, Heft 4, 1994, S. 430-456.

Sachverständigenrat „Schlanker Staat" (Hrsg.): Abschlußbericht Band 3: Leitfaden zur Modernisierung von Behörden, Bonn 1997.

Sarrazin, Thilo: Kommunale Aufgaben und kommunaler Finanzstatus, in: Ipsen, Jörn (Hrsg.): Kommunale Aufgabenerfüllung im Zeichen der Finanzkrise, Baden-Baden 1995, S. 11-24.

Schachtschnabel, Hans Georg: Wirtschaftspolitische Konzeptionen, Stuttgart 1967.

Schade, Christian/Schott, Eberhard: Instrumente im Kontraktgütermarketing, in: DBW, 53. Jg., Heft 4, 1993, S. 491-511.

Schade, Christian/Schott, Eberhard: Kontraktgüter im Marketing, in: Marketing ZFP, 15. Jg., Heft 1, 1993, S. 15-25.

Schäfer, Heinz-Dieter: Stadt Waltrop verpachtet ihre Heizungen, in: WAZ, Nr. 138 vom 17.6.1999, o.S.

Schäfer, Stefan/Seibt, Dietrich: Benchmarking – eine Methode zur Verbesserung von Unternehmensprozessen, in: BFuP, Heft 4, 1998, S. 365-380.

Schäfers, Wolfgang: Corporate Real Estate Management, in: Schulte, Karl-Werner (Hrsg.): Immobilienökonomie. Band 1: Betriebswirtschaftliche Grundlagen, München/Wien 1998, S. 813-868.

Schäfers, Wolfgang: Corporate Real Estate Management in deutschen Unternehmen: Ergebnisse einer empirischen Untersuchung, in: Schulte, Karl-Werner/Schäfers, Wolfgang (Hrsg.): Handbuch Corporate Real Estate Management, Köln 1998, S. 53-80.

Schäfers, Wolfgang: Organisatorische Ausrichtung im Immobilienmanagement, in: Schulte, Karl-Werner/Schäfers, Wolfgang (Hrsg.): Handbuch Corporate Real Estate Management, Köln 1998, S. 251-268.

Schäuble, Thomas: Doppik als kommunales Rechnungssystem, in: Der Städtetag, Jg. 52, Heft 3, 1999, S. 106-108.

Scheele, Ulrich: Privatisierung von Infrastruktur: Möglichkeiten und Alternativen, Köln 1993.

Schmid, Wolfgang: Negawatt: Noch Blockade in Köpfen, in: HB, Nr. 203 vom 21.10.1998, S. 32.

Schmidt, Frank O.: Erfahrungen mit der Maut, in: Die Bank, Nr. 5, 1994, S. 290-296.

Schmidt, Ingo/Schmidt, André: X-Ineffizienz, Lean Produktion und Wettbewerbsfähigkeit, in: WiSt, 25. Jg., Heft 2, 1996, S. 65-71.

Schmidt, Reiner: Der Übergang öffentlicher Aufgabenerfüllung in private Rechtsformen, in: ZGR, 25. Jg., Heft 3, 1996, S. 345-363.

Schmidt-Assmann, Eberhard: Kommunale Selbstverwaltung „nach Rastede", in: Franßen, Everhard u.a. (Hrsg.): Bürger – Richter – Staat: Festschrift für Horst Sendler zum Abschied aus seinem Amt, München 1991, S.121-138.

Schmidt-Jortzig, Edzard: Gemeinde- und Kreisaufgaben – Funktionsordnung des Kommunalbereiches nach „Rastede", in: DÖV, 46. Jg., 1993, S. 973-984.

Schneider, Dieter: Die Unhaltbarkeit des Transaktionskostenansatzes für die „Markt oder Unternehmungs"-Diskussion, in: ZfB, 55. Jg., Heft 12, 1985, S. 1237-1254.

Schneider, Dieter: Betriebswirtschaftslehre. Band 1: Grundlagen, München/Wien 1993.

Schneider, Dieter: Betriebswirtschaftslehre. Band 2: Rechnungswesen, 2. Aufl., München/Wien 1997.

Schneider, Hermann: Outsourcing von Gebäude- und Verwaltungsdiensten, Stuttgart 1996.

Schneider, Rüdiger: Zusatznutzen für den Kunden, in: Immobilien Manager, Heft 11, 1996, S. 8-14.

Schoch, Friedrich: Der Beitrag des kommunalen Wirtschaftsrecht zur Privatisierung öffentlicher Aufgaben, in: DÖV, 46. Jg., Heft 9, 1993, S. 377-383.

Schoch, Friedrich/Wieland, Joachim: Finanzierungsverantwortung für gesetzgeberisch veranlaßte kommunale Aufgaben, Baden-Baden 1995.

Scholl, Rainer: Eigenerstellung oder Fremdbezug kommunaler Leistungen: theoretische Grundlegungen, empirische Untersuchungen, Stuttgart 1998.

Schraffer, Heinrich: Der kommunale Eigenbetrieb, Baden-Baden 1993.

Schulte, Christof (Hrsg.): Lexikon des Controlling, München/Wien 1996.

Schulte, Franz-Josef: Immobilien-Management einer Kommune, in: Der Städtetag, Jg. 50, Heft 9, 1997, S. 609-611.

Schulte, Karl-Werner (Hrsg.): Immobilienökonomie. Band 1: Betriebswirtschaftliche Grundlagen, München/Wien 1998.

Schulte, Karl-Werner/Homann, Klaus: Immobilien-Controlling, in: Schulte, Christof (Hrsg.): Lexikon des Controlling, München/Wien 1996, S. 329-334.

Schulte, Karl-Werner/Schäfers, Wolfgang (Hrsg.): Handbuch Corporate Real Estate Management, Köln 1998.

Schulte, Karl-Werner/Schäfers, Wolfgang: Einführung in das Corporate Real Estate Management, in: Schulte, Karl-Werner/Schäfers, Wolfgang (Hrsg.): Handbuch Corporate Real Estate Management, Köln 1998, S. 25-52.

Schulte, Karl-Werner/Schäfers, Wolfgang: Immobilienökonomie als wissenschaftliche Disziplin, in: Schulte, Karl-Werner (Hrsg.): Immobilienökonomie. Band 1: Betriebswirtschaftliche Grundlagen, München/Wien 1998, S. 97-115.

Schulte, Karl-Werner u.a.: Betrachtungsgegenstand der Immobilienökonomie, in: Schulte, Karl-Werner (Hrsg.): Immobilienökonomie. Band 1: Betriebswirtschaftliche Grundlagen, München/Wien 1998, S. 13-80.

Schulz, Horst-Günther: Finanzierung über Fondsmodelle nimmt an Bedeutung zu, in: HB, Nr. 78 vom 23.4.1998, S. 29.

Schumacher, Wolf D.: Organisatorische Stellungsfragen, in: Harden, Heinrich/Kahlen, Hans (Hrsg.): Planen, Bauen, Nutzen und Instandhalten von Bauten, Köln 1993, S. 167-176.

Schuppert, Gunnar Folke: Die Privatisierungsdiskussion in der deutschen Staatsrechtslehre, in: Staatswissenschaft und Staatspraxis, 5. Jg., 1994, S. 541-564.

Schuppert, Gunnar Folke: Die Erfüllung öffentlicher Aufgaben durch die öffentliche Hand, private Anbieter und Organisationen des Dritten Sektors, in: Ipsen, Jörn (Hrsg.): Privatisierung öffentlicher Aufgaben: private Finanzierung kommunaler Investitionen, Köln 1994, S. 17-35.

Schwabedissen, Annette: Kommunaler Finanzausgleich 1995, in: Städte- und Gemeinderat, 49. Jg., 1995, S. 108-112.

Schwabedissen, Annette/Hamacher, Claus: Aktuelle Finanzsituation der Städte und Gemeinden, in: Städte- und Gemeinderat, 51. Jg., 1997, S. 89-92.

Schwarting, Gunnar: Der kommunale Haushalt, Berlin 1993.

Schwarting, Gunnar: Kommunales Kreditwesen, Berlin 1994.

Schwarz, Sabine: Kommunales Immobilien-Leasing, Frankfurt am Main/Thun 1985.

Schwarze, Jochen: Informationsmanagement als Voraussetzung für ein erfolgreiches Facility Management, in: Zeitschrift für Planung, Heft 3, 1991, S. 209-229.

Schwarzmann, Hans-Ulrich: Immobilienmanagement in den Kommunen, in: Städte- und Gemeinderat, 52. Jg., Heft 8, 1998, S. 232-235.

Schweisfurth, Tilmann: Privatwirtschaftliche Formen kommunaler Investitionsfinanzierung, Köln 1991.

Seifert, Frank: Was ist Facility Management?, in: Lochmann, Hans-Dieter/ Köllgen, Rainer (Hrsg.): Facility Management: Strategisches Immobilienmanagement in der Praxis, Wiesbaden 1998, S. 23-30.

Seifert, Klaus: Prozeßmanagement für die öffentliche Verwaltung, Wiesbaden, 1998.

Seifert, Klaus/Metschkoll, Michael: Privatisierung öffentlicher Aufgaben – Betriebs- und kommunalwirtschaftliche Aspekte, in: DB, 44. Jg., Heft 48, 1991, S. 2449-2455.

Seifert, Klaus/Metschkoll, Michael: Steuerliche Aspekte der Privatisierung öffentlicher Aufgaben, in: DB, 45. Jg., Heft 34, 1992, S. 1691-1696.

Seitz, Helmut: Die ökonomischen Effekte der kommunalen Infrastruktur: Eine theoretische und empirische Bestandsaufnahme, in: ZögU, Band 21, 1998, S. 450-468.

Siepmann, Heinrich/Siepmann, Ursula: Verwaltungsorganisation, 4. Aufl., Köln 1992.

Spremann, Klaus: Reputation, Garantie, Information, in: ZfB, 58. Jg., Heft 5/6, 1988, S. 613-629.

Spremann, Klaus: Asymmetrische Information, in: ZfB, 60. Jg., Heft 5/6, 1990, S. 561-586.

Staehle, Wolfgang: Management, 8. Aufl., München 1999.

Starzacher, Karl: Immobilienmanagement der Hessischen Landesverwaltung, in: BBauBl, Heft 2, 1998, S. 60-62.

Statistisches Bundesamt (Hrsg.): Finanzen und Steuern, Fachserie 14, Reihe 3.3, Rechnungsergebnisse der kommunalen Haushalte, Wiesbaden 1998.

Staudt, Erich/Kriegesmann, Bernd/Thomzik, Markus: Facility Management: der Kampf um Marktanteile beginnt, Frankfurt am Main 1999.

Steiner, Manfred/Wallmeier, Martin: Unternehmensbewertung mit Discounted Cash Flow-Methoden und dem Economic Value Added- Konzept, in: FinanzBetrieb, 1. Jg., 1999, S. 1-10.

Steinheuer, Wilfried: Privatisierung kommunaler Leistungen, Köln 1991.

Steinmann, Horst/Schreyögg, Georg: Management: Grundlagen der Unternehmensführung, Wiesbaden 1990.

Steinmetz, Christiane: Impuls für Stadterneuerung, in: Städte- und Gemeinderat, 51. Jg., Heft 7, 1997, S. 178-180.

Stern, Klaus: Gemeinden. I: Rechtsstellung in der Bundesrepublik Deutschland, in: Albers, Willi u.a. (Hrsg.): Handwörterbuch der Wirtschaftswissenschaft, Band 3, Stuttgart/New York 1981, S. 486-495.

Sterzel, Dieter: Verfassungs-, europa- und kommunalrechtliche Rahmenbedingungen für eine Privatisierung kommunaler Aufgaben, in: Blanke, Thomas/Trümmer, Ralf (Hrsg.): Handbuch Privatisierung, Baden-Baden 1998, S. 99-294.

Stigler, George J.: The Devision of Labor is limited by the Extent of the Market, in. The Journal of Political Ecomomy, Vol. 59, 1951, S. 185-193.

Stinner, Jürgen: Mit umfassenden Service von der Baudurchführung bis zur Instandhaltung werden die Investoren entlastet, in: HB, Nr. 80 vom 27.4.1993, S. B8.

Stobbe, Alfred: Mikroökonomik, 2. Aufl., Berlin u.a. 1991.

Störmann, Wiebke: Reformbedarf im kommunalen Haushalts- und Rechnungswesen, in: Wissenschaftsförderung der Sparkassenorganisation e.V. (Hrsg.): Kommunales Management im Wandel, Stuttgart 1997, S. 39-55.

Stößel, Frank Volker: Outsourcing in der Öffentlichen Verwaltung, Frankfurt am Main 1998.

Straßheimer, Petra: Public Real Estate Management, in: Schulte, Karl-Werner/Schäfers, Wolfgang (Hrsg.): Handbuch Corporate Real Estate Management, Köln 1998, S. 857-887.

Streibl, Ulrich: Organisationsgestaltung in der Kommunalverwaltung, Wiesbaden 1996.

Streit, Manfred E.: Theorie der Wirtschaftspolitik, 3. Aufl., Düsseldorf 1991.

Süchting, Joachim: Finanzmanagement, 6. Aufl., Wiesbaden 1995.

Süchting, Joachim/Paul, Stephan: Bankmanagement, 4. Aufl., Stuttgart 1998.

Tappe, Ulrich: Die Kommunen wollen ihre Immobilienvermögen besser nutzen, in: FAZ, Nr. 12 vom 15.1.1999, S. 48.

Tettinger, Peter J.: Die rechtliche Ausgestaltung von Public Private Partnership, in: DÖV, 49. Jg., Heft 18, 1996, S.764-770.

Theuvsen, Ludwig: Interne Organisation und Transaktionskostenansatz, in: ZfB, 67. Jg., Heft 9, 1997, S. 971-996.

Thiemeyer, Theo (Hrsg.): Öffentliche Bindung von Unternehmen, Baden-Baden 1983.

Thürer, Daniel: Bund und Gemeinden, Berlin u.a. 1986.

Uhlig, Klaus: Private Public Partnership, in: AfK, 29. Jg., 1990, S. 106-123.

Verband Deutscher Städtestatistiker (Hrsg.): Städte in Zahlen. Ein Strukturbericht zum Thema Finanzen, Nürnberg 1989.

Vest, Peter: Die formelle Privatisierung öffentlicher Unternehmen – Eine Effizienzanalyse anhand betriebswirtschaftlicher Kriterien der Rechtsformwahl, in: ZögU, Band 21, Heft 2, 1998, S. 189-202.

Völmicke, Christine: Privatisierung öffentlicher Leistungen in Deutschland, Frankfurt am Main u.a. 1996.

Vogel, Hans-Josef: Der Bürger ist Kunde und Produzent, in: Stadt und Gemeinde, Nr. 5, 2000, S. 168-172.

Wahlen, Robert: Gebäude-Management versus Facility Management, in: Falk, Bernd (Hrsg.): Das große Handbuch Immobilien-Management, Landsberg am Lech 1997, S. 225-260.

Walcha, Henning/Herrmanns, Klaus (Hrsg.): Partnerschaftliche Stadtentwicklung: Privatisierung kommunaler Aufgaben und Leistungen, Köln 1996.

Weber, Jürgen: Ursprünge, Begriff und Ausprägungen des Controlling, in: Mayer, Elmar/Weber, Jürgen (Hrsg.): Handbuch Controlling, Stuttgart 1990, S. 3-32.

Weiber, Rolf/Adler, Jost: Der Einsatz von Unsicherheitsreduktionsstrategien im Kaufprozeß: Eine informationsökonomische Analyse, in: Kaas, Klaus Peter (Hrsg.): Kontrakte, Geschäftsbeziehungen, Netzwerke: Marketing und neue Institutionenökonomik, ZfbF, Sonderheft 35, Düsseldorf 1995, S. 61-77.

Weidenbach, Felix: Selbst ihr Rathaus können Stadtväter leasen, in: HB, Nr. 219 vom 13.11.1997, S. 56.

Wieser, Robert: Ansätze zur Lösung von Principal-Agent-Problemen bei der öffentlichen Auftragsvergabe, in: ZögU, Band 20, Heft 3, 1997, S. 348-359.

Williamson, Oliver E.: Transaction-Cost economics: The governance of contractual relations, in: Journal of Law and Economics, Vol. 22, 1979, S. 233-261.

Williamson, Oliver E.: The economic institutions of capitalism, New York 1985.

Williamson, Oliver E.: Comparative economic organization: The analysis of discrete structural alternatives, in: American Science Quarterly, Vol. 36, 1991, S. 269-296.

Windsperger, Josef: Transaktionskosten und das Organisationsdesign von Koordinationsmechanismen, in: Jahrbuch für Neue Politische Ökonomie, 4. Band, 1985, S. 199-218.

Winnemöller, Bernhard: Aspekte eines kommunalen Gebäude- oder Facility-Managements, in: Stadt und Gemeinde, 52. Jg., Heft 12, 1997, S. 395-398.

Winnemöller, Bernhard: Kommunale Vermögensverluste durch politisch-administrative Strukturmängel, in: Das Rathaus, 51. Jg., Heft 6, 1998, S. 287-290.

Winnemöller, Bernhard: Kommunales Bau- und Gebäudemanagement – Ein Geschäftsfeld für Stadtwerke und -betriebe?, in: ZögU, Bd. 22, Heft 4, 1999, S. 466-477.

Wirtz, Jochen: Dienstleistungsgarantien als wirksames Mittel, um bessere Servicequalität zu erreichen, zu erhalten und zu vermarkten, in: Meyer, Anton (Hrsg.): Handbuch Dienstleistungs-Marketing, Band 1, Stuttgart 1998, S. 827-845.

Wissenschaftsförderung der Sparkassenorganisation e.V. (Hrsg.): Kommunales Management im Wandel, Stuttgart 1997.

Witte, Gertrud: Abgrenzung zwischen privatisierbaren und nicht privatisierbaren Bereichen – Kriterien für die Privatisierbarkeit, in: Forschungsinstitut für Wirtschaftsverfassung und Wettbewerb (Hrsg.): Sicherung des Wettbewerbs im kommunalen Bereich, FIW-Schriftenreihe, H. 162, Köln u.a. 1995, S. 71-80.

Witte, Gertrud: Der Deutsche Städtetag warnt vor Privatisierungseuphorie, in: FAZ, Nr. 279 vom 29.11.1996, S. 47.

Wittmann, Waldemar u.a. (Hrsg.): Handwörterbuch der Betriebswirtschaft, Band 2, 5. Aufl., Stuttgart 1993.

Wittmann, Waldemar u.a. (Hrsg.): Handwörterbuch der Betriebswirtschaft, Band 3, 5. Aufl., Stuttgart 1993.

Wolf, Hubert: Tropfenweise zum Verfall, in: WAZ, Nr. 270 vom 15.11.1996, o.S.

Wolff, Birgitta: Organisation durch Verträge, Wiesbaden 1995.

Wolff, Birgitta: Public-Private Partnerships, in: Jahrbuch für Neue Politische Ökonomie, 15. Band, 1996, S. 243-275.

Wolff, Birgitta: Zum methodischen Status von Verhaltensannahmen in der Neuen Institutionenökonomik, in: Edeling, Thomas/Jann, Werner/Wagner, Dieter (Hrsg.): Institutionenökonomie und Neuer Institutionalismus, Opladen 1999, S. 133-146.

Wolters, Jan: Das Tilburger Modell – Management und Steuerung in der Kommunalverwaltung, in: Bertelsmann Stiftung (Hrsg.): Demokratie und Effizienz in der Kommunalverwaltung, Band 2, Gütersloh 1994, S. 289-297.

Wunderer, Rolf (Hrsg.): Kooperation: Gestaltungsprinzipien und Steuerung der Zusammenarbeit zwischen Organisationseinheiten, Stuttgart 1991.

Zechel, Peter u.a. (Hrsg.): Facility Management in der Praxis: Herausforderungen in Gegenwart und Zukunft, 2. Aufl., Renningen-Malmsheim 1998.

Zeiß, Friedrich: Die öffentliche Bindung der Gemeindewirtschaft, in: Thiemeyer, Theo u.a. (Hrsg.): Öffentliche Bindung von Unternehmen, Baden-Baden 1983, S. 271-290.

Zeiß, Friedrich: Eigenbetriebe, in: Püttner, Günter (Hrsg.): Handbuch der kommunalen Wissenschaft und Praxis, Band 5: Kommunale Wirtschaft, 2. Aufl., Berlin u.a. 1984, S. 153-167.

Zeiß, Friedrich: Eigenbetriebe, in: Chmielewicz, Klaus/Eichhorn, Peter (Hrsg.): Handwörterbuch der Öffentlichen Betriebswirtschaft, Stuttgart 1989, Sp. 282-294.

Zimmermann, Gebhard (Hrsg.): Neue Finanzierungsinstrumente für öffentliche Aufgaben – eine Analyse im Spannungsfeld von Finanzkrise und öffentlichen Interesse, Baden-Baden 1997.

www.ingramcontent.com/pod-product-compliance
Lightning Source LLC
Chambersburg PA
CBHW020110010526
44115CB00008B/772